道路运输车辆综合性能检验与技术等级评定

交通运输部公路科学研究院
仝晓平　刘元鹏

编　著

人民交通出版社股份有限公司
China Communications Press Co.,Ltd.

内 容 提 要

本书围绕新时期道路运输车辆技术管理的需求，系统分析了我国道路运输业的发展现状、道路运输车辆的运行特征以及车辆技术管理手段；阐述了道路运输综合性能检测设备及计算机控制系统技术要求；提出了道路运输车辆的技术要求和检验新方法以及技术等级评定方法。涵盖了道路运输车辆综合性能检测工作的各个方面，是贯彻实施《道路运输车辆综合性能要求和检验方法》(GB 18565—2016)和交通运输行业标准《道路运输车辆技术等级划分和评定要求》(JT/T 198—2016)权威性的技术培训教材和实用手册。

本书可作为道路运输管理机构、质量技术监督部门、汽车检验机构、汽车检测设备生产企业和车辆维修企业等相关人员的培训书籍，也可作为汽车相关专业技术院校教学参考用书。

图书在版编目(CIP)数据

道路运输车辆综合性能检验与技术等级评定/仝晓平，刘元鹏编著. —北京：人民交通出版社股份有限公司, 2016.11
ISBN 978-7-114-13360-2

Ⅰ. ①道⋯ Ⅱ. ①仝⋯ ②刘⋯ Ⅲ. ①道路车辆—性能检测②道路车辆—技术评估 Ⅳ. ①U46

中国版本图书馆 CIP 数据核字(2016)第 234750 号

Daolu Yunshu Cheliang Zonghe Xingneng Jianyan yu Jishu Dengji Pingding

书　　名	道路运输车辆综合性能检验与技术等级评定
著 作 者	仝晓平　刘元鹏
责任编辑	林宇峰　刘　博
出版发行	人民交通出版社股份有限公司
地　　址	(100011)北京市朝阳区安定门外外馆斜街 3 号
网　　址	http://www.ccpress.com.cn
销售电话	(010)59757973
总 经 销	人民交通出版社股份有限公司发行部
经　　销	各地新华书店
印　　刷	北京印匠彩色印刷有限公司
开　　本	787×1092　1/16
印　　张	25.75
字　　数	659 千
版　　次	2016 年 11 月　第 1 版
印　　次	2019 年 1 月　第 5 次印刷
书　　号	ISBN 978-7-114-13360-2
定　　价	90.00 元

(有印刷、装订质量问题的图书由本公司负责调换)

《道路运输车辆综合性能检验与技术等级评定》编委会

主　编：仝晓平　　刘元鹏
副主编：陈南峰　　孟　秋
编　委：苏　建　　王建忠　　牛会明　　贺宪宁
　　　　高建国　　周申生　　武建国　　柴全有
　　　　周建刚

《道路运输车辆综合性能检验与技术等级评定》审定委员会

主　审：蔡凤田　　曹　磊
委　员：张学利　　张　强　　罗少泽　　蔡　健
　　　　陈文兰　　龚俊吉　　陈　英　　洪家龙

PREFACE 前言

道路运输车辆是为社会提供商业运输服务的装备,其技术状况的好坏,直接关系到道路运输的安全、节能减排,关乎人的生命和财产安全,因此对道路运输车辆政府重视,百姓关心。

我国社会经济和道路运输业的发展对道路运输车辆技术管理工作提出了新的要求。为适应新时期道路运输业的发展需求,如何做好营运车辆综合性能检测工作,把好道路运输车辆技术关,提高检测水平和检测质量,成为新时期道路运输车辆技术管理面临的重要任务。

《中华人民共和国道路运输条例》(国务院令第666号,2016年修订)、《道路运输车辆技术管理规定》(交通运输部令2016年第1号,2016年修正)以及颁布实施的有关旅客运输、货物运输、维修管理等交通运输部门规章中,确定了道路运输车辆综合性能检测在车辆技术管理中的作用和定位。

道路运输车辆综合性能主要包括汽车动力性、安全性、燃料经济性、使用可靠性、污染物排放和噪声,以及整车装备完整性与状态等多种技术性能的组合,具体检测业务由具备检测资质的汽车综合性能检测站承担,所出具的检验报告是道路运输管理机构实施车辆技术管理的法律依据。

经过多年来的研究,由交通运输部公路科学研究院主持修订的《道路运输车辆综合性能要求和检验方法》(GB 18565—2016)和《道路运输车辆技术等级划分和评定要求》(JT/T 198—2016)已经颁布,上述标准是我国道路运输车辆技术管理和检测的重要技术法规及主要技术依据。修订后的标准更加注重道路运输业的发展特点,并与近年来出台的相关政策、法规以及新技术紧密结合，对标准结构进行了较大的调整，适当地对部分技术条款进行了必要的增减、修改、完善并细化了检验方法和技术等级划分与评定项目，增强了与其他相关标准的关联性、协调性和统一性，提高了新修订标准的科学性、合理性和可操作性，是在用道路运输车辆的综合性能要求，也是申请从事道路运输经营车辆应符合的基本技术条件。

为有效落实新修订的标准，让标准使用者充分理解新标准的内容条款及技术要求，我们围绕新时期道路运输车辆技术管理的需求，结合多年来的研究成果和工作经验，编写了此书。

本书共分3篇8章，系统分析了我国道路运输业的发展现状、道路运输车辆的运行特征以及车辆技术管理手段；阐述了道路运输综合性能检测设备及计算机控制系统技术要求；提出了道路运输车辆的技术要求和检验新方法以及技术等级评定方法。

希望本书的出版能对加强车辆技术管理，规范道路运输车辆综合性能检测及技术等级评定工作等方面有所帮助。

本书在编写过程中得到了交通运输部运输服务司及相关道路运输管理机构、汽车综合性能检测站、检测设备生产企业等单位的支持和帮助，在此一并表示感谢！

由于作者水平有限，加之编写时间仓促，书中难免存在错漏和不当之处，诚请广大读者批评指正！

作　者

2016年9月

目录

基础篇

第一章 道路运输车辆技术管理 ... 3
- 第一节 我国道路运输业的发展现状 ... 3
- 第二节 国外机动车辆的管理 ... 8
- 第三节 道路运输车辆的技术管理 ... 20

第二章 汽车检测设备 ... 32
- 第一节 汽车底盘测功机 ... 32
- 第二节 滚筒反力式汽车制动检验台 ... 43
- 第三节 平板式汽车制动性能检验台 ... 49
- 第四节 轮(轴)重仪 ... 52
- 第五节 汽车侧滑检验台 ... 55
- 第六节 碳平衡油耗检测系统 ... 62
- 第七节 悬架装置检验台 ... 67
- 第八节 前照灯检测仪 ... 70
- 第九节 车速表检验台 ... 76
- 第十节 机动车排气污染物测量设备 ... 81
- 第十一节 声级计 ... 94
- 第十二节 制动性能路试设备 ... 97
- 第十三节 汽车故障电脑诊断仪 ... 101
- 第十四节 机动车外廓尺寸检测系统 ... 102
- 第十五节 辅助装置、其他检验工具和测量设备 ... 104

第三章 计算机检测联网控制系统 ... 110
- 第一节 检测线联网控制模式 ... 110
- 第二节 机动车检测站计算机网络结构 ... 114
- 第三节 检测线常用信号及处理 ... 118
- 第四节 检测线控制软件功能 ... 122

技 术 篇

第四章 基于达标法的道路运输车辆动力性台架检测 131
第一节 研究背景 131
第二节 评价指标和检测工况 132
第三节 检测原理 134
第四节 装用压燃式发动机车辆的评价方法 135
第五节 装用点燃式发动机车辆的评价方法 146
第六节 基于达标法的汽车动力性台架检测分析 150
第七节 汽车动力性检测的台架要求 154

第五章 道路运输车辆燃料消耗量检测 158
第一节 研究背景 158
第二节 碳平衡法燃料消耗量检测方法与评价 159
第三节 系统误差分析 164
第四节 碳平衡法油耗检测关键技术 166

第六章 汽车制动性能检测影响因素及方法分析 169
第一节 制动性能检测评价指标 169
第二节 汽车制动性能检测影响因素分析 171
第三节 制动力检测取值的研究分析 183
第四节 汽车制动性能的加载检测 185
第五节 全时四驱车辆的制动性能检测 189
第六节 汽车列车制动性能要求和评价方法 191

应 用 篇

第七章 道路运输车辆综合性能要求和检验方法（GB 18565—2016）释义 201
第一节 范围 201
第二节 规范性引用文件 201
第三节 术语和定义 203
第四节 申请从事道路运输车辆的技术要求 204
第五节 在用道路运输车辆的基本要求和检验方法 213
第六节 在用道路运输车辆的性能要求和检验方法 262
第七节 在用道路运输车辆的其他要求和检验方法 300
第八节 在用道路运输车辆检验结果的判定与处理 306

第九节　标准实施的过渡期要求 …………………………………………… 308
　　第十节　检验结果的输出要求 ……………………………………………… 309
第八章　道路运输车辆技术等级划分和评定要求(JT/T 198—2016)释义
　　…………………………………………………………………………………… 326
　　第一节　范围 ………………………………………………………………… 326
　　第二节　规范性引用文件 …………………………………………………… 327
　　第三节　术语和定义 ………………………………………………………… 327
　　第四节　技术等级划分 ……………………………………………………… 328
　　第五节　评定项目和评定要求 ……………………………………………… 329
　　第六节　评定规则 …………………………………………………………… 331
　　第七节　技术等级评定的检验方法 ………………………………………… 332
　　第八节　附录B《道路运输车辆技术等级评定人工检验记录单》 ……… 339

附　　件

附件1　道路运输车辆综合性能要求和检验方法 ……………………………… 343

附件2　道路运输车辆技术等级划分和评定要求 ……………………………… 390

参考文献 …………………………………………………………………………… 399

基 础 篇

第一章　道路运输车辆技术管理

第一节　我国道路运输业的发展现状

一、基本情况

道路运输业是我国综合运输体系的重要组成部分,对社会经济的快速发展和社会全面进步发挥着巨大的推动作用。在各种交通运输方式中,公路运输的运输量比起铁路运输、水运、航空运输的运输量所占比重更大,尤其在内陆地区,公路运输已经成为地区间更直接、更有效的主要运输方式。营运车辆作为道路运输的主要载体,其技术状况的优劣直接关系到交通安全、运输成本、运营效率、环境保护及服务质量,与社会生产、人民生活息息相关。

截至 2015 年年底,我国公路总里程为 457.73 万 km,其中,等级公路总里程 404.63 万 km,高速公路总里程 12.35 万 km;道路运输车辆 1473.12 万辆,其中,客运车辆 83.93 万辆,货运车辆 1389.19 万辆,另有城市出租营运车辆 139.25 万辆;全国营业性客运车辆完成公路客运量 161.91 亿人次,旅客周转量 10742.66 亿人·km,营业性货运车辆完成公路货运量 315.00 亿 t,货物周转量 57955.72 亿 t·km。

加快道路运输业的发展,既是新时期保持公路交通良好发展态势的客观要求,也是推进我国社会主义现代化建设的重要保证。随着社会、经济的发展与进步,道路运输业在国民经济中的地位、作用以及对社会经济发展的贡献率不断提升。从发展趋势看,我国社会物流需求将呈持续高速增长态势,道路运输业迎来了前所未有的发展机遇,同时也面临着各种挑战。我国社会、经济的快速发展对道路运输产生了巨大需求,也引发了交通事故、能源消耗和污染物排放等一系列社会问题,造成了巨大的经济损失和政治、社会的诸多负面影响。

统计分析表明,平均每年因道路交通事故的死亡人数约占安全生产总死亡人数的 85%,其中因道路运输车辆交通事故导致的死亡人数占交通事故总死亡人数的 1/3,客运车辆引发的群死群伤重特大恶性交通事故和货运车辆肇事致人死亡的交通事故时有发生。

道路运输安全既是安全生产的重中之重,更是交通安全管理的重中之重。有效贯彻交通事故综合预防工作,保持道路运输车辆良好的技术状况,最大限度地遏制并减少因车辆机械故障导致的道路交通事故,降低车辆燃油消耗,减少尾气排放,构建安全、绿色的道路交通环境,是新形势下交通运输业可持续发展和社会、经济和谐进步的需要,也是保障道路运输安全的重要环节。

二、车辆特征及事故特征

为掌握我国道路运输车辆的基本特征,相关研究机构分别在安徽、四川和河南等省的客运、货运企业开展了专项调研,采集客运车辆样本14496辆,货运车辆样本10372辆,并对车辆的行驶里程和车龄等进行了统计分析。虽然调研样本数量与道路运输车辆保有量相比非常有限,但调研结果仍然能够反映车辆运营的基本特征,对车辆技术管理具有一定参考价值。

(一)车辆特征

道路运输车辆在行驶里程和车龄方面的特征有:

1. 单车平均年行驶里程

客运车辆单车平均年行驶里程10.36万km,货运车辆单车平均年行驶里程8.06万km。其中,从事长途运营的客、货运车辆单车年行驶里程在15万~20万km,短途及城市物流配送车辆的单车年行驶里程为3万~5万km。

2. 总行驶里程

客运车辆总行驶里程:60万km(含)以内的为8112辆,占比55%,60万~100万km的为4996辆,占比34.5%,100万km以上的为1388辆,占比9.6%。

货运车辆总行驶里程:60万km(含)以内的为6298辆,占比60.7%,60万~100万km的为3685辆,占比35.5%,100万km以上的为389辆,占比3.8%。

3. 平均车龄

客运车辆平均车龄:5年(含)以下的为6978辆,占比48.1%,6年(含)~8年的为5632辆,占比38.9%,8年以上的为1886辆,占比13.0%。

货运车辆平均车龄:5年(含)以下的为4639辆,占比44.7%,6年(含)~8年的为4876辆,占比47.0%,8年以上的为861辆,占比8.3%。

道路运输车辆与普通社会车辆间存在明显的差异特征,主要表现在以下几个方面:

(1)大型化特征。

为提高运输效率、降低运输成本,我国营运客、货运输车辆,特别是运距较长的运输车辆多为大、中型车辆。

(2)运营强度特征。

我国幅员辽阔,具有多种地貌特征,道路运输车辆运营强度大、运行时间长、运行环境复杂。单车平均年行驶里程远高于日本、德国等发达国家(5万km/年~6万km/年),更远高于普通社会车辆(1万km/年~3万km/年)。

(3)技术性能提前衰退特征。

道路运输驾驶员或车辆拥有者缺乏自律意识和职业素质,车辆超载、超员运行现象突出,加之运营强度较大,重效益,轻维护,导致车辆超负荷行驶,技术性能提前衰退、技术状况下降现象普遍存在。

(4)老龄化特征。

道路运输车辆更新周期以及车龄普遍偏长,行驶总里程60万km以上车辆占调研车辆总数的40%左右,车辆机件老化现象严重。

(5)管理难度特征。

客运车辆以公司自有车辆为主,但仍有部分为挂靠车辆,货运车辆以挂靠车辆为主,挂靠车辆的管理难度较大。

(二)事故特征

通过对道路交通重特大事故案例的司法鉴定结果分析,可清晰地反映出事故案例的基本特征,并可得出以下结论:

(1)在各类交通事故中,营运客车、货车是构成重特大道路交通事故的责任主体,重特大道路交通事故通常由道路运输车辆直接或间接造成。

(2)道路运输车辆的故障频次远高于普通车辆,除驾驶员、道路和气候条件等因素外,车辆的机械故障和技术性能不良是重特大道路交通事故的重要成因。

(3)因机械故障引发的各类重特大道路交通事故,与车辆的制动性能、转向机构和轮胎状况具有较强的相关性。在车辆的各个系统或总成中,制动系统、转向系统、行驶系统是运行安全的强相关因素。

(4)事故车辆未按规定进行例行维护和检测,"带病"营运,车辆状况不符合安全技术标准,非法改装等现象突出。

(5)道路运输车辆通常具有大型化特征,荷载重、重心高、总质量及惯量较大,一旦发生道路交通事故,损失大,后果严重。

道路交通事故统计分析表明,道路运输车辆在交通事故中扮演了重要角色,其单次事故所造成的人员死亡数量和经济损失远远大于平均值,这是现阶段我国道路运输车辆的技术性能和基本特征所决定的。目前来看,这些特征在一定时期内是固有的,不以人的意志为转移。

三、运输车辆故障产生的影响因素及其规律

随着我国汽车工业的快速发展,新材料、新工艺、新技术广泛应用于运输车辆的设计与生产过程中,车辆的衍生功能进一步增强,车辆结构形式、运营模式以及人们的用车理念发生了实质性的变化,车辆在使用过程中的故障现象、故障频次以及故障模式、故障特征较之以往有了较大的改变。

汽车故障是指汽车部分或完全丧失工作能力(动力性、经济性、工作可靠性及安全、环保等性能的总称)的现象,其实质是车辆总成和零部件失效或零部件之间的配合状态发生了异常变化。

(一)汽车故障的分类

汽车故障按照其风险程度大致可分为以下四类。

1. 致命故障

该类故障涉及人身安全,可能导致人身伤亡;引起主要总成报废,造成重大经济损失;不符合制动、转向、灯光、信号以及标志等法规要求。

2. 严重故障

该类故障导致整车主要性能下降;造成主要零部件损坏,且不能用随车工具和易损备件在短时间(30min)内修复。

3. 一般故障

该类故障可能造成停驶,但不会导致主要零部件损坏,并可用随车工具和易损备件或

价值很低的零件在短时间(30min)内修复;虽未造成停驶,但已影响正常使用,需调整和修复。

4. 轻微故障

该类故障不会导致停驶,尚不影响正常使用,亦不需要更换零部件,可用随车工具在短时间(5min)内轻易排除。

(二)故障产生的影响因素

汽车在使用过程中会受到各种因素的作用,从而造成零部件的磨损、疲劳、腐蚀以及老化,使各零部件失去原有的质量和功能,车辆的使用性能也将不同程度地衰退,安全性能下降,耗油量增加,排放恶化。对于道路运输车辆而言,由于运输过程中受使用强度大、载荷重以及路况复杂等多方面因素影响,车辆的技术状况较不稳定。

道路运输车辆故障产生的影响因素大致可归纳为以下五个方面。

1. 设计制造缺陷

零部件材料选择上不合理,没有充分考虑到强度、硬度、韧性、耐热及耐磨等要求,导致零部件性能不稳定,过早失效;在零部件加工过程中,质量控制不当,加工及装配精度不够等造成零部件机械性能下降,从而引发车辆故障;发动机ECU安装位置不合理,受到强电磁干扰,导致其工作性能不稳定。

2. 使用环境的影响

道路条件因素,如在山区或坑洼、崎岖、泥泞道路行驶,导致转向系统、悬架系统、底盘系统和制动系统早期损坏;长期在城市道路中行驶,发动机很少高速运转,导致燃烧室和进气管道内积炭严重,使得发动机工作抖动,甚至自动熄火等。大气条件因素,如在沿海城市中使用的车辆,因长期受海风潮湿空气的影响,导致漆面及底盘早期锈蚀损坏等。

3. 驾驶行为和安全意识的影响

不合理的驾驶行为和习惯以及超载高负荷运行,通常导致部分总成和零部件早期磨损或损坏。

4. 使用维护不当或出现故障时维修处理不当

道路运输车辆在部分部件或总成有效寿命期之前,未能按规定进行维护和检查。在车辆出现故障时,对故障部位判断不准确,缺少必要的诊断仪器设备等,对车辆部件盲目地大拆大卸,在装复时难以恢复到原有状况等,导致故障进一步扩大。

5. 自然失效

道路运输车辆在各种条件下工作,零件之间相互摩擦产生自然磨损,零件和有害物质相接触被腐蚀,长期在交变载荷作用下产生疲劳,在外载荷、温度、残余内应力作用下零件发生变形,橡胶及塑料等非金属零件随时间而老化,使用中由于偶发事故造成零件损伤等,使总成性能和零部件的形状、尺寸、表面光洁度以及配合副间相互位置甚至配合性质发生不可逆转的变化,电气系统性能衰变以及线路老化等都会造成汽车技术状况下降,严重的还会导致部件疲劳损伤甚至失效、断裂。

(三)汽车故障的产生规律

汽车故障贯穿其全寿命使用周期,故障的频次与使用年限、使用情况及新旧程度密切相关。按故障发展过程分类,汽车故障可分为突变性故障和渐发性故障。

突变性故障:是指故障突然发生,在发生故障之前没有任何迹象表明要发生故障。突变性故障的特点是技术性能参数产生跃变,突变性故障在任何时候都可发生。

渐发性故障:是指汽车或机构由正常使用状况逐渐转化为故障状况。渐发性故障发展平稳、缓慢。汽车上的一般动配合零件都是按这种规律出现故障和发生损坏的。对于渐发性故障,汽车(或总成、零件)技术状况的变化是一个连续的过程,由完好的技术状况变到故障状况,要经过一系列的中间过程。渐发性故障之所以发展平稳、缓慢,是对汽车进行及时维护的结果。在全部的汽车故障中,有40%～70%属于渐发性故障。

"浴盆"曲线是关于质量管理的一个概念。大体而言,产品在其功能、价值实现的整个过程中,故障率(λ)呈现出先下降后平稳再上升的浴盆状曲线,汽车在寿命周期内的故障率也基本遵循这一规律(图1-1)。

1. 早期故障期

"浴盆"曲线左侧部分为早期故障期,这是新车或大修过的汽车开始使用的初期。新车出现早期故障是由于设计或制造上的缺陷等原因造成的,如设计不良、制造质量差、材料有缺陷、工艺质量有问题、装配不佳、调整不当、质量管理和检验的差错等。大修车出现早期故障主要是装配不当、修理质量不高所致。早期故障可以通过

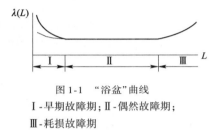

图1-1 "浴盆"曲线
Ⅰ-早期故障期;Ⅱ-偶然故障期;
Ⅲ-耗损故障期

强化试验和磨合加以排除。该阶段特点是故障率较高,但在此阶段中汽车故障率随时间增加而迅速下降,属于故障率递减型曲线。需要指出的是,随着汽车技术的发展与进步,形成了整车故障规律发展的新趋势,现代汽车的早期故障率明显下降,用"浴盆"曲线描述便是:"浴盆"左侧部分的早期故障期的斜率变缓和高度下降。

2. 偶然故障期

"浴盆"曲线的中间部分为偶然故障期,又称为随机故障期,其特点是故障率的值比较低,并且相对稳定。此阶段的故障率是与行驶里程和时间基本无关的常数,属于故障率恒定型曲线。

偶然故障期内故障产生的原因:一是偶然因素造成的,如材料缺陷、操作失误、超载运行、润滑不良、维修欠佳及产品本身的薄弱环节等引起的;二是一些零件合乎规律的早期损耗所引起的。在偶然故障期内发生故障的时间是随机的,因而难以确定。但从统计学角度来看,故障发生的概率又是有规律可循的。汽车正常使用的过程中所出现的故障,多属于偶然期故障。

3. 耗损故障期

"浴盆"曲线的右侧部分为耗损故障期。在这段时期,故障率随使用时间的延长上升得越来越快,属于故障率递增型曲线。耗损故障期内故障产生的原因主要是汽车机件的磨损、疲劳、变形、腐蚀、老化衰竭等。这种故障引起车辆性能参数恶化、振动增大、出现异响等。当故障率达到一定值时,汽车或总成就不能再继续使用,必须大修或报废。因此,确定汽车机件何时进入耗损故障期是汽车生产厂家确定定期更换易损件的理论根据。

从上述分析可知,偶然故障期越长,说明零部件的质量越好,可靠性也就越高。由于

各种零部件工作环境不同、材质不一，即使符合同一曲线的零部件，其故障期时间长短也不相同。因此，掌握汽车故障的变化规律和特点，控制影响汽车可靠性下降的诸多因素，加强和改进汽车的维护和使用方法，对延长汽车使用寿命和提高汽车维修的经济性是十分有益的。

从广义上讲，各种类型车辆的故障规律基本符合"浴盆"曲线，对于道路运输车辆亦如此，但其故障发生率高于非营运车辆，这是车辆使用的基本特征所决定的。道路运输车辆技术性能的衰变与车辆的新旧程度具有较强的相关性，使用年限越久，故障发生概率就越高。

第二节 国外机动车辆的管理

由于商业运输车辆的特殊性，这类车辆往往是国外发达国家公路交通安全管理的重点，因此，对商业运输车辆实行严格的管理是国际通行的做法。美国、欧洲、日本等发达国家和地区为此制定了完善的法律法规、规章制度、技术标准以及各种监督保障措施，形成了各具特色的管理方式，积累了丰富的管理经验，也取得了明显的管理成效。

由于体制与历史的原因，各国的管理方式与管理效果并不相同，各自形成了一套适合本国国情的管理机制。有些国家采用类似于美国的制度，例如北美和欧洲部分国家；有些国家采用类似于日本的制度，例如中国、韩国以及亚洲部分地区等；有的国家虽然有法律规定，但对其内容再度进行了细化；有的国家虽然没有法律上的义务，但采用需要由使用者承担维护修理责任的管理制度；有的国家则至今没有健全的法律法规体系。

从国外情况看，美国、欧洲、日本等发达国家和地区机动车辆技术状况的良好程度明显高于我国，除车辆制造水平高、更新换代速度快等因素外，还与其健全的法律法规、保障制度，先进的技术手段以及对行车安全的高度重视有着密切关系。美国、日本和德国等国的机动车辆管理制度和方式，具有比较典型的代表性，世界很多国家都在效仿和采用他们的管理模式。

一、美国商业运输车辆的管理

(一)法律法规

美国是联邦制国家，各州均有立法权。因此，美国机动车法规有联邦政府制定的联邦法规，也有各州政府结合当地情况制定的州法规。

美国联邦机动车法规主要包括机动车安全、环境保护和燃料经济性三大方面：联邦机动车安全法规、联邦机动运载车安全法规、联邦机动车环境保护法规和联邦机动车燃料经济性法规。其中，"联邦机动运载车安全法规"由美国运输部联邦公路管理局(Federal Highway Administration, DOT)依据机动运载车安全法组织制定，主要规定了运载车辆的安全要求、运载安全与维护以及有关安全规划等近20个部分的法规项，适用于在用商用运载车(包括载货车和大客车)，"国家交通及机动车安全法"是制定该法规的法律依据。

国家交通及机动车安全法(National Traffic and Motor Vehicle Safety Act)，制定于1966

年。这项法令起源于1935年颁布的机动运载车法[Motor Carrier Act of 1935(Statuta Large Part 1)],它以减少汽车事故和减轻人员伤亡为目的,着眼于从安全方面对车辆及零部件的设计、制造和管理,是制定机动车安全标准及安全法规的依据。

大气清洁法(Clean Air Act),起初制定于1968年。基于公害问题日趋严重,根据参议院议员马斯基提案制定了更严厉的大气污染防治法——1970年大气清洁法(Clean Air Act of 1970)[也称马斯基(Muskie)法],这项法令是制定机动车环境保护法规的依据。

机动车信息及成本节约法(Motor Vehicle Information and CostSavings Act),制定于1972年。这项法令是让所有机动车制造者共同感到恐惧的法律,主要是对机动车制造者在车辆安全上出现的问题处以巨额赔偿费用,以促进机动车的设计与生产方面的竞争,以及保护消费者利益。它是制定有关各项管理规章和安全法规及油耗法规的依据。

公路安全法(Highway Safety Act)。这项法令与上述"国家交通及机动车安全法"同于1966年制定。该项法令规定了诸如调查研究和如何控制除机动车以外足以影响交通安全的各种因素,以确保公路上的安全。实际上,此项法令所颁布的各项法规和规章,对机动车制造者并无直接关系,只是对机动车使用者或被取缔的一方有关。

(二)管理机构设置

美国由于联邦制的宪政格局,交通安全管理体制分为联邦、州和地方三级。但三个层级之间,互不隶属,没有上下级关系。

1. 联邦

美国联邦一级的商业运输车辆交通安全管理职责属于联邦交通运输局。由于商业运输车辆在公路交通安全管理中的重要地位,联邦交通运输局除了设立专司公路交通安全管理职责的"联邦公路交通安全管理局"外,还专设"联邦商业运输车辆交通安全管理局",专门负责商业运输车辆的交通安全管理工作。

联邦商业运输车辆交通安全管理局的主要职责是:

制定全国统一的商业运输车辆安全标准和商业运输驾驶证考试标准;商业运输车辆安全信息采集和统计分析;开展商业运输车辆及驾驶员安全课题研究;制定全国商业运输车辆安全管理规划;通过经费控制,促进州和地方执行联邦商业运输车辆交通安全管理法律、标准和规划。

2. 州

(1)州机动车辆管理局。

美国州一级的商业运输车辆交通安全管理职责属于州机动车辆管理局。州机动车辆管理局职能强大,是州政府重要的职能部门。

美国州机动车辆管理局主要职能是负责全州车辆牌证的核发与管理、驾驶证的考试核发与管理、汽车尾气排放检查站执照的核发与管理、车辆销售与维修执照的核发与管理、交通违法执法检查。

美国州机动车辆管理局具有交通安全执法的职责。州机动车管理局的商业运输车辆安全处下设货车管理、客车管理、校车管理、车辆鉴别调查等部门,设置车辆安全检查员,主要拥有以下职权:货车的检验和执法、校车的安全检验和执法、车辆销售和维修情况的执法、车辆的鉴别和盗窃调查、对车辆注册登记和驾驶员驾驶证情况的执法和其他交通安全执法。

(2) 州警察局。

州警察局是美国交通安全的执法部门。美国巡警都有交通违法的执法职权与义务,但是并不是所有警察都有商业运输车辆的执法权。由于商业运输车辆的复杂性与专业性,只有少部分经过专门培训的警察才有权检查商业运输车辆。

(3) 商业运输车辆管理顾问委员会。

为提高对商业运输车辆的管理成效,统一执法标准,各州一般成立"商业运输车辆管理顾问委员会",负责统一协调相关职能部门的商业运输车辆管理工作。

3. 地方

除了联邦和州政府外,地方一级无权管辖商业运输车辆的交通安全管理工作,地方警察也无权检查商业运输车辆。

(三) 管理制度

1. 商用车辆检验

美国商业运输车辆是指净重26t以上的货运车辆或运载危险物品车辆;运载16人以上的客运车辆;运载10人以上21岁以下学生的校车。

由于美国各州法律的差异,在机动车辆管理中,有些州对社会民用车辆实行检验制度(图1-2),有些州则不实行该制度。但是,对于商业运输车辆,各州不仅有登记检验,还有日常的年度检验。货运车辆的年度检验,由有资质的车辆销售与维修店进行;客运车辆的年度检验,由州机动车辆管理局预约进行逐项严格的检验。

图1-2 美国加利福尼亚州的汽车安全性能检测

2. 货车安全管理

美国对货车的交通安全管理非常严格,货车所耗管理资源是各种类车之首。美国法律规定,执法人员不得对在路面正常行驶的车辆拦截检查,但货车除外(图1-3)。检查项目主要包括:驾驶员的驾驶证、健康证、工作日志,车辆的登记证、登记检验报告、年检单、货运单、保险卡和燃油缴税证明,车辆全面的安全技术状况、危险物品货物相关证件与外观安全、车辆货物的相关单据甚至过路费收据等。对检查发现的问题,要求一定期限内整改并报执法人员,同时可以给予严厉行政处罚。

图 1-3　美国对商用货车实行的"路检"

3. 客车安全管理

由于私人汽车的普及,相对于货运车辆,美国公路客运车辆少得多,平时路面较少看见公路客运车辆。截至 2009 年年底,美国所拥有的客运公司平均每年运输旅客 7.5 亿人次。美国公路客运是一种相当安全的旅客运输模式,近 10 年来全国公路客运车辆因交通事故的死亡人数平均每年仅 19 人。

美国对客运车辆的交通安全管理主要目标及管理方法有:

目标一:防止疲劳驾驶。方法:完善安装车内电子监控系统。

目标二:防止不良驾驶行为。方法:完善客运车辆信息系统,为公司对驾驶员雇佣前的驾驶行为审查提供各种历史数据。

目标三:保持车辆的安全技术状况。方法:提高车辆检验手段。

目标四:监管运营公司。方法:完善客运车辆信息系统和开通旅客申诉网站,动态监控和评估公司的安全状况,及时停运和淘汰运营不安全的公司。同时,相关职能部门也广泛宣传,提醒旅客选择有安全信誉的客运公司的车辆乘坐。

目标五:减少事故后的伤亡。方法:安装安全带、车内防火系统、增强车架包括车顶的牢固性、设置应急出口。

4. 校车安全管理

美国校车事业发达,校车保有量约 50 万辆,日运送学生 2600 万人次。校车由于其运送对象为 21 岁以下学生,所以无论是车辆的生产标准、驾驶证的申请、车辆的检验还是公司的管理都比一般客运公司严格。美国法律规定,校车公司必须每 3 个月对车辆的安全技术状况进行检验,州机动车辆管理局每年对校车进行一次全方位的人工检验。安全记录不良的公司,公司车辆的检验不合格率偏高、公司车辆有严重事故记录等,都可能无缘取得合同。

5. 运输公司管理

市场经济高度发达的美国,也善于运用市场手段管理行政事务。对商业运输公司的系统性管理,并通过商业运输公司实行对商业运输车辆的精细化管理,是美国商业运输车辆管理的一大特点。这种管理模式既节约行政资源,又能达到行政管理难以达到的管理成效。

(1)实行运输公司代码管理制度。

美国联邦商业运输车辆交通安全管理局对商业运输公司实行全国统一公司代码制度。通过公司代码,相关管理部门和执法部门可以随时采集和查询公司基本信息和违法信息,动态监管公司安全状况。根据规定,拥有危险物品运输车辆、载质量18t以上州范围内行驶的运输车辆、载质量10t以上州际范围行驶的运输车辆、运载16人以上车辆、虽运载8人但实行有偿运输的车辆等之一的运输公司,都必须通过网络向联邦交通运输局申请公司代码。

(2)建立"商业运输车辆信息系统"。

基于运输公司的代码管理,美国联邦和各州合作共同开发"商业运输车辆信息系统"。该系统与各州的机动车登记系统和执法部门的执法系统链接。系统不仅包含公司基本情况、公司的车辆和驾驶员信息,更重要的是实时收集统计公司的车辆和驾驶员的违法信息以及其他安全信息,并通过一定的算法对公司的安全状况进行实时评估。该系统的多项查询功能同时对社会开放,运输公司可以很方便了解公司及驾驶员的安全状况。对评估结果,管理部门和运输公司可予以及时的监管,并采取相应的警告、处罚甚至停止有安全隐患车辆运营等管理手段。

(3)建立商业运输公司安全评价体系。

联邦商业运输车辆交通安全管理局将运输公司交通安全行为分为七大种类,分别是:不安全的驾驶行为类、疲劳驾驶类、不适合驾驶类、服用限制性药物或酒后驾驶类、车辆维护类、货物装载类和事故记录类。各州机动车辆管理局商业运输车辆安全处是辖区商业运输公司的评价实施单位。被评价为安全不合格运输公司,不仅在商业竞争中处于不利地位,还有可能面临执照被吊销的风险。

二、日本机动车辆的管理

为确保机动车交通安全、防止环境污染、合理有效利用资源,日本制定了道路车辆法、环境污染控制基本法(大气污染控制法、噪声控制法)、能源合理利用消耗法等三大方面的法律,并以这些法律为依据,建立了一整套政府对机动车安全、环境保护和节能方面的管理体系和技术法规体系。

(一)商用车辆的基本情况

1. 行驶里程

2004年,日本各类车辆年平均行驶里程,商用车辆高于普通车辆(家用车辆等),见表1-1。8t以上商用货车年平均行驶里程最长为67771km,其次为商用乘用车63113km 客车55365km(图1-4)。

日本普通车辆和商用车辆年平均行驶里程　　　　表1-1

普通车辆	自家用乘用车:10575km/年	商用车辆	商用乘用车:63113km/年
	自家用私人货车(8t以上):37334km/年		商用货车(8t以上):67771km/年
	自家用私人货车(8t以下):14325km/年		商用货车(8t以下):38627km/年
	微型货车:8207km/年		客车:55365km/年

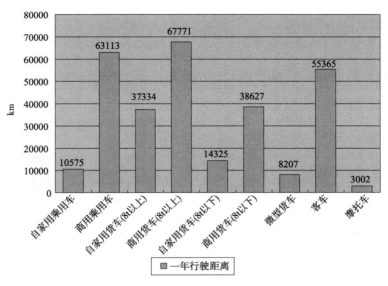

图 1-4　日本各类车辆年平均行驶里程数据(2004)

2. 日本商用车平均车龄

日本商用车平均车龄呈逐年增加趋势,十年间,客车、货车、乘用车的平均车龄分别从6.8年、5.6年、4.8年增加到9.3年、8.2年和6.6年,这一特征与汽车技术的发展密切相关(图1-5)。

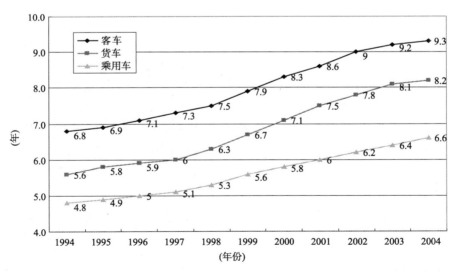

图 1-5　日本商用车的平均车龄(1994—2004 年)

(二)法律法规

日本《道路运输车辆法》(1951 年法律 185 号)是以道路运输车辆所有权的官方认可和确保机动车结构和装置的完整性,以及防治环境污染为目的而制定的。以道路运输车辆法为基础依据,制定了道路运输车辆安全法规体系。目前,日本道路运输车辆安全法规内容涉及车辆的安全性(视野性和可视性、驾驶特性、功能维持、乘员保护、车身安全、行人保护、防止火灾及车辆的一般规定)以及控制机动车排放物和噪声的环境安全法规。为提供适当和有效的方法,判定是否与道路运输车辆安全法规相符合,日本制定了车辆安全法规的具体技术标准。以大气污染防治法为基础,制定了机动车排放物允许限值;以噪声控制法为基础,制定了机动车噪声允许限值。日本道路运输车辆管理的相关法律法规见表1-2,法律法规层次结构如图1-6所示。

日本道路运输车辆相关法律法规　　　　　　　　　表1-2

类别	制定	事例	属性
法律	国会	道路运输车辆法、大气污染防治法等	通过国会表决后制定,有仅次于宪法的优先效力(在政府公报上公布)
政令	内阁	道路运输车辆法实施令、大气污染防治法实施令等	内阁制定的用以实施宪法及法律的命令(在政府公报上公布)
省令	大臣	道路运输车辆安全标准等	各省大臣针对各自职责范围内的行政事务发布的命令(在政府公报上公布)
告示	大臣	根据安全标准的规定制定的技术上的标准以及其他安全标准细目等	国家及地方政府等对省令及各种条件进行详细通知的细则(在政府公报上公布)
通知	局长部长课长	试验法(TRIAS)、审查标准等	对法令等的解释以及执行要领;行政部门向所辖各机构及职员等通知指示事项

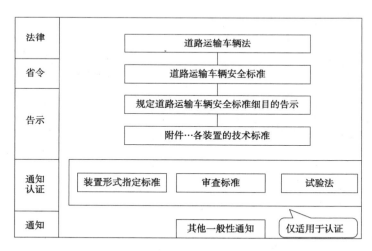

图1-6　日本道路运输车辆法律法规层次结构

(三)管理制度

日本汽车使用状况更加多样化。维护和修理工作就是需要在这种多样化状态下,保持车辆性能,防止意外故障发生,确保安全、顺畅、舒适的交通运行环境,同时还要防止污染、利于环保、节省能源。为达到上述目的,《道路运输车辆法》规定:车主有责任和义务对于发生故障后有可能造成重大事故的部位及控制污染的装置进行必要的检修、维护。作为国家的义务和责任,要定期对车辆进行检验,使运行的所有车辆符合本国的安全法规

(图 1-7)。

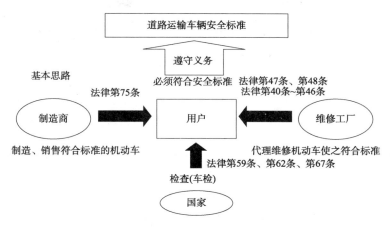

图 1-7 日本道路运输车辆管理制度

1. 维修制度

日本汽车维修分为：

(1) 故障维修(临时维修)，顾名思义就是在汽车发生故障后进行的事后维修,属于非定期维修。

(2) 预维修(定期维修,类似于我国的二级维护制度),指对汽车进行定期检修,在尚未出现故障的情况下,进行适当的处理,以防患于未然,维持汽车性能,确保安全运行。

2. 法定检查维修

(1) 日常检修。

按照原来的规定,汽车在每天启用前进行一次检查,1995 年 7 月对此规定进行了修改,针对技术进步及使用状态的多样化,对家用客车放宽了要求,由车主根据行驶里程、行驶前状态进行自主判断,视情况进行定期检查,必要时进行维修。但是对于载货车、大客车等营业用车辆,考虑其使用条件、维修率、出现故障时产生的影响度,必须提前进行一次行驶前检查。

日本《道路运输车辆法》第 47 条第 2 项规定:营业用车辆在车辆运行前对车辆的安全状态进行判断的例行检查,车主有责任和义务在指定的时间段对其使用状态连续性地进行日常检查。检查的部位根据车检标准要求,一般指重要的安全性部件或一旦发生故障会导致重大事故的零部件,其检查由车主通过目测或简易操作便可完成。

(2) 定期检修。

为确保安全,防止污染,对汽车相关部位及装置,应按月(年)进行检查、维修,这是汽车使用者的义务。检查、维护的时间及项目依据车型、用途而定。

《道路运输车辆法》第 47 条第 2 项及第 48 条规定:定期维护、检查和修理是法定制度,车主有义务执行。其中,检查可以自己做,也可委托维修厂家进行。

《道路运输车辆法》修订后,定期检查维修项目的变化情况见表 1-3。关于定期检修项目,力求随汽车进步及使用方式变化进行适时修改。从表 1-3 可以看出,商业用汽车与家用车辆相比,其检验时间间隔更短,定期检修项目更多。

定期检修项目及变化情况　　　　　　　表1-3

汽车类别 (定期检修标准)	检验时间	定期检修项目变化		
		1995年修改前	1995年修改后	2000年修改后
商业用汽车等	1个月 3个月 12个月	42 94 149	25 65 127	废止 47 96
家用载货车等	6个月 12个月	41 120	27 99	21 77
家用客车	6个月 12个月 24个月	16 60 102	废止 26 60	— 26 56

(3)检修管理者制度。

《道路运输车辆法》第50条规定:以汽车运输为主业的商家拥有多辆大型车辆(总重超过8t或定员超过11人)或出租车、租赁车时,为保证车辆安全管理和实施自主检修,应指定专职检修管理人员,建立对所保有的车辆进行检修管理的责任制。胜任这项工作需要具备一定的资质条件,要求具备3年以上的汽车维修技师资格,或2年以上从事车辆检修或管理工作的经验,并参加地方行政管理部门组织的培训。当指定或换人时,需呈报地方行政管理部门进行备案。

检修管理者的职责:制定日常检查实施方法;决定日常检查结果和操作可行性;进行定期检查;根据其他临时需要进行检查;落实检查结果,实施必要维修;制订检修实施计划;管理定期检修记录簿等记录;管理车库;指导和监督驾驶员、维修人员。

(4)检修命令。

《道路运输车辆法》第54条及第54条第2项规定:由于车主自主检修不当引起车辆不能满足保安基准,或不能满足现状时,可向车主发出命令,要求其进行检修,以期达到保安基准。如果不能满足保安基准的原因,不是源于零部件的磨损或故障,而是因为进行了不合理改造或安装使用不符合要求的零部件以及装置造成的,则可发出更加严厉的命令并进行重罚。

(5)车辆检验。

车辆检验是防止事故发生、减少污染物排放的有效措施,根据《道路运输车辆法》第54条等规定的车检要求执行。

日本对车辆日常运行时保安基准的符合性检查,主要是以车主为主体的自主性维护、检查和修理,而国家方面也对车辆进行检验(图1-8),确认车主履行保安基准的情况。检验对象是道路运输车辆中除微型车以及小型专用车外的所有车辆。

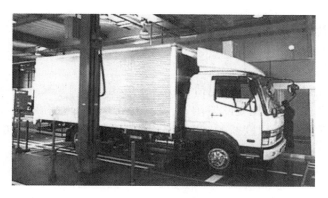

图 1-8　车检所验车

日本国家方面进行的车检有新车登记时的初次检验、持有过程中的定期延续性检验、根据需要进行的临时性检验、结构等变更检验、与车检性质不同的预备性检验等（表 1-4），各种机动车辆实行不同的检验周期，其中商用车辆相对于其他车辆检验周期较短，如图 1-9 所示。

日本道路运输车辆检验种类　　　　　　　　　　　　表 1-4

序号	检验种类	检验内容	受检场所
1	新车检验 道路运输车辆法第 59 条	新车投入使用时接受的检验或办理停用手续的机动车重新投入使用时所接受的检验（通过"形式指定"的新车无须提交现车）	主要是用地所在运输分局或机动车检验注册事务所
2	在用车检验 道路运输车辆法第 62 条	车检证有效期满后继续使用该机动车时，所需接受的检验（"指定维修工厂"证明该车符合标准的情况下，可不提供现车）	附近的运输局或机动车检验注册事务所
3	结构等变更检验 道路运输车辆法第 67 条	经改造使机动车长宽高及最大载重量发生变化的情况下所接受的检验	主要是用地所在运输分局或机动车检验注册事务所
4	街头检验 道路运输车辆法第 100 条	为了排除检查、维修不当或非法改造车辆进行的街头检验	一般街道

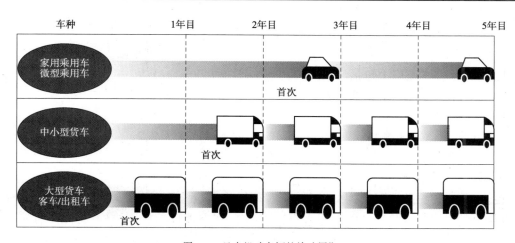

图 1-9　日本机动车辆的检验周期

三、德国机动车辆的管理

(一)法律法规

德国机动车辆的法律、法规主要包括:道路交通安全法、道路交通行驶条例(安全检测要求包含在该条例中)。由于德国是欧盟国家,同时执行欧盟准则和欧洲经济委员会条例,而且执行国家法规的同时必须以欧盟的准则为先,国家法律为后,如图1-10所示。

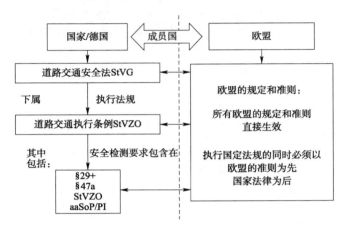

图1-10 德国及欧盟机动车辆检测的法律、法规

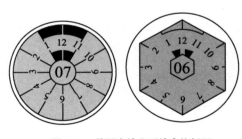

图1-11 德国安检和环检合格标识

(二)车辆检测制度

为确保道路安全和良好的生态环境,在用机动车必须定期进行安全技术检测和环保检测,合格的车辆发放统一标识(图1-11)。安全技术检测和环保检测受法律保护。2006年始,对附车载诊断系统的车辆,两项检测合二为一。

机动车安全检测按照其车辆分类确定检测期限:

车辆分类	检测年限
客运车辆(>9座以上包括驾驶员位)	1,1,1,…
客运车辆(≤9座以上包括驾驶员位)	3,2,2,…
货运车辆(zGG>3.5t)	1,1,1,…
货运车辆(zGG≤3.5t)	3,2,2,…
挂车(zGG>3.5t)	1,1,1,…
出租车、救护车	1,1,1,…

在管理方面,一是检测机构的资质管理,德国将车辆检测的任务委托具有资质的个人(官方认可的鉴定人或检测站的专职人员)和机构(官方授权的检测机构、检测工程师),操作人员必须满足加入该行业的必备先决条件,并且在接受专业培训后,通过官方考试方可从

业;二是检测站建立的先决条件,包括授权、维护并证明质量保证体系、设施设备配备以及检测人员的资质要求;三是检测站的监督。

德国人素以严谨著称,但政府委派的检查监督部门仍要按程序和要求对检测站进行监督管理(图1-12)。除此之外,政府还组织督察机构定期对检测站进行检查,具体做法是:将事先设置故障的车辆开到某一个检测站检验,根据检验结果评价该检测站的检验客观性、人员技能和设备状况,这是世界各国机动车管理中最具特色的措施。

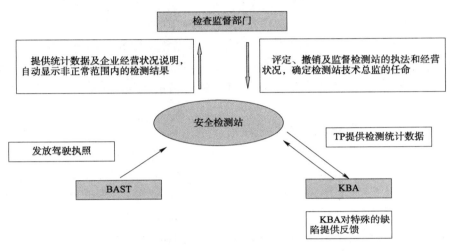

图 1-12　检测站的监督

(三)车辆评级制度

根据法规规定,德国对在用汽车的评定是依据检验时所确认的缺陷进行等级分类,与此同时还建立了一套严格的缺陷标记制度:

OM——无可以识别的缺陷,可颁发检验合格标志。

GM——微小缺陷。

在短时间内能够允许存在的同安全技术条件或者规范不一致的缺陷,并且不会在短时间内导致发生交通事故。如果汽车车主或驾驶员能够立即消除这种缺陷则不需要进行复查,可颁发检验合格标志。

EM——重大缺陷。

不符合安全技术条件或规范并可能导致交通事故的缺陷,对此需要进行复查,不能颁发检验合格标志。

VU——交通事故缺陷。

有直接导致交通事故危险的缺陷。应取消现有的检验合格标志并立即通知汽车牌照发放处。应向汽车车主或驾驶员指出,该汽车不允许用于道路运输。

四、美、日、德车辆管理特点分析

(一)坚实的法律基础

汽车产品在经过厂家生产、销售和登记后进入使用阶段,在使用过程中经历维护、修理、车检,最终报废并再利用,车辆使用者的义务、责任,汽车厂家和维修企业的业务范围、义务、责任以及从业人员资格,每一个过程的管理都以法律为基础。

(二)健全的保障体系

政府出台相关的法律、法规并制定一系列技术标准和工艺标准,用于保持车辆技术状况,指导各个总成、部件的维修作业。法律、法规和标准自成体系,但又相互关联,形成了一套科学有效的管理机制。例如美国联邦法规的《在用汽车检查标准》(2009)、德国的《欧洲委员会2010/48/EU》、日本的《道路运输车辆法》、《道路运输车辆安全标准》等以及由各汽车制造厂制定的车辆维护维修工艺规范。此外,美国、欧洲、日本等汽车工业发达的国家和地区,对于在用机动车辆实行定期维护、检验制度,依据相关标准法规进行性能保持和检测,机动车如不符合车辆安全标准,就不能投入使用,同时要求,遵守机动车相关法律规定是机动车使用者(用户)的责任和义务,这些措施对加强车辆管理和规范企业的经营行为起到了积极的作用。

(三)商业运输车辆是管理的重点

由于商业运输车辆具有的特殊性(车型大、运行强度高、道路使用频率高、驾驶操作时间长、运载人员物品多或运载危险品),相对于普通车辆,商业运输车辆的维护周期较短、维护项目较多,检验管理也更严,往往是国外发达国家公路交通安全管理的重点。各国家均设置了专门的政府机构和法规对其进行管理。以美国为例,商业运输车辆必须按规定进行性能检验,但普通民用车辆在有些州则是例外。

第三节 道路运输车辆的技术管理

1990年,交通部依据我国改革开放以来的有关法规、政策,吸取国内外技术管理的科研成果,总结了新中国成立以来历次发布的技术管理制度,制定了以《汽车运输业车辆技术管理规定》(交通部1990年第13号令,以下简称13号令)为龙头的一系列的政策法规、技术标准和技术规范,形成了营运车辆技术管理体系,规范了汽车运输业的技术管理行为,明确了政府职能由部门管理向行业管理的转变,提出了"择优选配、正确使用、定期检测、强制维护、视情修理、合理改造、适时更新和报废"的管理方针,界定了营运车辆"管、用、养、修"全过程与全方位管理的范围,突出了以车辆为管理的主要对象,体现了坚持预防为主和技术与经济相结合的原则。

13号令施行25年来,对于加强道路运输车辆技术管理,保持车辆技术状况良好,促进道路运输安全及节能减排,保障道路运输业健康可持续发展发挥了重要作用。随着我国经济体制改革的深入、道路运输业的跨越式发展,以及汽车技术的不断进步,原有在计划经济向市场经济过渡期间制定的相关规定已不能适应现有体制下的车辆技术管理工作,13号令与党中央国务院提出的加快政府职能转变、加大简政放权、加强市场监管、创造公平公正市场环境的要求越来越不适应。为此,交通运输部自2013年5月着手启动13号令修订工作,并确定了修订的基本原则:

严格遵循依法行政和合法经营的原则,厘清政府与经营者在车辆技术管理工作中的权利和义务;将车辆技术管理的主体责任回归道路运输经营者,保障经营者管理的自主权,同时加快运政管理机构监管方式的转变;明晰运政管理机构的职责,对权力加以限制,达到便民利民的目的。

此次修订,按照"创新、协调、绿色、开放、共享"的发展理念,坚持"综合交通、智慧交通、绿色交通、平安交通"目标导向,制定符合行情民意、具有时代特征的政策措施;坚持问题导向,主动大胆作为,着力解决行业发展中的难点热点问题,满足道路运输行业转型升级、提质增效的需要。2016年1月14日经交通运输部部务会讨论通过,以交通运输部令2016年第1号《道路运输车辆技术管理规定》予以公布,自2016年3月1日起施行。

全面实施道路运输车辆技术管理,包含道路运输市场准入、退出和过程监管的全过程。一是在市场准入的源头上严格把关,引导高性能、低能耗、低排放的车辆进入市场,限制不符合要求的车辆进入市场;二是加强车辆使用环节的监管,运输车辆定期检测不仅有力地保障了车辆的制动、转向、灯光照明等安全部件性能良好,而且最大限度地实现了降低在用车辆的能源消耗和污染物排放;三是运输车辆进行例行维护,及时地发现和消除隐患,防止车辆早期损坏,保持车辆处于良好技术状态;四是针对车辆非法改装的日常监管,对道路运输安全、节能、环保、高效同样发挥了积极影响,保证了超载治理工作的顺利开展。

一、法律、法规体系

(一)法律、法规的层次结构

目前,我国与道路运输车辆相关的主要法律和法规大体可分为两个层次:第一层次为国家法律、政令,主要包括《中华人民共和国产品质量法》、《中华人民共和国节约能源法》、《中华人民共和国大气污染防治法》、《中华人民共和国道路交通安全法》和《中华人民共和国道路运输条例》;第二个层次为部门规章,主要包括《道路运输车辆技术管理规定》、《道路旅客运输及客运站管理规定》、《道路货物运输及站场管理规定》、《道路危险货物运输管理规定》、《机动车维修管理规定》和《道路运输车辆燃料消耗量检测和监督管理办法》等。此外,各省、自治区和直辖市还制定有地方法规,形成上位法和下位法关系,如图1-13所示。

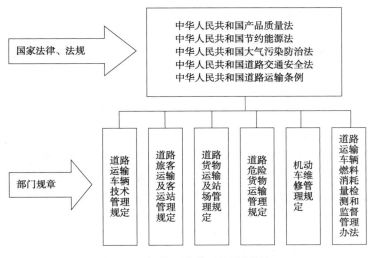

图1-13 法律、法规体系及层次结构

(二)道路运输车辆现行的主要法律、法规

1.《中华人民共和国道路交通安全法》

为维护道路交通秩序,预防和减少交通事故,保护人身安全,保护公民、法人和其他组织的财产安全及其他合法权益,提高通行效率。中国境内的车辆驾驶人、行人、乘车人以及与道路交通活动有关的单位和个人,都应当遵守。该法律第二次修正后自2011年5月1日起施行。

第二十一条 驾驶人驾驶机动车上道路行驶前,应当对机动车的安全技术性能进行认真检查;不得驾驶安全设施不全或者机件不符合技术标准等具有安全隐患的机动车。

除此之外,该法律还规定了驾驶人、道路通行条件、道路通行规定、交通事故处理、执法监督、法律责任等,其法律作用类似于美国的《公路安全法》(Highway Safety Act),与机动车制造和技术状况及性能无直接关系,在车辆性能及状况方面更多的是与机动车使用者有关。

2.《中华人民共和国道路运输条例》

为维护道路运输市场秩序,保障道路运输安全,保护道路运输有关各方当事人的合法权益,促进道路运输业的健康发展。从事道路运输经营以及道路运输相关业务的,应当遵守本条例。该条例自2004年7月1日起施行。

《道路运输条例》是目前为止与从事道路运输经营的运输车辆直接相关的国家法律。该条例与从事客、货运经营车辆相关的条文如下。

第八条、第二十二条 申请从事客、货运经营的,应有与其经营业务相适应并经检测合格的车辆。

第三十条 生产(改装)客运车辆、货运车辆的企业应当按照国家规定标定车辆的核定人数或者载重量,严禁多标或者少标车辆的核定人数或者载重量。

客运经营者、货运经营者应当使用符合国家规定标准的车辆从事道路运输经营。

第三十一条 客运经营者、货运经营者应当加强对车辆的维护和检测,确保车辆符合国家规定的技术标准;不得使用报废的、擅自改装的和其他不符合国家规定的车辆从事道路运输经营。

第四十五条 机动车维修经营者对机动车进行二级维护、总成修理或者整车修理的,应当进行维修质量检验。检验合格的,维修质量检验人员应当签发机动车维修合格证。

3.《道路运输车辆技术管理规定》(交通运输部令2016年第1号)

为加强道路运输车辆技术管理,保持车辆技术状况良好,保障运输安全,发挥车辆效能,促进节能减排,根据《中华人民共和国安全生产法》《中华人民共和国节约能源法》《中华人民共和国道路运输条例》等法律、行政法规,制定本规定,道路运输车辆技术管理适用本规定。该规定自2016年3月1日起施行。

本次修订参照了发达国家商用车管理的先进经验,针对我国道路运输车辆技术管理的特点,明确提出了"分类管理、预防为主、安全高效、节能环保"的原则,并以此确定了道路运输经营者车辆技术管理执行"择优选配、正确使用、周期维护、视情修理、定期检测、适时更新"的方针,厘清了行业监管部门与经营者双方的权力、责任与义务,调整了道路运输车辆维护制度,强化了车辆技术管理的事中事后监管,创新了车辆分类管理方式。

该规定与从事道路运输经营车辆及综合性能检测相关的条文如下。

第七条 从事道路运输经营的车辆应当符合下列技术要求：

（一）车辆的外廓尺寸、轴荷和最大允许总质量应当符合《道路车辆外廓尺寸、轴荷及质量限值》(GB 1589)的要求；

（二）车辆的技术性能应当符合《道路运输车辆综合性能要求和检验方法》(GB 18565)的要求；

（三）车辆技术等级应当达到二级以上。危货运输车、国际道路运输车辆、从事高速公路客运以及营运线路长度在800km以上的客车，技术等级应当达到一级。技术等级评定方法应当符合国家有关道路运输车辆技术等级划分和评定的要求；

（四）危货运输车应当符合《汽车运输危险货物规则》(JT 617)的要求。

第八条 道路运输管理机构应当加强从事道路运输经营车辆的管理，对不符合本规定的车辆不得配发道路运输证。

在对挂车配发道路运输证和年度审验时，应当查验挂车是否具有有效行驶证件。

第九条 禁止使用报废、擅自改装、拼装、检测不合格以及其他不符合国家规定的车辆从事道路运输经营活动。

第十四条 道路运输经营者应当建立车辆技术档案制度，实行一车一档。档案内容应当主要包括：车辆基本信息，车辆技术等级评定、客车类型等级评定或者年度类型等级评定复核、车辆维护和修理（含《机动车维修竣工出厂合格证》)、车辆主要零部件更换、车辆变更、行驶里程、对车辆造成损伤的交通事故等记录。档案内容应当准确、翔实。

车辆所有权转移、转籍时，车辆技术档案应当随车移交。

道路运输经营者应当运用信息化技术做好道路运输车辆技术档案管理工作。

第十五条 道路运输经营者应当建立车辆维护制度。

车辆维护分为日常维护、一级维护和二级维护。日常维护由驾驶员实施，一级维护和二级维护由道路运输经营者组织实施，并做好记录。

第十六条 道路运输经营者应当依据国家有关标准和车辆维修手册、使用说明书等，结合车辆类别、车辆运用状况、行驶里程、道路条件、使用年限等因素，自行确定车辆维护周期，确保车辆正常维护。

车辆维护作业项目应当按照国家关于汽车维护的技术规范要求确定。

道路运输经营者可以对自有车辆进行二级维护作业，保证投入运营的车辆符合技术管理要求，无须进行二级维护竣工质量检验。

道路运输经营者不具备二级维护作业能力的，可以委托二类以上机动车维修经营者进行二级维护作业。机动车维修经营者完成二级维护作业后，应当向委托方出具二级维护出厂合格证。

第十七条 道路运输经营者应当遵循视情修理的原则，根据实际情况对车辆进行及时修理。

第十八条 道路运输经营者用于运输剧毒化学品、爆炸品的专用车辆及罐式专用车辆（含罐式挂车），应当到具备道路危险货物运输车辆维修资质的企业进行维修。

前款规定专用车辆的牵引车和其他运输危险货物的车辆由道路运输经营者消除危险货物的危害后，可以到具备一般车辆维修资质的企业进行维修。

第十九条　道路运输经营者应当定期到机动车综合性能检测机构,对道路运输车辆进行综合性能检测。

第二十条　道路运输经营者应当自道路运输车辆首次取得《道路运输证》当月起,按照下列周期和频次,委托汽车综合性能检测机构进行综合性能检测和技术等级评定:

(一)客车、危货运输车自首次经国家机动车辆注册登记主管部门登记注册不满60个月的,每12个月进行1次检测和评定;超过60个月的,每6个月进行1次检测和评定。

(二)其他运输车辆自首次经国家机动车辆注册登记主管部门登记注册的,每12个月进行1次检测和评定。

第二十一条　客车、危货运输车的综合性能检测应当委托车籍所在地汽车综合性能检测机构进行。

货车的综合性能检测可以委托运输驻在地汽车综合性能检测机构进行。

第二十二条　道路运输经营者应当选择通过质量技术监督部门的计量认证、取得计量认证证书并符合《汽车综合性能检测站能力的通用要求》(GB 17993)等国家相关标准的检测机构进行车辆的综合性能检测。

第二十三条　汽车综合性能检测机构对新进入道路运输市场车辆应当按照《道路运输车辆燃料消耗量达标车型表》进行比对。对达标的新车和在用车辆,应当按照《道路运输车辆综合性能要求和检验方法》(GB 18565)、《道路运输车辆技术等级划分和评定要求》(JT/T 198)实施检测和评定,出具全国统一式样的道路运输车辆综合性能检测报告,评定车辆技术等级,并在报告单上标注。车籍所在地县级以上道路运输管理机构应当将车辆技术等级在《道路运输证》上标明。

汽车综合性能检测机构应当确保检测和评定结果客观、公正、准确,对检测和评定结果承担法律责任。

第二十五条　汽车综合性能检测机构应当建立车辆检测档案,档案内容主要包括:车辆综合性能检测报告(含车辆基本信息、车辆技术等级)、客车类型等级评定记录。

车辆检测档案保存期不少于两年。

4.《道路旅客运输及客运站管理规定》(交通运输部令2016年第34号)

为规范道路旅客运输及道路旅客运输站经营活动,维护道路运输市场秩序,保障道路旅客运输安全,保护旅客和经营者的合法权益,依据《中华人民共和国道路运输条例》及有关法律、行政法规的规定,制定本规定。从事道路旅客运输经营以及道路旅客运输站经营的,应当遵守本规定。该规定自2016年4月11日起施行。

该规定与从事道路运输经营车辆及综合性能检测相关的条文如下。

第三条　本规定所称道路客运经营,是指用客车运送旅客、为社会公众提供服务、具有商业性质的道路客运活动,包括班车(加班车)客运、包车客运、旅游客运。

(一)班车客运是指营运客车在城乡道路上按照固定的线路、时间、站点、班次运行的一种客运方式,包括直达班车客运和普通班车客运。加班车客运是班车客运的一种补充形式,是在客运班车不能满足需要或者无法正常运营时,临时增加或者调配客车按客运班车的线路、站点运行的方式。

(二)包车客运是指以运送团体旅客为目的,将客车包租给用户安排使用,提供驾驶劳务,按照约定的起始地、目的地和路线行驶,按行驶里程或者包用时间计费并统一支付费用的一种客运方式。

(三)旅游客运是指以运送旅游观光的旅客为目的,在旅游景区内运营或者其线路至少有一端在旅游景区(点)的一种客运方式。

第十条 申请从事道路客运经营的,应当具备下列条件:

(一)有与其经营业务相适应并经检测合格的客车:

(1)客车技术要求应当符合《道路运输车辆技术管理规定》有关规定。

(2)客车类型等级要求:

从事高速公路客运、旅游客运和营运线路长度在800km以上的客运车辆,其车辆类型等级应当达到行业标准《营运客车类型划分及等级评定》(JT/T 325)规定的中级以上。

第六十六条 县级以上道路运输管理机构应当定期对客运车辆进行审验,每年审验一次。审验内容包括:

(一)车辆违章记录;

(二)车辆技术等级评定情况;

(三)客车类型等级评定情况;

(四)按规定安装、使用符合标准的具有行驶记录功能的卫星定位装置情况。

审验符合要求的,道路运输管理机构在《道路运输证》审验记录栏中或者IC卡注明;不符合要求的,应当责令限期改正或者办理变更手续。

5.《道路货物运输及站场管理规定》(交通运输部令2016年第35号)

为规范道路货物运输和道路货物运输站(场)经营活动,维护道路货物运输市场秩序,保障道路货物运输安全,保护道路货物运输和道路货物运输站(场)有关各方当事人的合法权益,根据《中华人民共和国道路运输条例》及有关法律、行政法规的规定,制定本规定。从事道路货物运输经营和道路货物运输站(场)经营的,应当遵守本规定。该规定自2016年4月11日起施行。

该规定与从事道路运输经营车辆及综合性能检测相关的条文如下。

第二条 本规定所称道路货物运输经营,是指为社会提供公共服务、具有商业性质的道路货物运输活动。道路货物运输包括道路普通货运、道路货物专用运输、道路大型物件运输和道路危险货物运输。

本规定所称道路货物专用运输,是指使用集装箱、冷藏保鲜设备、罐式容器等专用车辆进行的货物运输。

第六条 申请从事道路货物运输经营的,应当具备下列条件:

(一)有与其经营业务相适应并经检测合格的运输车辆:

(1)车辆技术要求应当符合《道路运输车辆技术管理规定》有关规定。

(2)车辆其他要求:

①从事大型物件运输经营的,应当具有与所运输大型物件相适应的超重型车组;

②从事冷藏保鲜、罐式容器等专用运输的,应当具有与运输货物相适应的专用容器、设备、设施,并固定在专用车辆上;

③从事集装箱运输的,车辆还应当有固定集装箱的转锁装置。

第四十八条 县级以上道路运输管理机构应当定期对货运车辆进行审验,每年审验一次。审验内容包括车辆技术等级评定情况、车辆结构及尺寸变动情况和违章记录等。

审验符合要求的,道路运输管理机构在《道路运输证》审验记录中或者IC卡注明;不符合要求的,应当责令限期改正或者办理变更手续。

6.《道路危险货物运输管理规定》(交通运输部令2016年第36号)

为规范道路危险货物运输市场秩序,保障人民生命财产安全,保护环境,维护道路危险货物运输各方当事人的合法权益,根据《中华人民共和国道路运输条例》和《危险化学品安全管理条例》等有关法律、行政法规,制定本规定。从事道路危险货物运输活动,应当遵守本规定。军事危险货物运输除外。

法律、行政法规对民用爆炸物品、烟花爆竹、放射性物品等特定种类危险货物的道路运输另有规定的,从其规定。该规定自2016年4月11日起施行。

该规定与从事道路运输经营车辆及综合性能检测相关的条文如下。

第三条 本规定所称危险货物,是指具有爆炸、易燃、毒害、感染、腐蚀等危险特性,在生产、经营、运输、储存、使用和处置中,容易造成人身伤亡、财产损毁或者环境污染而需要特别防护的物质和物品。危险货物以列入国家标准《危险货物品名表》(GB 12268)的为准,未列入《危险货物品名表》的,以有关法律、行政法规的规定或者国务院有关部门公布的结果为准。

本规定所称道路危险货物运输,是指使用载货汽车通过道路运输危险货物的作业全过程。

本规定所称道路危险货物运输车辆,是指满足特定技术条件和要求,从事道路危险货物运输的载货汽车(以下简称专用车辆)。

第八条 申请从事道路危险货物运输经营,应当具备下列条件:

(一)有符合下列要求的专用车辆及设备:

(1)自有专用车辆(挂车除外)5辆以上;运输剧毒化学品、爆炸品的,自有专用车辆(挂车除外)10辆以上。

(2)专用车辆的技术要求应当符合《道路运输车辆技术管理规定》有关规定。

(3)配备有效的通信工具。

(4)专用车辆应当安装具有行驶记录功能的卫星定位装置。

(5)运输剧毒化学品、爆炸品、易制爆危险化学品的,应当配备罐式、厢式专用车辆或者压力容器等专用容器。

(6)罐式专用车辆的罐体应当经质量检验部门检验合格,且罐体载货后总质量与专用车辆核定载质量相匹配。运输爆炸品、强腐蚀性危险货物的罐式专用车辆的罐体容积不得超过$20m^3$,运输剧毒化学品的罐式专用车辆的罐体容积不得超过$10m^3$,但符合国家有关标准的罐式集装箱除外。

(7)运输剧毒化学品、爆炸品、强腐蚀性危险货物的非罐式专用车辆,核定载质量不得超过10t,但符合国家有关标准的集装箱运输专用车辆除外。

(8)配备与运输的危险货物性质相适应的安全防护、环境保护和消防设施设备。

第二十一条 道路危险货物运输企业或者单位应当按照《道路运输车辆技术管理规定》

中有关车辆管理的规定,维护、检测、使用和管理专用车辆,确保专用车辆技术状况良好。

第二十二条 设区的市级道路运输管理机构应当定期对专用车辆进行审验,每年审验一次。审验按照《道路运输车辆技术管理规定》进行,并增加以下审验项目:

(一)专用车辆投保危险货物承运人责任险情况;

(二)必需的应急处理器材、安全防护设施设备和专用车辆标志的配备情况;

(三)具有行驶记录功能的卫星定位装置的配备情况。

第二十三条 禁止使用报废的、擅自改装的、检测不合格的、车辆技术等级达不到一级的和其他不符合国家规定的车辆从事道路危险货物运输。

第三十一条 不得使用罐式专用车辆或者运输有毒、感染性、腐蚀性危险货物的专用车辆运输普通货物。

其他专用车辆可以从事食品、生活用品、药品、医疗器具以外的普通货物运输,但应当由运输企业对专用车辆进行消除危害处理,确保不对普通货物造成污染、损害。

不得将危险货物与普通货物混装运输。

第三十二条 专用车辆应当按照国家标准《道路运输危险货物车辆标志》(GB 13392)的要求悬挂标志。

第三十四条 专用车辆应当配备符合有关国家标准以及与所载运的危险货物相适应的应急处理器材和安全防护设备。

二、管理制度

保障道路运输安全是现代社会和谐发展永恒的主题。建立和完善符合我国国情和道路运输车辆特点的技术管理体系,通过法律并辅以行政的手段,借鉴国外先进管理经验,以完备的制度和科学的方法加强车辆管理,根据故障规律及故障特征,在车辆有效寿命期内按照一定周期实施维护和检测,可以提高和保持车辆的技术性能。

我国道路运输车辆技术管理体系是依据相关法律、法规以及部门规章,通过建立和完善各项管理制度构建而成。该体系是以车辆技术档案为基础,以周期性维护、视情修理和技术等级评定为手段,其基本特点是按照车辆使用属性实施分类,实现准入、退出和运行监督的全过程管理,技术管理与行业管理相结合,如图1-14所示。

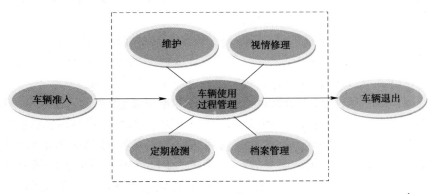

图1-14 管理体系

(一)周期维护

道路运输车辆的维护制度突出了"预防为主"的原则。在道路运输市场快速发展的新形势下,实施周期性维护制度,遏制短期行为,对于提高社会、经济效益和环境效益,有着十分重要的意义。

道路运输车辆维护制度的内涵是:

坚持计划、预防的维护原则,进一步强调维护的重要性,防止盲目追求眼前利益,对车辆进行破坏性使用的错误行为。随着科学技术的进步,车辆维护制度取消了过去对汽车主要总成大拆大卸的三级维护,采用不解体检测下的维护工艺,通过维护前的诊断检测,进行汽车清洁、补给、润滑、紧固、调整及必要的修理。这一制度类似日本的"预维修"制度,在尚未出现故障的情况下,进行适当的处理,维持汽车性能,以防患于未然,确保安全运行。

从20世纪90年代以来,道路运输车辆维护周期基本是由省级道路运输管理机构统一确定,经营者的自主管理权力受到限制。《道路运输车辆技术管理规定》(交通运输部令2016年第1号)创新了道路运输车辆维护制度,根据中央依法行政、简政放权、优化服务的精神,对车辆维护制度实行重大调整,将过去的车辆维护周期由省级道路运输管理机构统一硬性规定,改为由经营者依据国家有关汽车维护标准(注:GB/T 18344)、车辆维修手册、使用说明书等技术文件,结合车辆类别、车辆运行状况、行驶里程、道路条件、使用年限等因素,自行确定车辆维护周期,自觉组织实施维护,最大限度地调动经营者的积极性和创造性,激发市场活力,将车辆技术状况保持的责任落到实处。对于不具备车辆二级维护作业能力的道路运输经营者,可以委托二类以上机动车维修经营者进行车辆二级维护作业,机动车维修经营者完成二级维护作业后,应当向委托方出具车辆二级维护出厂合格证。

(二)定期检测

"定期检测"制度是我国道路运输车辆技术状况动态监控的重要措施,是科学技术与管理手段相结合的产物,同时也是国际惯例,符合道路运输车辆的特点与特征。

道路运输车辆的定期检测制度有别于安全性能年度审验。除按规定对安全技术性能进行年度检验外,还要按行业法规对车辆进行例行的综合性能检验。道路运输车辆技术等级评定在概念上属于定期检测制度范畴,通过全面的综合性能检验,确定车辆技术等级,将评定结果作为道路运输市场准入的重要前置条件。

随着汽车检测技术的普及和国家标准对二类汽车整车维修企业开业条件的调整,今后,对二级维护竣工车辆,不再强制要求到汽车综合性能检测机构上线检测,而由具备维护竣工检验条件的经营者自行检验,并对检验合格者签发竣工出厂合格证。

客车、危货运输车已经成为道路运输安全管理的重中之重。《道路运输车辆技术管理规定》(交通运输部令2016年第1号)改变了原有的车辆分类原则,将客车、危货运输车列为管理重点。一方面加严了车辆综合性能检验周期和频次。客车、危货运输车自首次经国家机动车辆注册登记主管部门登记注册不满60个月的,每12个月进行1次检测和评定;超过60个月的,每6个月进行1次检测和评定。其他运输车辆自首次经国家机动车辆注册登记主管部门登记注册的,每12个月进行1次检测和评定。同时,明确了委托检测的原则。客车、危货运输车的综合性能检测应当委托车籍所在地汽车综合性能检测机构进行;驻地运输的普通货车则允许在经营地检测,道路运输管理机构对驻地汽车综合性能检测机构出具的车辆技术等级评定结论证明予以采信,作为配发道路运输证和年度审验的依据。另一方面,重新界定了危货运输车承修条件。运输剧毒化学品、爆炸品的专用车辆及罐式专用车辆(含罐式挂车),应当到具备道路危险货物运输车辆维修资质的企业进行维修;上述专用车辆的牵引车和其他运输危险货物的车辆由道路运输经营者消除危险货物的危害后,可以到具备普通车辆维修资质的企业进行维修。

(三)视情修理

随着现代汽车高科技特征和汽车检测技术的发展而提出"视情修理"概念。根据车辆诊断检测后的技术评定,按不同作业范围和作业深度进行修理。"视情修理"体现了以下基本实质:

(1)"视情修理"改定性判断为定量判断,确定修理作业的方式由以车辆行驶里程为基础,改变为以车辆实际技术状况为基础;

(2)"视情修理"体现了技术经济原则,避免了拖延修理造成车况恶化,也防止了提前修理和过度修理造成的浪费;

(3)"视情修理"贯穿于车辆"周期维护"与"定期检测"之中。

"视情修理"落实的关键,是现代化检测诊断仪器设备的应用。使用科学的检测手段,送修车辆的检测诊断和技术评定是实现车辆"视情修理"的重要保证,汽车综合性能检验机构和具备检测诊断仪器和设备条件的维修企业,为"视情修理"创造了良好的客观物质条件。

(四)档案管理

道路运输车辆的档案管理是车辆技术管理的基石,是评价技术管理质量和发放、审核营运证的重要依据,也是道路运输管理机构对运输车辆实施技术管理的重要内容。

随着道路运输业车辆管理的不断深化,车辆技术档案逐步实行分置管理。针对各个环节实际工作需要,道路运输经营者、机动车维修企业、综合性能检验机构和道路运输管理机构按照交通运输部和地方的相关规定,分别建立车辆技术档案、机动车维修档案、车辆检测档案和车辆管理档案,做到一车一档,妥善保管,对相关内容的记载及时、完整和准确,档案的使用管理逐步规范。

《道路运输车辆技术管理规定》(交通运输部令2016年第1号)要求:组织实施车辆维护的道路运输经营者或汽车维修经营者须做好相应维护的记录,否则,要承担相应的法律责任。道路运输管理机构也不再要求道路运输经营者对二级维护车辆进行备案和签章,以减少车辆送检、办理备案签章手续的时间成本。

三、标准体系建设

标准是对重复性事物和概念所做的统一规定。它以科学、技术和实践经验的综合成果为基础,经有关方面协商一致,由主管机构批准,以特定形式发布,作为共同遵守的准则和依据。

标准的本质属性是一种"统一规定"。这种统一规定是作为有关各方"共同遵守的准则和依据"。强制性标准必须严格执行,做到全国统一。推荐性标准国家鼓励自愿采用。但推荐性标准如经协商,并计入法律、法规、经济合同或企业向用户作出的明示担保中,有关各方则必须执行,做到统一。

《道路运输车辆技术管理规定》(交通运输部令2016年第1号)涉及的技术标准既有强制性标准,也有推荐性标准,但以部令、法规形式发布,就必须统一、规范地加以执行。经过多年的建设与发展,我国已形成了完善的道路运输车辆标准体系,与道路运输车辆技术管理相关的主要标准如下:

(1)《道路车辆外廓尺寸、轴荷及质量限值》(GB 1589)。
(2)《道路运输车辆综合性能要求和检验方法》(GB 18565)。
(3)《汽车维护、检测、诊断技术规范》(GB/T 18344)。
(4)《汽车综合性能检验站能力的通用要求》(GB/T 17993)。
(5)《道路运输车辆燃料消耗量检测评价方法》(GB/T 18566)。
(6)《道路运输车辆技术等级划分和评定要求》(JT/T 198)。
(7)《营运客车燃料消耗量限值及测量方法》(JT 711)。
(8)《营运货车燃料消耗量限值及测量方法》(JT 719)。
(9)《营运客车类型划分及等级评定》(JT/T 325)。
(10)《汽车运输危险货物规则》(JT 617)。
(11)《汽车检验机构计算机控制系统技术规范》(JT/T 478)。

目前,我国已建立了完善的机动车辆技术标准体系。其中,与道路运输车辆技术管理相关的标准,按其功能属性可分为管理服务类、基础通用类两部分。除上述标准外,还包括《机动车运行安全技术条件》(GB 7258)以及用于汽车维修、检测、诊断设备的设计、生产、检定以及校准等相关标准。随着经济社会形势的发展和管理水平提升的需要,该标准体系将会适时补充、更新和完善。

四、国内外车辆管理制度分析

与美国、日本、德国相比较,我国在机动车辆管理制度和模式方面存在明显的共同点和不同点。

(一)管理制度的共同点

(1)通过立法确立车辆管理的法律地位,并作为制定相关法规、政策的依据;
(2)制定车辆管理的相关法规和技术标准,为法律实施提供技术保障;
(3)规定机动车辆,特别是商用车辆的维护、修理和检验的制度,明确保持车辆技术状况,使车辆性能符合本国的安全法规,确保行车安全是车辆拥有者的责任和义务;
(4)在机动车管理中,将商用车辆作为管理的重点,突出商用车辆对于道路交通安全的重要性和特殊性;
(5)商用车辆的性能检验(年检)具强制性;
(6)美国、德国的机动车管理模式严谨、实用,而由于机动车不解体检验技术引进的历史原因,我国机动车辆的管理模式与日本的管理模式更为接近。

(二)管理制度的不同点

1. 法律概念

尽管我国制定了与道路运输车辆相关的法律条文,但与欧洲、美国、日本等国家和地区的法律法规相比,内容和条款较为笼统,综合性能检测的法律规定尚不明确。

2. 管理模式

按照我国国家法律的规定,机动车辆必须进行安全性能年度审验,审验合格才可上路运行。同时,依据政府部门法规,道路运输车辆还应进行周期性维护、定期检测和技术等级评定。

3. 制度设计

美国、日本等国尽管法规要求商用车辆定期维护、检查和修理,但并非强制,主要依靠法律责任进行约束。例如日本的车检制度有两种模式,一种是由用户事先检修后再到车检所接受检验的"先检修,后车检"的模式;另一种是在检修之前接受车检的"先车检,后维修"的模式。车检不合格时,车主对不合格项进行检修后需要进行复检。在我国现阶段,道路运输车辆采用的是类似于第一种模式,即"先维护,后车检",检验不合格返修复检。从目前情况来看,这种模式更适合我国国情。

4. 技术标准更新

我国有关机动车辆,包括道路运输车辆的技术标准修订周期较长,与汽车技术发展以及管理需求关联性不强,缺乏互动性,不能及时反映汽车技术发展和安全、节能、环保的政策需求。而美国的"机动车联邦法规"、日本的"道路运输车辆安全标准"以及德国和欧盟的相关标准却能够根据需要适时得到修订和变更。

5. 车辆管理

在道路运输车辆(商用车辆)的管理制度方面,我国与美国、日本、欧洲基本相同。但对于汽车列车和挂车的管理,在标准法规与管理模式上,我国与国外发达国家和地区之间存在明显差异。美国联邦法规对汽车列车有要求,德国不但对汽车列车有要求,对挂车也有具体的规定,且是管理的重点。目前,我国缺乏牵引车和挂车的统一规范管理,对汽车列车的科学运用尚处于起步阶段。

第二章 汽车检测设备

汽车检测设备泛指在汽车性能检测中所用的仪器和设备,其开发、设计和制造应依据国家或行业相关产品制造标准实施,在使用过程中应定期维护、保养,并按规定的周期进行检定或校准,以满足国家或行业相关计量标准的要求。

第一节 汽车底盘测功机

一、概述

汽车底盘测功机(以下简称底盘测功机)是利用室内台架模拟道路行驶工况检测汽车动力性的设备,也是测量多工况汽车尾气排放和油耗的道路阻力模拟加载装置。汽车底盘测功系统主要由道路模拟系统、加载系统、数据采集与控制系统、安全保障系统及引导系统等构成。底盘测功机的产品制造依据为《汽车底盘测功机》(JT/T 445)。

1. 结构分类

底盘测功机按结构可分为三大类:

(1)单轴式滚筒底盘测功机(转鼓试验台)、滚筒直径一般为 1000~2500mm,较常见的为 48 英寸(1219mm)。该类测功机的制造成本和测试精度较高,主要应用于汽车制造厂、专业化试验室和科研机构。

(2)双轴式滚筒底盘测功机、滚筒直径一般为 200~530mm,《汽车底盘测功机》(JT/T 445—2008)推荐的滚筒直径为:承载轴荷为 3t 的轻型底盘测功机为(218±2)mm,承载轴荷为 10t 的底盘测功机为(320±2)mm,承载轴荷为 13t 的重型测功机滚筒直径为 370~530mm。相对于单滚筒测功机,该类测功机的制造成本和测试精度较低,主要应用于汽车检测站和汽车维修企业。

(3)三轴六滚筒式底盘测功机、《柴油车加载减速工况法排气烟度测量设备技术要求》(HJ/T 292—2006)要求滚筒直径为 373~530mm,《汽车底盘测功机》(JT/T 445—2008)推荐的滚筒直径为 370~530mm,该类测功机承载轴荷为 13t,适用于双轴驱动桥和单轴驱动车辆,主要应用于汽车检测站。

2. 主要功能

底盘测功机一般具有以下功能:

(1)车辆驱动轮轮边车速和底盘输出功率检测。

可按 GB 18565—2016 规定的额定功率工况和额定扭矩工况或自定义工况进行驱动轮轮边稳定车速和功率检测及试验,绘制曲线。

(2)尾气简易工况法检测。

增配相应设备及控制系统,可进行点燃式发动机汽车的稳态工况法(ASM)、简易瞬态工况法(VMAS)排气污染物检测,压燃式发动机汽车的加载减速(Lug Down)工况法检测。

(3)加速性能检测。

按自定义参数测量汽车的加速时间。

(4)燃油经济性检测。

将油耗仪联机后,在驾驶员的配合下(控制到预设速度),系统可根据预设模拟行驶阻力,并控制电涡流测功器进行阻力模拟加载,控制稳定后由油耗仪测取百公里油耗。

(5)速度表、里程表检测。

按设定的测试点进行车速表误差与里程表误差校验。

(6)反拖阻力测试。

在测功机上加装变频器、驱动电机、测力传感器和同步带组成反拖装置,在0~100km/h范围内,对测功机台架空转阻力、汽车车轮滚动阻力、汽车底盘传动系阻力进行测量和效率计算。

在工况法尾气排放检测用底盘测功机上,反拖装置不加装测力传感器,且反拖电机功率较小,只用于测功机内部动态性能指标的标定及校准。

二、基本结构

1. 轻型底盘测功机台架结构(3t 级)

该型测功机用于汽车动力性检测和尾气排放检测。其台架结构如图2-1所示。

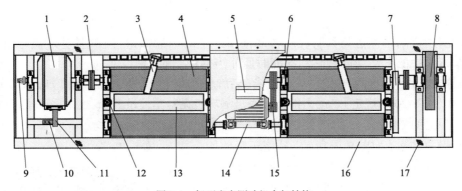

图2-1 轻型底盘测功机台架结构

1-功率吸收装置(电涡流测功机);2-联轴器;3-手动挡轮;4-滚筒;5-产品铭牌及中间盖板;6-滚筒轴承;7-同步带及同步轮;8-飞轮;9-速度传感器;10-扭力传感器;11-力臂;12-轮胎挡轮;13-气囊举升器;14-万向联轴器;15-反拖电机及传动带;16-框架;17-起重吊环

(1)滚筒直径。

滚筒直径在216~218mm之间。

(2)滚筒中心距。

$$A = 620 + D \times \sin 31.5°$$

允许误差 -6.4~12.7mm。

式中：A——滚筒中心距，mm；
D——滚筒直径，mm。

(3) 反拖装置。

轻型排放检测底盘测功机应装有反拖驱动电机和同步带（如图 2-2 所示），其功能是驱动所有滚筒转动。在底盘测功机空载和功率吸收装置未加载时，反拖驱动电机至少应具有把滚筒线速度提高到 96km/h 以上的能力，并可在该速度下维持 3s。底盘测功机通过变频调速控制器实现对旋转速度的控制。反拖驱动电机通常采用 7.5kW 左右的三相电机，用同步带与主滚筒相联，前、后滚筒也用同步带相联，其转速比为 1∶1。左、右滚筒一般采用联轴器直接相联以保证各滚筒同步。单纯用于动力性检测底盘测功机的反拖电机、变频器及同步带为选装。反拖驱动电机在底盘测功机空载时使用，其作用是：

图 2-2　带有反拖装置的底盘测功机

① 内部损耗功率（寄生功率）测量。电机驱动测功机滚筒到规定的速度后开始滑行，通过滑行时间计算测功机内部各速度点下的阻力及消耗功率。

② 测试前的预热：按厂商说明书给出的要求，驱动测功机所有旋转部件旋转，进行测试前的预热；

③ 动态参数测试：在测量与标定各种动态参数时，需要把底盘测功机滚筒线速度提升到规定速度后才能进行，如基本惯量测试、加载准确性测试等。

(4) 基本惯量。

底盘测功机基本惯量是其所有旋转部件所产生的当量惯量，当量惯量是惯量模拟装置模拟汽车行驶中的平动功能和转动动能时所相当的汽车质量。

轻型排放检测底盘测功机的基本惯量（名牌标称值）为：(907.2 ± 18.1) kg（HJ/T 291—2006、HJ/T 292—2006 规定）。动力性检测底盘测功机无基本惯量要求，也不需匹配机械飞轮。

(5) 功率吸收装置。

功率吸收装置（如图 2-3 所示）是用于吸收作用在底盘测功机主滚筒上的受检车辆驱动轮输出功率的装置。底盘测功机通常装配风冷式电涡流机（特殊用途时，也可使用水冷式电涡流机）。由电气控制系统自动调节控制电流，以实现对涡流机吸收扭矩的调节控制。

《汽车底盘测功机》(JT/T 445—2008) 要求，动力性检测底盘测功机使用风冷式电涡流机时，其冷态最大吸收功率应不小于 150kW。

(6) 举升装置及滚筒锁定系统。

底盘测功机常用的举升类型有汽缸举升式

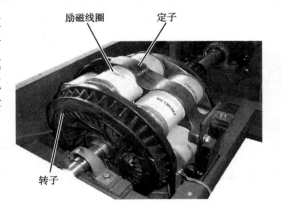

图 2-3　风冷式电涡流功率吸收装置

和气囊举升式。在举升装置升起时,通过与举升装置直接相连接的摩擦带(或摩擦块)制动滚筒,使车辆便于出入检测台,在车辆检验时举升装置下降。

(7)传感器。

测速传感器采用光电编码式传感器,与主滚筒相联,输出脉冲信号经电气测量系统处理,用于测量测功机滚筒表面线速度和检测测试距离。

测力传感器与涡流机外壳上安装的测力臂相联,用于测量滚筒表面传递的力信号,经信号放大后输入电气测量系统。

(8)最大车速。

底盘测功机的最大测试车速应不低于130km/h。

2. 中型动力性检测用底盘测功机台架结构(10t级)

该型底盘测功机用于综合性能检测线的动力性检测,一般为两轴四滚筒形式,其台架结构如图2-1所示。

(1)滚筒直径。

允许200～530mm,推荐(320±2)mm。

(2)滚筒中心距。

$$(620+D)\times\sin31.5°<A<(800+D)\times\sin31.5°$$

式中:A——滚筒中心距,mm;

D——滚筒直径,mm。

(3)反拖装置。

动力性检测用底盘测功机的反拖装置包括反拖电机、变频器及同步带,三者均为选装。装有反拖装置的测功机,可用于内部损耗功率测量和测试前的预热,前、后滚筒的转速比要求与轻型3t级测功机相同,为1:1。未装反拖装置和同步带的测功机,无同步性要求。

(4)基本惯量。

动力性检测用底盘测功机无基本惯量要求,由于《道路运输车辆综合性能要求和检验方法》(GB 18565—2016)取消了滑行性能要求,故不需匹配机械飞轮。

(5)功率吸收装置。

使用风冷式电涡流机时,冷态下的最大吸收功率应不小于250kW。

(6)其他。

举升装置及滚筒锁定系统、传感器和最大车速要求同轻型3t级底盘测功机。

3. 重型底盘测功机台架结构(13t级)

重型底盘测功机主要用于检测重型汽车的尾气排放,同时可兼有动力性检测功能。在结构上,有分别适用于单桥驱动车辆的两轴四滚筒及双后桥驱动车辆的三轴六滚筒(如图2-4所示)两种形式。

(1)滚筒直径。

《汽车底盘测功机》(JT/T 445—2008)要求

图2-4 三轴六滚筒式重型底盘测功机台架

滚筒直径为370~530mm，HJ/T 292—2006对滚筒直径要求为373~530mm之间,滚筒直径误差不超过±2mm。

(2)滚筒中心距。

第1轴与第2轴滚筒的中心距应满足如下要求：

$$A = (1000 + D) \times \sin 31.5°$$

误差 -13.0~13.0mm。

式中：A——滚筒中心距，mm；

D——滚筒直径，mm。

第1、2轴滚筒中心和第3轴滚筒中心距应为1346mm,误差在-13mm与13mm之间,如图2-5所示。

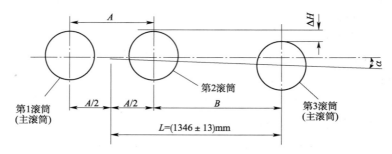

图2-5 三轴六滚筒式重型测功机滚筒中心距

(3)滚筒同步性。

用于汽车尾气排放检测的三轴六滚筒式重型底盘测功机，其前、中滚筒及前、后滚筒分别用同步带相联，左、右滚筒一般用联轴器直接相联，以保证各滚筒的同步性，前、中、后滚筒要求转速比为1:1。

(4)滚筒高度。

在底盘测功机台体处于水平时，按《汽车底盘测功机》(JT/T 445—2008)要求，单个滚筒两端点的上母线高度差应不大于1mm，滚筒间高度差应不大于2mm(第1、2轴的4个滚筒间及第3轴的2个滚筒间)。

第1、2轴滚筒与第3轴滚筒的高度差应符合HJ/T 292的相关要求，如图2-5所示。即：第1轴滚筒与第2轴滚筒等高，第3轴滚筒应低于第1、2轴滚筒，第1、2轴滚筒轴心连线的中点与第3轴滚筒轴心连线间的夹角α应满足：

$$\alpha = \frac{\tan^{-1}[(1000+D)(1-\cos 31.5°)]}{(2 \times L)}$$

第1、2轴滚筒与第3轴滚筒上母线高度差ΔH可按下式计算，ΔH的允许误差为±5%：

$$\Delta H = \frac{(1000+D)(1-\cos 31.5°)}{2}$$

(5)基本惯量。

排放检测用重型底盘测功机的基本惯量(铭牌标称值)为:(1452.8±18.1)kg(HJ/T 291—2006、HJ/T 292—2006规定)，动力性检测用重型底盘测功机无基本惯量要求。

(6)承载质量。

重型车排放检测用的底盘测功机应能测试最大单轴轴荷为8000kg的车辆或最大总质量为14000kg的车辆(HJ/T 292—2006)。三轴六滚筒式底盘测功机应能测试最大双轴轴荷为22000kg的车辆。《汽车底盘测功机》(JT/T 445—2008)要求用于重型车动力性检测的底盘测功机,其允许承载的单轴质量为13t。

(7)功率吸收装置。

用于Lug Down加载减速法的重型底盘测功机,其功率吸收装置的应能在车速大于或等于70.0km/h时,稳定吸收至少50.0kW的功率,并持续5min以上,且能够连续进行至少8次试验(2次试验之间的时间间隔为3min)。同时,在测试车速不变的情况下,持续稳定吸收至少120kW的功率达5min以上,并能够连续进行至少2次试验,2次试验之间的时间间隔为3min。

《汽车底盘测功机》(JT/T 445—2008)要求,动力性检测用13t级底盘测功机使用风冷式电涡流机时,冷态下的最大吸收功率应不小于300kW。

(8)最大车速

重型底盘测功机台架结构(13t级)底盘测功机的最大测试车速应不低于130km/h。

4. 数据采集与控制系统

(1)车速信号采集。

底盘测功机滚筒表面线速度的测量原理与车速表检验台的原理相同,采用的车速信号采集传感器类型与车速表检验台一致,但与车速表检验台相比,在运用底盘测功机检测时,其被测车辆车速较高,且对测试精度的要求更高,故底盘测功机所采用的车速信号传感器需要比车速表检验台上应用的传感器更加灵敏,目前多采用旋转编码器。

(2)驱动力信号采集。

功率吸收装置的外壳都是浮动的,且外壳上加装有测力传感器。以电涡流式功率吸收装置为例,当线圈通过一定的电流时,就会产生一定的涡流强度。对功率吸收装置的转子来说,电磁感应产生的力偶,其作用方向与其转动的方向相反。当传动器固定后,功率吸收装置外壳上的力臂就会对测力传感器产生一定的拉力或压力(与安装的位置相关)。因此,测力传感器在工作时,受力产生应变,通过应变放大器可得到一定的输出电压,再将力信号转变成电信号来处理,通过标定,得到测力传感器的受力数值。

(3)控制系统。

汽车在行驶过程中存在滚动阻力、加速阻力、空气阻力和坡道阻力。其中,加速阻力是通过惯性飞轮或电惯量来模拟,其他阻力通过台架的加载装置来模拟。控制加载装置,就要控制其电压及电流输入。

底盘测功机的控制相对复杂,系统控制精度不仅取决于台架的加工装配质量,更取决于控制系统的设计优化,其性能的优劣直接影响测试准确性。测功机的控制系统需要稳定、准确、快速地对功率吸收装置实施闭环控制,其中,电涡流式加载装置的可控性好、结构简单、质量轻、便于安装,因此,在底盘测功机的设计和生产中得到广泛的应用。底盘测功机的控制系统除了需要控制加载装置外,其他常见的控制信号还有举升器升降控制或滚筒锁定控制、电磁阀控制、飞轮控制、车辆检测指示控制、手动或自动控制等,这些控制是通过计算机或单片机 I/O 输出板输出,再经过信号放大、驱动来实现。

《汽车底盘测功机》(JT/T 445—2008)对控制系统部分指标要求如下:

①恒速控制误差:应在 ±0.2km/h 范围内。

②恒力控制误差:应在 ±20N 范围内。

③恒速控制稳定时间:对功率吸收装置加载和减载,从达到"目标速度×(1±10%)"的时刻至进入"目标速度±0.2km/h"区间(其后连续 5s 内速度示值始终保持在该区间内)的时间应不超过 10s。

④恒力控制稳定时间:对功率吸收装置加载和减载,从达到"目标驱动力×(1±10%)"的时刻至进入"目标驱动力±20N"区间(其后连续 5s 内驱动力示值始终保持在该区间内)的时间应不超过 3s。

5. 安全保障系统

底盘测功机的安全保障系统包括左、右挡轮、系留装置、车偃、发动机及车轮冷却风扇,其作用如下:

(1)设置左、右挡轮的目的是防止汽车车轮在旋转过程中侧向驶出滚筒,对前轮驱动车辆更应注意。

(2)系留装置是指地面上的固定盘,该装置与被测车辆相连,以防车辆驶出台架。

(3)车偃的作用是防止车辆在运行过程中车体前后移动,同时也起到系留作用。

(4)发动机及车轮冷却风扇是防止被测车辆在测试过程中发动机和车轮过热。

6. 引导系统

引导系统也称助手仪或司机助,其作用是引导驾驶员按提示进行操作。提示的方法一般有两种,一种是通过 LED 显示屏,另一种是通过大屏幕显示器。

三、工作原理

底盘测功机是用于模拟加载道路行驶阻力的测试设备。通过测功机模拟汽车在实际行驶时的不同负载及各种运动阻力,以实现对不同工况下的检测。检测时,被测汽车的驱动轮停在举升器上,举升器下降后车轮停在滚筒之间,驱动轮带动滚筒转动,滚筒相当于活动路面,使汽车产生相对位移。利用功率吸收装置(电涡流机)施加模拟各工况的不同负载。检测过程中,驱动轮的转速由安装在滚筒轴上的测速传感器测量,驱动轮的输出力矩由安装在功率吸收装置定子上的测力传感器测量。控制系统按照检测方法的要求,根据测力传感器和测速传感器反馈的信息,调整功率吸收装置控制电流的大小,进而调节和控制所模拟的不同负载。与此同时,由计算机进行功能调度、信号控制与数据采集,从而实现对汽车动力性、排放和油耗等的检测。

1. 功率测量

在平坦路面上行驶的汽车,发动机输出的有效功率在克服了汽车底盘传动系阻力后输出到驱动轮,驱动轮输出功率用以克服路面行驶时的车轮滚动阻力、惯性阻力和空气阻力。测功机利用滚筒代替路面,驱动轮上相应的负载用电涡流机进行模拟。驱动轮轮边线速度 V、驱动轮驱动力 F 与驱动轮输出功率 P 的关系如下:

$$P = \frac{F \times V}{3600}$$

式中：P——输出功率，kW；
　　　F——驱动力，N；
　　　V——车速，km/h。

由上式可见，只要同时测出 F 和 V 即可计算得出功率 P。

2. 速度测量

汽车车轮驱动滚筒转动时，滚筒轴上的速度传感器将滚筒的转速变换成相应频率的脉冲，根据输出脉冲频率计算汽车的速度：

$$V = 0.377 \times n \times r$$

式中：V——车速，km/h；
　　　n——主滚筒转速，r/min；
　　　r——滚筒半径，m。

3. 驱动力测量

当汽车车轮驱动滚筒转动时，带动电涡流机转子（感应子）转动，感应子被拖动旋转时产生涡流，该涡流与它产生的磁场相作用，从而产生反向制动力矩，该力矩作用到测力传感器上，使传感器受拉（或压）产生电信号，该信号的大小与车轮驱动力成正比，经调制处理后可测出被测车轮的驱动力。通过控制定子励磁电流大小，可改变电涡流机吸收功率和制动力矩的大小，以实现对汽车不同工况下的测量。

在标定时，假设标定力作用点到主滚筒中心的水平距离为 $L(\mathrm{m})$，滚筒半径为 $r(\mathrm{m})$，则换算到滚筒表面力 $F(\mathrm{N})$：

$$F = (L/r) \times F_b$$

式中：F_b——在标定力作用点加载的标准力值。

四、影响测试准确性的因素

1. 台架加工装配质量

底盘测功机台架的加工装配质量是影响测试准确度主要因素之一。加工装配质量不良的测功机，会受到来自台架自身的各种外力干扰，使控制系统的调节过程延长，恒力、恒速控制不稳定，导致控制精度下降和测试结果失真。例如：

（1）在测功机运转时，滚筒、功率吸收装置的转子（包括冷却叶轮）等旋转部件的动平衡精度不良会加剧台体的振动，振动所产生的外力作用于测力传感器上，从而影响控制精度和测量结果的准确性。

（2）测功机加工装配质量不良（台体的焊接、滚筒的同轴度、各个轴承座之间的高度差等），反映在滚筒上就是"较劲"，导致滚筒启动力矩和测功机内阻增大。《汽车底盘测功机》（JT/T 445—2008）规定：双轴式测功机滚筒每个轴承的平均起动力矩应不大于 $0.5\mathrm{N \cdot m}$，三轴式测功机不大于 $0.6\mathrm{N \cdot m}$。

台架加工装配质量的评价要素主要是：
①台体结构的规整度，包括强度、刚度、平面度、几何尺寸公差等。
②各轴承位平面度。
③滚筒及旋转部件动不平衡量。

④同轴滚筒及功率吸收装置同轴度、前后滚筒的平行度。
⑤各滚筒高差。

2. 机械阻力对汽车底盘输出功率测定值的影响

底盘测功机的台架机械损失主要来自支承轴承联轴器、电涡流机冷却风叶等旋转部件,在车轮带动滚筒旋转过程中,由于摩擦力的存在(也称内阻),将消耗一定的功率,用反拖方法或滑行法可以测出不同车速下底盘测功机台架的机械阻力所消耗的功率,如图2-6所示。

由于台架阻力消耗了汽车部分驱动功率,在检测汽车驱动轮轮边稳定车速、底盘输出功率、油耗以及工况法检测排放时,必须考虑机械阻力的影响,在测量轮边稳定车速和功率时计入所消耗的阻力和功率,有关功率补偿的要求在《汽车底盘测功机》(JT/T 445—2008)中有具体的规定。

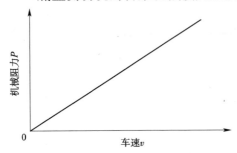

图2-6 台架机械阻力消耗功率与车速的关系

3. 风冷式电涡流功率吸收装置冷却风扇对测定值的影响

风冷式电涡流功率吸收装置采用冷却风扇对励磁线圈进行散热,由于冷却风扇与转子为一体,当转子转动时,冷却风扇自身将消耗一定的驱动功率,该驱动功率与转子转速的三次方成正比。因此,应通过试验确定风冷式电涡流功率吸收装置在不同转速下的消耗功率,风扇阻力应在加载力中予以扣除,其消耗功率应计入底盘输出功率。同样,采用反拖方法或滑行法可以测出不同车速下风冷式电涡流功率吸收装置冷却风扇所消耗的功率,该阻功率包括在底盘测功机台架机械阻力所消耗的功率之中。

4. 滚动阻力对测定值的影响分析

车轮滚动时,轮胎与路面的接触区域产生法向、切向的相互作用力,轮胎和支承路面的相对刚度决定了轮胎变形的特点。当弹性轮胎在硬质的钢制滚筒上滚动时,轮胎的变形是主要的,此时由于轮胎内部摩擦产生的弹性迟滞损失,导致轮胎变形时所做的功不能全部收回,此能量消耗在轮胎各组成部分间的摩擦以及橡胶、帘线等物质的分子间摩擦中,最后转化成热能消失在大气中。这种损失即为弹性物质的迟滞损失。

由于滚动阻力系数与模拟路面的滚筒种类、直径、行驶车速以及轮胎的构造、材料、气压等有关,因此在动力性检测时,对其影响因素进行分析是必要的,具体如下:

(1)钢制滚筒对滚动阻力系数的影响。

①滚筒的半径r越大,滚动轮胎的变形量就越小,也就是说弹性迟滞损失就小。

②在加工过程中,滚筒的椭圆度、同轴度越小,轮胎在滚筒上的运转就越平稳,当车速一定时,滚动阻力系数的波动范围就越小,故轮胎滚动阻力系数随滚筒加工精度的提高而减小。

③国内在用的底盘测功机滚筒表面有两种形式,一种是常见的光滚筒即表面未经处理的滚筒,另一种是滚筒表面喷涂有耐磨硬质合金或经过"滚花"处理的滚筒。前者由于滚筒表面较光滑,其附着系数约为0.5左右,当汽车车轮转动时,除滚动阻力外,还有滑拖现象。后者采用表面喷涂或"滚花"技术,将滚筒表面的附着系数提高到0.7左右,接近于一般路面

的附着系数,则可减少滑拖现象。

④滚筒中心距 L 是指底盘测功机两排滚筒支承轴线之间的距离,随着滚筒中心距的增加,汽车车轮的安置角随之增大,前、后滚筒对车轮的支承力也随之增大,这样将导致车辆在测功机台架上的运行滚动阻力增大。

(2) 轮胎气压对滚动阻力系数的影响。

轮胎气压对滚动阻力系数影响很大,气压低时在硬质路面上轮胎变形大,滚动迟滞损失增加。为了控制检测误差,要求在动力性检测前必须将轮胎气压充至标准气压。

5. 风冷式电涡流功率吸收装置的热衰退

电涡流机有水冷、风冷和油冷等冷却形式,由于水冷电涡流机成本高、配套设施相对复杂,加上气候环境、水质条件的限制,国内外汽车底盘测功机多采用风冷式电涡流机作为底盘测功机的功率吸收装置。

基于能量守恒,当电涡流机起制动作用时,汽车驱动轮的动能将转化为涡电流的电能,进而以热量的形式被消耗掉。因此,电涡流机在工作时会产生巨大的热量。水冷式电涡流机由冷却水带走热量,而风冷式电涡流机受冷却效率的制约,在工作时会产生热衰退效应,使得吸收能力下降,如图 2-7 所示。基于此,在《汽车底盘测功机》(JT/T 445—2008) 中,通过以下要求来减小并改善风冷式电涡流机由于热衰退效应对测试能力造成的影响,使之满足使用要求:

(1) 规定了测功机额定吸收功率的限值,即额定承载质量为 3t、10t 和 13t 的底盘测功机,额定吸收功率分别不小于 150kW、250kW 和 300kW。

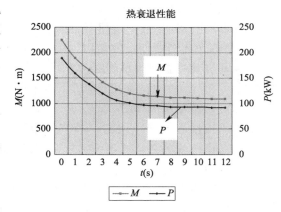

图 2-7 风冷式电涡流功率吸收装置的热衰退

(2) 参考汽车缓速器标准,提出"热衰退率"的技术指标:采用风冷电涡流功率吸收装置的测功机,其功率吸收装置在恒速 800r/min 的 12min 满负荷测试条件下,第 12min 的吸收扭力相对于第 1min 的热衰退率不超过 55%。

需要说明的是,只有在较长时间满负荷测功时,风冷式电涡机才会出现明显的热衰退效应。在汽车综合性能检测机构进行达标法动力性检测和常规的油耗测量时,加载控制一般为部分负荷,而风冷式电涡机一般不易产生较大的热衰退,其加载检测能力基本可以得到保证,但在满负荷过加载检测驱动轮输出功率以及 Lug Down 加载减速法检测尾气排放时,应采取加装外部冷却风扇,以强化散热效果。

6. 滚筒同步装置

滚筒同步装置是主动滚筒与从动滚筒之间的传动连接装置,采用橡胶带或链条制成,其作用是在测量底盘测功机台体机械损耗时,保证所有旋转部件在反拖电机驱动下同步旋转。用于环保测试的测功机需要检测台体损耗功率,在动力性等汽车性能测试时,滚筒同步装置不起作用,但是会有损耗而影响动力性测试的结果,该损耗可通过滑行法测得。试验证明,同步带越宽大,功率损耗越大。链条同步带的功率损耗要小于橡胶同步带,但高速时噪声较大。

五、日常维护和保养

底盘测功机是用于汽车动力性、燃料经济性等检测的必备设备,须由专人负责使用和管理,并定期进行检查、维护和保养。

1. 使用注意事项

(1)使用前的准备工作。

①车辆外部清洗干净。

②轮胎花纹中不得夹有石粒。

③轮胎气压符合标准。

④发动机机油油面应在规定范围内。

⑤发动机机油压力应在规定范围内。

⑥自动变速器(液力变扭器)的液面应在规定范围内。

(2)汽车底盘测功机的使用

①开机前应按使用说明书的要求,做好安全防护等准备工作,并暖机,对旋转部件充分预热。

②按规定程序操作。

③测试过程中,严禁制动。突然停电时,引车驾驶员应立即松油门并挂空挡。

④引车驾驶员必须严格按引导系统提示操作。

2. 定期维护和保养

(1)定期检查。

①日常检查项目。

a)检查滚筒启动力矩,判断测功机台架内部阻力有无明显增大现象,检查方法如图2-8所示;

b)检查滚筒轴承、飞轮轴承是否有发热、损坏现象。

②每3个月检查项目。

a)各部螺栓紧固情况;

b)同步带磨损情况;

c)台架有无明显振动。

(2)定期润滑。

系统各润滑点,如本部轴承等,按使用说明书的要求进行润滑。

(3)定期检定和校准。

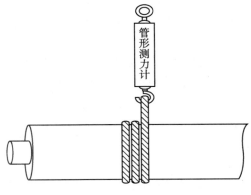

图2-8 滚筒启动力矩检查方法

为了保证测量准确,依据《测功装置》(JJG 653),应定期对汽车综合性能检测用动力性底盘测功机进行检定。车速传感器、测力传感器的检定:1次/年;自校准:1次/半年。

第二节　滚筒反力式汽车制动检验台

一、概述

根据《道路运输车辆综合性能要求和检验方法》(GB 18565—2016)的要求,汽车制动性能台架检测是以整车制动率、轴制动率和制动不平衡率作为评价指标,当对台架检验结果有质疑或被检车辆无法进行台架检验时,可采用路试的方法,以制动距离、制动稳定性或充分发出的平均减速度 MFDD、制动协调时间、制动稳定性进行评价。

用于汽车制动性能检测的设备,主要包括滚筒反力式制动检验台(用于检测制动力、制动力平衡)、平板式制动检验台(用于检测制动力、制动力平衡和制动协调时间)、非接触式速度计和第五轮仪(用于检测制动距离)、便携式制动性能测试仪(用于测量 MFDD 和制动协调时间)。目前,我国汽车综检机构配备的制动性能台架检测设备多为滚筒反力式制动检验台和平板式制动检验台,路试检测设备多为便携式制动性能测试仪。

滚筒反力式制动检验台的产品设计、生产制造执行《滚筒反力式汽车制动检验台》(GB/T 13564—2005)。按承载轴荷分类,一般将滚筒反力式制动检验台分为 3t 级、10t 级和 13t 级。

二、基本结构

目前,综检机构所用的滚筒反力式制动检验台,是将各车轴依序逐个检测的,它由结构完全相同、左右两套对称的车轮制动力测试单元和一套指示控制装置组成。每一套车轮制动力测试单元由框架(多数检验台将左、右测试单元的框架制成一体)、驱动装置、滚筒组、举升装置、测量装置等构成,如图 2-9 所示。复合结构的滚筒反力式制动检验台是将轴重仪与其组合安装(轴重仪位于制动台下方),可在同一工位完成制动力等参数和轴重的检测与测量,如图 2-10 所示。

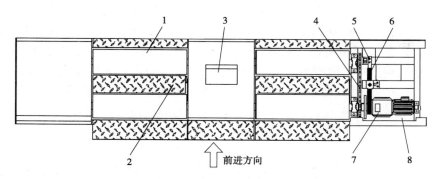

图 2-9　车轮制动测试单元
1-滚筒;2-举升器;3-铭牌;4-链条;5-传感器;6-力臂;7-减速箱;8-电机

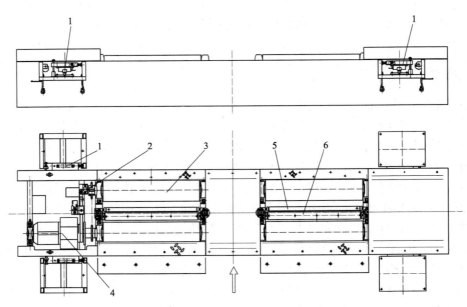

图 2-10 复合式滚筒反力式制动检验台结构简图
1-称重传感器;2-制动传感器;3-滚筒;4-电机减速机;5-第 3 滚筒;6-举升器

1. 驱动装置

滚筒反力式制动检验台的驱动装置由电动机、减速器和链传动带组成。电动机经过减速器减速后驱动主动滚筒,主动滚筒通过链传动带动副滚筒旋转。减速器输出轴与主动滚筒同轴连接或通过链条、皮带连接,减速器壳体为浮动连接,即可绕主动滚筒轴自由摆动。减速器的作用是减速增扭,其减速比根据电动机的转速和滚筒测试转速确定。由于制动检验台的测试车度较低(日式制动台一般为 0.1~0.18km/h,欧式制动台相对较高,但也仅为 2.0~5.0km/h),滚筒转速也较低,一般在 40~100r/min 范围(日式检验台转速甚至低于 10r/min)。因此,减速器减速比较大,一般采用两级齿轮减速或一级蜗轮蜗杆减速与一级齿轮减速。

测试车速较低的优点是驱动电动机的功率可较小,如日式制动台其电机功率通常仅 $(2\times 0.7) \sim (2\times 2.2)$ kW,而测试车速相对较高的欧式制动台驱动电动机的功率为 $(2\times 3) \sim (2\times 11)$ kW。但是,理论分析与试验表明,滚筒表面线速度过低的日式制动台的测力能力难以满足前轴驱动乘用车前轴测力的实际需要,因此推荐使用滚筒表面线速度较高的欧式制动台。当然,滚筒表面线速度越高,驱动电动机的功率也越大。因此,实际使用的制动台滚筒表面线速度按《滚筒反力式汽车制动检验台》(GB/T 13564—2005)规定,以 2.5km/h 为宜。

2. 滚筒组

每一车轮制动力测试单元设置一对主、副滚筒。每个滚筒的两端分别用轴承座支承在框架上,且保持两滚筒轴线平行。滚筒相当于一个活动的路面,用来支承被检车辆的车轮,并承受和传递制动力。

汽车制动器产生的制动力大小受地面附着系数制约,其最大值不可能超过地面附着力。

滚筒反力式制动台检测到的最大制动力,只能等于受检车轮在制动台滚筒上的附着力。显然,当制动器具有足够的制动能力时,同一受检车辆具有的制动力,其大小主要是受制于制动台滚筒的表面附着系数。滚筒表面的附着系数大,所测得的制动力就大,反之,测得的制动力就小。《滚筒反力式汽车制动检验台》(GB/T 13564—2005)要求,滚筒表面滑动附着系数应不小于0.70。为了增大滚筒与轮胎间的附着系数,滚筒表面都进行了相应的加工与处理,目前采用较多的有下列五种:

(1)开有横向浅槽的金属滚筒。在滚筒外圆表面沿轴向开有若干间隔均匀、有一定深度的沟槽。这种滚筒表面附着系数一般可达0.65,但当表面磨损且沾有油、水时,附着系数将急剧下降。为改进附着条件,有的制动台滚筒表面进一步作拉花和喷涂处理,附着系数可达0.75以上。

(2)表面粘有熔烧铝矾土砂粒的金属滚筒。这种滚筒,表面无论干或湿时,其附着系数可达0.8以上。

(3)表面具有嵌砂喷焊层的金属滚筒。喷焊层材料选用NiCrBSi自熔性合金粉末及钢砂,这种滚筒的表面附着系数可达0.9以上,其耐磨性也较好。

(4)高硅合金铸铁滚筒。这种滚筒表面带槽,耐磨,附着系数可达0.7~0.8,价格便宜。

(5)表面带有特殊水泥覆盖层的滚筒。这种滚筒比金属滚筒表面耐磨,表面附着系数可达0.7~0.8,但易被油污与橡胶粉粒附着,使附着系数降低。

滚筒直径与滚筒中心距的大小对制动台的性能有较大影响。滚筒直径增大有利于改善与车轮之间的附着状态,使检测过程更接近实际制动状况,但必须相应增加驱动电机的功率。随着滚筒直径增大,两滚筒间中心距也需相应增大,才能保证合适的安置角,这将使检验台结构尺寸相应增大,制造成本提高。依据实际检测的需要,增强综检机构之间检测数据的可比性,《滚筒反力式汽车制动检验台》(GB/T 13564—2005)推荐滚筒直径为245mm。

滚筒反力式制动检验台的主、副滚筒之间通常设置一直径较小,既可自转又可上下摆动的第三滚筒,非检测状态时,由弹簧使其保持在最高位置,在第三滚筒上装有转速传感器。检验时,被检车辆的车轮置于主、副滚筒上,同时压下第三滚筒并与其保持可靠接触,控制装置通过转速传感器即可获知被测车轮的转动情况。当被检车轮制动,车轮转速下降至接近抱死时,控制装置根据转速传感器送出的相应电信号,计算滑移率,当其达到一定值时使驱动电动机停止转动,以防止滚筒剥伤轮胎和保护驱动电机。除了上述作用外,第3滚筒还可作为安全保护装置使用,当两个车轮制动测试单元的第三滚筒同时被压下时,检验台驱动电机电路才能接通。

3. 制动力测量装置

制动力测量装置主要由测力杠杆和传感器组成。测力杠杆一端与传感器连接,另一端与减速器壳体连接。被测车轮制动时,测力杠杆与减速器壳体将一起绕主滚筒(或绕减速器输出轴、电动机枢轴)轴线摆动,传感器将测力杠杆传递的且与制动力成比例的力(或位移)转换为电信号输送到指示控制装置。传感器有应变测力式、自整角电机式、电位计式、差动变压器式等多种类型。早期的日式制动台多采用自整角机式测量装置,而欧式以及近期国产制动检验台多采用应变测力式传感器。

检测时,测力传感器受力点受力的大小与滚筒表面制动力的关系为:

滚筒表面制动力(N) = 测力传感器受力(N) × 测力臂水平长度/滚筒半径

标定时,加载力的大小与滚筒表面制动力的关系为:

滚筒表面制动力(N) = 标定加载力(N) × 标定杠水平长度/滚筒半径

4. 举升装置

为了便于车辆出入制动检验台,有些制动台在主、副滚筒之间设置有举升装置。该装置通常由举升器、举升平板和控制开关等组成。举升器常用的有气压式、电动螺旋式、液压式三种形式,气压式是用压缩空气驱动汽缸中的活塞或使气囊膨胀完成举升动作;电动螺旋是由电动机通过减速器带动丝母转动,迫使丝杠轴向运动完成举升动作;液压式是由液压举升缸完成举升动作。但有些带有第3滚筒的制动检验台未装举升装置。为保证安全,制动台在设计上应做到:

(1)在接通电源,汽车到位后,一定要在举升装置与被测车轮完全脱离后,方可进行测试。
(2)制动台进行检测时,禁止升起举升装置。

5. 指示与控制装置

目前滚筒反力式制动检验台的控制装置大多采用电子式。为提高自动化与智能化程度,控制装置均配置了计算机。指示装置有指针式和数字显示式两种,采用计算机的控制装置多采用数字显示。

三、工作原理

顾名思义,滚筒反力式制动检验台通过测定作用在测力滚筒上的车轮制动力的反力得到车轮制动力。如图2-11所示,F_{X2}为测力滚筒(主滚筒)作用在车轮的切向力,F'_{X2}为车轮作用在测力滚筒的作用力。

滚筒对车轮的切向力F_{X2}即是需检测的车轮制动力,这个力与车轮制动时作用在测力滚筒上的轮缘制动力F'_{X2}方向相反,即为反力式制动检验台"反力"的含义。

检测车辆制动性能时,被检机动车驶上制动检验台,车轮置于主、副滚筒之间。放下举升器(或压下第3滚筒,装在第3滚筒支架下的行程开关被接通),通过延时电路起动电动机,经减速器、链传动和主、副滚筒带动车轮旋转,待车轮转速稳定后,驾驶员按照制动检验台操作提示踩下制动踏板。车轮在车轮制动器的摩擦力

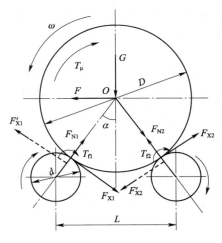

图2-11 受力分析

矩作用下开始减速旋转,此时电动机驱动的滚筒沿车轮轮胎周缘切线方向的制动力克服制动器摩擦力矩,维持车轮继续旋转。与此同时,车轮轮胎对滚筒表面切线方向附加一个与制动力方向相反且等值的反作用力。在该反作用力矩作用下,减速机壳体与测力杠杆向滚筒转动相反方向摆动(如图2-12所示),测力杠杆一端的力或位移经传感器转换成与制动力大小成比例的电信号,经放大滤波后,送往A/D转换器转换成相应数字量,再经计算机采

集、处理和存储后,检测结果由数字显示或打印机打印出来。打印格式或内容依据《道路运输车辆综合性能要求和检验方法》(GB 18565—2016)的要求由软件设计而定。

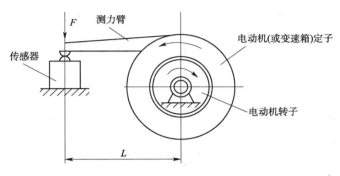

图 2-12　制动力测试原理

四、影响测试准确性的因素

1. 台架加工装配质量

滚筒反力式制动检验台的台架加工装配质量是影响测试准确性的主要因素之一,加工装配质量不良会使检测结果不准确,造成制动性能评价误判。台架的加工装配应保证制动台运转时,尽可能减小台体的振动,以避免将振动产生的力叠加到检测结果中。因此,应重点把握以下关键点:

(1)台体结构的规整度,包括强度、刚度、平面度、几何尺寸公差等。
(2)各轴承位平面度。
(3)滚筒及旋转部件动不平衡量。
(4)减速箱的加工精度及传动平稳性。
(5)同轴滚筒同轴度、前后滚筒的平行度。
(6)各滚筒高差。

2. 机械阻力的影响

滚筒反力式制动检验台台架的阻力主要来自支承轴承和减速箱旋转部件。在滚筒旋转过程中,滚筒等旋转部件空转阻力会影响制动力和车轮阻滞力的检测结果,因此,该阻力越小越好。《滚筒反力式汽车制动检验台》(GB/T 13564—2005)规定了制动台空载动态零值误差,见表 2-1。

滚筒反力式制动检验台空载动态零值误差　　　　　表 2-1

额定承载质量	空载动态零值误差	额定承载质量	空载动态零值误差
3t	±0.6% F·S	13t	±0.2% F·S
10t	±0.2% F·S		

注:F·S 表示满量程,是英文"full scale"的缩写

五、日常维护和保养

1. 使用注意事项

（1）在电动机起动前，务必保证行车制动、驻车制动处于解除状态，以防电动机超负荷起动损坏设备。

（2）在"踩制动"灯亮前，切勿踩制动踏板，否则会造成车轮抱死而不停机。若检测过程中如果车轮被抱死而检验台未及时停机或车轮与滚筒打滑，被向后拖移时应即时松开制动器，以保护轮胎及设备。

（3）若测量制动力过小，停机过早，则可能是第 3 滚筒速度传感器失效，应适当调整位置、距离或更换传感器。

（4）超出制动检验台额定载荷的车辆，禁止驶上制动检验台。

（5）为保证检测结果准确，应按使用说明书开机预热到规定的时间（通常为 30min）之后再进行复位调零。

（6）为保证检测结果的准确性，被检车辆的轮胎气压和轮胎胎冠花纹深度应符合规定。

（7）制动检验台不得进水，应保持传感器清洁、干燥，以保证其灵敏度。

（8）不要对肮脏的车辆直接检测，应首先清洗并待滴水较少时进行检测。受检车辆进入检验台前，应将轮胎上的油污、石子等杂物清理干净，以免降低滚筒表面附着系数及损伤滚筒表面。

（9）进行检测时应尽可能使车辆沿引车线平稳驶入，并使车轴与滚筒保持平行。当被测车轴为转向轴时，应使车轮与滚筒垂直。

（10）制动检验台上禁止停放车辆和堆积杂物。

2. 定期维护和保养

（1）每天需要检查的项目主要有：

①检查仪表的功能键是否正常，如果仪表不能正常回零位，则需要校对。

②检查举升器动作是否灵活，检查压缩空气气压是否正常，是否有漏油、漏气现象。

③清理滚筒上的泥沙、油污、水等杂物。

（2）定期对气路的水过滤器放水，并对油雾器加油，调整气泵压力不得超过 0.8MPa（或按使用说明书规定），电机供电电压应在额定电压值的 ±10% 范围内。

（3）使用 3 个月以后，除进行上述工作外，还需：

①检查滚筒轴承的润滑情况并适量加油润滑。

②检查滚筒、减速器、电动机的支撑轴承座的螺栓是否有松动，并紧固。同时检查测力臂与锁紧螺栓的间隙是否符合安装时的要求，并调整使其达到要求。

③检查导线有无损伤或接触不良现象。

（4）使用 6 个月以后，除进行第（1）～（3）项的工作外，还需检查滚筒运转有无异响或损伤，并查找原因修复；必要时拆下链条，清洗链条和链轮，并调整链条张紧度。

（5）减速器首次运行 3 个月后应换润滑油，以后每年换 1 次油。注意检查减速器的润滑油液位，不足时按使用说明书规定的润滑油补充。

（6）为了保证测量准确，滚筒反力式制动检验应按《滚筒反力式制动检验台》（JJG 906—2009）定期进行检定和自校准。检定：1 次/年；自校准：1 次/半年。

六、调整与维修

1. 静态零点漂移超标

故障现象为在空载时显示仪表零点漂移超标,其主要原因及检查方法为:

(1)若左、右测力单元零点漂移均超标,应检查电源工作是否正常,屏蔽、接地是否良好,显示仪表端 A/D 通道的信号调理及转换有无问题。若单侧有问题可互换显示仪表端 A/D 接线通道,判断 A/D 信号调理及转换有无问题。

(2)确认显示仪表端无问题,则更换放大器,检查是否为放大器工作不稳定所致。

(3)若更换放大器后零点漂移仍超标,则可左、右互换传感器检查传感器是否工作正常。

2. 标定非线性导致示值误差超标

故障现象为标定时,仪表示值与加载力关系非线性,某些标定点示值误差超标。其主要原因及检查方法为:

(1)检查标定力臂及制动测力臂传力是否异常,传感器安装部位是否变形。

(2)检查传感器是否损坏,具体检查方法可参考轮(轴)重仪部分的传感器检查方法。

3. 检测时易伤轮胎

故障现象为实施制动时对轮胎的损伤较大,其原因是系统的自动停机控制装置工作不正常。系统的自动停机装置应保证在实施制动且车轮滑移率为 25%～35% 时及时停机,但停机过早会无法测取最大制动力,停机太晚会损伤轮胎。此外,驾驶员在踩死制动踏板后应及时松开,避免停机不及时对轮胎造成损伤。

第三节　平板式汽车制动性能检验台

一、概述

为满足汽车行驶状态的制动要求,提高制动稳定性、减少制动时后轴车轮侧滑和汽车甩尾,考虑到汽车制动时质量将发生前移,在设计上,前轴驱动的乘用车,其前轴制动力可达到静态轴荷的 140% 左右,而后轴制动力则设计得相对较小。上述制动特性只有在道路试验时才能体现,在滚筒反力式制动检验台上,由于受设备结构和检验方法的限制,无法测取前轴的最大制动力。而采用平板式制动检验台模拟实际道路制动过程进行检测,能够反映制动时的轴荷转移及车辆其他系统(如悬架结构、刚度等)对制动性能的影响,可以较为准确地反映前轴驱动的乘用车的制动效能。

平板式制动检验台的产品设计生产依据《平板式制动检验台》(GB/T 28529—2012)执行。按允许承载轴荷分类,一般可将平板式制动检验台分为 3t 级、10t 级、13t 级。

二、基本结构

与滚筒反力式制动检验台相比,平板式制动试验台是一种新型的制动检测设备,它利用汽车低速驶上平板后突然制动时的惯性力作用来检测制动效能,属于动态惯性式制动试验台。

平板式制动检验台结构比较简单,主要由测试平板、传感器和数据采集系统(力传感器、放大器、多通道数据采集板)等几部分组成。与滚筒反力式制动检验台相比,平板式制动检验台的运动件少、用电量少、日常维护工作量小,因此工作可靠性也比较高。

用于测试小型汽车制动效能的平板式制动检验台一般由4块制动力和轴重测试平板组成,如图2-13所示。由于平板制动检验与侧滑检测时的车辆行驶速度不一致,因而平板制动检验台一般不再带有侧滑检测功能。

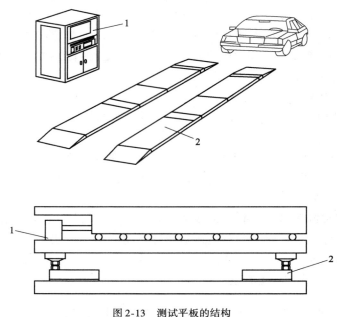

图2-13 测试平板的结构
1-拉力传感器;2-压力传感器(4个)

测试平板是车轮制动力和车轮垂直力的承受与传递装置。测试平板为一长方形钢板,其下面4个角上安置4个压力传感器,部分设备将压力传感器底部加工成可以放置钢珠的纵向V形沟槽,底板与压力传感器底部的纵向沟槽对应处也加工有4条可以放置钢珠的纵向沟槽。这样,测试平板既可以通过钢珠在底板上纵向移动,又可以通过钢珠将作用于测试平板上的垂直力传递到底板上。此外,测试平板与底板之间装有拉力传感器。当汽车行驶到测试平板上进行制动时,拉力传感器和压力传感器就能同时测出每个车轮作用于测试平板上的制动力与垂直力。

由于平板式制动检验台与滚筒式制动检验台相比,具有反映车辆实际制动过程中质心前移的能力,因此,平板式制动检验台对两轴车的制动性能检验结果与实际道路制动状况更为接近。目前,综合性能检测机构采用的平板式制动检验台为四板式,适用于两轴车辆,而对于《道路运输车辆综合性能要求和检验方法》(GB 18565—2016)中的汽车列车制动性能的检测,则需要使用多板式制动检验台。

三、工作原理

汽车以5~10km/h的速度(或按出厂说明书允许的更高速度)驶上平板,置变速器于空挡。驾驶员急踩制动后,汽车在惯性作用下,通过车轮在测试平板上附加与制动力大小相等、方向相反的作用力,使测试平板产生纵向刚性位移。数据采集系统测量并处理各车轮的制动力和静(动)态轮重,计算并显示检测结果,测试原理如图 2-14 所示。

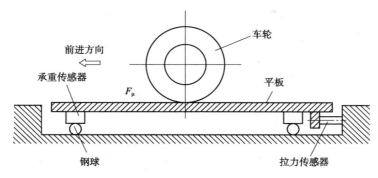

图 2-14　平板式制动试验台测试原理图

四、影响测试准确性的因素

平板式制动检验台的加工装配应注意以下要点:

(1)合理选材,使底板、测试平板等部件具有足够的强度和刚度,尽量减小车辆荷重导致的结构变形对传感器的附加影响;强化拉力传感器与测试平板的连接强度,减小受力时的弹性变形。

(2)提高加工精度,保证各台面和各基准面的平面度,底板、测试平板等部件无翘曲;拉力传感器的连接机构不应产生分力,受力方向为水平方向。

(3)装配时,底板上的 4 个压力传感器与测试平板同时可靠接触,拉力传感器与测试平板和底板的连接机构稳固、无松旷。

五、日常维护和保养

1. 使用注意事项

(1)在使用平板式制动检验台前,应清除所有盖板及台面上的油、水、泥、砂,使用中应注意清洁,避免油污、泥沙及其他异物等进入检验台内,以免影响检测。

(2)设备安装完毕后,台体应可靠的接地,以防传感器被电击而损伤。

(3)其余使用注意事项参照滚筒反力式制动检验台的相关要求。

2. 定期维护和保养

(1)定期检查测试平板的水平度和平稳性,以免底板、测试平板变形造成检测结果失真,必要时予以更换。

(2)定期检查各传感器及钢球,以免落入太多灰尘影响测量精度。

(3)使用 3 个月后,拆开面板检查拉力传感器连接机构有无松旷和变形,拉力传感器受力方向是否为水平,有无分力;设备上的所有螺栓螺母和电气接线端子,是否有松动现象并加固。

(4)使用 6 个月后,对台架内各部位进行清洁,同时检查线路是否完好,对左、右限位轴承和轮重传感器座进行润滑。

(5) 为了保证测量准确性,应按《平板式制动检验台》(JJG 1020—2007)定期进行检定和自校准。检定:1次/年;自校准:1次/半年。

第四节 轮(轴)重仪

一、概述

轮(轴)重仪用于测定汽车各轮(轴)的垂直载荷,并在制动检测时,计算整车、各轴的制动效能以及车轮阻滞率所需的轮(轴)荷数据。

轮(轴)重仪可分为轮重仪和轴重仪。轮重仪的承载台面为左、右2块相互独立的承载板,通过测取左、右轮的轮荷计算轴荷。而轴重仪的整个承载台面为一刚性整体,左、右车轮停在同一台面上直接测取轴荷。

轮(轴)重仪通常安装在独立工位,且与地面水平,称重方式为"水平称重",在 GB 18565—2016 中,称其为"独立式轮重仪"。与滚筒反力式制动检验台复合安装的轴重仪,称重方式为"复合称重",在 GB 18565—2016 中,称其为"复合式轴重仪"。

二、基本结构和工作原理

1. 基本结构

轮(轴)重仪主要由机械部分和电子仪表组成。其中,机械部分又称为秤体,是轮(轴)重仪的主体部分,而电子仪表则主要起显示作用。显然,能独立测量和显示左、右车轮的轮重仪需具有2个秤体,分别安装在左、右框架内。

秤体包括框架、承载台面、承载垫板及传感器装置等。承载台面4角分别固定4只压力应变传感器,如图2-15所示。

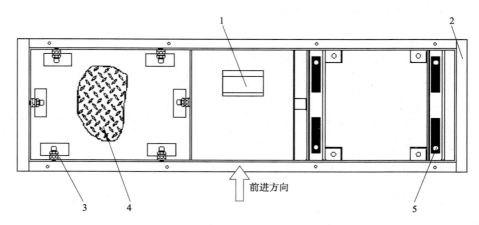

图2-15 秤体整体结构
1-铭牌;2-框架;3-缓冲体;4-承载台面;5-传感器

按允许承载轴荷,一般可将汽车轮(轴)重仪分为3t级、10t级、13t级三种。

2. 工作原理

要了解轮(轴)重仪的工作原理,首先需要了解其所用传感器的构造。轮(轴)重仪常用的传感器为悬臂梁式,它采用悬臂梁及电阻应变片作为敏感元件组成全桥电路,是一种低外形、高精度、抗偏抗侧性能优越的传感器件。当传感器受到压力时,电阻应变片的阻值发生变化,从而能够输出一个与所受压力成正比的电压信号。

以某一型号的轮(轴)重仪传感器为例:

(1)4个阻值相同的电阻应变片粘贴在弹性载体上,将4个电阻联成如图2-16所示的桥路。

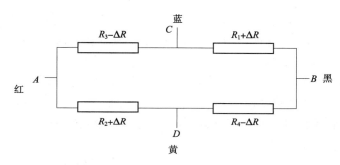

图2-16 传感器桥路布置图
红-电源+;黑-电源-;蓝-信号+;黄-讯号-

在 A、B 端加电压 U_{AB}(10V),传感器不受力时,$R_1 = R_2 = R_3 = R_4$,所以 $V_{CD} = 0$,即没有电压信号输出。但实际上,传感器的4个电阻不可能完全相同,所以 V_{CD} 有微小电压差,称为0位电压。传感器向下受力时,因 R_1、R_2 应变片受拉伸,电阻分别增大 ΔR,R_3、R_4 应变片受压缩,电阻分别减少 ΔR。

上、下回路电流分别为 $I(I = V_{AB}/2R)$,C、D 两点的电位差 V_{CD} 为电流 I 和 $2\Delta R$ 的乘积,即:

$$V_{CD} = 2I \times \Delta R = 2 \times \frac{V_{AB}}{2R} \times \Delta R = V_{AB} \times \frac{\Delta R}{R}$$

由上式可知,施加在传感器对角线 AB 的电压越高,其输出电压灵敏度就越高。但由于受功率和温漂的制约,传感器工作电压不得超过12V。

(2)轮(轴)重仪传感器由4个如图2-16所示的传感器电路按图2-17所示并联组成。为保证各传感器灵敏度一致,在每一个力传感器工作电流回路中串接1个电阻(通常已在工厂配置好),可保证在承载台面各个位置加上同一载荷时,仪表都能显示几乎一样的测量值。

基于上述基础,可以深入分析轮(轴)重仪的测量原理:

进行轴(轮)荷测量时,汽车停在承载台面

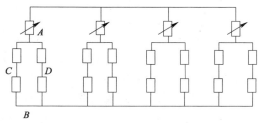

图2-17 传感器并联示意图路

上或缓慢地通过承载台面,台面受到车轮重力作用。设轮荷为 W,其重心位于承载台面上任意一点 M,4 个传感器将会受到大小不等的压力,根据力学常识不难理解,这 4 个力的大小比例与 M 点的位置有关,此时,承载台面在轮荷 W 和 4 个传感器支撑力的作用下保持平衡,4 个传感器的支撑力之和必定等于轮荷 W,且与 M 点的位置无关。因此,只要采集 4 个传感器受力后所发出的电信号,经过处理就可以准确地计算出左、右轮荷值,进而计算出轴荷值。

需要指出的是,在实际使用中,若被测质量过于偏离承载台面中心,则可能会增大测量误差。所以实际测量轮(轴)重时,应尽量摆正车轮在检验台上的位置。

三、日常维护和保养

1. 使用注意事项

(1)超出台架额定载荷的汽车,禁止驶上轮(轴)重仪。

(2)为保证测试精度,应按使用说明书规定的时间预热(通常为 20min 以上)。

(3)进行静态检测时,被测车轮应尽可能停在承载台面的中央位置,并且停稳后应保持 3s 以上的时间再进行采样,车辆进出台面的速度一般要求小于 5km/h。进行动态检测时,被检车辆应以低速(制造商规定的速度)匀速通过承载台面。

(4)轮(轴)重仪不得进水,应保持传感器干燥以保证其灵敏度。雨天检测必须为车辆除水,滴水较少时才能检测。

(5)不要对肮脏的车辆直接检测,应首先清洗,并待滴水较少时进行检测。

(6)使用中应注意清洁,严禁用腐蚀性液体擦拭设备台面。

(7)承载台面上禁止长时间停放车辆和堆积杂物。

(8)承载台面与框架间应留有适当间隙以避免相互接触摩擦,承载台面应避免受到撞击。

2. 定期维护和保养

(1)平时注意检查台面四角是否水平,台面与 4 个传感器是否完全接触,台面是否居中,并随时调整。使用 3 个月后,检查轴(轮)重仪的承载台面四角是否平稳,有无翘曲。当出现不平或翘曲时,抬出台面,调整传感器支撑台面的可调螺栓使台面恢复平稳,翘曲严重时应考虑更换。

(2)使用 6 个月后,除进行第(1)项的工作外,还须对台架内各部位及线路进行检查、清洁。

(3)为了保证测量准确,应按《机动车检测专用轴(轮)重仪》(JJG 1014—2006)定期进行检定和自校准。检定:1 次/年;自校准:1 次/半年。

四、调整与维修

轮(轴)重仪示值产生误差的主要原因可能有传感器性能变坏、承载台面与承载垫板不平及仪表内的增益电位器失准。

传感器主要故障是由引线机械损伤和鼠害引起,其次是传感器使用时间过久,零位漂移大、应变片脱胶引起。可采取在线检查、互换法检查、万用表测量电阻法、仪表观察法等方法进行排除。

1. 在线检查

由图 2-17 可知,压力传感器工作电压如为 10V,则 $V_{CB} = V_{DB} = 5V$。可用万用表测量 V_{CB} 和 V_{DB},若电压相等,且均为电源电压一半,表明传感器电路基本正常。

2. 互换法检查

可将左、右传感器互换检查,如互换后仪表故障也互换,说明原来相对应的传感器有问题。

3. 万用表测量电阻法

用万用表测量传感器桥路 2 个对角线电阻,如与正常电阻值不一致,则需要更换轴重传感器。为保证轮(轴)重仪的准确行,建议同组的 4 个传感器一同更换。

4. 仪表观察法

(1)加负荷后,轮(轴)重仪的仪表示值不变,多是传感器机械或鼠害引起断线,一般可修复。

(2)验证过程中,仪表示值均向高或低一个方向变化(漂移),多是传感器使用时间过长或受潮引起,应更换传感器。

(3)仪表示值不规则、波动大,多因焊点松动或焊点受水浸泡引起。如变化量较小,也可能是因接地不良、引入干扰所致。

5. 其他

(1)当承载台面(上承台)与承载垫板(下承台)不平时(发现有大于 0.1mm 的间隙),可分别对平台的调整螺母进行调整,使台面四角高低一致。在调试时,可在台面四角轮换放上量值较小的砝码进行观察。

(2)增益电位器是电路上唯一需要和可能调整的元件。一般左、右秤体各有一个调整用的增益电位器,在承载台面上放置砝码,然后观察显示值,如不准,可对电位器进行调整,具体调整应按照使用说明书的要求进行。

第五节 汽车侧滑检验台

一、概述

为了保证汽车具有良好的操纵稳定性,转向轮(通常为前轮)所在平面以及主销轴线总是设计成与汽车纵向或横向铅垂面成一定角度。这些角度参数包括主销内倾角、主销后倾角、车轮外倾角和前轮前束,统称转向轮定位参数。汽车转向轮的前束值与外倾角值如果配合不当,转向轮在向正前方滚动的同时就会产生相对于地面的横向滑移,即侧滑。侧滑量过大会直接影响到汽车的操纵稳定性和安全性,加大轮胎的异常磨损。

汽车侧滑检验台是使汽车在滑动板上驶过时,用滑动板左、右移动量来测量车轮滑移量的大小和方向,并判断是否合格的检测设备。侧滑台分双板式侧滑台和单板式侧滑台,其中双板式侧滑台又以双板联动式为多见。在实际使用中,双板联动式侧滑检验台和单板侧滑检验台均占据着一定的比例。

汽车侧滑检验台的产品设计、制造依据《汽车侧滑检验台》(JT/T 507—2004)执行。按允许承载轴荷分类,一般可将汽车侧滑检验台分为3t级、10t级和13t级三种。按滑板有效测量长度,一般可分为500mm与1000mm两种。

二、基本结构和工作原理

1. 双板联动式侧滑检验台

双板联动式侧滑检验台主要有机械和电气两部分组成。机械部分主要有两块滑板、联动机构、回零机构、滚轮及导向机构、限位装置及锁零机构组成。电气部分包括位移传感器和电气仪表。

（1）机械部分。

左、右两块滑板分别支撑在各自的四个滚轮上,每块滑板与其连接的导向轴承在轨道内滚动,保证了滑板只能沿左、右方向滑动而限制了其纵向的运动（如图2-18所示）。两块滑板通过中间的联动机构连接起来,从而保证了两块滑板做同时向内或同时向外的运动。相应的位移量通过位移传感器转换成电信号送入仪表,回零机构保证汽车前轮通过后滑板能够自动回零,限位装置限制滑板过分移动而超过传感器的允许范围,对传感器起保护作用,锁零机构能在设备空闲或设备运输时保护传感器,润滑机构能够保证滑板轻便自如地移动。

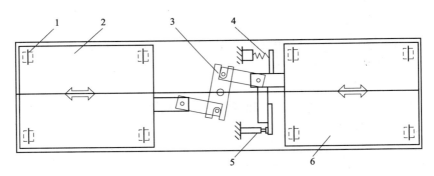

图2-18 双板联动式侧滑检验台结构示意图
1-滚轮;2-左滑板;3-连杆机构;4-复位弹簧;5-位移传感器;6-右滑板

（2）电气部分。

电气部分按传感器的种类不同而有所区别。目前常用的位移传感器有电位计式和差动变压器式两种。早期的侧滑台也有用自整角电机的,现已很少使用。

①电位计式测量装置。

电位计式测量装置的工作原理比较简单。将一个可调电阻安装在侧滑检验台底座上,其活动触点通过传动机构与滑板相连,电位计两端输入一个固定电压(比如5V),中间触点随着滑板的内外移动也发生变化,输出电压也随之在0~5V之间变化,把2.5V左右的位置作为侧滑台的零点,如果滑板向外移动,输出电压大于2.5V,达到外侧极限位置输出电压为5V。滑板向内移动,输出电压小于2.5V,达到内侧极限输出电压为0V。这样仪表就可以通过A/D转换将侧滑传感器电压转换成数字量,并送入单片机处理,得出侧滑量的大小。

②差动变压器式测量装置。

差动变压器式测量装置的工作原理与电位计式类似,只是电位计式测量装置输出一个正电压信号,而差动变压器式测量装置输出的是正负两种信号,把电压为 0 时的位置作为零点。滑板向外移动输出一个大于 0V 的正电压,向内移动输出一个小于 0V 的负电压。同样,仪表可以通过 A/D 转换将侧滑传感器电压转换成数字量,并送入单片机处理,得出侧滑量的大小。

③指示仪表。

指示仪表可分为数字式和指针式两种。目前汽车检验机构普遍使用的是数字式仪表,早期自整角电机式测量装置一般采用指针式仪表。数字式仪表常用单片机做处理器。

(3) 工作原理。

双板联动式侧滑检验台的工作原理可从以下几个方面分析:

①车轮外倾角的作用。

以右前轮为例,假设只存在车轮外倾角,前束角为零。具有外倾角的车轮,其中心线的延长线必定与地面在一定距离处有一个交点 O,此时的车轮相当于一圆锥体的一部分,如图 2-19 所示。在车轮向前或向后运动时,其运动形式均类似于滚锥。

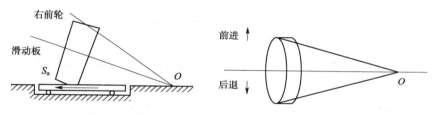

图 2-19 具有外倾角的车轮在滑板上滚动的情况(右轮)

从图 2-19 可以看出,具有外倾角的车轮在滑动板上滚动时,车轮有向外侧滚动的趋势,由于受到车桥的约束,车轮不可能向外移动,从而通过车轮与滑动板间的附着作用带动滑动板向内运动。此时滑动板向内移动的位移量记为 S_α(即由外倾角所引起的侧滑分量)。按照约定,具有外倾角的车轮,由于其类似于滚锥的运动情况,因而无论其前进还是后退时所引起的侧滑分量均为负。反之,内倾车轮引起的侧滑分量均为正。

②车轮前束的作用。

假设右前轮只存在前束角,外倾角为零。前束是为了消除具有外倾角的车轮类似于滚锥运动所带来的不良后果而设计的。具有前束的车轮在前进时,由于车轮有向内滚动的趋势,但因受到车桥的约束作用,在实际前进驶过侧滑台时,车轮不可能向内侧滚动,而会通过车轮与滑动板间的附着作用带动滑动板向外侧运动。此时,车轮在滑动板上做纯滚动,滑动板相对于地面有侧向移动,其运动方向如图 2-20 所示。此时测得的滑动板的横向位移量记为 S_t(即由前束所引起的侧滑分量),遵照约定,前进时,由车轮前束引起的侧滑分量 S_t 大于或等于零。反之,仅具有前张角的车轮在前进时,由车轮前张(负前束)引起的侧滑分量 S_t 小于或等于零。当具有前束的车轮后退时,在无任何约束的情况下,车轮必定向外侧滚动,但因受到车桥的约束作用,虽然其存在着向外滚动的趋势,但不可能向外侧滚动,从而会通过其与滑动板间的附着作用带动滑动板向内侧移动,其运动方向如图 2-20 所示。此时测得滑动板向内的位移记为 S_t,遵照约定,仅具有前束角的车轮在后退时,通过侧滑台所引起的

侧滑分量 S_t 小于或等于零。反之,仅具有前张角的车轮在后退时,通过侧滑台所引起的侧滑分量 S_t 大于或等于零。

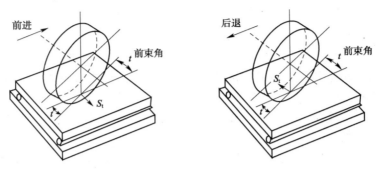

图 2-20 具有前束的车轮在滑板上滚动的情况(右前轮)

综上可知,仅具有前束的车轮,前进驶过侧滑台时所引起的侧滑量为正值,后退驶过侧滑台所引起侧滑量分量为负值。反之,仅具有前张角的车轮,前进驶过侧滑台时所引起的侧滑分量为负值,后退驶过侧滑台所引起的侧滑分量为正值。

③同时受到车轮外倾角和前束角的作用。

汽车转向轮同时具有外倾角和前束角,在前进时由外倾所引起的侧滑分量 S_α 与由前束所引起的侧滑分量 S_t 的方向相反,因而两者相互抵消。在后退时两者方向相同,两分量相互叠加。在外倾角及前束值不大的情况下,可以认为 S_α 和 S_t 在前进和后退的过程中,侧滑分量数值不变。设车轮在前进时通过侧滑台所产生的侧滑量为 A,在后退时的侧滑量为 B,则可得到下述结论(在遵循上述对侧滑量的符合约定的条件下): B 大于等于零,且 B 大于等于 A 的绝对值。

另外,若假设前进时的侧滑量就是 S_α 和 S_t 简单叠加(或抵消)关系,则还可以得出下列结论:

a)若前进时的侧滑量 A 大于一定的正数,后退时的侧滑量 B 大于另一正数,则侧滑量主要是由外倾所引起的。

b)若前进时的侧滑量 A 小于一定的负数,后退时的侧滑量 B 大于某一正数,则侧滑量主要是由前束所引起的。

c)外倾角引起的侧滑量: $S_\alpha = (A + B)/2$。

d)前束所引起的侧滑量: $S_t = (B - A)/2$。

根据上述分析,可以得到其余三种组合情况下侧滑台板的运动规律,从车轮外倾、车轮内倾、车轮前束和车轮前张四个因素中判断出是哪个因素主要引起车轮侧滑的故障,可有效地指导维修人员调整车轮前束及车轮外倾角。

2. 单板侧滑检验台

单滑板侧滑检验台仅用一块滑板,如图 2-21 所示。汽车左前轮从单滑动板上通过,右前轮从地面上通过,若右前轮直线行驶无侧滑即侧滑角 β 为零,而左前轮具有侧滑角 α 向内侧滑时,如图 2-21a)所示,车轮与滑动板间的附着作用将带动滑动板向左移动距离 b。若右前轮也具有侧滑角 β,同样右前轮相对左前轮也会向内侧滑,此时,设滑动板向左移动距离 c,并由于左前轮同时向内侧滑的量为 b,则滑动板的移动距离为两前轮向内侧滑量之和,即

$b+c$,如图 2-21b)所示。上述$(b+c)$距离可反映出汽车左、右车轮总的侧滑量及侧滑方向。也就是说,采用单板式侧滑台测量汽车的侧滑量时,虽然是一侧车轮从滑动板上通过,但测量的结果并非是单轮的侧滑量,而是左、右轮侧滑量的综合反映,此侧滑量与汽车驶过台板时的偏斜度无关。根据这一侧滑量可以计算出每一边车轮的侧滑量,即单轮的侧滑量为$(b+c)/2$。

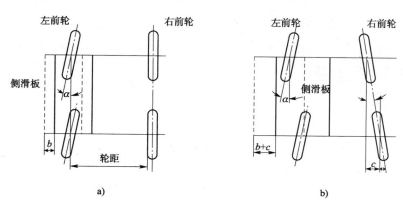

图 2-21 单滑板侧滑检验台的测量原理分析

3. 双转向桥用侧滑检验台

相对于轻型车辆,营运货车在重载情况下,转向轮的侧滑量过大会加剧轮胎的磨损,易引发重大交通事故。目前,采用双转向桥的重型货车越来越多,因此,《道路运输车辆综合性能要求和检验方法》(GB 18565—2016)要求测量双转向桥的侧滑量。

用于双转向桥检测的侧滑检验台,其结构和工作原理与常规的侧滑检验台基本相同。双转向桥的轴距一般在 1500～2100mm 之间,按最小轴距计算,再考虑轮胎的地面压痕,前、后轮最近接地点间的距离最小为 1300mm 左右,设计时应采取技术措施将前、后轮侧滑量数据分离并分别评判。目前的解决方案有:

(1)采用两套相互独立并能将侧滑板面自动锁止/解锁的侧滑检验台,如图 2-22 所示。

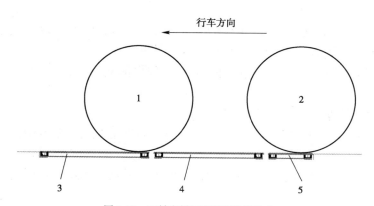

图 2-22 双转向桥测量用侧滑检验台
1-转向桥 1;2-转向桥 2;3-滑板 1(只检测转向桥 2);4-滑板 2(只检测向桥 1);5-放松板

(2)采用侧滑板面能快速回位的常规侧滑检验台。

(3)研究以方案(2)在现有台体上进行技术改造的可行性。

4. 应力释放板

检测转向轮侧滑量时,车轮在驶入侧滑台前,由于车轮侧滑量的作用,车轮与地面间接触产生的横向应力会迫使轮胎产生变形,而在驶上侧滑板的瞬间变形产生的应力将迅速释放,并引起滑板位移量大于实际侧滑量引起的位移。与之类似,在驶出滑板的瞬间已接触地面部分的轮胎将积聚应力阻碍滑板移动,从而使滑板位移量小于实际值。因此,近来陆续出现了前、后带有应力释放板的侧滑台(见图2-23),以保证车轮通过中间滑板时能得以准确测量侧滑量,《道路运输车辆综合性能要求和检验方法》(GB 18565—2016)要求侧滑台带有应力释放板。由于进车时的应力释放对侧滑测量造成的影响比出车时大得多,考虑到成本因素,目前在进车方向带释放板的侧滑台较多。由于直径为1000mm左右的轮胎,在正常胎压状态下的行车方向地面压痕长度约在200mm左右,故应力释放板在行车方向的有效长度不宜低于250mm。

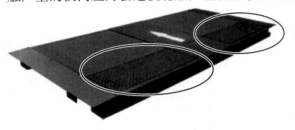

图2-23 带应力释放板的双板侧滑台

三、日常维护和保养

1. 使用注意事项

(1)勿使轴荷超过侧滑检验台允许载荷的汽车驶上检验台,以防压坏机件或压弯滑动板,滑板以外的部位禁止车辆通过。

(2)被检车辆的轮胎气压、花纹深度应符合规定,轮胎花纹不得夹杂石子,胎面应清洁。

(3)车辆通过侧滑检验台时,不得转动转向盘。

(4)不得在侧滑台上制动、停车、堆放杂物及进行车辆修理保养工作,以防止滑动板及测量机件变形或损坏。

(5)应保持检验台表面及周围环境清洁,及时清除泥、水和杂物,以防止进入侧滑台,保持侧滑台滑板下部的清洁、干燥,防止锈蚀或阻滞。

(6)检验台不使用时,必须锁止滑动板,以防止外界因素(人或汽车等)引起频繁晃动而损坏测量机件。

2. 定期维护和保养

(1)每天在接通电源预热后,晃动滑动板;待滑动板停止后,观察显示仪表的侧滑量数值是否为零。如发现失准,需要进行调零。

(2)定期检查各种导线有无因损伤而造成接触不良的部位,必要时应进行修理或更换。

(3)每使用1个月,应重点检查测量装置、蜂鸣器或信号灯在侧滑量超过规定值时能否及时报警或给出侧滑量不合格的信息。若蜂鸣器、信号灯或限位开关工作状况不良,应及时调整或更换。

（4）使用3个月后，除作上述保养作业外，还需检查测量装置的杠杆机构和回位等动作是否灵便。如动作不灵活或有迟滞现象，应及时进行清洁和润滑工作，必要时需进行修理或更换有关零件。

（5）使用6个月后，除进行第（4）项保养工作外，还需要拆下滑动板，检查滑动板下的滚轮及导轨，同时检查各部位有无脏污、变形、锈蚀、磨损等情况，并进行清洁、紧固和润滑，对磨损严重的零部件应酌情更换。

（6）为了保证测量准确，应按《汽车侧滑检测台》（JJG 908—2009）定期进行计量检定和自校准。检定：1次/年；自校准：1次/半年。

四、调整与维修

通过检定侧滑试验台，往往会发现示值不理想，其原因基本上有两个方面：一是机械方面，主要是由于滑动板、联动机构及回零机构机件磨损，间隙增大所致，或侧滑板面变形、未调好水平导致；二是电气方面，由于测试仪表或传感器的电子器件老化、零点漂移、阻值变化或元件损坏所致。

1. 机械方面的检查

（1）检查侧滑板是否水平。

通过目测，必要时通过水平尺或水准仪和高度尺，检查侧滑板面是否水平，有无明显变形。否则需调整、甚至更换设备。

（2）检查拉力和回零情况。

用弹簧拉力计检查拉力和回零情况。拉力的大小和回零的好坏取决于两个方面，一是润滑系统和轴承，二是回零弹簧的松紧。

针对第一方面，应采取的措施是：检查滑板下面的滚轮和导轨并加以清洗或更换，检查两块滑板中间的导向轴承及其他轴承并加以清洗或更换。针对第二方面，应采取的措施是：在保证回零误差不超标的前提下，调松"回零弹簧"。由于结构上的原因，拉力的大小和回零的好坏是一对矛盾，调紧"回零弹簧"则回零好，但是拉力变大，调松"回零弹簧"则拉力小，但是回零不好。所以在调整"回零弹簧"时，一定要兼顾拉力和回零两个指标。

（3）同步性的检查与调整。

用两块百分表检查。每块滑板各安装一个百分表并调零，完成后推主动板（装有传感器的一侧），分别读取两块百分表的示值，即可检查同步性的好坏。在只有一块百分表时，将百分表装在从动板上，与传感器直接相联的主动板位移量可通过检测仪表来显示。同步性误差产生的原因有两个，一是由于滑板导向机构的轴承间隙所造成，其次是由于联动机构同步杠杆不等距所造成。轴承间隙造成的不同步一般是两块滑板相差一个常量，跟滑板推动的长度无关，而联动机构同步杠杆造成的误差是一个变量，误差会随着滑板移动的增加而增大。如果从动板的数值较大，说明从动板杠杆距中心轴较远；如果从动板的数值较小，说明从动板杠杆距中心轴较近。因此，调整任意一个滑板都可以，只是要注意调整的方向。

2. 电气系统的检查

（1）调整仪表零点：利用仪表上的调零电位器调整，软件标定时可直接用工位机或主控计算机的软件清零功能实现。

（2）机械零位调整：当调整仪表上的调零电位器无法使指针调零时，要通过机械方法来调整，如改变传感器的安装位置。软件标定时，如果与原来零点差别过大也可以用调整传感器位置的方法来解决。

（3）调整示值超差：调整仪表上的增益电位器，使之在允许误差范围之内。采用软件标定的，可以重新标定。

第六节　碳平衡油耗检测系统

一、概述

碳平衡法汽车燃料消耗量检测是基于汽车运行过程中，燃料燃烧后，排气中碳质量与燃料在燃烧前的碳质量总和相等的质量守恒定律，实现对燃料消耗量的测量。

《道路运输车辆综合性能要求和检验方法》（GB 18565—2016）规定：燃用柴油或汽油、总质量大于 3500kg 的在用道路运输车辆，其燃料消耗量的检测评价采用碳平衡法。

碳平衡油耗检测系统包括汽车底盘测功机、碳平衡油耗仪和测控装置。其中，碳平衡油耗仪是汽车燃料消耗量不解体检测的技术关键，其性能应符合《碳平衡法汽车燃料消耗量检测仪》（JT/T 1013）和《道路运输车辆燃料消耗量检测评价方法》（GB/T 18566）的要求，计量特性应符合《碳平衡法汽车燃料消耗量检测仪》[JJG（交通）127—2015]的要求。

二、"碳平衡法"的基本原理

燃料消耗量检测仪按照检测原理可分为容积法、质（重）量法和碳平衡法。容积法、质（重）量法需要拆卸发动机供油管路并串接传感器，实时检测燃料消耗量，这些方法称之为直接测量法，是传统的燃料消耗量检测方法；而碳平衡法不需要拆卸供油管路，通过检测汽车排放物中碳的含量，计算得出燃料消耗量，这种方法称之为间接测量法。

汽车燃油是以 C、H 化合物为主要成分的混合物，燃烧生成 CO、CO_2、HC、H_2O 等物质，其燃烧产物中的 C 元素均来自汽油，只要测出单位时间内汽车尾气中的 CO、CO_2、HC 中的碳量，再与单位体积燃油中的碳量相比较，即可得到燃油消耗量。在碳平衡法检测系统中，采用高精度的 CO_2、CO、HC 三种组分测量分析单元，对稀释排气中的这三种成分浓度进行测量，同时采用高精度的流量计，对稀释排气流量（流速）进行测量，从而完成对稀释排气中含碳质量流量（流速）的测量，再运用碳平衡原理，计算得到汽车的燃料消耗量。

科学地建立碳平衡法的数学计算模型是保证燃料消耗量检测准确性的关键。目前，世界各国在具体算法上虽然不尽相同，但都是基本算法的不同约定简化形式，它考虑了燃油组分变化等各种影响因素后的修正方法和修正系数的差异。试验证明，这种差异对检测结果影响不大，分析如下：

（1）我国《道路运输车辆燃料消耗量检测评价方法》（GB/T 18566—2011）给出的计算燃

料消耗量的模型。

汽油机车辆：
$$FC = 0.1154/D \times (0.8664 \times HC + 0.429 \times CO + 0.273 \times CO_2)$$

柴油机车辆：
$$FC = 0.1155/D \times (0.8658 \times HC + 0.429 \times CO + 0.273 \times CO_2)$$

式中：FC——燃料消耗量，L/100km；

HC——测得的碳氢排放量，g/km；

CO——测得的一氧化碳排放量，g/km；

CO_2——测得的二氧化碳排放量，g/km；

D——288K（15℃）下燃料的密度，kg/L。

（2）日本标准协会制订的计算燃料消耗量的模型。

汽油机车辆：
$$FE = 649/(0.273 \times CO_2 + 0.429 \times CO + 0.866 \times HC)$$

柴油机车辆：
$$FE = 735/(0.273 \times CO_2 + 0.429 \times CO + 0.866 \times HC)$$

式中：FE——燃料消耗量，km/L。

上述公式中，汽、柴油在15℃的密度分别取0.749kg/L、0.849kg/L，燃油中的碳质量比和排气中的碳氢化合物的碳质量比CWF_F和CWF_{HCex}均为0.866。

1997年，日本标准协会考虑到汽、柴油组分变化的实际情况，对上述模型进行了修正。

（3）美国油耗法规规定的计算燃料消耗量的模型。

汽油机车辆：
$$MPG = \frac{5174 \times 10^4 \times CWF_F \times SG}{(0.273 \times CO_2 + 0.429 \times CO + CWF_{HCex} \times HC) \times (0.6 \times SG \times NHV + 5471)}$$

柴油机车辆：
$$MPG = \frac{2778}{0.273 \times CO_2 + 0.429 \times CO + 0.866 \times HC}$$

式中：MPG——燃料消耗量，mile/gal；

SG——燃料的密度，kg/L；

NHV——燃料净热值，Btu/lb，普通汽油典型值约为 42.7MJ/kg ≈ 18360Btu/lb。

上述公式中，汽、柴油的密度分别取0.739kg/L、0.848kg/L，燃油中的碳质量比和排气中的碳氢化合物的碳质量比CWF_F和CWF_{HCex}均为0.866。1988年，美国油耗法规补充了甲醇汽车和天然气汽车油耗的计算模型。

（4）欧盟制定的计算燃料消耗量的模型。

汽油机车辆：
$$FC = 0.1154/SG \times (0.866 \times HC + 0.429 \times CO + 0.273 \times CO_2)$$

柴油机车辆：

$$FC = 0.1155/SG \times (0.866 \times HC + 0.429 \times CO + 0.273 \times CO_2)$$

由此不难看出,我国《轻型车辆燃料消耗量试验方法》(GB/T 19233—2008)给出的计算燃料消耗量模型与欧盟制定的计算模型一致。与美、日不同,我国和欧盟油耗法规计算的是百公里油耗。

碳平衡法燃料消耗量检测具有以下设计特点:

(1)不需拆解受检车辆的供油系统,只需将取样探头插入排气管,操作简便、快捷,取样系统与机动车排气管间不需要密封连接,可缩短检测时间,并减小对车辆的损伤,适应汽车不解体检测的发展方向。

(2)当排气与空气的稀释比例足够时(一般稀释排气中 CO_2 浓度要低于3%),可确保稀释排气在测试管路和仪器中不出现水冷凝现象。

(3)排气脉动引起的稀释排气气压波动和排气成分浓度波动大大降低。

(4)稀释后的排气温度比较低,一般可保证在100℃以下,可实现稀释排气流量及其含碳成分浓度较为精确的测量。

(5)进入含碳气体浓度测量装置的稀释气样无须特殊处理(如直接采样须冷凝去水和过滤等)。

三、碳平衡油耗检测系统的组成

汽车碳平衡油耗仪的基本功能是测取排气的体积和浓度,其核心构成是排气浓度测量系统和排气体积测量系统。需要测取的参数有 CO、CO_2、HC 的气体浓度、稀释排气流量以及温度、压力和燃油密度,分别采用含碳气体浓度测量装置、流量计及温度、压力传感器、密度计进行取样测量,以此计算稀释排气的总体积、环境空气中 CO、CO_2、HC 的含量、汽车排气的总含碳量,再根据汽车在底盘测功机上的测试时间内所运行的距离,计算得出百公里油耗值。实现燃料消耗量台架检测还需要底盘测功系统,通过滚筒对汽车驱动轮进行加载,以模拟实际运行工况的行驶阻力,这些阻力包括轮胎与地面的滚动阻力、空气阻力以及车辆传动系阻力等。主控计算机根据录入的受检车辆技术参数及信息,计算并控制底盘测功机恒定加载阻力,测定瞬态工况车速,对 CO、CO_2、HC 的气体浓度、稀释排气流量及温度、压力参数、燃油密度进行采集和处理,并计算燃油消耗量。需要说明的是,在进行油耗检测时,燃油密度取定值。碳平衡法燃料消耗量检测仪示意图如图2-24所示,系统组成示意图如图2-25所示,测控系统示意图如图2-26所示。

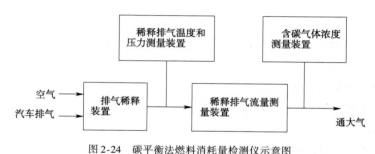

图2-24 碳平衡法燃料消耗量检测仪示意图

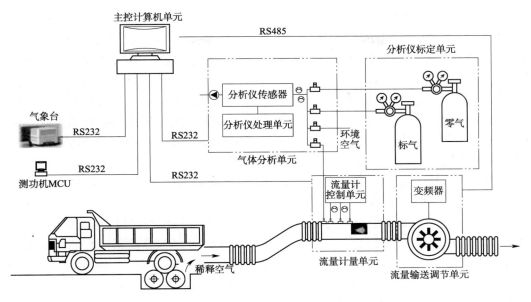

图 2-25 碳平衡油耗仪系统组成示意图

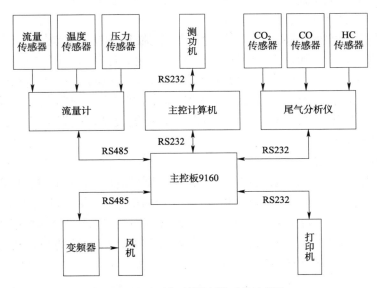

图 2-26 碳平衡油耗仪测控系统示意图

碳平衡法燃料消耗量检测仪主要由含碳气体浓度测量装置、稀释排气流量测量装置、排气稀释收集装置和测控系统等构成。

1. 含碳气体浓度测量装置

含碳气体浓度测量装置(以下简称浓度测量装置)采用非分光红外线吸收原理(NDIR)测量稀释排气的 CO_2、CO、HC 浓度。CO_2 是燃料燃烧的主要生成物,提高浓度测量装置的测量精度是保证碳平衡法燃料消耗量检测仪准确度的重要途径。

浓度测量装置的主要组成部件包括:取样管、颗粒物过滤器、气体(CO_2、CO、HC)浓度传感器、吹扫装置、校准端口等。

浓度测量装置用于检测环境空气中及汽车排气稀释后的 CO_2、CO、HC 气体浓度。CO_2、CO 的浓度单位为%vol，HC 的浓度单位为 10^{-6} vol 正己烷。浓度测量装置在通电预热后达到稳定，并有预热指示。浓度测量装置应具有低流量和密封性检测功能，当流量过低或密封性能不良时，检测不能通过，浓度测量装置自动锁止，终止检测，同时给出提示。浓度测量装置的零点校正间隔应是可控的。在每次新的检测开始前，应使用规定的标准零气自动调零，零点调好之前，不得进行检测，在检测过程中，应能锁止调零操作。当浓度测量装置的零点漂移量超出自动调整范围时，浓度测量装置应自动锁止，并应发出警示。浓度测量装置具有吹扫功能和自清洗功能，在进行校准/检查之前、之后，都能对浓度测量装置进行清洗。颗粒物过滤器可对样气中直径为 5μm 及以上的颗粒物进行有效过滤，过滤元件不吸附或吸收 HC。浓度测量装置宜有多个校准通道接口，包括低量程气体校准接口，零气和环境空气校准接口等。若浓度测量装置只提供一个校准接口，装置应指示操作员正确的操作注意事项。在未通过气体校准时，浓度测量装置应锁止，不能使用，同时给出提示。取样探头应与取样管连接牢固，不产生泄漏，并保证样气能够顺利进入取样管。

2. 稀释排气流量测量装置

稀释排气流量测量装置（以下简称流量测量装置）的主要组成部件包括：流量传感器、稀释排气压力传感器、稀释排气温度传感器等。

常用的流量传感器有涡街流量计、涡轮流量计、临界文丘里管流量计、内锥式流量计。流量测量装置能实时测量稀释排气的体积流量，并转化为标准状态下(273.15K、101.3kPa)的体积流量。稀释排气压力传感器和温度传感器与体积流量同步测量稀释排气的压力和温度。流量测量装置可实时同步采集流量传感器、稀释排气压力传感器和温度传感器的测量数据，计算并实时存储气体标况流量。流量测量装置最大量程应不小于 $30.0m^3/min$，以满足大排量车辆的检测。

3. 排气稀释收集装置

排气稀释收集装置主要组成部件包括：集气锥管、排气稀释管、风机和稀释排气流量控制器。

集气锥管应能满足不同形状和不同数量排气管的要求，以保证被测汽车的排气能全部进入排气稀释管。排气稀释管的直径不小于 120mm，前端排气稀释管不短于 3m。对独立工作的汽车双排气管应采用 Y 型排气稀释管。两根排气稀释管的结构、内径和长度应完全一致，以保证两分排气稀释管内的样气能够同时到达总排气稀释管内。直接接触排气的排气稀释管材料应是无气孔、耐腐蚀、耐高温、软管易弯曲、不易打结和压裂的。排气稀释管外表面具有耐磨性涂层，管内表面应光滑，不吸收和吸附稀释排气，不与稀释排气发生化学反应或改变稀释排气成分。排气稀释管与风机、流量计之间的连接应可靠，无泄漏，拆卸方便，便于更换。稀释排气流量控制器通过风机控制进入集气锥管的环境空气量，进而控制汽车排气与环境空气混合比，防止稀释排气产生冷凝水，依据《轻型汽车污染物排放限值及测量方法（Ⅱ）》(GB 18352.2)的要求，CO_2 的容积浓度要小于 3%。

4. 测控系统

测控系统应可实时记录、存储、处理同步测得的每秒稀释排气中 CO_2、CO、HC 的气体浓度、稀释排气流量数据和每秒的燃料消耗量，并可进行燃料密度和氢碳比值的设定、显示、输出受检汽车燃料消耗量(单位为 ml)。此外,测控系统还应能够实时显示碳平衡检测仪的检测时间(单位为 s)、浓度测量装置预热、调零、抽空气、抽样气等工作状态、系统中各接口的通讯是否正常以及碳平衡检测仪的工作状态。另外,测控系统可将浓度测量装置的响应时间作为浓度测量装置和流量测量装置的测量延迟时间,按此延迟时间对应的气体浓度和流量值计算气体质量。

四、日常维护和保养

1. 使用注意事项

在使用碳平衡法汽车燃料消耗量检测仪过程中,应注意以下事项:
(1)为保证测试精度,含碳气体浓度测量装置应预热 25~30min。
(2)被检车辆排气有明显黑烟或尾气排放不达标时禁止检测。
(3)悬挂集气口时,应注意安全,避免安全隐患。
(4)由于汽车排气口的位置不确定,设备走线时,应保证不影响正常的行走,并添加警示牌。
(5)输送软管走向尽量理直,以减少排气稀释输送软管在地面的移动,避免软管被其他工件接触碰撞。

2. 定期维护和保养

在使用碳平衡法汽车燃料消耗量检测仪过程中,应及时进行日常维护,避免检测准确性下降,从而造成错判和误判。日常维护保养要求如下:
(1)定期检查稀释通道管路和连接接头的密封性和可靠性,以及软管是否存在破损。一旦出现软管破损,需采用专用的密封膏贴对破损处进行密封修复,或更换输送软管。
(2)定期检查取样过滤器污损情况,建议每周更换含碳气体浓度测量装置一级滤芯,其他滤芯视情更换。
(3)定期清扫流量计节流元件和管壁。由于汽车发动机稀释排气中含有微粒,少量微粒会黏附在流量计的内表面、节流元件表面,影响流量计的测量精度。建议每周对流量计内部进行清扫。
(4)含碳气体浓度测量装置取样管路的密封性检查,每周进行一次。
(5)标定含碳气体浓度测量装置,建议每月进行一次。
(6)清洗含碳气体浓度测量装置气室,建议每 3 个月进行一次。
(7)系统准确性检查,建议 3 个月进行一次。

第七节　悬架装置检验台

一、概述

悬架装置是汽车的一个重要总成,它是将车身和车轴弹性连接的部件。汽车悬架装置通常由弹性元件、导向装置和减振器三部分组成。其主要功能是:缓解路面不平引起的振动和冲击,以保证汽车具有良好的平顺性;迅速衰减车身和车桥的振动;传递作用在车轮和车身之间的各种力和力矩;保证汽车行驶时必要的安全性和操纵稳定性。

汽车悬架装置最易发生故障的元件是减振器。有故障的减振器会使汽车在行驶中,有30%的路段其车轮轮胎与地面的接地力减小,甚至不与地面接触。其不良后果是:汽车方向发飘,特别是曲线行驶难以控制;制动易跑偏或侧滑;车身长时间的余振影响乘坐舒适性;影响车轮轴承、轴接头、转向拉杆、稳定器等部件过载等。

在用汽车悬架装置的检测主要是测试减振器性能,因为减振器和与之相连接的弹性元件等构成了复杂的系统,在评价减振器性能的同时,也就对悬架装置的性能作出了综合的评价。

《道路运输车辆综合性能要求和检验方法》(GB 18565—2016)规定:对于最大设计车速大于或等于100km/h且轴载质量小于或等于1500kg的载客汽车,应按规定进行悬架特性检测。

二、基本结构

悬架装置检验台根据其结构形式可分为跌落式和谐振式两类。

跌落式悬架装置检验台测试开始时,先通过举升装置将汽车升起一定高度,然后突然松开支撑机构,车辆自由振动,可用测量装置测量车辆振幅,或者用压力传感器测量车轮对台面的冲击力,对压力波形进行分析,以此评价汽车悬架装置的性能。

目前常用的是谐振式悬架装置检验台,其结构原理图如图2-27所示。悬架台通过电机、偏心轮、储能飞轮、弹簧组成的激振器,迫使汽车悬架装置产生振动,在开机数秒后断开电机电源,电储能飞轮产生扫频激振,测量此振动频率、振幅、输出振动波形曲线,以系统处理评价汽车悬架装置性能。图2-28所示为谐振式悬架检验台结构图。

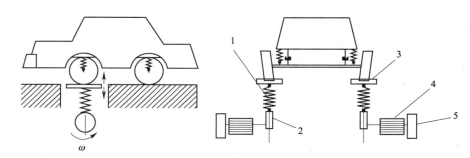

图2-27 谐振式悬架检验台结构原理图
1-激振弹簧;2-偏心轮;3-测量装置;4-电机;5-储能飞轮

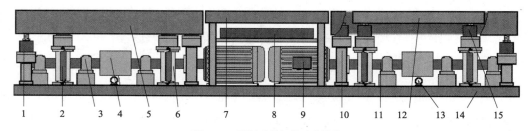

图2-28 谐振式悬架检验台结构
1-外框外侧称重传感器;2-复位弹簧;3-轴承座;4-储能飞轮;5-外框称重台面;6-导向套;7-中间盖板;8-电气控制箱;9-电机;10-台面支撑;11-偏心轴;12-悬架检测台面;13-吊环;14-台架底座;15-悬架检测传感器

三、工作原理

使用谐振式悬架装置检验台时,将受检轴的车轮驶上台架,启动悬架台,激振器迫使汽车悬架产生振动,使振动频率增加至超过振荡的共振频率。待电机转速稳定后切断电机电源,振动频率逐渐降低,并将通过共振点,记录衰减振动曲线(纵坐标为动态轮荷,横坐标为时间,如图 2-29 所示),测量共振时动态轮荷,计算并显示共振时的最小动态车轮垂直载荷与静态车轮垂直载荷的百分比值(悬架吸收率)及其同轴左、右轮百分比的差值(左、右悬架吸收率差)。

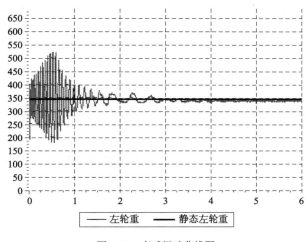

图 2-29　衰减振动曲线图

四、日常维护和保养

1. 使用注意事项

(1)超出悬架台额定载荷的汽车,禁止驶上悬架台。

(2)不要在悬架台上停放车辆和堆积杂物,严禁做空载试验。

(3)不要对肮脏的车辆直接检测,特别是轮胎和底盘部分粘有较多泥土的车辆,应首先清洗并待滴水较少时进行检测。

(4)雨天检测必须为车辆除水,滴水较少时才能检测。

(5)严禁悬架台中进水,保持传感器清洁、干燥和正常工作。

(6)为保证测试精度,传感器应预热 30min。

2. 定期维护和保养

(1)使用 3 个月后,拆开面板检查设备上的所有螺栓、螺母,包括电气接线端子的螺栓,是否有松动现象并紧固。

(2)使用 6 个月后,除进行第(1)项的工作外,还须对台架内各部位进行清洁,同时检查线路固定是否牢固,对轴承座进行润滑。

(3)为了保证测量准确,应按《汽车悬架装置检测台校准规范》(JJF 1192—2008)定期进行校准,一般两次校准最长间隔不超过12个月。

第八节　前照灯检测仪

一、概述

前照灯是机动车辆的外部照明设备,属于主动安全装置,其性能直接影响夜间行车安全。《道路运输车辆综合性能要求和检验方法》(GB 18565—2016)对汽车前照灯的远光发光强度和远光、近光光束照射位置作了规定,综合性能检测机构配备的前照灯检测仪应具备上述检测功能。前照灯检测仪的生产制造执行《机动车前照灯检测仪》(JT/T 508—2015)。

二、基本结构和工作原理

机动车前照灯检测仪(以下简称灯光仪)是根据相关标准要求,对前照灯光束照射在10m远屏幕的特性进行仪器化测量的光学仪器。灯光仪有聚光式、投影式、光轴追踪式和屏幕式等不同光学结构,光电转换器件经历了单片光电池、多片光电池、多组光电池和全图像处理的技术演变,操作方式分为手动和自动两种,机动车检测线上采用全自动灯光仪。

1. 基本结构

(1)聚光式。

聚光式光学结构常见于早期灯光仪产品(如图2-30所示),仅测量前照灯远光光强及其偏角。测量距离有1m的,也有3m的。光路中的二次聚光透镜使物理光程进一步缩小,并使光电池组件趋于小巧,便于移动控制。聚光式灯光仪能自动判别对称光斑,找准光束中心,但通常无法判别近光明暗截止线及其转角(拐点),无法测量近光光束偏角。

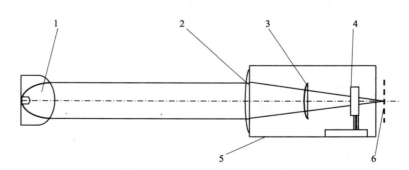

图2-30　聚光式灯光仪示意图

1-前照灯;2-菲涅尔透镜;3-二次聚光透镜;4-移动式光电池组件;5-光接受箱;6-焦平面

(2)投影式。

为适应近光灯测量的需要,在聚光式光路基础上增加半透半反镜。投射一路光至受光板,形成光斑,用CCD摄像采集分析近光拐点及其偏角,另一路透射光则直达光电池组件,测量远光光强及其偏角,如图2-31所示。

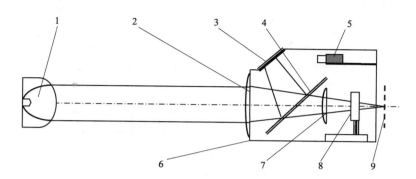

图2-31 投影式灯光仪示意图

1-前照灯;2-菲涅尔透镜;3-受光板;4-半透半反镜;5-CCD摄像头;6-光接受箱;7-二次聚光透镜;8-光电池组件;9-焦平面

(3) 自动追踪光轴式。

聚光式和投影式的灯光仪都具备移动式的光电池组件以追踪光轴中心,但由于受光接受箱体积的限制会影响光电池组件的移动范围,因此有些产品采用光接受箱仰角调节来实现光轴追踪,如图2-32所示。

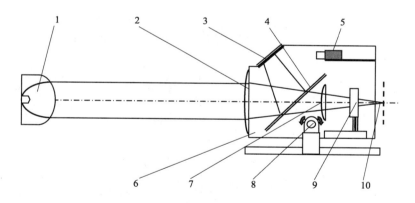

图2-32 自动光轴追踪式灯光仪示意图

1-前照灯;2-菲涅尔透镜;3-受光板;4-半透半反镜;5-CCD摄像头;6-光接受箱;7-二次聚光透镜;8-回转机构;9-光电池组件;10-焦平面

(4) 屏幕式。

如图2-33所示的屏幕式灯光仪采用前摄像头(对准摄像头)追踪对准前照灯中心并测量灯中心离地高度,光束在光接受箱中汇聚在受光屏幕上,直接模拟了前照灯10m屏幕照射的效果。通过后摄像头(测量摄像头)拾取照射光斑的图像,直接分析计算远光光强及其光轴偏角和近光拐点及其偏角。由于采用前摄像头对准前照灯中心技术,在前照灯光束偏角变化时,光接受箱不需随光轴变化而移动,检测效率高,且方便前照灯在线调整和可疑灯光分析。

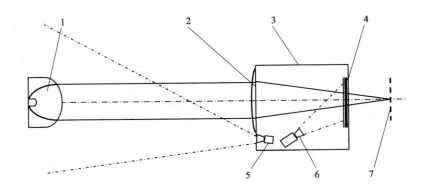

图 2-33　屏幕式灯光仪示意图
1-前照灯；2-菲涅尔透镜；3-光接受箱；4-受光屏幕；5-对准摄像头；6-测量摄像头；7-焦平面

（5）电子屏幕扫描式。

电子屏幕扫描式灯光仪是近年来问世的一种新型灯光仪。该灯光仪由前线阵光敏传感器、后线阵光敏传感器、高性能数字信号处理器和行走机构组成，配置 TFT 彩色液晶屏（如图 2-34 所示）。可对机动车前照灯进行快速、准确地检测。

图 2-34　电子屏幕扫描式灯光仪示意图
1-警示灯；2-仪表面板；3-后线阵光敏传感器；4-前线阵光敏传感器；5-导轨；6-无线发射天线；7-上仪表箱；8-支架；9-底座

电子屏幕扫描式灯光仪采用最原始的前照灯屏幕投影测量方法，综合投影式灯光仪与光轴自动跟踪式灯光仪的优点，吸收了人工屏幕测量方法测量机动车前照灯基本原理的长处，对人工屏幕测量方法进行电子化，可大面积接收前照灯光斑并进行采集处理。如图 2-35 所示是 CCD 屏幕式灯光仪光斑成像和电子屏幕扫描光斑成像对比。

 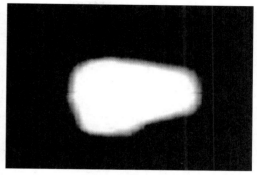

CCD屏幕式灯光仪光斑成像　　　　　　电子屏幕扫描光斑成像

图 2-35　CCD 屏幕式灯光仪光斑成像和电子屏幕扫描光斑成像对比

（6）左、右行驶机构。

随着计算机控制处理技术的发展，绝大部分的检测线已经使用了全自动灯光仪。全自动灯光仪除了光束测量的光学机构外，还有全自动控制的左、右行驶机构和上、下移动机构，以达到快速找准被测前照灯及其光束的目的，这些机构都采用电机（交流马达或直流马达）驱动、减速机变速、链轮链条拖动，可实现精密定位控制。

如图 2-36 所示，灯光仪控制电机（交流或直流电机）正转或反转，通过减速机驱动链轮，链轮带动行驶轮轴在导轨上左右移动，制动器起刹车和锁止作用，使灯光仪稳定停在测量位置上。安装时要注意带凹槽的行驶轮是前轮，装在面向车灯一侧的导轨上。

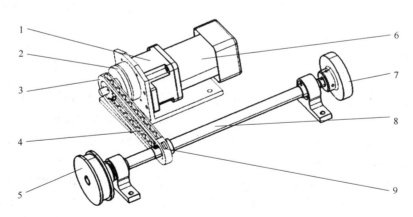

图 2-36　左右行驶机构示意图

1-减速机；2-制动器；3-链轮；4-链条；5-前轮（带凹槽）；6-电机；7-后轮；8-轮轴；9-链轮

（7）上、下移动机构。

灯光仪的上、下移动主要由电机（交流或直流电机）正转或反转，通过减速机和蜗轮减速机驱动链轮带动升降支架，使灯箱上下移动所完成。为防止灯箱摆动，一般装有一组或两组垂直导柱或滑杆，如图 2-37 所示。

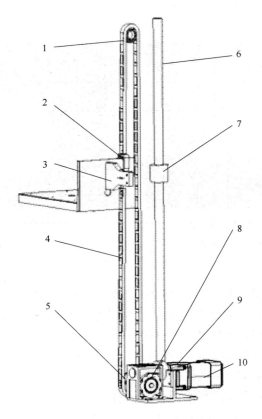

图 2-37 上、下移动机构示意图

1-链轮;2-链条松紧调节旋钮;3-升降支架;4-链条;5-链轮;6-垂直导柱(滑竿);7-直线轴承;8-蜗轮减速机;9-减速机;10-电机

2. 工作原理

(1)前照灯远光配光特性。

根据《汽车用灯丝灯泡前照灯》(GB 4599)和《摩托车白炽丝光源前照灯配光性能》(GB 5948)对机动车远光灯的要求,典型的前照灯远光灯配光特性是等照度曲线,在上、下方向和左、右方向基本对称,越靠近中心点,照度越大。如图 2-38 所示是典型的前照灯远光灯光光强分布,光强越强的点,其在图像上的灰度值越大,光斑越白;光强越弱的点,其在图像上的灰度值越小,光斑越暗。因此,以光强最大的区域中心点的灰度值作为衡量灯光强度的标准,利用采集到的该点灰度值标定计算远光发光强度。当远光灯的中心线位于采光屏的中垂线上,且光束无偏角时,光强中心点和屏幕中心点重合。而当远光灯的中心线位于采光屏的中垂线上,但光束具有偏角时,光强中心点会偏移屏幕中心点,且偏移量反映了灯光偏角大小。利用采集到的图像就可以计算出光强中心点相对于上下、左右均无偏角的光强中心点的偏移量,进而确定光偏角。

(2)前照灯近光配光特性。

根据《汽车用灯丝灯泡前照灯》(GB 4599)和《摩托车白炽丝光源前照灯配光性能》(GB 5948)对机动车近光灯的要求,典型的前照灯近光灯配光特性是有明显的明暗截止线,在明暗截止线的左上方有一个比较暗的暗区，其右下方有一个比较亮的亮区，其光强最强的区域在明暗截止线的右下方。在光强最大的区域中心点，照度最大，并以这中心点为中心，形成一定的等照度曲线图。前照灯近光灯光分布如图 2-39 所示，光强越强的点，其在图像上的灰度值越大，光斑越白；光强越弱的点，其在图像上的灰度值越小，光斑越暗。确定近光偏角的方法与确定远光的偏角类似，只不过确定近光偏角是以明暗截止线为依据计算近光偏角，各个厂家处理明暗截止线的算法会有所差异。

图 2-38　前照灯远光光强分布

图 2-39　前照灯近光光强分布

自动式灯光仪一般都配有导轨，使用前应对导轨进行安装。

①按使用说明书的组装说明，将导轨组装成整体。

②地面预留（或挖掘）导轨安装基础（具体尺寸因厂家不同而略有不同，请参看其使用说明书）。

③将导轨放入安装基础内，导轨应与行车方向（或行车导引线）垂直，垂直误差应控制在千分之二范围内，导轨运行表面应与地面等高。

④初步确定安装位置后，记下安装用拉爆螺栓的安装位置标记；取起导轨，在标记处钻拉爆螺栓安装孔，装入拉爆螺栓。

⑤重新放入导轨，并注意应符合③的要求，用水平调整螺钉调整导轨表面水平度，应在千分之三以内，将拉爆螺栓收紧，使导轨固定在安装基础内。

⑥在安装基础内填充水泥砂浆，并抹平与地面等高。

三、仪器的安装

灯光仪直接放至导轨上即可。注意前轮的凹槽应卡在导轨上，另外需检查光接收箱上的水准泡，在水平运动行程内应指示在水平位置（气泡置于中心圆线内），否则应利用光接收箱下部的水平调整螺栓，将光接收箱的水平位置略作调整，具体参看使用说明书。上述工作完成后，接上电源仪器即可工作。

四、日常维护和保养

1. 使用注意事项

（1）按使用说明书要求进行预热。

(2)停车位置要准确,车身纵向中心线要垂直于导轨和前照灯受光面,否则会影响光束左、右偏角测量的准确性。推荐使用车辆摆正装置提高检测结果的准确性。

(3)初检与复检时尽量由同一引车员引车操作,驾驶员体重的变化会对光束上、下偏测量的准确性和重复性造成影响,对微型或轻型车辆影响更大。

(4)前照灯检测仪正在移动或将要移动时,严禁车辆通过。

(5)检测完毕后车辆要及时驶离,车身不得长时间挡住轨道。

2. 定期维护和保养

(1)仪器的立柱应保持清洁,定期加少许润滑油,以利于仪器运行。

(2)导轨的表面应保持洁净、平滑,去除沙粒、油泥、小石子、铁屑等,严禁加油润滑表面。

(3)灯光仪底座与地面的间隙较小,一般还装有位置传感器等,要及时清除导轨范围内的沙粒、石子、铁屑以及积水等,防止阻碍灯光仪移动或产生误动作。

(4)为了保证测量准确,应按《机动车前照灯检测仪》(JJG 745—2002)定期进行计量检定和自校准。检定:1次/年;自校准:1次/半年。

第九节 车速表检验台

一、概述

为了提高运输效率,应尽可能发挥车辆性能,以获得较高的速度。但车速过高往往导致车辆稳定性变差和制动距离过长,严重影响行车安全。此外,车辆的行驶速度还受交通法规与道路条件,以及着眼于成本的经济车速的限制。所以在驾驶车辆时,准确地掌握、合理地运用行车速度对行车安全与高效运用车辆有重要意义。

驾驶员对车速的掌握虽然可依据主观估计,但是人对速度的掌握往往会因错觉、驾驶经历和驾驶环境等因素的影响而造成误差,不够准确可靠。因此,车速表是驾驶员用来判断车辆行驶速度的重要工具。为更好地保证行车安全,有必要采用仪器对车速表的指示误差进行检验,这种仪器就是车速表检验台。

车速表检验台按有无驱动装置可分标准型与电机驱动型两种。标准型检验台无驱动装置,它靠被测汽车驱动轮带动滚筒旋转;电机驱动型检验台由电动机驱动滚筒旋转,再由滚筒带动车轮旋转。此外,还有把车速表检验台与制动检验台或底盘测功机组合在一起的综合式检验台。

车速表检验台的产品制造依据《滚筒式汽车车速表检验台》(GB/T 13563—2007)执行。按允许承载轴荷分类,一般可将汽车车速表检验台分为3t级、10t级和13t级三种。

二、基本结构

1. 标准型车速表检验台

该检验台主要由滚筒、举升器、测量装置、显示仪表及辅助装置等几部分组成,主要结构如图 2-40 所示。

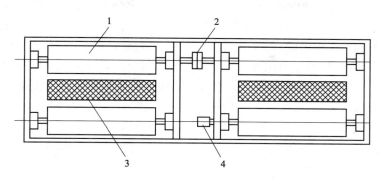

图 2-40 车速表检验台结构示意图
1-滚筒;2-联轴器;3-举升器;4-速度传感器

(1)滚筒部分。

车速表检验台左、右各有两根滚筒,用于支撑车辆的驱动轮。在测试过程中,为防止车辆的差速器起作用而造成左、右驱动轮转速不等,前面的两根滚筒是用联轴器联在一起的。滚筒多为钢制,表面经防滑处理,直径多在 200mm 左右。为了标定时换算方便,有部分直径为 176.8mm,当滚筒转速为 1200r/min 时,正好对应滚筒表面的线速度为 40km/h。

(2)举升器。

举升器置于前后两根滚筒之间,多为气动装置,也有液压驱动和电机驱动型。测试前,举升器处于上方,方便车辆驶上检验台;测试时,举升器处于下方,以便滚筒支撑车轮;测试后,靠气压(或液压、电机)升起举升器,顶起车轮,以便车辆驶离检验台。

(3)测量元件。

测量元件即测量转速的传感器,其作用是测量滚筒的转动速度,与前滚筒同轴安装。通过转速传感器将滚筒的转速转换成电信号(模拟信号或脉冲信号),再送到显示仪表。常用的转速传感器有:测速发电机、光电编码器和霍尔元件等。

①测速发电机。

测速发电机是一种永磁发电机,由于制作精密,它能够产生几乎与转速完全成正比的电压模拟信号(如图 2-41 所示)。将它安装在滚筒一端,当滚筒转动时,测速发电机可以输出与转速成正比的电压。此信号经放大和 A/D 转换后被送入单片机处理。

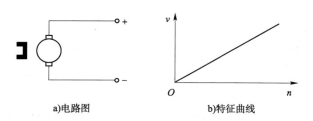

a)电路图 　　　　b)特征曲线

图 2-41 直流永磁测速发电机电路图及特性

②光电编码器。

光电编码器是带孔或带齿的编码盘,安装在滚筒的一端并随滚筒转动,如图2-42所示。光电编码器上有一对由光源和光接收器组成的光电开关,光源一般发出红外光,光接收器多由光敏三极管和放大电路组成,可将收到的光信号变为电信号。光源和光接收器分别置于编码盘的两侧,并彼此对准。当编码盘转动时,光源发出的光线被周期性地遮住,光接收器收到断续的光信号,并转换成电脉冲(脉冲信号),脉冲频率与滚筒转速成正比。此脉冲信号经过光电隔离等环节之后,被送入单片机进行处理。

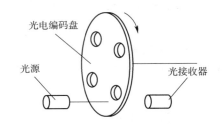

a)光线被遮住,接收器无信号　　b)光线未被遮住,接收器有信号

图2-42　光电式速度传感器原理图

③旋转编码器。

旋转编码器的工作原理与光电编码式基本相同,但旋转编码器是一种集成的传感器,它输出的电压同样是脉冲信号。旋转编码器转动一周产生的脉冲数量较多,一般速度台上每周100脉冲的编码器足够满足测试准确度要求。更多的每周脉冲数可以使速度测量更加准确,速度变化的响应更灵敏,如图2-43所示。

图2-43　旋转编码器

④霍尔元件。

霍尔元件是利用霍尔效应原理,将带齿的圆盘固定在滚筒一端,并随滚筒一起转动。当圆盘的齿未经过磁导板时,有磁场经过霍尔元件,感应产生霍尔电动势;当圆盘的齿经过磁导板时,磁场被短路,霍尔电动势消失。所以霍尔元件可以产生与速度成正比的脉冲信号,此脉冲信号同样经过一定的隔离处理后被送入单片机,如图2-44所示。

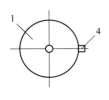 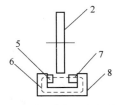 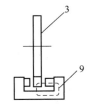

a)带齿圆盘形状　　b)圆盘的齿未经过磁导板, 　c)圆盘的齿经过磁导板时,
　　　　　　　　　　有磁力线经过霍尔元件　　　　　磁力线被短路

图2-44　霍尔元件式速度传感器原理图
1、2、3-圆盘;4-齿;5-霍尔元件;6-磁力线;7-永久磁铁;8-磁导板;9-磁力线

(4) 显示仪表。

目前速度表检验台大多采用数字显示仪表,常用单片机做处理器。来自传感器的信号经处理后传输给单片机,再输出显示测量结果。在全自动检测线上也可直接把速度传感器信号传输到工位机(或主控机)上直接进行处理。

(5) 辅助部分。

①安全装置:车速表检验台滚筒两侧设有挡轮,以免检测时车轮左、右滑移损坏轮胎或设备。

②滚筒抱死装置:汽车测试完毕出车时,如果只依靠举升器,可能造成车轮在前滚筒上打滑。为了防止打滑,增加滚筒抱死装置,与举升器同步,在举升器升起的同时,抱死滚筒,举升器下降时松开。

③举升保护装置:车辆在车速表检验台上运转时,举升器突然上升会导致严重的安全事故,因而检验台设有举升器保护装置(软件或硬件保护),以确保滚筒转速低于设定值后(如5km/h)才允许举升器上升。

2. 电机驱动型车速表检验台

车速表的转速信号多数取自车辆变速器或分动器的输出轴,但对于后置发动机汽车,由于车速表软轴过长,会出现传动精度小和寿命短等方面的问题,所以转速信号取自前从动轮。对转速信号取自前从动轮的车辆必须采用电动机驱动型车速表检验台。测试时,由电动机驱动滚筒带动前从动轮旋转。这种检验台往往在滚筒与电动机之间装有离合器,如图2-45所示。若检测时将离合器分离,这种检验台又可作为标准型检验台使用。

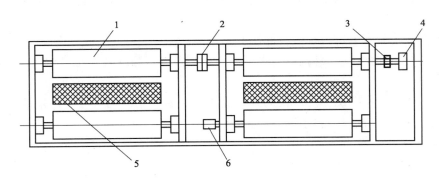

图 2-45 电机驱动型车速表检验台结构示意图
1-滚筒;2-联轴器;3-离合器;4-驱动电机;5-举升器;6-速度传感器

需要说明的是,无论使用哪种形式的车速表检验台,对于全时四驱车辆,目前综检机构所用的车速表检验台无法适应检测需要,因此必须通过路试。如需要用台架设备来实施车速表准确性的检测,需要安装自由滚筒。自由滚筒的设计与安装应适应各种被检全时四驱车辆的轴距变化范围。

三、工作原理

检测时,汽车驱动轮置于滚筒上,由发动机经传动系驱动车轮旋转,车轮借助于摩擦力带动滚筒旋转,旋转的滚筒相当于移动的路面,以驱动轮在滚筒上旋转来模拟汽车在路面上行驶时的实际状态。通过测试滚筒表面线速度来达到测量汽车行驶速度的目的。

滚筒表面线速度、滚筒直径和转速之间的关系可用下表达：

$$v = \pi \times D \times n \times 60 \times 10^{-6}$$

式中：v——滚筒表面线速度，km/h；

D——滚筒直径，mm；

n——滚筒转速，r/min。

车轮的线速度与滚筒的线速度相等，故上式的计算值即为车辆的真实车速。该值在检验时由车速表检验台上的速度指示仪表显示。

车轮在滚筒上转动的同时，车速表上显示车速值，即车速表指示值。将上述车速表检验台速度指示仪表上显示的真实车速值与车辆车速表显示的车速指示值相比较，即可求出车速表的指示误差。

四、日常维护和保养

1. 使用注意事项

（1）轴重大于检验台允许重量的车辆不允许驶上检验台。

（2）汽车在检测时，不允许急加速或急减速，尤其是前轮驱动车辆。

（3）被检车辆上线前应清除轮胎上沾有的水、油、泥以及嵌入轮胎花纹槽内的石子等杂物，轮胎压力应符合出厂规定。

（4）台架表面不应用腐蚀性液体擦拭，应经常保持清洁，不应让油、水、泥沙等进入检验台内。

（5）不得在检验台上进行车辆维修作业。

（6）对电机驱动型车速表检验台，在不用驱动装置进行测试时，务必分离离合器，使滚筒与电动机脱开。

（7）为了保证测量准确，应按《滚筒式车速表检验台》（JJG 909—2009）定期进行计量检定和自校准。检定：1 次/年；自校准：1 次/半年。

2. 定期维护和保养

车速表定期维护和保养的周期及项目见表 2-2。

车速表检验台定期维护保养　　　　　　　　　　表 2-2

周　期	项　目
每日	检查滚筒是否沾有油污、水泥等杂物，若有应予清除。 检查滚筒的运转情况，有无异响、损伤，运转是否平稳。 检查举升器动作是否自如或有无漏气（或漏油）部位。否则予以修理。 检查导线的连接情况。若有接触不良或断路应予修复。 调整气泵压力不得超过 0.8MPa
每周	对水过滤器进行放水，并检查油雾器油面，如需要，则加注机油
每月	检查各轴承座及其他关键部位螺丝是否松动并拧紧

续上表

周 期	项 目
每季度	检查滚筒制动器的磨损情况，当举升器升起后，被检车辆驶离检验台时，车轮不应带动滚筒旋转。 检查联轴节是否松旷。 检查传感器固定情况，接头有无松动。 对速度传感器处进行清洁处理。 对滚筒支撑轴承进行润滑

第十节 机动车排气污染物测量设备

一、概述

随着国民经济的不断发展，机动车保有量日益增加，其使用范围也越来越广泛。然而，机动车在给人类生活带来极大方便的同时，也给公众生活带来了一定的损害，如空气污染、噪声污染和电波干扰等。其中，机动车排放的污染物对大气环境造成的污染尤为严重，已经引起了政府的极大关注，并为此制定了相应的法规和管理办法对机动车排气污染物排放进行有效的控制。

机动车排放污染物的主要种类有 CO、HC、NO_x 和碳颗粒（黑烟），这些污染物是目前被检测和治理的对象。汽油车（点燃式发动机）的主要排放污染物是 CO、HC、NO_x，柴油车（压燃式发动机）的主要排放污染物是碳颗粒和 NO_x。汽车综合性能检测机构分别采用汽车排气分析仪测量 CO、HC、NO_x 的排放状况，使用滤纸式烟度计、透射式烟度计（不透光烟度计）测量碳颗粒污染物和 NO_x 的排放状况。

二、汽车排气分析仪

1. 仪器分类

汽车排气分析仪视其测量组分的数目，分为二组分、四组分、五组分分析仪，见表2-3。

汽油车排气分析仪分类　　　　　　　　　表2-3

分类＼污染物	HC	CO	CO_2	O_2	NO
二组分分析仪	○	○	—	—	—
四组分分析仪	○	○	○	○	—
五组分分析仪	○	○	○	○	○

注：表中标注○为该类仪器可测组分。

二组分分析仪从20世纪80年代就开始投入使用，当时国内机动车排放污染物的控制对象是怠速状态下的 HC、CO。随着汽车的普及应用，汽车制造技术突飞猛进，现代的汽油车多采取严格的空燃比控制技术，使发动机工作在最佳的燃烧状况和最少的污染物排放水平下，同时采用三元催化净化器对 HC、CO、NO_x 等污染气体进行有效的催化转化。目前，在机动车排放检测上,越来越多地采用四组分、五组分排气分析仪,从而取代了二组分分析仪。

2. 点燃式发动机的完全燃烧理论

(1)空燃比控制机理。

汽油燃料是复杂的烷烃混合物,其 H/C 比是 1.86。下面以环己烷 C_6H_{12}(H/C 比为 2)代表汽油,进行理论燃烧反应推演。在发动机内部,C_6H_{12} 燃料通过喷射和空气充分混合,火花塞点火,发生如下氧化燃烧反应:

$$C_6H_{12} + 9O_2 + 9 \times 3.76N_2 \Longrightarrow 6CO_2 + 6H_2O + 9 \times 3.76N_2$$

理论空燃比如下:

$$\frac{A}{F} = \frac{9 \times 32 + 9 \times 3.76 \times 28}{6 \times 12 + 12} = 14.7$$

式中:A——Air,空气;

F——Fuel,燃料;

A/F——空气和燃料的比率。

如图 2-46 所示,从空燃比的比较图中可以看出,当 A/F 为 14.7 时,CO_2 排放达到最大值,HC 排放为最小值,而 O_2 和 CO 排放接近最小值,这说明发动机达到最佳的燃烧状况。因此 A/F 为 14.7 这一点被称为理论空燃比,表述为 A_0/F_0,简称 AFR_0。

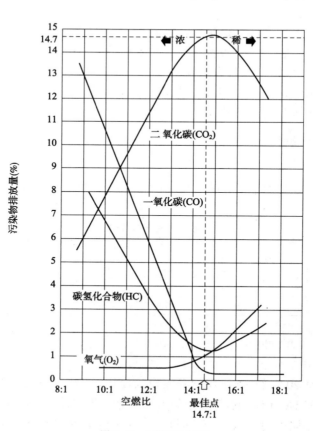

图 2-46 空燃比比较图

(2)过量空气系数 λ。

以理论空燃比为基准,让发动机的实际空燃比和理论空燃比进行比较,从而引入了过量空气系数 λ 的概念:

$$\lambda = \frac{AFR}{AFR_0}$$

如果:

λ=1,说明发动机实际空燃比达到理论空燃比效果,工作在理想状况;

λ>1,说明发动机实际工作时空气多了,处于富氧燃烧状况;

λ<1,说明发动机实际工作时空气少了,处于缺氧燃烧状况。

(3)三元催化净化器技术。

目前,装有闭环式控制的电喷车运用了严格的空燃比控制技术,其发动机工作时的过量空气系数 λ 严格控制在 1.0±0.03 之间,达到理论状态下的完全燃烧。空气用尽,排放中氧气含量很少,有利于三元催化净化器的工作。

如图 2-47 所示为空燃比和各排放污染物的关系,在使用三元催化净化器技术后能有效地将这些污染物转化为 CO_2、H_2O 和 N_2。

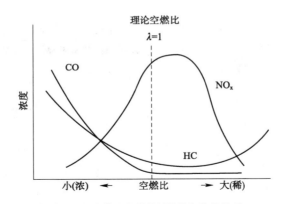

图 2-47 空燃比和排放污染物气体的关系

三元催化净化器的作用是对 HC、CO、NO_x 这些污染气体进行有效的催化转化,但它必须工作在缺氧条件下,否则催化器表面会氧化中毒,影响其净化效率和寿命。因此运用三元催化净化器技术的前提是其过量空气系数 λ 必须控制在 1.0 附近,使得发动机内部的燃油充分燃烧又不剩下多余的空气。

3. 四组分汽车排气分析仪

在综合性能检测线上使用四组分汽车排气分析仪能准确地分析汽车排放中 CO_2、HC、CO 以及 O_2 组分,并根据这些组分的构成推算出过量空气系数 λ,从而判定被测车辆发动机工作状况的优劣。正常发动机的排放结果应为:λ=1.00±0.03;CO_2 浓度为 14.7±0.5%;O_2 浓度为 1.0±0.5%,HC 和 CO 经过三元催化净化处理,要小于排放限值,越小越好。

通过对废气中 CO_2 和 O_2 浓度进行分析,可以发现在检测过程中会出现诸如取样探头脱落,取样管路漏气等失误以及某些作弊现象(如在排气管上打孔等)。当这些现象出现时,排

气中的 O_2 浓度会异常升高,而 CO_2 浓度则异常降低。

4. 五组分汽车排气分析仪

NO_x 是一系列氮氧化合物的总称,它是机动车废气中的一大污染物,是构成化学烟雾 $PM_{2.5}$ 的祸根。NO(一氧化氮)占 NO_x 中的90%,因而在原有的四组分分析仪的基础上,增加了 NO 气体浓度的检测功能,构成五组分分析仪,可更加全面地检测分析汽车的排放情况。NO 检测结果达标则说明车辆的废气再循环(抑制 NO_x 产生)和三元催化净化效能达到环保要求,否则需要检修。

5. 基本原理和结构

下面以五组分汽车排气分析仪为例,较全面地介绍汽车排气分析仪的基本原理和结构。五组分汽车排气分析仪主要检测汽油车尾气排放中的 CO、HC、CO_2、NO、O_2 这五种组分的体积比含量,根据法规的要求同时计算过量空气系数 λ (或空燃比 AFR),多数仪器还具备监测汽车发动机转速、发动机机油温度、检测环境条件(环境温度、湿度、大气压力)等参数的功能。因此,五组分汽车排气分析仪器结构精密、复杂,对操作使用和日常维护有着严格的要求。

(1)仪器检测原理。

五组分汽车排气分析仪采用不分光红外法测量 CO、HC、CO_2 三种气体组分,采用电化学法测量 NO 和 O_2 组分。

不分光红外法测量气体组分具有精度高,稳定性好,响应速度快的特点,而且多组分参量集中同时测量,可根据气体组分含量有效地排除组分间各响应值的相互干扰。HC、CO_2、CO 的吸收光谱以及相应的红外带通光谱图如图2-48所示。

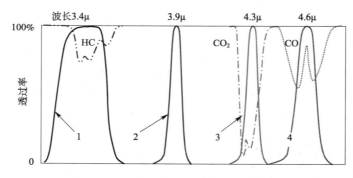

图2-48 气体吸收光谱和相应的红外带通光谱图
1-HC 滤光片;2-参比滤光片;3-CO_2 滤光片;4-CO 滤光片

在测量 NO 和 O_2 时需使用两个独立的化学电池传感器。传感器中装有特定电解质,在接触气体组分中的被测物质时产生原电池效应,输出电荷(即信号)被仪器拾得并处理为相应的测量结果。电化学传感器结构相对简单,使用方便,在最初使用时灵敏度较高,稳定性较好。但在使用中,电解质会逐渐消耗导致灵敏度逐渐下降,稳定性能变差,因此其使用寿命也较短。

(2)仪器结构。

五组分汽车排气分析仪由采样探头、采样管、过滤器、水分离器、电磁阀、气泵、红外分析器、电化学分析传感器、控制单元等部分组成。对检测工作量相对较少,检测场地小,仅要求怠速或双怠速尾气检测的场合,一般使用便携式汽车排气分析仪,其气路结构相对简单,体积小,重量轻,典型的气路结构如图2-49所示。

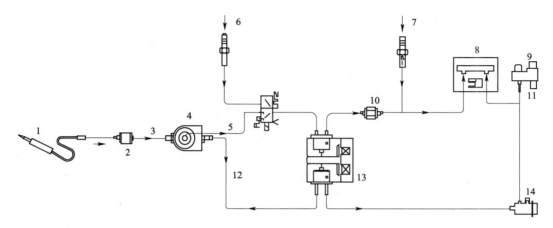

图2-49　便携式汽车排气分析仪气路结构示意图

1-T1探头1;2-小过滤器;3-气管1;4-样气过滤器;5-干样气;6-空气入口;7-标准气入口;8-CO、CO_2、HC红外检测器;9-O_2、NO;10-二级过滤器;11-电化学传感器;12-湿样气;13-取样泵;14-排气口

对于适用ASM、Vmas等简易工况法的检测场合,为满足仪器快速自动清洗气路、自动调零、自动检查、标定、取样等功能要求,仪器设有压缩空气入口、零气入口、环境气体入口、检查气入口、标定气入口等功能气路,并有相应的电磁阀控制切换,配合仪器操作实现各种动作流程。仪器既可单独使用,也可以连接计算机控制使用。仪器单独使用时可用本机的操作键盘和显示器,进行各种操作和读数。

6. 主要技术指标

衡量汽车排气分析仪技术性能的优劣主要是评价其下述几项重要指标,由于用途不同,汽车排气分析仪分为几个等级,各项技术指标略有不同,下面先就术语作出解释。

(1)示值误差(最大允许误差)。

示值误差是衡量仪器测量结果准确程度的重要指标之一,它是指以标准气体为对照,当向仪器通入已知浓度的标准气体时,仪器的指示值与标准气体的浓度标称值的差异。

示值误差通常用绝对误差和相对误差两种方式表示,绝对误差即是上述定义中的"仪器指示值与标准气体的浓度标称值之差",而相对误差则是绝对误差与标准气体标称浓度之比,用百分数表示。

(2)重复性。

重复性是指在其他条件保持不变的前提下,仪器对同一气体进行连续多次的重复测量,其各次测量结果的离散程度。

重复性是仪器的一项重要指标。重复性差意味着每次测量结果都不一样,测量也就失去其意义了。

重复性可用下式表示:

$$\delta = \frac{\sqrt{\dfrac{\sum_{i=1}^{6}(C_i - C_p)^2}{5}}}{C_p} \times 100\%$$

式中：δ——为相对标准偏差表示的重复性；

C_i——为第 i 次的仪器读数值；

C_p——为 6 次读数的平均值。

(3) 稳定性。

仪器的稳定性指标有两项，一项为零位漂移，另一项为示值漂移。

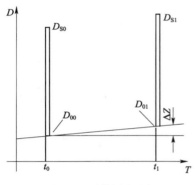

图 2-50　示值漂移示意图

零位漂移是指仪器在连续通入没有被测组分的气体（称为零气）时，在一段时间间隔内，仪器指示值的变化量。

示值漂移是指仪器在一段时间间隔内，先后通入同一浓度的标准气体，仪器指示值对该气体响应幅值的变化程度。

如图 2-50 所示，零位漂移 ΔZ 为 $(D_{01} - D_{00})$，示值漂移 ΔS 为 $[D_{S0} - D_{00} - (D_{S1} - D_{01})]$。

通常，示值漂移用相对变化量表示，其表达式为：

$$\delta = \frac{\Delta S}{D_{S0} - D_{00}} \times 100\%$$

(4) 响应时间。

响应时间的定义是：从被测气体的浓度从零开始出现突跃式变化时起，到仪器指示值到达其最终稳定指示值的 90% 时止的时间间隔，通常以符号 T_{90} 表示。

响应时间通常由两部分组成，即气体从探头到达仪器分析系统的测量室所需时间，以及气体进入测量室起至仪器指示值作出响应所需时间。前者与取样系统的流量和取样系统的容积有关，后者与电气系统的响应时间和测量室的容积有关。增加取样流量，减少测量室容积，缩短电气系统响应时间都是减少仪器响应时间的重要手段。

当取样系统由于阻塞（例如滤纸、滤芯肮脏）而导致样气流量大幅下降时，仪器应有明确的提示，以防止响应时间过长或测量值下降。

7. 操作使用

汽车排气分析仪的基本功能中设有调零、测量、检查、标定、反吹清洗等动作流程，掌握如何操作仪器面板或者控制电脑的软件界面来实现仪器的基本动作，以及通过人机对话的操作引导完成各种操作的流程是非常重要的。下面从开机预热开始介绍仪器的基本操作要领。

(1) 开机预热。

汽车排气分析仪的操作手册都有标明开机预热的时间，它是说明仪器内部达到热平衡条件可有效工作的最短时间，未达到仪器预热时间要求的测量结果是无效的。因此，在开启仪器后，一定要等待预热完成才能进行测量工作，一些仪器在预热过程中还进行仪器性能的自我诊断和检查。

(2)调零。

调零是汽车排气分析仪一个很重要的动作,一般有空气调零和零气调零两种形式。前者是由开启仪器的气泵抽取环境中的空气作为零气,清洗内部气路、气室,忽略空气中 CO、CO_2、HC、NO 的微量存在,将 CO、CO_2、HC、NO 等测量参数置为 0 值。由于空气中微量的 CO、CO_2、HC、NO 是客观存在的,特别是 CO_2 可能达到 0.4%,因此,在严格的测量情况下,应使用零气即高纯氮气(99.999% N_2)或高纯合成空气(20.9% O_2 + 70.1% N_2)进行调零。采用瓶装高纯氮气(或合成空气)时,通过压力调节阀接到仪器的"零气"入口,选择调零气体为"零气",再完成调零动作,这样仪器的 CO、CO_2、HC、NO 零位才是真正的零位。

(3)测量。

测量是将取样探头插入汽车排气管,起动仪器内部的取样泵,通过采样管抽取汽车排放的尾气样品到仪器内部进行分析。由于汽车尾气成分中有高达 7% 以上的水气和少量的粉尘颗粒物,冷凝水以及粉尘会阻塞气路、腐蚀检测器件、影响其他气体组分的测量。因此,在尾气样气进入仪器前,设有气、水分离和粉尘过滤装置,样气在经过水分离器时分为干样气和湿样气,湿样气通过排水泵抽走排掉,干样气由样气泵抽取到内部分析单元进行测量。为防止积尘阻塞气路和进入仪器内部污染分析器,仪器一般设计有多级过滤器来进行保护。测量工作的完整过程如图 2-51 所示:

①在进行测量工作之前,要做好以下准备工作:

a)泄漏检查:按操作手册要求进行泄漏检查,如有漏气,须对外气路各元件及其连接处细致检查,直到排除。

b)气路阻塞检查:如显示采样流量低,须认真检查仪器的各级过滤器包括水分离器中的过滤元件是否污染严重,污染严重或完全湿透的一定要更换,否则气路阻塞不能排除。

c)零位检查:检查 CO、CO_2、HC、NO 各参量是否为 0,O_2 是否为 20.7%(±0.2%),否则要再次调零。

②测量时把采样探头插入汽车排气管,插入深度要达到 400mm 以上,并夹紧。对于双排气管的车辆,要插入两把同样的采样探头。

③起动测量后约 8s,仪器示值有响应,随着排放的变化而变化,采样结束时间同样要滞后 8s 以上。

④测量结束及时拔出采样探头,测量结果视需要进行处理或保存。

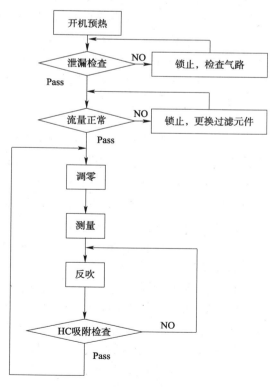

图 2-51 测量流程

⑤测量完成之后起动反吹,反吹压缩空气压力应小于 0.2Mpa 为佳(或参照使用说明

书),反吹时间不小于30s。此过程非常重要,可将冷凝在气路中的水和吸附的HC充分吹出,保持气路干净。

⑥反吹之后进行HC吸附检查,如果HC浓度小于7×10^{-6},则可直接进行调零处理;如果HC浓度大于7×10^{-6},则要继续反吹30s,再调零。

(4)标定。

标定之前要准备好标准气体,标准气体规格见《机动车排气分析仪》(JT/T 386)。

各气瓶均连接好压力调节阀,将标定气、检查气、零气一一连接到仪器相应的气体输入口,按以下步骤进行标定:

①充分完成预热。

②选择零气调零:打开零气及其压力调节阀,调节输出压力为0.05~0.15Mpa(参考使用手册要求),对仪器进行调零处理。为确保零位正确,进行2次以上调零处理;完成调零后,CO、CO_2、HC、NO示值应为0。

③选择空气调零:直接起动调零,机内抽气泵响,约20s后完成调零;泵停后,CO、CO_2、HC、NO示值应为0。为确保零位正确,须进行2次以上调零处理。

④进入标定界面,将标准气瓶上的气体各标称值一一输入,认真校对无误后,启动标定,看提示通入标准气。这时打开标定气阀及其压力调节阀,调节输出压力为0.05~0.15Mpa(参考使用手册要求),观察示值变化直至各个数值完全稳定,再启动标定确认,则完成标定。此时观察各个示值,若是各自的标称值,说明标定无误。

⑤退出标定界面,启动空气调零。完成调零后,观察O_2示值是否为20.7±0.2%,如O_2偏差大须对O_2进行标定。对O_2标定必须回到标定界面,单独选定O_2标定,设定空气中O_2浓度为20.7%进行标定。多数仪器的O_2零位是在标定其他气体组分时自动修正的,不需专门对O_2零位进行标定。

(5)通标准气检查。

完成了标定之后,紧接着进行低端测量误差检查。进入检查界面,起动检查,看提示通入检查气。此时打开检查气阀及其压力调节阀,调节输出压力为0.05~0.15Mpa(参考使用手册要求),观察示值变化直至各个数值完全稳定,CO应满足:标称值±0.02%;CO_2应满足:标称值±0.3%;HC应满足:C_3H_8标称值×P.E.F±4×10^{-6};NO应满足:标称值±25×10^{-6}。如不满足要求,须重新标定。

按环保标准要求,五组分汽车排气分析仪需经常按规定时间进行标定和检查。

(6)仪器锁止的排除方法。

按法规要求,仪器在泄漏检查不通过、采样流速低和HC吸附检查超限值的情况下要锁止,不能进行测量,以防止仪器在异常情况下工作,产生不准确的测量结果。因此,在日常使用中要谨记操作步骤和关键环节,在出现锁止时,及时查找原因并加以排除。在多数情况下,仪器内部没发生故障,而是外部的取样气路发生问题,该类故障的快速排除方法如下:

①泄漏检查不通过,锁止:细致检查外部的取样探头、连接管路、各连接口、过滤器等各处是否松动或老化损伤造成泄漏,逐一排除至通过泄漏检查。

②取样流速低,锁止:滤芯脏或管路积水堵塞造成气路阻力大,流量低。需更换气路中的滤芯,手动启动反吹气对管路进行吹洗,很快能排除故障。

③HC吸附超限值,锁止:手动启动反吹气对管路进行吹洗,如果吸附值较大,时间稍长些,很快能排除故障。

(7)日常维护。

①为确保仪器能够长期正常稳定工作,必须根据操作使用说明书要求备用耗材,当仪器锁止时快速检修更换耗材,常用耗材备品见表2-4。

常用耗材备品及其使用周期　　　　　　　　　　　　　　　　表2-4

名　称	使用周期	现　象
前置过滤器	50车次	脏,湿透,造成气路阻塞,偶尔破损漏气
湿气路滤芯	500车次	脏,造成气路阻塞
干气路滤芯	500车次	脏,造成气路阻塞
二次过滤器	1个月	脏,造成气路阻塞
其他过滤器	3个月	脏,造成气路阻塞,或遵照使用说明更换
取样探头	3个月	破损漏气
取样管	6个月	破损漏气
O_2传感器	1年	灵敏度下降
NO传感器	1年±3个月	视检测情况,灵敏度下降无法标定
标准气	1年	过期失效

②在日常操作使用中,用完探头及采样管后应挂起,防止探头和采样管放在地面上抽吸粉尘和水,也避免遭遇踩踏和车轮压过造成破损漏气。

③冬季时,用完采样探头及采样管后应及时收回室内,防止气路内部结冰阻塞气路。

④下班前将采样探头挂起,并保持继续开泵抽气10min以上,充分排除机内废气后再关机,防止水气在仪器内冷凝,影响第二天开机使用。

8. 计量检定

汽车排气分析仪应按《汽车排放气体测试仪》(JJG 688—2007)检定,检定周期一般不超过1年。在此期间内,仪器经修理后按首次检定规定进行。建议每周进行1次自校准。

三、透射式烟度计

透射式烟度计又称不透光烟度计,和滤纸式烟度计一样用来检测柴油车尾气排放的碳颗粒污染程度,滤纸式烟度计适用于较早生产的柴油汽车(2001年10月1日前生产),透射式烟度计则适用于所有柴油汽车。

1. 工作原理

(1)测量原理。

透射式烟度计是利用透射光衰减率来测量排气烟度的典型仪器。其原理是使光束通过一段给定长度的气室,通过测量烟气中颗粒物对光的吸收程度来衡量颗粒物的污染程度。

如图2-52所示,测量单元的测量气室4是一根分为左、右两半部分的圆管,被测烟气从中间的入口5进入,分别穿过左圆管和右圆管排出。透镜2和透镜7把光源8发出的恒定光束汇聚成平行光透过测量气室,到达光电二极管1上并转换成电信号。排气中含烟越多,平行光穿过测量室的光能衰减越大,经光电二极管1转换的光电信号就越弱。风帘3和风帘6一方面是为保护透镜免受烟气污染,另一方面是为将烟气导出,形成恒定长度的烟柱而设计的。

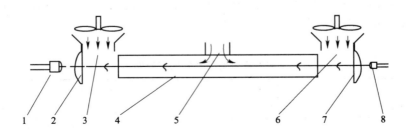

图 2-52　透射式烟度计测量原理
1-光电二极管;2-透镜;3-风帘;4-气室;5-烟气入口;6-风帘;7-透镜;8-光源

(2)测量方法的推导。

当光束从光源通过一恒定长度且充满烟气的气室(排除了外界杂散光干扰的暗通道)时,一部分光被遮挡吸收,另一部分光则穿透气室直达检测器,烟气的浓度将决定透过和不透过的光的量值,因此有了如下定义和测量方法:

①透光度 τ:是指光从光源通过充满烟的暗通道到达观察者或仪器接收器的传输百分率,表达式为:

$$\tau = \frac{\Phi}{\Phi_0} \times 100\%$$

式中:Φ_0——测量区充满干净空气时接收器上的光通量;
Φ——测量区充满排烟时接收器上的光通量。

②不透光度 N:是指阻止光从光源通过充满烟的暗通道到达观察者或仪器接收器的传输衰减率,表达式为:

$$N = (100 - \tau)\%$$

不透光度 N 的取值范围为 0~100%,0 即无任何烟气吸收(完全透过),100% 即完全遮断(完全不透过)。

③根据光吸收定律:

$$\Phi = \Phi_0 \times e^{-kL}$$

得出:

$$k = -\frac{1}{L} \times \ln\left(\frac{\tau}{100}\right)$$

用不透光度表达:

$$k = -\frac{1}{L} \times \ln\left(1 - \frac{N}{100}\right)$$

④当光通道的物理长度确定后,必须对其有效长度进行修正。修正后的光通道有效长度 L_A 是指光源与检测器之间被烟气所充满且有效衰减光束的气室通道的长度(单位为 m)。光吸收系数 k 表示式为:

$$k = -\frac{1}{L_A} \times l_n\left(1 - \frac{N}{100}\right)$$

式中：k——光吸收系数，m^{-1}；

N——不透光度，%；

L_A——光通道有效长度，m，由仪器制造厂根据柱腔物理长度经过试验修正后标明在仪器上。

2. 基本结构

透射式烟度计整机主要由测量单元、控制单元、取样探头、取样管、连接电缆等组成，其示意图如图2-53所示。

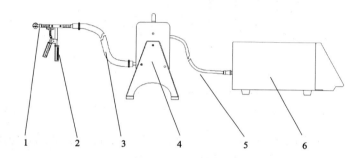

图2-53　透射式烟度计的组成
1-取样探头；2-探头夹紧器；3-取样管；4-测量单元；5-连接电缆；6-控制单元

测量单元连接采样探头，采样探头装有夹紧器，这部分是可移动或便携式设计，使测量时尽可能靠近柴油车排气管。控制单元与测量单元分离，中间用约5m长的电缆连接。测量单元实时检测排烟的不透光度，并向控制单元传输实时测量数据，控制单元则对接收到的数据进行运算、判断、显示，并控制整个测量过程的进行。下面就目前普遍使用的透射式烟度计的控制单元和测量单元的组成及其功能做进一步的介绍。

（1）控制单元。

①控制单元前面板及各部分的名称如图2-54所示。

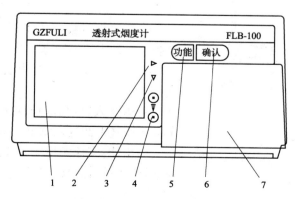

图2-54　控制单元前面板布置图
1-液晶显示屏；2-"→"键；3-"↓"键；4-亮度调节键；5-"功能"键；6-"确认"键；7-内嵌式打印机

前面板主要安放了操作按键和液晶显示屏以及内嵌式打印机。可根据显示界面的操作引导操作按键进行人机对话,完成各项操作任务。不联网控制时可用内嵌式打印机打印。

② 控制单元后面板的布置及各部分的名称如图2-55所示。

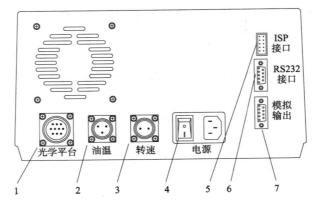

图2-55 控制单元后面板布置图

1-光学平台接口;2-油温测量接口;3-转速测量接口;4-电源插座及开关;5-程序升级接口;6-通信接口;7-模拟量输出

a)"光学平台"接口:用于连接信号电缆,控制和接收来自测量单元的检测数据信号。

b)"油温"接口:连接油温传感器的插座。

c)"转速"接口:连接转速传感器的插座。

d)电源插座及开关:输入220V交流供电电源,开关用于接通或断开整机电源。

e)程序升级接口:用于本机软件的升级程序写入。

f)通信接口:与外部计算机通讯的RS232串行接口。

g)模拟输出接口:用于输出模拟量(选配功能)。

(2)测量单元。

① 测量单元顶面和侧面的布置及各部分的名称如图2-56所示。

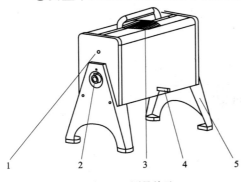

图2-56 测量单元

1-工作指示灯;2-测量信号接口;3-风扇;4-烟气入口;5-支架

② 测量单元各部分的功用。

a)工作指示灯:连接电缆正常连接时指示灯亮。

b)测量信号接口插座:用于连接信号电缆,向控制单元输出检测数据信号。

c)风扇:清洁空气由此进入,并形成保护气帘。

d)烟气入口:与取样探头的取样管相连,被测车辆的排气由此进入测量气室。

e)支架:支撑测量单元并使其高于地面一段距离,以便测量后的废气和保护气幕的空气排出。

3. 主要技术指标

(1)基本要求。

①测量结果应能同时显示光吸收系数 k 和不透光度 N 两个参数。

②测量气室应有加热和恒温装置,确保气室中各点的烟气温度稳定在70℃至仪器允许的最高温度之间。

③光源和检测器及其光学装置应有保护装置,不受烟气熏染,以及烟气温度影响,直接影响测量准确程度。

④应给出光通道有效长度值。

⑤进气通道应平滑均匀,入测量室的样气的压力应恒定。

⑥信号处理电路的滤波时间常数应在 $0.9 \sim 1.1s$ 之间。如果滤波常数不当,在自由加速工况的排烟测量将会直接影响测量结果。

⑦光源应为白炽灯(色温 $2800 \sim 3250K$)或绿色发光二极管,峰值波长在 $550 \sim 570nm$ 之间。

⑧检测器应由光电池或光敏二极管组成,应具有与人眼视觉光敏光谱响应曲线类似的光谱响应。

(2)主要技术指标。

①示值误差:±2.0%。

示值误差是指当把不同透射式烟度计的中性滤光片分别插入仪器的光通道时,仪器的显示值与中性滤光片的标称值之差。它必须符合上述要求,且用中性滤光片检查。

②零位漂移:±1.0%/h。

仪器经预热稳定后,记录零位显示值。每过20min读取一次零位显示值,连续3次。1h内,4次零位显示值之间的最大偏差即为零位漂移,应符合上述要求。

③测量电路响应时间:不大于1.0s。

把滤光片插入仪器的光通道,使光通道完全被遮断,仪器显示值从满量程的10%时起,到满量程的90%为止的时间间隔,即为测量电路响应时间,应符合上述要求。

4. 日常维护和保养

(1)操作使用。

透射式烟度计可单机独立操作使用,也可以联网控制使用。电脑联网控制也要遵循仪器的操作步骤进行。

①将仪器接通电源进行充分预热,预热时间取决于测量气室从室温加热至75℃的时间,天冷时预热时间会稍长些,一般不超过30min。

②完成预热后,仪器自动进入线性校正,一般提示将探头移开远离有烟气的地方。确定测量气室内无烟气后,按确认键,仪器自动进行校准。线性校正允许重复,同时也可以用滤光片进行检查。

③校准完成后,仪器根据需要可进入测量模式或自由加速测量模式。

(2)使用注意事项。

①每天开机前要仔细检查连接电缆两端是否锁紧,取样探头、取样管是否有破损,或受挤压变形,探头夹紧器是否良好,确认各处连接无松脱。注意夹紧器要有足够夹紧力,不致夹在尾气管时由于被测车辆的振动而松脱。

②预热期间,仪器测量单元应放在通风、空气洁净处;取样探头不能放在车辆的排气管

中,而应放在洁净的空气中,以便预热后仪器能正确自动校准。

③测量单元在进行测量时,须吸入干净空气作为保护气幕,若吸入废气,则会影响测量结果。因此,测量单元应放置在能避开废气扩散的方向上。

④测试完毕后,采样探头温度很高(300℃以上),宜在操作点附近设置安全护套,用完将采样探头插入护套或挂起,避免烫伤人或线缆,也避免踩坏探头。

⑤在加载减速法的排烟测试中,车轮、滚筒高速运转,应防止采样探头、线缆、仪器、人等卷入。由于现场噪音也很大,操作时应精神集中,注意安全。

(3)日常维护保养。

透射式烟度计的采样部分直接暴露在烟气排放出口下,工作环境相对恶劣,因此必须每天检查仪器,并对检测的部件进行维护。

①保持采样探头进气孔通畅,无积炭灰,采样管自然弯曲,不弯折,不瘪塌;每天下班前将采样管和探头取下,认真揩擦清除表面积炭,并用压缩空气吹除管内积炭。

②用干净湿布擦除风帘进风口和出风口的炭灰,防止积炭和飘尘进入仪器影响测量结果。

③检查光通道光强值是否达到仪器要求,如光强弱则要检查镜片并清除镜片表面积炭。清除镜片表面积炭的方法是:侧立仪器采样平台,看到两端的样气出口各有一片玻璃镜片,用镜头纸或不脱毛的绸布,轻轻揩擦镜片表面,把镜片表面的积炭清除干净。重新检查光通道的光强应符合要求,并进一步做线性检查。

④如果备有滤光片,请作一次滤光片检查。按照仪器的操作说明起动滤光片检查项目,插入滤光片,仪器的示值应是滤光片标称值±2%,若超出该范围,则要重新进行线性校正。

⑤如果仪器手册有提供光强、半光强范围,请检查仪器的光强和半光强是否符合要求。

5. 仪器的计量检定

不透光烟度计按《透射式烟度计》(JJG 976—2010)相关规定定期进行计量检定,建议每周进行1次自校准。

第十一节 声 级 计

一、概述

机动车运行时会发出各种声响,其中有些声响是因运行需要而产生的,如喇叭声、倒车提示声和各种警告声等。但是,还有一类声响,如发动机燃烧、排气、传动部件运转、轮胎摩擦地面等发出的声音,对人的听觉器官有一定刺激作用,不仅对驾驶员和乘客有害,同时还会影响周围环境中的其他人,对公众正常工作和生活带来危害,这就是交通噪声污染。

交通噪声污染是机动车迅速发展带来的三大公害之一。实验表明:当环境噪声超过45dB时,人会感觉到明显的不适;60~80dB的噪声可影响人的睡眠质量;超过90dB的噪声则将对人体健康造成危害。因此,国家制定并实施了一系列标准,对机动车噪声加以限制。考虑到喇叭属于机动车的功能性部件,从保证行车安全的角度出发,需要其具有一定的响度,但响度也不能过大。因此,《道路运输车辆综合性能要求和检验方法》(GB 18565—2016)对机动车喇叭的声压级作了上、下限的规定。

为控制机动车喇叭声级,需要利用声级计等仪器对机动车喇叭性能进行检测。

二、基本结构和工作原理

声级计是测量声压级大小的仪器。按供电电源种类可以分为交流式和直流式两种,其中直流式声级计因操作携带方便,所以比较常用。图2-57所示为某型声级计的外形图。

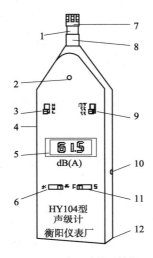

图 2-57 声级计外形结构

1-传声器;2-灵敏度调节;3-量程开关;4-读数保持;5-显示器;6-电源开关;7-防风罩;8-前置放大器;9-输出插孔;10-复位按钮;11-时间计权;12-电池盖板

声级计一般都是由传声器、放大器、衰减器、计权网络、检波器和指示装置组成,其原理框图如图2-58所示。

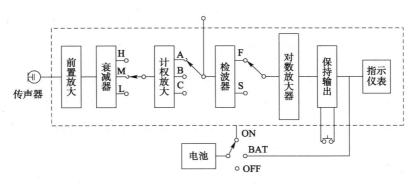

图 2-58 声级计原理框图

1. 传声器

传声器也叫话筒,是将声压信号转变为电信号的传感器,是声级计中的关键元件之一。

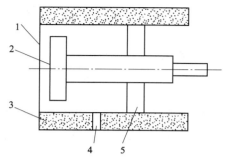

图 2-59 电容式传声器结构示意图
1-金属膜片；2-电极；3-壳体；4-平衡孔；
5-绝缘体

常见的传声器有晶体式、驻极体式、动圈式和电容式数种。其中电容式传声器是噪声测量中常用的一种，其结构图如图 2-59 所示。电容式传声器主要有金属膜片和靠得很近的金属电极组成，这两者实质上形成了一个平板电容器，在声压的作用下，膜片反复出现变形，使两个极板之间的距离不断发生变化，于是极板间的电容也不断改变。这就为所接的输入电路提供了一个交变电信号，信号的大小与声压成一定比例。电容式传声器具有动态范围大、频率响应特征好和灵敏度高等特点，因而广泛应用于噪声测量领域。

2. 前置放大器

由于电容式传声器输出信号很小，输出阻抗很高，所以需要通过前置放大器将信号进行放大和实现阻抗匹配。

3. 衰减器

衰减器用于调整输出信号的大小，使显示仪表指示到适当的位置。根据量程的选择，衰减程度分为 H、M、L 三档。

4. 计权放大器

计权放大器即计权网络。它是将声音信号的低频段进行适当衰减的电路，以便使仪器的频率特征能够更好地适应人耳的听觉特性。计权网络分 A、B、C 三种，有的声级计只有 A、C 两种计权。

5. 检波器

在检波器之前的信号还是包含着声音频率成分的交流信号。为了便于仪表指示，信号需经检波处理（实质上就是整流和滤波），以便将快速变化的交流信号转换成变换比较慢的直流电压信号，检波器的输出一般分为快慢两档。

6. 对数放大器

从检波器输出的信号还只是与声压成正比。为了与人耳听觉对声音响应的对数特征相吻合，在电路中设计了对数放大器，以便使信号仪表指示后，能够以均匀的刻度显示所测声级数值。

7. 保持输出

声级计上有一个保持按钮，在测量最大值时使用。当按下保持按钮时，仪表指示的数值只能升不能降，从而可测量某一段时间内声音的最大值；当松开按钮后，自动恢复即时显示。

8. 指示仪表

指示仪表可以有数字式和指针式多种。

三、日常维护和保养

（1）当仪器使用电池供电时，使用完毕后立即将电池取出，以免电池漏液而损坏机件。

(2) 仪器应存放于干燥、温暖的场所,如有可能,最好置于干燥皿中。

(3) 在拆装传声器、电池或外接电源时,应事先将电源开关置于"关"处。

(4) 不要随意取下传声器的保护罩,以免损坏膜片。

(5) 不要用手触摸输入触头,以防人体静电损坏仪器。

(6) 液晶是有机化合物,如果长期暴露于强烈的紫外线辐射下,将会发生光化学反应,因此在使用中应尽量避免日光直接照射在显示器上。

(7) 测量时,声级计应使用"A"计权"快"档。

(8) 为了保证测量准确,应按《声级计》(JJG 188—2002)相关规定定期进行计量检定和自校准。

第十二节 制动性能路试设备

按照相关标准规定,汽车制动性能台架检验应采用滚筒反力式制动检验台或平板式制动检验台。对于无法进行台架检验的车辆,如全时四驱车辆和最大轴重超过设备额定载荷的车辆,或经台架检验后对其制动性能检验结果有质疑的车辆应进行路试检验。

目前常用的路试检验设备主要有:便携式制动性能测试仪,用于检测充分发出的制动平均减速度(MFDD)和协调时间;非接触式速度仪或五轮仪,用于直接检测制动距离。

进行路试检验时,制动初速度必须在规定的范围内[M2、M3 类客车、N2、N3 类货车(含半挂牵引车)和汽车列车为30km/h,M1 类客车、N1 类货车为50km/h]。采用非接触式速度计和五轮仪检测时,需要将其安装、固定在车辆上;而便携式制动性能测试仪由于便于安装与操作,目前被广泛使用。

一、便携式制动性能测试仪

1. 基本结构和工作原理

便携式制动性能测试仪主要组成部分包括传感器、智能化信息处理单元、制动踏板开关和微型打印机等(如图 2-60 所示)。

便携式制动性能测试仪以加速度传感器作为探测元件,由制动踏板开关提供制动起始信号,通过对加(减)速度以及时间的测量,经过智能化信息处理单元的高速运算,输出充分发出的平均减速度(MFDD)、制动协调时间、制动初速度等参数。此外,有些还可测试车辆的加速性能及路面的摩擦系数和道路坡度等。便携式制动性能测试仪的测试结果可储存在仪器内,由微型打印机打印输出,也可通过 RS232 串行通讯与计算机连接后对测试数据作进一步分析,并绘出曲线图,其原理如图 2-61 所示。

图 2-60 便携式制动性能测试仪

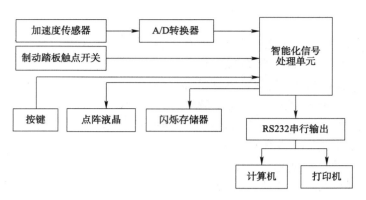

图 2-61　便携式制动性能测试仪原理图

以 MBK-01 型便携式制动性能测试仪为例,其主要技术指标如下:
(1)测量范围:±19.6m/s²。
(2)仪器的准确度:2.0 级。
(3)分辨率:加速度:0.01m/s²;速度:0.1km/h;时间:0.01s;距离:0.1m。
(4)显示:122×32 点阵显示。
(5)三种输出方式:RS232 通信接口输出;串行打印接口输出;无线通信接口输出。
(6)数据存储、日历时钟,断电后数据不丢失,可存储 31 组数据。
(7)供电:4×1.25Ni-MH 电池,带电量显示。
(8)充电电源:DC9V1A。

2. 使用、维护和保养

(1)主机充电电池充满时能自行断电,但打印机没有此功能,故请按照使用说明书操作,切勿过充。
(2)最好每天在使用前,对主机和打印机进行充电。
(3)安装传感器时,传感器上的箭头方向和车行进方向一致,传感器应水平安装并拧紧螺丝。
(4)安装制动踏板开关时,应使连接线处于松弛的状态,但连接线不得被缝隙或其他东西卡住,制动踏板尺寸较大时可用松紧带固定,尺寸较小时可用挂钩直接挂上(如图 2-62 所示)。
(5)连接传感器、制动踏板开关和主机时,要捏住传感器接插件的后部对准主机缺口插入(如图 2-63 所示),不要反复旋转,制动踏板开关接插件要完全插入(如图 2-64 所示)。

图 2-62　踏板开关

图 2-63　传感器信号接入

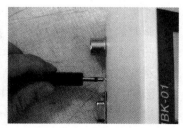

图 2-64　踏板开关信号接入

(6)路试检验时,被检车辆要停稳后才能进入测试"准备"状态,进入测试"准备"后不应再踩制动踏板,以防止误触发。

3. 计量校准

依据《便携式制动性能测试仪校准规范》(JJF 1168—2007)定期对仪器进行校准,主要计量性能要求如下:

①测量范围。

测量范围应满足 $0 \sim 9.81 \mathrm{m/s^2}$。

②静态校准。

a)示值误差。

当减速度测量值为 $0 \sim 4.90 \mathrm{m/s^2}$ 时,示值误差为 $\pm 0.10 \mathrm{m/s^2}$;当减速度测量值为其他值时,示值误差为 $\pm 2.0\%$。

b)重复性。

测量重复性不允许超过示值误差绝对值的二分之一。

c)减速度值鉴别力阈。

鉴别力阈不大于 $0.05 \mathrm{m/s^2}$。

③动态校准。

a)充分发出的平均减速度($MFDD$)示值误差为 $\pm 5.0\%$。

b)便携式制动性能测试仪的显示值应与打印值一致。

④数据保持。

断电后,内置时钟(日期、时间)应正常工作,测试数据不应丢失或改变。

二、五轮仪

1. 基本结构

仪器主要由测试轮、踏板开关和主机组成,如图2-65~图2-67所示。

  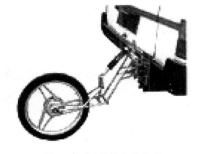

图2-65　主机　　　　图2-66　测试轮　　　　图2-67　五轮仪安装状态

2. 功能

五轮仪应具有的检测功能如下:

(1)滑行试验:包括滑行初速、滑行距离、滑行时间。

(2)制动试验:包括制动初速、制动距离、制动时间、最大减速度、平均减速度、充分发出的平均减速度(*MFDD*)。

(3) 车速试验：包括试验距离、试验时间、平均车速(最低稳定车速、最高稳定车速)。

(4) 加速试验：包括加速距离、加速时间、加速末速以及换挡开始和结束时的速度、距离、时间。

3. 工作原理

使用时，测试轮安装在被测车辆后方。在测试轮上安装有速度传感器，速度传感器给主机输出速度脉冲信号，待主机计算和分析速度信号后，可实时显示车速，并计算得出其他检测结果。

三、非接触式速度计

1. 基本结构

仪器主要由主机、踏板开关、速度传感器组成，如图 2-68、图 2-69、图 2-70 所示。

图 2-68　主机

图 2-69　速度传感器

图 2-70　踏板开关

2. 功能

非接触式速度计在机动车检测机构可用来进行制动和速度的路试测试，采用非接触式速度仪可以检测的项目有：

(1) 滑行试验：包括滑行速度、滑行距离、滑行时间。

(2) 制动试验：包括制动初速、制动距离、制动时间、最大减速度、平均减速度、*MFDD*。

(3) 车速试验：包括试验距离、试验时间、平均速度(最高/最低稳定车速)。

(4) 加速试验：包括加速距离、加速时间以及换挡开始和结束时的速度、距离、时间。

3. 工作原理

非接触式速度计是五轮仪的换代产品。它的主件是 SF 系列空间滤波器，这是一种特殊的传感器，可从路面上的小石块、砂粒、柏油路面等各种粒子，或轮胎印在路面上的不规则纹路中提取特定的反斑纹(色斑、凸凹斑等)，并作出空间(地面)反射信号处理。空间频率传感器将采集到的光电信号经 A/D 转换，变成数字量送入车速仪，通过公式计算出车速 V，并作外部显示。待脉冲时钟产生时标信号后，由车速和时间可计算出距离。

4. 设备计量校准

非接触式速度计应依据《非接触式汽车速度计校准规范》(JJF 1193—2008)定期进行校准，主要计量性能要求如下：

(1) 速度。

a) 测量范围：5.0~180.0km/h。

b) 分度值:不大于 0.1km/h。
c) 最大允许误差:速度不大于 50km/h 时为 ±0.5km/h;大于 50km/h 时为 ±1.0%。
d) 重复性:不大于 50km/h 时为 0.5km/h;大于 50km/h 时为 1.0%。
(2) 距离。
a) 测量范围:1.0~999.9m。
b) 分度值:不大于 0.1m。
c) 最大允许误差:距离不大于 30m 时为 ±0.3m;大于 30m 时为 ±1.0%。
d) 重复性:距离不大于 30m 时为 0.3m;大于 30m 时为 1.0%。

第十三节 汽车故障电脑诊断仪

汽车故障电脑诊断仪(又称汽车解码器)是利用配套连接线与车载电脑数据输出 DLC (检测接头)相连,用于检测汽车故障的便携式智能汽车故障诊断仪器(如图 2-71 所示),用户可以利用它迅速地读取汽车电控系统中的故障,并通过液晶显示屏显示故障信息,迅速查明发生故障的部位及原因。

一、主要功能

汽车故障电脑诊断仪可诊断汽车电子控制系统的传感器、执行器以及 ECU 的工作状态,通过诊断 ECU 的输入和输出电压,判断电子控制系统工作是否正常。当电子控制系统中的某一

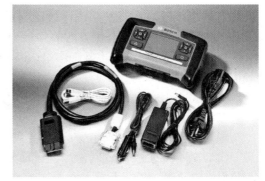

图 2-71 汽车故障电脑诊断仪

电路出现超出规定的信号时,该电路及相关的传感器反映的故障信息会以故障代码的形式存储到 ECU 内部的存储器中,维修人员可利用该诊断仪来读取故障码,并使其显示出来。

汽车故障电脑诊断仪的功能包括基本检测功能和特殊测试功能两部分。基本检测功能包括读取故障码和清除故障码,特殊测试功能包括动态数据流测试、执行器测试、功能设置、快速学习(自适应)数据记录和动态波形显示等。

(1) 读取故障码:可将存储在车用电脑中的故障码和含义显示在屏幕上,以便阅读。

(2) 清除故障码:利用解码器,通过简单的操作即可清除存储在车用电脑上的故障码。

(3) 数据流测试:利用解码器可对传感器和执行器的动态参数进行实时监测。例如发动机转速、节气门开度、喷油脉冲宽度、点火提前角、车速以及怠速开关、空调开关、继电器、变速器挡位状态等。

(4) 动作元件测试:利用解码器可通过车用电脑向执行元件发出指令,并执行相应动作。例如喷油器喷油、节气门打开、散热器风扇运转等。

(5) 系统匹配:利用解码器可对汽车电子控制系统进行基本调整和设置。例如发动机的怠速设定、节气门开度的初始化、匹配钥匙等。

(6) 电脑编码:解码器的编码功能随测试软件的版本、被测车系和车款不同而异,有的能

检测几个系统,有的只能检测一个系统。

(7)其他功能:某些解码器具有万用表、示波器、汽车维修资料库、打印输出和网络升级等功能。

二、分类

汽车故障电脑诊断仪分通用型和专用型。专用型针对某一特定厂家开发,一般只能诊断单一车系,不能检测其他公司生产的汽车,主要在汽车4S店内使用。通用型一般可以检测多种不同汽车制造厂家所生产的各款汽车。目前市场上以国产为主,比较知名的有元征,金德,车博士,金奔腾等,提供的功能大同小异,国外的产品有BOSCH和SPX等。此外,汽车故障电脑诊断仪是否具有OBD检测功能也是故障电脑诊断仪的重要分类特征。

三、选配

《道路运输车辆综合性能要求和检验方法》(GB 18565—2016)规定:装有车载诊断系统(OBD)的车辆不应有与发动机排放控制系统、制动防抱死装置(ABS)和电动助力转向系统(EPS)及其他与行车安全相关的故障信息。因此,在进行道路运输车辆综合性能检测和技术等级评定时,需要对上述条件作出诊断和检测。在选配汽车故障电脑诊断仪时,应注意以下几点:

(1)选配通用型,汽、柴油版可分别购置。为使用方便起见,可选用柴、汽通用版。
(2)具有OBD检测功能。
(3)数据库完备,车型覆盖广泛,更新及时。
(4)车辆系统支持全面,至少能读取发动机排放控制系统、制动防抱死装置(ABS)和电动助力转向系统(EPS)及其他与行车安全相关的故障信息。
(5)侧重读取和清除故障码功能,淡化其他功能。

第十四节　机动车外廓尺寸检测系统

目前,汽车检验机构主要采用人工测量的方法来核查机动车外廓尺寸参数。随着技术的发展,部分设备制造企业陆续推出了机动车外廓尺寸检测系统(如图2-72所示),实现了快速动态测量。有些检验机构开始使用该类设备检测车辆外形轮廓尺寸。检测参数主要为车高、车宽和车长,有些设备还可自动识别测量牵引车和挂车的外廓尺寸,并检测货车车厢栏板高度。

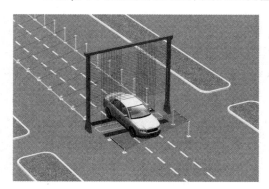

图2-72　汽车外廓尺寸检测仪

一、基本结构和工作原理

不同厂家生产的机动车外廓尺寸检测系统,其结构、原理上差异较大,主要分为静态和动态两种。动态检测系统主要包括:

(1) 传感测量装置。

该装置由多个传感探测元件组成,分别用于测量车辆的长、宽、高以及车速等。依据设计原理的不同,传感探测元件可分为激光、超声波、光栅、CCD 摄像、光电开关等多种测量方式。测量长、宽、高的传感探测元件一般安装在一个或多个门型框架上,测量车速的传感探测元件则安装于地面。

(2) 数据采集处理装置。

该装置采用计算机将传感测量装置测取的数据信息进行分析、计算和修正,并显示、打印和存储,必要时还可与联网系统进行数据交互。

(3) 分析计算软件。

分析计算软件负责处理传感测量装置测取的数据信息。由于外后视镜等非固定突出物不得计入车辆外廓尺寸,因此需要运用软件予以修正剔除,牵引车与挂车的数据分离以及车速也需要进行修正。故数据修正是较为关键的环节,软件修正能力的强弱会直接影响测量结果的准确性。

检测时,被检车辆以规定速度匀速、沿直线通过检测系统,由传感测量装置分别测取车辆长、宽、高以及车速等信号,并由计算机采集和处理后,输出测量结果。

二、技术要求

《汽车外廓尺寸检测仪》(JT/T 1012—2015)规定了外廓尺寸检测系统的功能要求和性能要求。

1. 功能要求

(1) 检测仪应具有测量汽车外廓尺寸的功能,包括长、宽、高三个方向,测量范围应符合表 2-5 的规定。

检测仪测量范围　　　　　　　　　　　　　　　表 2-5

测量参数	长度	宽度	高度
测量范围(m)	≥2.0	≥1.5	≥1.2

(2) 检测仪应具有测量结果显示和存储功能。
(3) 检测仪应有标准通信接口,并提供接口定义及相关通信协议。

2. 性能要求

(1) 检测仪的显示分度值为 1mm。
(2) 检测仪的测量示值误差和重复性应符合表 2-6 要求。

示值误差和重复性要求　　　　　　　　　　　　表 2-6

测量参数	示值误差	重复性
长度	±0.8% 或 ±50mm	≤0.8%
宽度	±0.8% 或 ±20mm	≤0.8%
高度	±0.8% 或 ±20mm	≤0.8%

三、使用注意事项

（1）机动车外廓尺寸检测系统多采用光学器件作为传感器件，在安装及使用时，应避免阳光直接照射。

（2）机动车外廓尺寸动态检测系统的测量精度与软件处理有关，也与检测时的车速有关。为保证测量精度，测试车速应按使用说明书的规定，并尽可能保持匀速，同时被测车辆应沿直线行驶，其纵向轴线应与检测系统的纵向轴线尽可能保持平行。

（3）检测通道的长度和宽度应与受检车型相适应，其地面水平高度差：纵向不大于检测通道长度的0.1%，横向不大于检测通道宽度的0.05%。

（4）按相关规程（规范）和《汽车外廓尺寸检测仪》（JT/T 1012—2015）定期对系统进行校准和自校准。

第十五节　辅助装置、其他检验工具和测量设备

一、自由滚筒

自由滚筒是布置在速度检验台、滚筒反力式制动检验台和底盘测功机等设备前后，起支撑被测试轴邻近车轮的设备，避免非测试驱动轴与地面产生驱动力而影响正常检测。自由滚筒能实现自动抱死，以便车辆出车，自由滚筒没有其他传感器或电器部件。

1. 基本结构

自由滚筒由以下主要部分组成，如图2-73所示。

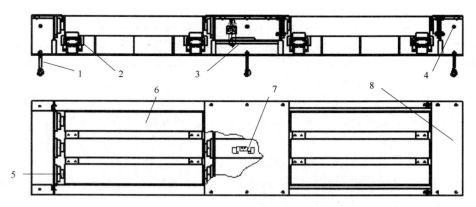

图2-73　自由滚筒结构图

1-地脚螺栓；2-制动蹄片；3-调压阀；4-顶丝；5-滚筒轴承；6-滚筒；7-电磁阀；8-边盖板

自由滚筒各结构组成功能如下：

（1）地脚螺栓：在浇筑地基时需要把地脚螺栓浇筑在地脚坑内，以起到固定台架的作用。

(2)制动蹄片:出车时,制动蹄片将滚筒抱死使滚筒不能转动,以便出车。
(3)调压阀:将气压减弱到安全气压内,避免损伤气动元件。
(4)顶丝:在二次浇筑地基之前,用来调整台架的位置。
(5)滚筒轴承:支撑滚筒。
(6)滚筒:承载车轮。
(7)电磁阀:切换气路方向的元件,控制制动蹄片抱死与松开的动作。
(8)边盖板:用于遮挡设备侧边。

2. 工作原理

自由滚筒上的几根滚筒用来承载车轮并模拟路面。在制动、速度以及测功相关项目检测时,被测车辆的非被测轴停放在自由滚筒上,各滚筒处于放松状态,可以自由滚动,以便配合项目检测。当测试结束后,滚筒由电磁阀控制制动装置实施制动,此时滚筒抱死,以便车辆驶离。

3. 使用注意事项

(1)轴重大于自由滚筒额定载荷的汽车,勿驶上自由滚筒。
(2)不要在自由滚筒上进行车辆维修作业和堆放杂物。
(3)不得将油水、泥砂等带入自由滚筒内。
(4)定期对滚筒支撑轴承进行润滑。
(5)气泵压力不得超过 0.6~0.8MPa,或按厂家规定调压。
(6)台架表面不应用腐蚀性液体擦拭,保持清洁。

二、底盘间隙仪

汽车底盘间隙仪,又称悬架转向系间隙检查仪,是一种辅助底盘检查的工具,而非计量设备。底盘间隙仪可使位于其上的汽车左、右转向车轮以不同的方向移动,用于快速检测转向系统及悬挂系统的间隙及隐患并予以排除,保证车辆的安全运行。

1. 基本结构

底盘间隙仪通常由左右滑板机构、泵站系统、电控箱及手电筒控制盒等组成(如图 2-74 所示,泵站与台面油管连接示意图如图 2-75 所示)。

a)安装前状态

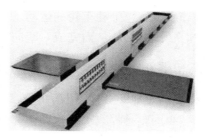
b)安装后状态

图 2-74 底盘间隙仪(悬架转向系间隙检查仪)

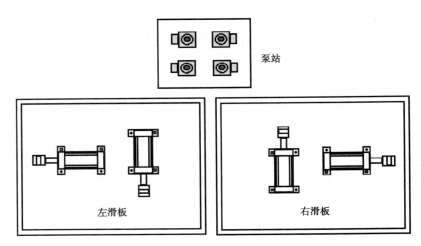

图 2-75　油路连接图

（1）左、右滑板机构。

左、右滑板机构均由工作台面、导向机构、滑动轴承等组成。滑板台面可沿前、后、左、右 4 个方向移动。

（2）泵站系统。

由电动机、齿轮泵、电磁溢流阀、压力表、电磁换向阀、油箱、油缸和油管等组成。

（3）电控箱。

内装继电器、接触器，用于控制油泵电机的运转和控制滑板工作台面向 4 个方向移动。

（4）手电筒控制盒。

手电筒控制盒由电机开关、照明开关、滑板移动按钮（↓↑、↓↑、←→和→←）等组成。

2. 工作原理

底盘间隙仪通过电控按钮，将控制信号发送到工作泵站，工作泵站的液压系统通过电机、油泵、电磁阀和油缸等，产生一定的工作压力，使左、右滑板油缸动作，从而推动左、右滑板横向或纵向运动，以带动车轮的运动。通过手电筒的光线，检验员可清晰地观察车辆转向系统及悬挂系统的状态，从而完成对转向系统及悬挂系统的检测。

三、汽车摆正器

汽车摆正器是前照灯检测的辅助装置，用来摆正车辆，使被测车辆的车身与前照灯检测仪垂直，以减小因车身停放不正所产生的测量误差。

1. 基本结构

摆正器主要由滑板或密集排列的滚筒组及拨正装置组成，下面以采用滑板式的摆正器为例说明（见图 2-76）。

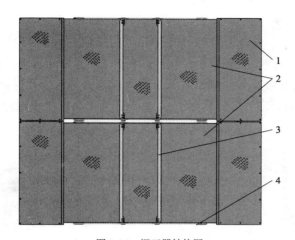

图 2-76 摆正器结构图
1-边盖板;2-车轮承载板;3-车轮拨杆;4-承载板链轮及链条

(1)边盖板:用于遮挡台架内部机构。
(2)车轮承载板:用于承载车辆,前照灯检测时车辆停放于此。
(3)车轮拨杆:用于拨动车辆的车轮,使车辆摆正。
(4)承载板链轮及链条:带动拨杆向两侧运动的传动机构。

2. 工作原理

车辆沿行车线驶入前照灯检测工位,在规定的检测距离位置停车(车头的最前端停在限位光电开关之间,并且挡住到位光电开关),同时车辆的前轮和后轮停在摆正器的前、后车轮承载器上。此时,计算机通过前照灯检测仪的到位、限位光电开关判断车辆是否已经到达检测位置。若到达检测位置,则控制摆正器的拨杆由中间向两侧运动,对车辆进行拨正,以到达车辆中心线与前照灯检测仪道轨垂直的目的。工作过程由计算机自动控制,当车辆摆正完成后自动停止。前照灯检测完毕后,摆正器的拨杆自动回位,待提示驶离后,此工位检测结束。

3. 使用注意事项

(1)摆正器开始工作后,车辆必须驻车且禁止再进行前后移动。
(2)前照灯检测完毕,待系统提示可以驶离后,才能进行车辆移动,否则将可能导致摆正器损坏。
(3)摆正器的承载不得超出其额定载荷的重物。
(4)不得在摆正器上进行车辆维修作业和堆放杂物。
(5)不得使油水、泥砂等污渍进入摆正器内。
(6)台架表面不应用腐蚀性液体擦拭,保持清洁。

四、转向盘转向力 – 转向角检测仪

转向盘自由转动量,是指汽车转向轮保持直线行驶位置静止不动时,轻轻左、右转动转向盘测得的游动角度。转向盘的转向力,是指在一定行驶条件下,作用在转向盘外缘切线方

向的圆周力。这两个参数主要用来诊断转向系统中各零件的磨损和配合状况,在用车辆应对上述两项参数进行检测。

1. 基本结构

转向盘力-角仪,一般是以单片机为核心的智能化仪器,可测得转向盘自由行程和作用在转向盘上的转向力,按数据的传输方式可分为有线传输与无线传输两类,其仪器结构如图2-77所示。使用时,将仪器放置在转向盘上,由锁止装置与转向盘固定。

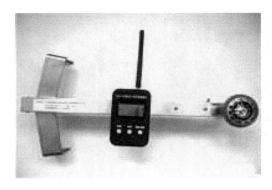 

图2-77 转向盘力-角仪

2. 工作原理

当把转向盘力-角仪对准被测转向盘中心,与转向盘连接牢固后,通过仪器转动转向盘,将转向力施加在力矩传感器上。此时,力矩传感器及角度传感器将转向力矩及转向角度信号转变成电信号,这两种信号由微机自动完成数据采集、运算、分析、存储、显示和打印。

3. 计量校准

依据《机动车转向盘转向力-转向角检测仪校准规范》(JJF 1196—2008)定期对仪器进行校准,主要计量性能要求如下:

(1)转向力(或力矩)。

①测量范围:转向力:100~500N;转向力矩:20~100N·m。

②最大允许误差:±3%。

③重复性:3%。

④分度值:转向力:不大于1N;转向力矩:不大于0.2N·m。

⑤鉴别力:不大于1.5d。

⑥漂移:数字显示式仪表的变化量10min不大于2d。

(2)转向角。

①测量范围:顺、逆时针旋转均不小于50°;对用于汽车试验、并带有信号输出端口的转向盘力角仪应不小于1080°。

②最大允许误差:±3°。

③重复性:3°。

④分度值d_α:不大于1°。

⑤漂移:数字显示式仪表的变化量10min不大于$2d_\alpha$。

五、汽车制动操纵力计

1. 基本结构和工作原理

汽车制动操纵力计包括行车制动时测量制动踏板力用的踏板力计和驻车制动时测量操纵力用的手拉力计两类。按照信号传输方式,可分为有线传输与无线传输两类。计量校准规范要求操纵力计的测量范围至少满足 100～1000N。

汽车制动操纵力计由测力传感器和踏板/手制动力计仪表组成。采用无线传输时,还包含有无线接收器,如图2-78、图2-79、图2-80所示。

图2-78　测力传感器

图2-79　仪表

图2-80　无线接收器

2. 计量校准

依据《汽车制动操纵力计校准规范》(JJF 1169—2007)定期对仪器进行校准,主要计量性能要求如下:

(1)测量范围:操纵力计测量范围至少满足 100～1000N。
(2)分度值:不大于2N。
(3)零点漂移:零点漂移不应超过2d。
(4)鉴别力阈:不超过2d。
(5)示值误差:±5%。
(6)示值重复性:不超过2%。
(7)倾斜误差:在倾斜30°时的示值误差不超过±5%。

六、其他检验工具和测量设备

在机动车检验工作中,还需要一些检验工具和测量设备,见表2-7。

其他检验的工具和测量设备　　　　　　　　　　表2-7

名　称	使 用 目 的
发动机转速表	测量点燃式、压燃式发动机转速
轮胎花纹深度尺	测量轮胎花纹深度
轮胎气压表	测量被检车辆轮胎气压
钢直尺	外观检验中测量车辆离合器、制动踏板自由行程、车身对称高度差等项目
钢卷尺	外观检验中车辆尺寸测量、外廓尺寸检测仪自校准等

第三章　计算机检测联网控制系统

第一节　检测线联网控制模式

检测线的联网模式可分为两种:分布式控制模式和集中式控制模式。

分布式控制模式中,检测线的各个工位有单独的计算机对该工位的各个项目进行控制,这台计算机称之为工位机,各工位机又受中心控制计算机(以下简称主控机)控制。

集中式控制模式中,整条检测线的设备直接受一台主控机控制。

一、分布式控制模式

分布式控制系统是由主控机、注册机、工位机及外围设备构成。分布式控制系统可以分为两级,第一级为工位控制级,由分布在各个工位的工位计算机设备完成,其可完成对该工位设备数据的采集、控制、检验结果的显示、与主控计算机和该工位独立仪表的通信,并能独立完成对各个项目的检测工作,与主控机通信一般采用网络通信,与该工位的数显设备通信常采用 RS-232C、RS-422、RS-485 等串行通信或网络通信。第二级为主控调度管理级,完成较复杂的工作,负责管理、生产指挥、调度,两级之间采用网络连接。

这种控制系统,由于采用了分布控制、多级管理、数据通信的措施而具有以下特点:
(1)在主控机故障时可用工位机手动分工位或项目检测,并显示打印;
(2)每台工位机靠近检测设备,抗干扰能力较强;
(3)各工位机到中央控制机之间的信号传输大多采用网络通信;
(4)由于各个控制机任务单一,软硬件的开发相对容易。

但分布式控制模式与集中式控制模式相比的不足是系统硬件过于复杂、中间环节过多、一旦系统中间某一部位发生故障,用户自行维护比集中式控制模式困难,且全线电气成本较高。

注册登录机登录信息传送到主控机后,由主控机统一调度全线各工位机的检测任务,各工位检测项目的模拟量信号、开关量的输入输出信号、与外部设备的数字通信以及对检测过程的指挥调度由工位机完成。

分布式控制系统的设计思想核心是:用工位机通过硬件上的设置进行工位物理划分,达到多工位同步检测调度的目的,从而使各工位具备独立操作检测的功能。

1. 硬件控制系统

分布式控制模式中电气控制系统主要包括的设备有:检测控制系统计算机(主控调度机)、注册登录系统计算机(注册登录机)、各工位机、LED 显示屏以及其他相关的辅助设备。

(1)主控调度机。

主控调度机的任务是收集数据,然后显示、打印并将数据储存,同时主控调度机还要根据注册登录机申报检测信息指挥各工位作业、监控检测车辆的检测状况、接收发送来自各工位机设备的信号以及人工干预的各种指令,是整个检测线的控制指挥中心。

(2)注册登录机。

注册登录机主要用来输入被检车辆的车辆信息和申报将要检测的类别及要检测的项目,还可作为当地车辆的技术档案数据库使用,只要输入车辆牌照号码,就能调出该车辆的有关信息。注册信息一般通过网络传输到主控机,主控机将根据注册参数来设置主控程序和判断标准。

(3)工位机。

工位机可依据本工位的实际控制调度需要来选择是否配备,并非每个工位都需配备。

工位机通过 A/D 采集板采集模拟量信号、通过 I/O 板实现对外部设备的控制和开关量信号的采集、通过数字通信口实现与外部通信设备的信号传递、通过网络适配器或串行通信口与其他计算机连接。

(4)附属设备。

为了完成检测系统的数据传输和自动控制功能,检测线还有一些附属设备,主要有:

①LED 显示屏:由主控机将信号传送至 LED 显示屏显示,显示屏常由管径 $\phi 5$ 高亮度点阵块,组成 16×16 点阵或 24×24 点阵的汉字,每屏有若干字(如 8 字)(单排或双排)构成;

②红外光电开关:由红外发光体和接收体及继电开关或电子开关组成,当汽车通过时,红外光电开关信号发生变化,把开关量信号传至主控机,通知主控机车辆到位情况;

③摄像机和监视器、视频服务器:通过电视监视器或计算机可以观察全场或车辆各部位的情况,便于操作人员工作;

④其他附属设备:交流净化稳压电源、UPS 不间断电源、地沟底盘检测发送键盘、采样遥控器等;

⑤交换机、各种信号采集板卡、数据通信板卡等。

2. 控制系统结构

(1)分布式控制系统的结构框图如图 3-1 所示。

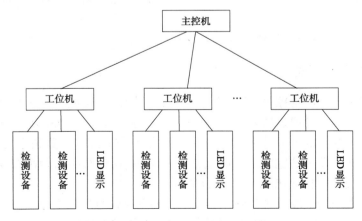

图 3-1 分布式控制系统结构框图

(2)信号处理流程如图 3-2 所示。

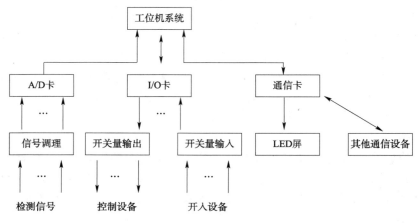

图 3-2　信号处理流程

①A/D 采集卡：由调理板引入的多路模拟信号经过此卡转换成计算机能识别及处理的相应数字量；

②I/O 卡：即输入/输出卡，该卡是与计算机配套使用的标准卡，有多路开关量输入、输出通道和脉冲记数通道，该卡功能为读入各路开关量输入信号以及驱动各路开关量输出信号；

③检测信号：来自传感器或检测仪表提供的模拟量信号；

④开关量输入信号：来自红外光电开关，检测线遥控器，烟度尾气状态，以及前照灯检测仪的运行状态，这些输入信号用以判断检测线的车辆检测状态，便于及时控制与采集数据；

⑤控制设备：主要指一些机构操作信号，如车速试验台和制动试验台举升器的上升和下降，制动试验台制动电机的启动和停转，以及前照灯检测仪的控制；

⑥调理板：由设备或传感器输出的信号是电压变化范围大小不一样的直流电压信号，这些信号带有一定的共模和串模干扰，调理板的作用是抑制影响信号的干扰电压；

⑦通信卡：提供 RS-232C、RS-422 或 RS485 等接口，能与外部有数字通信接口的设备进行通信；

⑧网络通信卡：可进行计算机之间的数据传递、通信。

二、集中式控制模式

集中式控制系统是由主控机、注册登录机配备外围设备构成。集中控制模式是指检测线上对每个检测项目的模拟量的采集处理、开关量的输入输出、与外部设备的数字通信以及对检测过程的指挥调度都由一台主控机完成。主控机通过 A/D 采集板采集模拟量信号、通过 I/O 板实现对外部设备的控制和开关量信号的采集、通过数字通信串口实现与外部通信设备的信号传递、通过网络适配器与其他计算机连接。

集中控制模式是由主控机接收到注册登录机的登录信息后负责全线车辆作业的并发控制，负责对全线车辆作业进行操作指挥、设备控制、工作状态判定、信号采集处理、数据统计管理等大量工作。其硬件结构简单,电气线路中间环节少,成本低廉,可靠性高,系统易于安装、维护;中间某一环节出现故障可单独处理不会造成整个系统停检。但其缺点是主控机任务繁多,必须做多任务处理,软件开发工作量大,编程实现较为困难。

集中式控制系统的设计思想核心是:用主控机通过软件逻辑上进行工位划分和分时处理,达到多工位检测调度的目的。从而减少硬件环节、降低成本、减少故障点。

1. 硬件控制系统

集中式控制模式中电气控制系统主要包括的设备有:检测控制系统计算机(主控机)、注册登录系统计算机、检测线控制柜、信号处理箱、LED指挥灯屏以及其他相关的辅助设备。

(1) 主控机。

主控机的任务是收集数据,并根据有关标准判断是否合格,然后显示、打印、并将数据储存,同时主控机还要根据注册登录机申报的数据和光电开关的信号决定检测过程,指挥各工位的操作和单机试验台动作。主控机直接控制整个现场,监控检测车辆的检测状况,控制检测的节奏,接收发送来自各设备的信号以及人工干预的各种指令,是整个检测线的控制指挥中心。

(2) 注册登录机。

注册登录机主要用来输入被检车辆的车辆信息和申报将要检测的类别及要检测的项目,还可作为当地车辆的技术档案数据库使用,只要输入车辆牌照号码,就能调出该车辆的有关信息。注册信息通过串行通信口或网络传输到主控机,主控机将根据注册参数来设置主控程序和判断标准。

(3) 检测线控制柜。

检测线控制柜一般安置在制动工位附近,安装有多种控制与信号处理器件及接线排。若所有设备的各路信号处理器件均已在设备仪表上布置并留有数字通信接口,也可不再另设控制柜。

设置控制柜时,检测线上所有的模拟量和开关量输入信号都可以传送到检测线控制柜,经检测线控制柜处理后再传送到信号处理箱,最后被主控机接收。而主控机对外部设备的控制也经过控制柜,因此控制柜成为检测设备与主控机连接的枢纽,它可以具有信号放大处理、开关量信号的转换以及各种信号指示等功能。

(4) 信号处理箱。

信号处理箱包括模拟量调理接线板、开关量接线板以及数字信号连接装置,主控机中A/D采集卡、I/O开关量卡和多串口卡通过主控台信号处理箱分别与控制柜、数字通信设备(如LED显示屏和外检键盘)连接,从而实现对外部设备的控制。

(5) 检测设备。

各检测设备具备独立于联网控制系统的检测与数据显示功能,其电气仪表对于功能较简单的设备(如侧滑、速度检验台等)可选用单片机做处理器,许多功能复杂、数据与图形处理量大的设备(如底盘测功机、平板制动检验台)常直接选用计算机做处理与显示,在具备检测调度能力时能代替工位机的功能;也有部分仪表采用其他如DSP、PLC等处理技术。

(6) 附属设备。

为了完成检测系统的数据传输和自动控制功能,检测线还有一些附属设备,配置同分布式控制模式。

2. 控制系统结构

集中式控制系统的结构如图 3-3 所示。

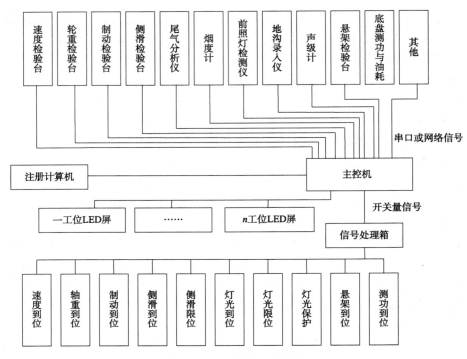

图 3-3 集中式控制系统的结构

主控机与设备之间的连接主要使用数字通信方式,检测线设备绝大部分具有数字接口(可以是串口、也可是网络接口)。考虑到对外界反应的相应速度问题,一般将各种开入量直接接到主控机上,如到位信号、采样信号等。在主控机中安装开关信号采集卡,用扁带缆与开关量调理板连接。

在 2006 年前,采用集中式控制模式联网时,许多以机械台架为主的设备如制动、轴轮重、侧滑、车速表检验台在取消了二次仪表状态下进行联网,主控机便直接通过 A/D 转换板接收和转换来自相关设备传感器的模拟信号。国家质量监督检验检疫总局 2006 年的第 379 号文发布了"机动车安全技术检验机构常规检验资格许可技术条件",规定检测设备需配备二次仪表并应具有能联网检测的数据通信接口,从此开始,集中式联网式主控机与各设备便主要以数字信号方式通信。

第二节 机动车检测站计算机网络结构

一、简述

检测站局域网(LAN)一般采用以太网,主要使用到的设备有:双绞线、交换机、计算机及服务器。不同的检测站由于规模不同、配置不同、采用的检测控制模式不同,所使用的网络设备千差万别,但采用的技术基本是一样的。一般采用内计算机网络的支撑环境使用技术成熟、应用广泛的 Windows Server 网络操作系统,采用星形拓扑结构。数据库支持环境采用的 Microsoft SQL Server 或其他数据库管理系统,与外界联网通过宽带网或专线实现。由数据服务器为中心构成局域网,实现资源共享,主要用于检测、管理、收费等数据存储及其他扩展功能。

检测站由于场地、功能、检验流程的不同,网络布线也不尽相同。一般检测站从场地上划分可分为五个区域:业务办理大厅(登录检测车辆、办理签章、收费等业务)、检测车间、外检场地(包括驻车坡道、路试车道)、停车场、车辆道路。根据现有检测站的实际资金投入和相关部门要求,一般业务大厅和检测车间都有计算机,而外检场地则根据各站提出具体要求决定是否设置计算机。不同的检测站检测场地不同,业务办理大厅、检测车间、外检场地之间的距离也各有不同,在网络设计时,应因站而异,设计相应配置的网络设备。下面是在设计网络时应考虑的因素:

(1)对计算机比较集中且数量较多的地方,可设置一台交换机(100M)基本能满足要求;

(2)对计算机数量较少,距离不是太远的(小于100m)地方可直接接双绞线;

(3)两个车间距离在 100~500m,可配置一台网络延伸器,若两个车间距离超过 500m,应选择光纤;

(4)当有无线设备(如掌上电脑 PDA、笔记本无线网卡)接入时,可选择无线 AP;

(5)对需要上网或与主管部门网络连接,且在检测站内需要有多台计算机访问外部网络资源时,可配置一台路由器;

(6)当有视频信号需要网络传输时,主干线路的中心交换机应配置 1000M 交换机;

(7)在上级主管部门对检测站网络的接入有特殊要求时,如只给一个 IP 地址,而且不允许使用路由器时,可专门配置一台双网卡计算机作为路由器使用。

下面以几个典型的检测站配置为例,分析其网络设备的配置情况。

二、检测站网络结构示例

某检测站规模中等,日检测量在 300 台左右,与管理部门网络连接,只提供一个 IP 地址,不能使用路由器,除检测车间外,还有营业大厅,检测车间与营业大厅距离 50m,在营业大厅中办理注册登录、检测收费、签章、打印检测报告单、审验业务、设置触摸查询,检测车间有两条检测线,一条 10T 线,一条 3T 线,另设置三条调试线,分别负责灯光、制动、侧滑,检测线控制模式采用集中式。外检场地设置 2 台计算机,用户录入外检结果。

(1)计算机配置。

检测车间双线采用集中式控制模式,需 2 台主控计算机。入口处设置进检选择计算机,功能有两个:选择上线车辆、录入引车员姓名。

调试车间有 3 台设备,设置 2 台调试控制计算机,1 台控制制动,另外 1 台控制灯光和侧滑。

外检场地考虑其轻便灵活性,配置 2 台笔记本电脑。

营业大厅 6 台计算机,其中收费计算机 1 台、签章计算机 1 台、注册计算机 1 台、打印报告计算机1台、触摸查询计算机2台。

为方便站长对检测站管理、监控,配置站长计算机1台。

与上级主管部门网络连接双网卡计算机1台。

数据服务器1台。

(2)其他配置。

路由器1台,用于检测站与外部网络的隔离,防止感染病毒。

交换机5台,1台用于与管理部门网络的连接,1台为营业大厅计算机使用,1台检测车间、1台调试车间、1台外检场地。

该检测站网络结构如图3-4所示。

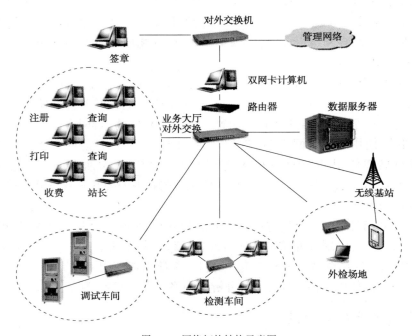

图3-4 网络拓扑结构示意图

三、网络布线原则

检测站的结构化综合布线系统的设计原则首先是以检测站对综合布线系统的要求为基础,并以满足用户需求为目标,最大限度满足用户提出的功能需求,并针对业务的特点,确保使用性。

1. 先进性

在满足需求的前提下,充分考虑信息社会迅猛发展的趋势,在技术上适度超前,使提出的方案保证将布线系统建成先进的、现代化的信息系统。

2. 灵活性和可扩展性

充分考虑楼宇内所涉及的各部门信息的集成和共享,保证整个系统的先进性、合理性,实现分散式控制,集中统一式管理。总体结构具有可扩展性和兼容性,可以集成不同厂商不同类型的先进产品,使整个系统可随技术的进步和发展,不断得到充实和提高。在综合布线系统中任何信息点都能连接不同类型的终端设备,当设备数量和位置发生变化时,只需采用简单的插接工序,实用方便,其灵活性和适应性都较强。

3. 标准化

网络结构化综合布线系统的设计依照国际和国家的有关标准进行。此外根据系统总体结构的要求,各个子系统必须结构化和标准化,并代表当今最新的技术成就。综合布线系统的所有布线部件采用积木式的标准件和模块化设计,因此部件容易更换,便于排除障碍,且采用集中管理方式,有利于分析、检查、测试和维修。

4. 经济性

在实现先进性、可靠性的前提下,达到功能和经济的优化设计。结构化综合布线系统的设计采用新技术、新材料、新工艺,使综合化布线大楼能够满足不同生产厂家终端设备传输信号的需要。综合布线系统各个部分都采用高质量材料和标准化部件,并按照标准施工和严格检测,保证系统技术性能优良可靠,满足目前和今后通信需要,且在维护管理中减少维修工作,节省管理费用。

四、网络布线

计算机联网使用100M网卡时,连线可使用50Ω同轴电缆或3类以上的双绞线。检测线联网时早朝使用的50Ω同轴电缆,优点是连线少,价格便宜,不需类似集线器(HUB)式的连接设备,采用总线布置方式,缺点是单个结点的故障将影响整个网络,故现在较少采用。

目前联网主要采用双绞线连接成星形网络,两台计算机联网不需要使用集线器,3台或3台以上计算机联网时必须使用集线器。为保障质量,联网使用超5类双绞线(可达100Mb/s的传输率)。使用双绞线联网时单段不能超过100m,超过100m时可通过集线器串接方式加以延长,但串接的集线器最多为4个,单段网线最短为1m,若再长超过100m,可使用网络延伸器。每段双绞线两端可用一个RJ-45连接头,使用专用的工具压制,压制时要格外小心,否则很容易压坏。双绞线内共有4对相互绞着的绝缘铜线,常规的为绿白和绿、橙白和橙、蓝白和蓝、棕白和棕。一定要成对使用,才能保证信号的传输质量。具体使用时,1,2为一对线;3,6为一对线;4,5为一对线;7,8为一对线。双绞线的做法有两种国际标准,分别是EIA/TIA 568A 和 EIA/TIA 568B,见表3-1、表3-2。

EIA/TIA 568A 协议定义　　　　　　　　　　表3-1

引脚顺序	连接信号	线对顺序
1	TX+(传输)	绿/白
2	TX-(传输)	绿
3	RX+(接收)	橙/白
4	保留	蓝
5	保留	蓝/白
6	RX-(接收)	橙
7	保留	棕/白
8	保留	棕

EIA/TIA 568B 协议定义 表 3-2

引脚顺序	连接信号	线对顺序
1	TX+(传输)	橙/白
2	TX-(传输)	橙
3	RX+(接收)	绿/白
4	保留	蓝
5	保留	蓝/白
6	RX-(接收)	绿
7	保留	棕/白
8	保留	棕

所谓"绿/白"线就是白线上涂有绿点或绿色条纹,"橙/白"线就是白线上涂有橙点或橙色条纹,以此类推。

上述定义要求 1、2 线对是一个绕线对,3、6 线对是一个绕线对,4、5 线对是一个绕线对,7、8 线对是一个绕线对。

直通线的压制方法是两端水晶头均采用 EIA/TIA 568A 标准。

交叉线的压制方法为一端水晶头采用 EIA/TIA 568A 标准,另一端水晶头采用 EIA/TIA 568B 标准。

局域网联接时,根据计算机的多少,使用的是 HUB 还是交换机(也叫开关式 HUB)来决定双绞线的压制方法:

(1)只有 2 台计算机采用交叉线连接;

(2)有 2 台以上计算机时则应使用 HUB(或交换机),采用直通线连接。

第三节 检测线常用信号及处理

检测线常用的信号主要包括以下三种:

(1)模拟量信号,包括模拟转数字、数字转模拟;

(2)开关量信号,包括开关量输入、开关量输出;

(3)数字传输,包括串口通信、网络通信。

一、模拟信号输入

电子电路可分模拟和数字两大类,数字电路是以开和关两种状态或以高低电平来对应 1 和 0 二进制数字量,并进行数字运算、存储、传输及转换,数字信号是断续变化的。除数字信号以外所有形式的信号统称模拟信号,模拟信号是连续变化的。模拟集成电路用来处理连续变化的信号,在检测线上的称重、制动、侧滑等传感器输出信号就是模拟信号。

A/D 信号的意思就是把模拟信号转换成数字信号,其中"A"代表模拟,"D"代表数字。计算机并不能直接接收模拟信号,所以要把模拟信号转换成数字信号后再由计算机来接收与处理。D/A 则正好相反,是计算机把数字信号转换成模拟信号后输出,如在测功机上计算机需要控制涡流机的电流大小,所以需要把数字信号转换成模拟信号后再经由可控硅等器件控制涡流机。

在时间上或数值上都是连续的物理量称为模拟量,把表示模拟量的信号称为模拟信号。例如,侧滑的位移传感器在工作时输出的电压信号就是属于模拟信号,在滑板连续移动时,测得的电压信号是连续变化的,而且这个电压信号在连续变化过程中的任何一个取值都是具体的物理意义,即表示一个相应的位移量。

因为计算机是无法识别模拟信号的,因此需要通过模拟/数字转换电路,把电压转换为计算机能够识别的数字信号,这就是在检测线中使用 A/D 卡的作用。检测线使用的 A/D 卡的转换精度目前常见的有 12 位、16 位的,位数越高转换的精度越高。12 位精度的 A/D 卡最大分割等级为 $2^{12}=4096$,16 位精度的 A/D 卡最大分割等级为 $2^{16}=65536$。

下面以制动信号为例,说明用 12 位 A/D 卡时制动信号数据采集转换过程。

1. 电压分辨率

若所用的 A/D 卡允许输入电压范围为 DC 0~10V,则 12 位 A/D 卡的最小电压转换分辨率为 10V/4096 = 2.44mV,16 位 A/D 卡的最小电压转换分辨率为 10V/65536 = 0.1mV。

2. 制动力分辨率

制动一般采用压力应变传感器,供电电源为 DC +12V,应变片受压产生电压信号,信号范围为 DC 0~12mV。信号电压大小与压力成正比,且呈线性关系。如使得满量程测试时,放大后的信号为 DC 10V,10t 制动台的满量程为 35000N,而计算机能识别的分辨率为 2.44mV,当 10V 对应 35000N 时,则 1mV 约对应 3.5N,2.44mV 约对应 8.54N,所以分辨率为近 1daN(即 10N)。

3. 信号转换

放大信号经由主机调理板输入,经硬件滤波后,送入计算机内的 A/D 卡,由 A/D 卡转换成数字信号(即 0~4095),由软件再转换为电压信号便于直观显示:V = 10/4096 × D(其中 D 为数字信号值)。

图 3-5 中表示了一般模拟量的采集和处理过程。

图 3-5 模拟量的数据采集和处理

4. 建立与物理量的关系

通过标定,可建立起所测量的物理量与电压之间的数学关系式。在实际检测时,依据检测到的电压信号便可计算得到相应的被测物理量。

如标准加载力为 500daN 时,相对空载时的电压为 1.1V,则软件计算得到 454.5daN/V 即为标定系数;如计算机测量到的相对空载时电压为 2.0V 时,便可计算得到实际制动力值为 2 × 454.5daN = 909daN。

二、模拟信号输出

模拟信号的输出是通过 D/A 转换卡实现的,D/A 转换是 A/D 转换的逆变换,它将计算机写入的数字值(如为 12 位精度,数值为 0~4095)转换为输出电压值(如 0~10V)。目前用于底盘测功机的扭力加载控制、流量计的风量控制等控制过程。

三、开关量输入

I/O 信号是开关量输入或输出信号,特点是他们仅有高电平("1")、低电平("0")两种状态,是开关量信号,如图 3-6 所示。对应电路控制是控制电路的"通"、"断",例如照明灯控制时,开关闭合接通电源控制灯亮,断开开关便断开电源控制灯灭;对应外设状态判断时判断外设传输来的信号高低状态,例如光电开关,在车轮停上制动台时光线被挡,接通高电平信号,车轮离开制动台时便断开直流信号,仪表收到低电平信号。

图 3-6 开关量高低电平信号

开关量信号是一种"1"、"0"二值变化的数字信号,对应数字电路的高电位与低电位。它的变化是不连续的,即跳跃变化,故又有脉冲信号的说法。

以反力式滚筒制动检验台为例,在车辆被测轮停稳制动台后,计算机需识别其状态,以便进行控制、采样。制动台两边装有一组红外光电开关,其发射端如图 3-7a)所示,接收端包括一组常闭接点和常开接点,如图 3-7b)所示。

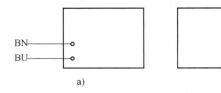

图 3-7 光电开关

被物体阻挡后,若输入端与常开接点导通,则只需在其输入端接入 5V 电源,常开点便可将 5V 导通,在无物体阻挡时它将 5V 断开。

将 5V 电源负极直接通过接线端子输入 I/O 卡某通道负端(开关量输入输出卡),5V 电源正极送入光电开关输入端,由常开接点直接引线至接线端子板指定的开入通道正端,通道正负两端将产生 5V 或 0V 电压。I/O 卡将 5V 转换成高电平数字信号 1,0V 转换为低电平数字信号 0,从而使软件得以识别车轮有无停放在制动台上的状态。

测控系统中的开关量输入信号主要包括两类:一是车辆到位信号,如光电开关;二是采样开关,如车速表检验台的无线遥控信号。另外还有一类特殊的开入信号——脉冲信号,信号性质与开入信号相近,如速度传感器发出的脉冲信号。

四、开关量输出

仍以反力式滚筒制动检验台为例,在车轮停稳制动台,软件识别出其状态后,要控制举升器举降、电机启停。I/O 卡具有多个开关量输出通道,每个通道功能与手动开关等同,其差异只是手动开关由人工接通或断开,开出通道是由软件控制通断;另一差异是开出通道负载能力较小,允许通过电压一般为直流 0~30V,电流为 100mA 左右,因而一般无法用它直接驱动外部设备。继电器作为驱动电路的中间环节,相当于一个电开关具有几组常闭与常开接点,在它的线圈两端不加电时,输入端与常闭接点导通,在加电后输入端则与常开接点导通。

选用线圈为 24V 的大功率继电器将电源 24V 正极引至开出指定通道输入端,输出端引至继电器线圈正端;再将电源 24V 负极送至继电器线圈负端。220V 交流电的火线引至继电器节点输入端,由其常开接点再引至电磁阀线圈的一端,将 220V 零线直接引至电磁阀线圈另一端,则在软件控制指定开出通道导通后,将在继电器线圈两端加上 24V 电源。继电器导通节点输入端和常开节点,使电磁阀线圈两端加压 220V,控制电磁阀动作,导通气路使举升器动作。

对电机的控制是将继电器常开节点接至接触器线圈一端,220V 零线接至线圈另一端,接触器线圈两端加电时将导通其输入端与输出端节点。三个输入节点引入 380V 三相电,三个输出节点引至电机,便可控制电机启停。图 3-8 详细介绍了轴重制动工位开出信号的传输和处理过程。

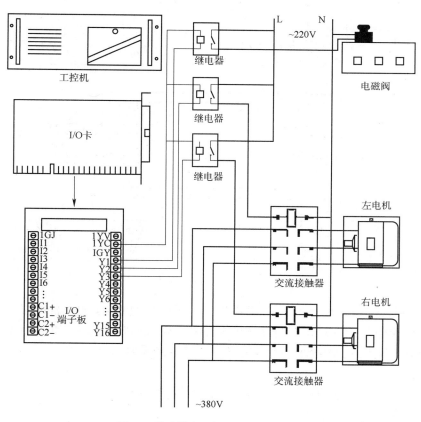

图 3-8 轴重制动工位开出信号传输与处理

五、串行通信

由于采用模拟量传输与数据处理无法解决检测设备单机仪表与计算机显示不一致的问题,所以检测设备的生产厂家开发了带有数字通信接口(如 RS-232C、网络)的检测设备(对于网络信号前面已经说明,这里不再说明)。

对具有数字通信接口的检测设备联网比较简单,只需要知道所联网检测设备的数据通信协议即可,其数据通信协议一般应包括:

(1)串口通信参数:波特率、起始位、数据位、停止位和校验方式;

(2)设备与计算机的通信连接方式;

(3)传输数据格式及命令。

计算机一般配有两个 RS-232C 串行通信口,表示为"COM1:"、"COM2:",它的接口为9针或25针D型插座,如图3-9所示。针脚定义如下。

9针定义:2脚——(RX)接收数据;3脚——(TX)发送数据;5脚——信号地。

25针定义:3脚——(RX)接收数据;2脚——(TX)发送数据;7脚——信号地。

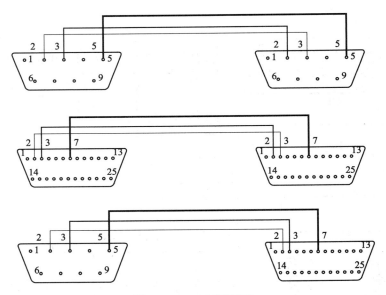

图 3-9　RS-232C 接线定义

因为计算机标准串口只有两个,如果检测线上需要数字量传输的设备比较多,计算机本身的串口可能不够用,这时就需要在计算机内插入一块增加串口的卡(如 MOXA 168P 八串口卡或增加串口服务器)来增加串口,满足检测线联网的需要。

第四节　检测线控制软件功能

机动车检测站控制软件系统主要包括车辆登录、调度(进线选择)、检测控制、工位控制

(分布式用)、监控、检测业务管理、财务收费、外观及路试等子系统。根据实际情况,各子系统可以单独用一个工作站完成,也可以用几个工作站共同完成。可以根据工位布置,采用分布式控制时设置一工位控制机、二工位控制机、三工位控制机,当某个工位有底盘测功机时,可省略该工位的工位机,使用底盘测功机的设备控制计算机作为该工位的工位机;采用集中式控制时无工位机。另外还可以将几个子系统合并用一个工作站来实现,如车辆登录子系统和进线选择子系统合并,管理子系统和监控子系统合并,这样可降低网络的建设成本。

一、车辆登录功能

车辆登录系统用于输入待检车辆的信息和检测项目,车辆信息主要由两部分组成:一部分是车辆基本参数,如底盘号、发动机号码、车主单位等;另外一部分为车辆技术参数,如车辆发动机功率、排量、转速、轮胎规格等。当注册信息完毕后,系统自动将该车加入待检车辆队列中,准备检测。

车辆登录系统应具有信息存储功能。当车辆再次登录时,应能从数据库中自动调出相应的参数,从而节省登录时间,减少登录工作量,避免人工重复录入产生错误。复检车辆在登录时系统应能自动根据上次检测结果判定需检测项目,也可人工指定复检项目。

目前,车辆登录子系统有手工输入和IC卡输入等方式,对于首次登录的车辆用手工的方法进行输入。手工输入和IC卡输入所不同的是首次登录完成输入后,存储介质不同,前者把车辆信息自动存到检测系统的注册信息数据库内,后者是把车辆信息存到IC卡上。另外,对于老车主再次登录时的处理方法也不同。手工输入需先输入车牌号和牌照类别(或车辆类别),然后自动从注册信息库里调出车辆信息,再补充检测项目。IC卡输入需要插入IC卡,按下读卡键,车辆信息自动从IC卡中调出,再补充检测项目,工作量大概相当。

二、人工检验结果录入功能

线外检验工位主要对受检车辆进行外观检查和底盘动态检验,联网检测系统应具有将车辆的外观检查及底盘动态检验项目全部录入的功能,并能自动判别关键项是否合格,同时还应能记载查验员/引车员的信息。

三、调度功能

车辆登录完成后,即由调度子系统对已登录车辆进行调度,实现登录与上线检测的顺序无关性,即"无序登录、有序调度"。同时检测线的上线调度功能应具有把受检车辆按任意次序调度到检测线任意工位、任意项目检测的能力,当线上某工位或某设备出现故障时,调度系统应能避开或取消该故障工位或设备进行下一项目的正常检测。

四、项目测控功能

测控子系统(模块)是检测线测试的核心单元,具有承上启下的关键作用。测控模块的主要功能是完成输入输出开关量的判别、机械动作控制、受控设备传感器信号输出后的信号调理、数据采集等检测过程的测量控制功能,能按照要求对机动车的车速表、废气、烟度、前照灯、喇叭声级、侧滑、轮(轴)重、制动、底盘等项目进行检测控制,引导指示引车员进行辅助操作判定。

测控模块的主要工作流程为：

(1) 按照检测工位顺序及检测项目,启动相应设备进入测试状态。

(2) 向引导系统发出操作提示命令,指示引车员按照提示操作。

(3) 识别开关量输入信号,判断车辆是否到位。

(4) 启动检测程序,控制机械动作,如灯光仪行走、举升装置升降、电机启动与停止等。

(5) 根据有关规定自动采集各工位设备检测数据,对模拟输入信号进行调理、A/D 转换,实时传输数据信号。

注:对自动采集的数据,联网检测系统不得提供人工键入或修改的功能。

(6) 根据国家相关标准对采样数据进行量值变换,以规定的计量单位处理显示数据。

(7) 根据相关标准对检测数据进行结果判定。

测控模块应当保证数据的实时性和准确性,在采样过程中,应当采用数据曲线拟合技术和数据校准方法,实现对非线性量的测量,采用动态零点跟踪、温度变化补偿等技术实现动态修正。对于模拟通道采样的信号,记录点之间间隔时间应不大于 10ms,经滤波后的过程曲线应光滑不失真。同时,测控模块具有对各工位采样通道进行测试及自诊断能力,对于故障能及时进行报警指示,对于故障工位能够进行有效屏蔽,确保检测设备正常后恢复该工位的检测能力。

五、主控功能

主控功能一般由主控计算机完成,通常采用高性能计算机。

主控功能主要进行车辆检测的全线控制与调度,数据的合成与存储,通常检测报告是在主控模块中进行打印的。

主控模块的主要功能有：

(1) 协调调度检测车辆:对上线检测车辆进行协调,使整个检测流程合理、快速地进行。

(2) 查看检测信息:实时显示在线检测车辆的检测结果及检测进程,显示相应工位车辆在线检测信息,查看已登录且未上线检测的车辆信息。

(3) 在线检测调配:管理和控制正在进行的检测流程,以保障检测流程的顺利进行,对已经上线进行检测但由于某种原因需要终止检测的车辆进行强制下线,终止检测已登录而未上线检测的车辆,可以跳过在线车辆的未检测项目。

(4) 数据收集与存储:对于完成检测过程的车辆,自动收集并整理其全部受检资料,生成完整的检测数据及结果,将检测结果及判定结果存入数据库。

(5) 生成并打印检测报告 自动生成相关标准规定的检测报告,并根据需要打印当次检测结果或初、复检合并数据报告,在合并报告中能反映车辆多次上线检测的最终检测结果,能根据需要在线重复打印已检车辆的检测报告。检测报告必须真实反映检测结果,对于历史数据,系统不得提供人工键入或修改的功能。

六、路试结果录入功能

对于不能上线检测或检测结果有争议的车辆,用路试法进行检测后,需将制动距离、平均减速度(MFDD)、协调时间、制动稳定性、路试检验员等信息录入计算机并存入数据库。

七、数据管理功能

数据管理主要指对检测数据进行查询统计及完成相关系统设置。数据管理功能可在任意一台计算机上进行,但应设置相应的操作权限。

数据管理模块应具有以下功能:

(1)操作员管理:完成操作员的设置,包括新增、修改、删除、权限设置。

(2)数据清理:按指定条件清理数据库中的冗余或无效数据。

(3)代码字典维护:进行与检测相关的代码字典的设置,包括号牌种类、车辆类型、检验类别、行政区划、车身颜色、外观项目、底盘项目等。代码是为方便、规范用户输入,减少汉字录入量而编制的。

(4)系统设置:进行系统使用信息的设置,包括使用单位名称、服务器的 IP 地址及端口号、检测节拍、工位屏蔽等。为了适应国家或地方标准的变更,系统应提供对检测标准进行设定的功能,但需设置相应的操作权限。

(5)数据备份:定时自动或手动完成数据库的备份工作。

(6)数据恢复:完成数据库的恢复工作。

(7)数据查询功能:输入各项组合条件,进行检测数据的模糊查询。能实时查询在检车辆的所有检测信息及数据、结果判定,保存检测数据不低于 3 年,同时可将历史数据另存至指定位置。

(8)数据分析与统计功能:对所有联网检测数据进行分析,为职能监管提供依据,以及按照检测结果分类(如按检测类别、车辆类型分类等)进行统计、打印各类统计报表。

八、信号标定功能

联网检测系统应具备方便灵活的计量检定功能,各子系统能独立标定,标定程序主要提供各受控检测设备测量值的标定界面,并在界面上显示受控设备各模拟输入通道的零点输出、A/D 值和标定值,提供校零及还原操作。

标定状态与实际状态保持一致,确保检测数据的真实可靠。

九、故障自诊断及分析提示功能

联网检测系统应能够实时发现自身故障,并对发生故障的部位进行分析和提示,帮助用户排除故障。系统运行时应能自行对智能卡、光电开关、各传感器或线路等故障进行诊断提示,保障检测系统的正常运行。

(1)诊断智能卡是否正常:通过对智能卡的读写操作判定智能卡的工作是否正常,不正常时应给出相应提示。

(2)判断光电开关等输入输出通道是否正常:可通过检查光电开关加电时的状态判定光电开关是否有故障,对于故障应进行指示。

(3)诊断各传感器或线路故障:通过检测各传感器的输出是否在合理范围内来判定传感器或线路有无故障,并对故障进行指示。

系统维护员应通过故障诊断与提示进行故障检查,对不能及时排除故障的工位或测试设备应能在系统中予以屏蔽,使整个检测流程继续进行,不至中断。待工位或测试设备修复正常后再加入检测流程。

十、监控功能(可选配)

监控功能主要用于监控检测线各工位的实际工作情况以及在线车辆的检测状况、所在位置,以供车主或管理职能部门观察了解现场情况,从而提高检测的透明度,体现"公平公正"的原则。通常监控功能应能监视检测线各工位的实时工作状态,显示受检车辆的受检情况。各地管理职能部门可搭建相应的监控平台来实现监控功能。

机动车联网监管平台包括一套计算机网络软件系统及相配套的硬件设备。它是通过先进的计算机网络技术将机动车查验点的数据和视频通过网络实时传送到上级部门监控中心,以提高行政管理效率和综合执法能力,为机动车检测的各项措施提供有效平台和载体,为监督管理提供科学依据和决策支持。图3-10所示为监控平台网络拓扑图。

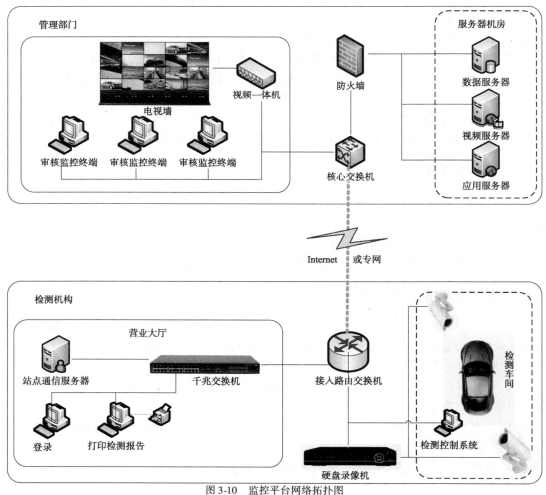

图3-10　监控平台网络拓扑图

平台根据机动车联网监管实际工作需要,采用整体规划、按需建设、分步实施的原则进行。平台建设内容如下:

(1)监管中心建设及系统集成;

(2)检测机构的建设及系统集成;

(3)整体物理网络架设;

(4)监控中心视频监控的 LCD/DLP 大屏幕和辅助设备的建设。

十一、其他功能

除上述功能外,联网检测系统还可以实现其他一些功能,如查验员/引车员随机安排、检测过程实时公布、指纹身份识别、号牌识别自动上线、PDA 人工检验等。

(1)查验员/引车员随机安排。

系统可以提供查验员/引车员自动随机安排的辅助功能,避免发生查验员/引车员内外勾结、影响检测结果真实性的情况。

(2)检测过程实时公布。

联网检测系统的检测过程实时公布功能,一方面可以让车主参与机动车检测过程的监督,更好地保证机动车安全技术检验工作的公平、公正、公开性,另一方面可以让车主实时了解自己机动车的检测情况,充分体现为民服务的宗旨。

检测过程实时公布有两种实现方式。一种是通过在检测线特定位置安装 CCD 摄像头(可使用监控子系统的 CCD 摄像头),然后将实时视频图像通过监视器在车主休息等待处播放;另一种是通过 LED 大屏实时显示机动车安全技术检测数据,以便车主了解检测情况。

(3)指纹身份识别。

如上文所述,联网检测系统具备完整的用户权限管理功能,用户必须拥有合法的用户名和密码方可登录到系统中进行相应的操作。然而,用户名和密码容易被剽窃和破解,影响整个系统的安全性。采用指纹来识别每个用户的身份和权限具有更高的安全性。

(4)号牌识别自动上线。

号牌识别自动上线技术是机动车检测时使用的进检辅助功能,其主要作用是为已登录车辆上线检测提供便利。

目前市场上在用的机动车检测软件,在车辆登录后的上线功能基本上都由人工确认完成。当车辆进入检测线时,由检测线入口处工作人员通知进检机操作人员从已登录车辆列表中查找到相应车辆手动发送上线进行检测,这会影响整个检测工作的效率。联网检测系统可以增加号牌识别自动上线辅助功能以提高机动车检测工作效率。当配置号牌识别自动上线辅助功能时,引车员只需驾车通过检测线入口,系统就能自动识别该机动车的号牌号码、号牌种类信息,自动发送车辆上线,无须人工干预。该辅助功能可以解决现有流程存在的车辆登录进检人员冗余、车辆查询不方便、车辆发送不准确等问题,提高上线速度与上线准确率,提高机动车检测工作效率。

(5)PDA 人工检验。

PDA 检验是可以代替传统的条码扫描或使用计算机进行人工录入检验项目的方法。PDA 检验是通过无线接入点与检测线的服务软件进行通信,受检车辆在进行线外检验项目时通过手持 PDA,对机动车外观、路试等项目进行查验,并将所要查验的项目和查验的结果通过服务程序上传,也可以根据查验或客户的要求,将机动车查验关键部位现场拍照,实现将采集的车辆识别代号、照片等检测数据向监管平台或检测系统实时上传的功能。应用该方式,可结束过去的手工填写表格,然后再通过条码扫描或计算机手工录入的作业方式,简化工作流程,提高工作效率,实现受检车辆人工检验项目的电子化、网络化。

技 术 篇

第四章 基于达标法的道路运输车辆动力性台架检测

第一节 研究背景

汽车动力性代表了其行驶可发挥的能力,是汽车各种性能中最基本、最重要的性能之一。汽车固有动力性在使用过程不是恒定不变的,而是随着运行过程中零部件的磨损、老化等逐渐衰退,直至丧失工作能力。因此,动力性衰退是汽车技术状况变差的征兆。

道路运输车辆的动力性是综合性能检测的重要项目之一,也是有别于安全性能检测最为显著的特征,其台架检测应有良好的准确性、安全性和操作性。长期以来,汽车动力性检测存在以下问题。

(1)测试车速偏差。

采用驱动轮输出功率评价汽车动力性的核心是测试车速。该测试车速应与发动机的额定功率转速或额定转矩转速所对应的驱动轮轮边速度基本一致,才能得到较为准确的测试结果。虽然《汽车动力性台架试验方法和评价指标》(GB/T 18276—2000)按车型系列给出了额定转矩工况和额定功率工况的测试车速,但与相应工况的实际车速存在较大偏差,易造成动力性检测结果的误判。

(2)满负荷检测的过加载。

在恒速控制方式下,驱动轮输出功率采用直接挡满负荷检测。由于测功机台架、驱动车轮和发动机飞轮存在较大的系统惯量,加载力大于发动机输出力才能使较大的系统惯量减速,使之在规定测试速度点恒速稳定。此时,发动机处于满负荷运行,且通常会有约30%,甚至100%的过加载(随恒速控制水平而异)。如果是新车尚未通过磨合期,过加载易损伤车辆,如果是在用车辆,技术状态较差,过加载易损坏车辆。

(3)检测安全性不良。

在发动机全油门满负荷和台架过加载工况下检测,存在安全问题。一些综合检测机构曾发生过车辆冲出台架,造成安全生产事故,有些在用车辆在加载检测过程中车辆损坏。为避免发生意外,动力性检测"走过场"、编造检测数据、弄虚作假等违规行为时有发生。

(4)风冷式电涡流机热衰退。

风冷式电涡流机的热衰退是其固有特性。较长时间的满负荷过加载检测会使电涡流机的热衰退现象进一步加剧。试验表明,风冷式电涡流机在12min满负荷台架试验时,由于持续的能量转换,发热量很大,功率和转矩吸收能力衰退50%~60%(如图4-1、图4-2所示),导致无法正常连续检测或易烧毁电涡流机,不适应机动车综合检测机构的持续运行要求。

(5)驱动轮与滚筒间滑移。

全油门满负荷和过加载工况下,由于驱动力和加载力两个相反力的作用,有些偏轻的空载车辆驱动轮与滚筒表面易产生较大的滑移,甚至产生"失速",难以准确评价汽车动力性。

(6)难以适应汽车技术的发展。

从汽车技术的发展趋势看,智能动力控制的车用柴油机运用越来越普遍。在全油门满负荷工况下,发动机可短时间内输出比额定功率和额定转矩更大的驱动力,由于引车员无法判断所检车辆是否属于智能动力控制柴油机,从安全角度出发,许多综合检测机构不检测大型客车和大型货车的动力性。

图4-1 转子呈暗红色

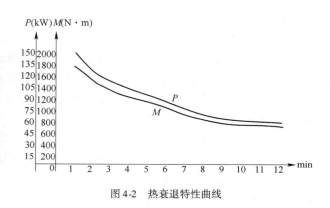

图4-2 热衰退特性曲线

第二节 评价指标和检测工况

汽车工程界以汽车的最高行驶速度、加速时间和最大爬坡度为量标,评定和比较不同车型、车系汽车动力性的优劣,这三个指标反映了发动机与车辆的总质量、传动系等的设计和匹配情况,但指标的侧重点不同:最高行驶速度主要是从车速方面反映发动机额定功率工况的状况,最大爬坡度主要是从驱动力方面反映发动机额定转矩工况的状况,加速时间主要是从功率方面反映发动机外特性曲线各点的状况。对于新车的动力性评价,人们基本上认同上述三个指标。

在用车辆动力性的评价量标与新车有所不同。在用车辆的动力性在新车定型时便已确立,由于车辆用途和使用条件的差异,在动力性评价方面,不同车型的在用车辆之间不具横向比较的条件,也缺乏可比性,其量值的高低并无意义。因此,比较在用车辆自身的实际动力性与额定动力性,用其变小的差值评价发动机动力性能的下降程度即可评价动力性的技术状况。

一、评价指标

所谓基于达标法的汽车动力性台架检测是依据国家相关标准,规定汽车动力性技术状况下降的最低允许限值,达到并超过该限值,动力性即合格,否则,动力性不合格。

《机动车运行安全技术条件》(GB 7258—2012)规定:发动机功率应大于等于标牌(或产品使用说明书)标明的发动机功率的75%。

标明功率为额定功率时:

$$P \geq 0.75 P_e$$

式中:P——发动机实际功率,kW;

P_e——发动机额定功率,kW。

上式中,$0.75P_e$即为达标功率,其换算在对应变速器挡位的驱动轮当量驱动力和轮边速度满足:

$$0.75 P_e = F_e \times V_e / 3600$$

式中:F_e——发动机达标功率换算在驱动轮上的当量驱动力,N;

V_e——发动机额定功率转速对应的车速(以下简称额定功率车速),km/h。

对于发动机转矩:

$$M \geq 0.75 M_m$$

式中:M——发动机实际转矩,N·m;

M_m——发动机额定转矩,N·m。

上式中,$0.75M_m$即为达标转矩,其换算在对应变速器挡位的驱动轮当量驱动力和轮边速度满足:

$$0.75 P_m = F_m \times V_m / 3600 = 0.75 M_m \times n_m / 9549$$

式中:P_m——发动机额定转矩功率,kW;

F_m——发动机达标转矩换算在驱动轮上的当量驱动力,N;

n_m——发动机额定转矩转速,r/min;

V_m——发动机额定转矩转速对应的车速(以下简称额定转矩车速),km/h;

其中:$F_m = 0.75 \times M_m \times (i_g \times i_0) / r$

$V_m = 0.377 \times n_m \times r / (i_g \times i_0)$

i_g、i_0——分别为变速器和主减速器的传动比;

r——驱动轮半径,m。

在$0.75 P_e = F_e \times V_e / 3600$和$F_m \times V_m / 3600 = 0.75 P_m = 0.75 M_m \times n_m / 9549$两式中:$0.75P_e$和$0.75M_m$是达标功率和达标转矩,为已知量;$F_e$和$F_m$是发动机达标功率和达标转矩换算在驱动轮表面的当量驱动力,通过计算后也为已知量。显然,在驱动轮的当量驱动力与系统当量阻力相平衡时,当驱动轮轮边稳定车速(V_w)大于或小于额定功率转速对应的车速(V_e)或额定转矩转速对应的车速(V_m)时,上述两式成为不等式,并产生两种结果:

(1)当V_w大于等于V_e或V_m,实测功率和实测转矩大于等于$0.75P_e$和$0.75M_m$,动力性达标。

(2)当V_w小于V_e或V_m,实测功率和实测转矩小于$0.75P_e$和$0.75M_m$,动力性不达标。

综上所述,基于达标法的汽车动力性台架检测以"驱动轮轮边稳定车速(V_w)"指标进行评价。

二、检测工况

基于达标法的汽车动力性台架检测分为两种工况：

(1) 额定功率工况。

额定功率工况适用于压燃式发动机车辆的动力性检测。

在发动机额定功率工况和规定的阻力负荷下，驱动轮轮边稳定车速(V_W)应大于等于额定功率车速(V_e)，即：

$$V_W \geq V_e$$

(2) 额定转矩工况。

额定转矩工况适用于点燃式发动机车辆的动力性检测。

在发动机额定转矩工况和规定的阻力负荷下，驱动轮轮边稳定车速(V_W)应大于等于额定转矩车速(V_m)，即：

$$V_W \geq V_m$$

第三节 检测原理

基于达标法的汽车动力性台架检测存在许多相关力。其中，有些力作用在被测车辆的驱动轮上，而有些力则作用在发动机上，为方便车轮驱动力与系统阻力的平衡计算，可将发动机驱动力与系统各阻力统一换算在驱动轮表面，分别定义为发动机当量驱动力和相应当量阻力。

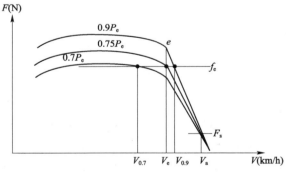

图4-3 速度-当量驱动力曲线

以压燃式发动机的"速度-当量驱动力"曲线来阐述功率达标法的检测原理（点燃式发动机与之大体相同），如图4-3所示。

图4-3中，同一台车辆的发动机，在$0.9P_e$、$0.75P_e$和$0.7P_e$时的"速度-当量驱动力"曲线，V_e相等，当量驱动力不同。e点为额定功率点，P_e为额定功率，f_e为与达标功率的当量驱动力（V_e车速点，发动机达标功率换算在驱动轮上的驱动力）F_e等值的系统负荷阻力，V_e为相应挡位发动机额定转速对应的额定功率车速，F_s为车辆在测功机台架上的空转系统阻力（包括传动系允许阻力、测功机台架内阻、轮胎滚动阻力以及发动机附件阻力），F_s与"速度-当量驱动力"曲线的交点车速V_a为功率吸收装置未加载时，车辆挂合适挡位的全油门最高稳定车速，η_p为发动机实际功率与额定功率之比的限值，$\eta_p = 0.75$。

(1) 当实际功率等于$0.75P_e$时，f_e线与$0.75P_e$的当量驱动力曲线相交于e点，相交点

的车速为 V_e。实测功率等于 $F_e \cdot V_e/3600 = 0.75P_e$；

（2）当实际功率为 $0.9P_e$ 大于 $0.75P_e$ 时，f_e 线与 $0.9P_e$ 的当量驱动力曲线相交点的车速 $V_{0.9}$ 大于 V_e，F_e 不变，车速增大，实测功率大于 $0.75P_e$，动力性合格；

（3）当实际功率为 $0.7P_e$ 小于 $0.75P_e$ 时，f_e 线与 $0.7P_e$ 的当量驱动力曲线相交在外特性曲线上，相交点车速 $V_{0.7}$ 小于 V_e，F_e 不变，但车速减小，实测功率小于 $0.75P_e$，动力性不合格；

（4）当实际功率再小一些，f_e 线与当量驱动力曲线没有相交点，即柴油机最大当量驱动力小于 f_e，车速无法保持稳态，出现闷机熄火，动力性不合格。

第四节 装用压燃式发动机车辆的评价方法

一、额定功率车速的测定方法

基于达标法的汽车动力性台架检测，其核心是快速、准确地确定额定功率车速，可借助柴油机的固有调速特性加以解决。如根据车型确定统一的测试车速（同一车型，发动机有多种配置，额定功率车速不同）或采取过加载动态功率扫描来寻找额定功率车速，检测的准确性、安全性和操作性均不理想。

稳定调速率（或标定调速率）是往复式柴油机的重要特性。由于调速器的作用，转矩特性得到改善，当外界阻力急剧变化时，转矩特性可由大到零或由零到大，转速却变化很小，它不仅能限制超速和保持怠速稳定，而且能自动保持在选定的任何速度下稳定工作。稳定调速率的定义是：最大油门工况下，柴油发动机最高空转转速与额定转速之差再除以额定转速的百分比，用字母 δ 表示。

$$\delta = (n_0 - n_e) \div n_e$$

式中：n_0——柴油机最高空转转速，r/min；

n_e——柴油机额定功率转速，r/min。

依据国家标准《往复式内燃机 性能 第4部分：调速》(GB/T 6072.4)（等同采用国际标准 ISO 3046—4:1997《往复式内燃机性能 第4部分：调速》），我国车用柴油机的调速精度性能等级为 M_2，稳定调速率≤10%，汽油机和极少数国外进口的小功率柴油机的调速精度性能等级为 M_1，稳定调速率≤15%，柴油机发电机组的调速精度性能等级为 M_3，稳定调速率≤5%，标准规定往复式内燃机的最大稳定调速率≤15%。

我国行业标准《中小功率柴油机通用技术条件》(JB/T 8895) 规定了不同机械设备所用柴油机稳定调速率的要求，见表4-1。

不同机械设备对柴油机稳定调速率的要求 表4-1

机械设备用途	稳定调速率 δ	机械设备用途	稳定调速率 δ
拖拉机用	不大于8%	联合收割机用	不大于5%
车用	不大于10%	工程机械用	8%~12%
船用	不大于10%	发电用	不大于5%
固定动力用	不大于8%		

道路运输车辆所用通常为中小功率柴油机。对常见道路运输车辆车用喷油泵的技术参数统计,也证实了车用稳定调速率符合国际和国内标准,见表4-2和表4-3。

不同喷油泵的技术参数　　　　表4-2

车型	P_e/n_e	$n_{标}/Q_{标}$	$n_{校}/Q_{校}$	$n_{起}$	$n_{断}$	$n_{标}/n_{断}$
CA1091K2	103/2900	1450/12.9	900/14.2	1450^{+35}_{+25}	1625	0.892
CA1150K2C	125/2600	1300/20.6	950/22.7	1300^{+35}_{+2}	1430	0.909
EQ1141G	118/2500	1250/18	725/19.8	1250^{+20}_{+10}	1400	0.893
EQ8DF140-1	96/3000	1500/11.4	1000/14	1500^{+25}_{+10}	1680	0.893
NJ1061DAS/DA	51.5/2800	1400/11	900/14	1400^{+20}_{+10}	1580	0.886
JN252C	162/2200	1100/28.3	650/30.5	1100^{+20}_{+10}	1225	0.898
JN163/20T	177/2200	1100/34	700/41	1100^{+20}_{+10}	1225	0.898
JN1264012/斯太尔	206/2400	1200/33.4	600/39	1200^{+40}_{+25}	1400	0.857
JN1264013/斯太尔	191/2600	1300/25.6	900/31	1300^{+40}_{+20}	1500	0.867
SH361	164/2000	1000/27.2	650/29.8	1000^{+50}_{+20}	1100	0.909
CQ1190	155/2100	1050/28.4	650/34	1050^{+30}_{+10}	1230	0.854
BJ370	147/1800	900/30	700/36	900^{+40}_{+20}	1050	0.857
HF142	52/2800	1400/9.5	1000/11	1400^{+20}_{+10}	1600	0.875
奔驰1926	188/2500	1250/25	750/30	1250^{+50}_{+30}	1410	0.887
奔驰1619	141/2500	1250/21.2	750/26	1250^{+25}_{+15}	1410	0.887
三菱FK415FLB	118/3000	1500/13.2	900/15.6	1500^{+25}_{+10}	1620	0.926
五十铃CXZ164	170/2300	1150/23.6	700/26	1150^{+20}_{+10}	1250	0.92
日野RC450	73.5/3200	1600/8.8	800/9.3	1600^{+20}_{+10}	1750	0.914
日野RC420	147.1/2300	1150/25.6	700/28	1150^{+20}_{+10}	1250	0.92
斯柯达706RT	125/1900	950/22	750/24	950^{+30}_{+10}	1070	0.888

注:P_e-发动机额定功率,kW;n_e-发动机额定转速,r/min;$n_{标}$-喷油泵轴标定转速,r/min,$=n_e/2$;$Q_{标}$-喷油泵轴标定转速的供油量,mL/200次;$n_{校}$-校正(最大供油量)转速,r/min;$Q_{校}$-喷油泵校正(最大)供油量,mL/200次;$n_{起}$-调速器起作用开始减小供油量的转速,r/min;$n_{断}$-调速器使供油量为0的断油转速,r/min。

电控单体泵参数　　　　表4-3

发动机型号、车型	P_e/n_e	最高空转转速	稳定调速率δ
CY4102—D3A	88kW/2800r/min	3080r/min	10%

续上表

发动机型号、车型	P_e/n_e	最高空转转速	稳定调速率 δ
CY4102—D3B	80kW/2800r/min	3080r/min	10%
CY4102—D3C	70kW/3200r/min	3520r/min	10%
NQ200CN5(LNG)	147kW/2400r/min	2600r/min	8.3%
NQ230FN5(LNG)	169kW/2800r/min	3000r/min	7.1%
NQ280HN5(LNG)	206kW/2400r/min	2600r/min	8.3%
潍柴336(LNG)	2200r/min	2400r/min	9.1%
宇通客车 ZK6908H	180kW/2500r/min	2700r/min	8%
福田大货	213kW/2200r/min	2410r/min	9.5%

统计表明：机械调速车用柴油机，稳定调速率通常在8%~10%范围内；车用高压共轨等电控柴油机以及液化天然气发动机，稳定调速率≤10%，一般情况下其最高空转转速高于额定功率转速8%左右；轻型柴油机略高，稳定调速率大致在10%左右。相对于机械调速车用柴油机，电控柴油机调速性能更为可靠、稳定和准确。

按稳定调速率δ为10%来计算，设n_a为柴油机最高空转转速，n_e为柴油机额定功率转速，设V_a为n_a对应的车速（在测功机台架上，柴油车全油门最高稳定车速所对应的发动机转速略小于发动机最高空转转速，可认为近似相等），车辆额定功率转速n_e对应额定功率车速V_e，则$\delta=(V_a-V_e)/V_e=10\%$，$V_e=V_a/1.1=0.91V_a$。考虑到：

（1）少数轻型柴油车、进口车型的柴油机稳定调速率接近或略大于10%；
（2）在用车辆的机械调速器弹簧刚度会略有变化；
（3）加载检测时，车轮动力半径相对未加载时略有减小；
（4）驱动轮滑移时的车速损失；
（5）避免机械调速器在作用临界点不稳定。

基于上述考虑，额定功率车速保守取值为：

$$V_e = 0.86 \times V_a$$

式中：V_e——额定功率车速，km/h；
　　　V_a——台架空载全油门最高稳定车速，km/h。

0.86倍的取值系数兼顾了机械调速柴油机相对偏大的稳定调速率和电控柴油机相对偏小的最高稳定转速与标定转速差，具有较好的通用性，误差可控制在较小范围。

二、加载力的分析与计算

1. 加载力的分析

（1）发动机达标功率换算在驱动轮表面的当量驱动力（F_e）。

发动机达标功率换算在驱动轮表面的当量驱动力（F_e），克服轮胎滚动阻力、测功机台架内阻、传动系允许阻力、发动机附件阻力以及功率吸收装置加载阻力等五种阻力，在检测环境状态下平衡后，驱动车轮达到稳定车速。在额定功率车速（V_e）下，F_e按下式计算：

$$F_e = \frac{3600 \times \eta \times P_e}{\alpha_d \times V_e}$$

式中：P_e——发动机额定功率，kW；

η——功率比值系数，动力性达标检验时，$\eta = 0.75$；

α_d——压燃式发动机功率校正系数；

V_e——额定功率车速，km/h。

发动机达标功率是标准环境状态下的功率，要把其换算成检测环境状态下的驱动力，使发动机当量驱动力在检测环境状态下与系统各阻力平衡，故需除以功率校正系数 α_d。由于发动机转速和车辆车速与环境状态无关，只是发动机输出转矩受环境状态影响，所以用功率校正系数修正功率、转矩、驱动力是等效的。

(2) 轮胎滚动阻力（F_c）。

汽车动力性台架检测时，被测车辆驱动轮与测功机滚筒间存在滚动阻力，该力作用在驱动轮表面上。高速行驶时，滚动阻力近似与车速成平方关系；低速行驶时，滚动阻力系数近似与车速成正比线性关系，且斜率不大，随车速增加而增加，基于达标法的汽车动力性台架检测速度不超过95km/h，属于低速范围。每一个车速点的滚动阻力与驱动轴轴重成正比，驱动轮滚动阻力按下式计算：

$$F_c = f_c \times G_R \times g$$

式中：f_c——台架滚动阻力系数；

G_R——驱动轴空载质量，kg；

g——重力加速度，$g = 9.81 \text{m/s}^2$。

试验表明：f_c 与驱动车轮类型和车速相关，子午线轮胎滚动速度在50km/h时，$f_c = 1.5 \times 0.006$，80km/h时，$f_c = 2 \times 0.006$；斜交轮胎滚动速度在50km/h时，$f_c = 1.5 \times 0.01$，80km/h时，$f_c = 2 \times 0.01$。由于斜率不大，而且台架滚动阻力所占总阻力的比率不大，为简化起见，当车速小于等于70km/h时，按50km/h点计算 f_c，当车速大于70km/h时，按80km/h点计算 f_c。

(3) 测功机台架内阻（F_{tc}）。

底盘测功机台架内阻主要由风冷式电涡流机风阻、轴承阻力以及加工制造和装配误差产生的阻力构成，作用在驱动轮表面上。由于三轴六滚筒式测功机的轴承数和电涡流机装备数量多于两轴四滚筒式测功机，故三轴六滚筒式测功机台架内阻相对较大。测功机台架内阻按表4-4取值，也可采用反拖法定期测量测功机在80km/h时的内阻。

台架内阻 F_{tc} 推荐值　　　　表4-4

检验类别	二轴四滚筒式台架内阻（F_{tc}）/N	三轴六滚筒式台架内阻（F_{tc}）/N
压燃式发动机车辆的动力性检验	130	160
点燃式发动机车辆的动力性检验	110	140

由于台架内阻与车速成线性正比，压燃式发动机车辆的额定功率车速略大于点燃式发动机车辆的额定转矩车速，故检测压燃式发动机车辆时，台架内阻取值略大一点。制造质量优良的测功机台架，其内阻相差不大，在正常维护的前提下长期实际使用，该内阻也变化不

大,而且测功机台架内阻所占系统总阻力的比率较小,可近似设定为定值。当然,测功机具有反拖装置时,定期测量台架内阻更为理想。

(4)发动机附件阻力(F_f)。

按《汽车发动机性能试验方法》(GB/T 18297—2001)规定,发动机净功率是发动机带全套附件时所输出的校正有效功率;总功率是发动机仅带维持运转所必需的附件时所输出的校正有效功率;额定功率是制造厂根据发动机具体用途,在规定的额定转速下所输出的总功率。在发动机性能试验时:

①发动机总功率试验,凡属维持发动机工作所不可少的附件,如进气排气歧管、化油器或节气门体、电控系统、燃油输油泵、燃油喷射泵、分电器、水泵、机油泵、增压器、废气放气阀、中冷器以及风冷发动机的风扇和导风罩等附件一律带上。

②发动机净功率试验,与总功率试验相比较多带了空气滤清器、进气消声器及连接管;排气连接管、消声器及尾管;催化转化器;散热器、护风罩及风扇等附件。

③凡不是为发动机本身服务的附件,对发动机来说是外加的负载,如离合器、排气制动阀门、制动用的压气泵、空调用的冷气泵、动力转向用的液压泵等附件一律不带。若因为结构的原因,不便从发动机上拆下,其消耗的功率可加到发动机的实测有效功率中去,或从机械损失功率中扣除。

整车动力性台架检测时,发动机的附件阻力不仅包含了其自身附件阻力,也包含了排气制动阀、制动用的压气泵、空调用的冷气泵、动力转向用的液压泵等车辆附件阻力,并作用在发动机上。据此,在额定功率车速(V_e)下,发动机附件换算在驱动轮上的当量阻力F_f按下式计算:

$$F_f = \frac{3600 \times f_p \times P_e}{V_e}$$

式中:f_p——发动机附件消耗功率系数。当发动机铭牌(或说明书)功率参数以额定功率表征时,f_p取0.1;以净功率表征时,f_p取0.06;以车辆铭牌最大净功率表征时,f_p取0。

发动机和车辆附件总共消耗发动机额定功率约为10%,其中发动机净功率试验比总功率试验多带的附件消耗发动机额定功率约为4%,车辆附件所消耗发动机额定功率约为6%。

为方便台架试验不带更多的发动机附件,或体现发动机偏大的功率,发动机制造厂试验、标牌和说明书的发动机功率通常是额定功率。按《机动车运行安全技术条件》(GB 7258—2012)规定,车辆铭牌上的发动机净功率(最大)等于0.9倍的发动机额定功率,即扣除10%发动机额定功率的发动机附件和车辆附件总消耗功率后,才是输入到车辆变速器的发动机最大净功率,这是一个功率估算值,而不是发动机试验的性能参数值,主要是用于计算和比较车辆的比功率。

需要说明的是,基于达标法的压燃式发动机车辆的动力性检测,其基准参数既不是发动机净功率(试验值),也不是发动机最大净功率(估算值),而是发动机额定功率。检测时,应统一按机动车登记证上的额定功率登录,如没有登记证,可从车辆铭牌上查找额定功率,如车辆铭牌上只能查找到发动机最大净功率,在登录时必须把发动机最大净功率换算成额定功率,即发动机额定功率等于1.11倍的发动机最大净功率。此外还需注意,有些车辆制造企业用发动机净功率错误代替发动机最大净功率,故《道路运输车辆综合性能要求和检验方法》(GB 18565—2016)中所述的不同功率表征取不同系数,只是区分概念,在使用中要保证额定功率的唯一性。

(5) 传动系允许阻力(F_t)。

基于达标法的汽车动力性台架检测评价整车动力性时,影响评价结果的因素除发动机动力性外,还包括传动系的技术状况。当汽车传动系的技术状况下降,实际阻力增大后,要求更高的发动机动力性,因此,规定传动系允许阻力有利于在保证发动机动力性的同时,也保证车辆驱动轮的动力性。试验表明:汽车传动系一对圆柱齿轮副的传动效率约为 0.98,当变速器具有 6 个(含 6 个)以下前进挡位时,传动效率约为 0.95,当变速器具有超过 6 个以上前进挡位时(通常有辅助变速器),传动效率约为 0.90,万向节和传动轴的传动效率约为 0.98,单级主减速器的传动效率约为 0.96,双级主减速器的传动效率约为 0.92。由于动力性检测规定为直接挡,没有通过齿轮传动的变速器传动效率最高约为 0.97。通常变速器与主减速器的匹配有 4 种:少挡变速器配单级主减速器,多挡变速器配单级主减速器,少挡变速器配双级主减速器,多挡变速器配双级主减速器,总质量小于 20t 的车辆通常按第 1 种匹配,通常第 2、3 种匹配可以满足第 4 种的匹配要求,第 4 种匹配的车辆很少,所以保守偏大按少挡变速器直接挡、双级主减速器(约等于多挡变速器直接挡、单级主减速器)来估算车辆传动系效率 η_t 为 $0.97 \times 0.98 \times 0.92 = 0.8746$,传动系阻力系数 $(1-\eta_t) = 1-0.8746 = 0.125 \approx 0.13$。考虑到允许在用车传动系技术状况略有下降,故设定 $(1-\eta_t) = 0.18$。传动系的允许阻力(F_t)换算在驱动轮表面上,按下式计算:

$$F_t = 0.18 \times (F_e - F_f)$$

2. 加载力(F_E)的计算

在检测环境状态下的驱动轮表面上驱动力与系统阻力达到力平衡。即:

$$F_e = F_c + F_{tc} + F_f + F_t + F_E$$

由上式,通过公式变换可得出功率吸收装置的加载力(F_E):

$$F_E = F_e - F_c - F_{tc} - F_f - F_t$$

3. 发动机转矩平衡计算

上述力平衡计算是在车辆驱动轮表面上进行的,也可在发动机曲轴上进行转矩平衡计算。设达标功率 $\eta \times P_e$ 的发动机曲轴驱动转矩为 M_e(额定转速 n_e 不变),发动机附件阻力转矩为 M_f,则:

$$M_e = \frac{9549 \times \eta \times P_e}{n_e} \tag{1}$$

$$M_f = \frac{9549 \times f_P \times P_e}{n_e} \tag{2}$$

在检测环境状况下的转矩平衡式为:

$$\frac{M_e}{a_d} = M_f + (F_c + F_{tc} + F_t + F_E) \times \frac{r}{i_g \times i_0} \tag{3}$$

把(1)式和(2)式代入(3)式得:

$$\frac{9549 \times \eta \times P_e}{n_e \times a_d} = \frac{9549 \times f_p \times P_e}{n_e} + (F_c + F_{tc} + F_t + F_E) \times \frac{r}{i_g \times i_0} \tag{4}$$

而 $\dfrac{1}{n_e} = 0.377 \times \dfrac{r}{v_e \times i_g \times i_0}$,代入(4)式得:

$$\frac{3600 \times \eta \times P_e \times r}{v_e \times i_g \times i_0 \times a_d} = \frac{3600 \times f_P \times P_e \times r}{v_e \times i_g \times i_0} + (F_c + F_{tc} + F_t + F_E) \times \frac{r}{i_g \times i_0}$$

约去 $\frac{r}{i_g \times i_0}$ 简化得：

$$\frac{3600 \times \eta \times P_e}{v_e \times a_d} = \frac{3600 \times f_P \times P_e}{v_e} + (F_c + F_{tc} + F_t + F_E)$$

而 $\frac{3600 \times \eta \times P_e}{v_e \times a_d} = F_e$，$\frac{3600 \times f_P \times P_e}{v_e} = F_f$，即：

$$F_e = F_f + F_c + F_{tc} + F_t + F_E$$

由此证明了当汽车在台架上处于稳态时，在车辆驱动轮表面上力平衡计算或在发动机曲轴上转矩平衡计算是等效的，同理，在车辆任一部位上所进行的力平衡计算和转矩平衡计算都是等效的。

4. 柴油机功率校正系数(α_d)的计算

一般情况下，汽车发动机铭牌标明的功率是以下标准环境状态来标定功率。

大气压：$p_o = 100\text{kPa}$；

相对湿度：$\varphi_o = 30\%$；

环境温度：$T_o = 298\text{K}(25\text{℃})$；

干空气压：$p_{s0} = 99\text{kPa}$。

汽车在使用条件下，发动机功率随环境状态的大气压、温度、湿度的不同而发生改变。因此，汽车动力性检测需要根据环境条件对检测结果进行标准环境状态下的功率（转矩、力）校正。同理，在达标动力性检测时，应把标准环境状态下的发动机达标功率换算成检测环境状态下的当量驱动力后与系统阻力相平衡。

对于压燃式发动机，在计算功率校正系数（α_d）时，需要确定校正比排量循环供油量（q_c），在没有同步测量油耗的情况下，难以准确计算发动机因子f_m，在计量α_d时，容易造成较大误差，可采用统计的方法比较准确地确定f_m。

按《汽车动力性台架试验方法和评价指标》(GB/T 18276—2000)规定，在计算功率校正系数α_d时，当校正比排量循环供油量q_c值低于40mg/(L·循环)，f_m可取定值0.3，当校正比排量循环供油量q_c值高于65mg/(L·循环)，f_m可取定值1.2，于是提供了一种可能性，如果统计各种柴油车在功率$0.75P_e$时的q_c值均低于40或都高于65，则无须计算q_c，可设f_m为定值，从而大大提高了校正的准确性和操作性。统计步骤如下：

(1) 从各种柴油机的万有特性曲线，按75%发动机额定功率，查找额定功率转速的油耗率g_n以及全负荷最低油耗率g_m，单位为g/kW·h，通过大量统计得到$g_n \div g_m \approx 1.15$。例如，玉柴YCL310-30柴油机的额定功率为228kW，额定转速为2200r/min，$0.75P_e = 0.75 \times 228\text{kW} = 171\text{kW}$，从其万有特性曲线上查找额定转速为2200r/min、功率为171kW的点，计算可得该点的油耗率$g_n = 232\text{g/kW·h}$，从性能参数中得全负荷最低燃油率$g_m = 205\text{g/kW·h}$，计算$g_n \div g_m = 232/205 = 1.13$。

(2) 发动机75%额定功率的油耗量$Q_{0.75} = 1.15 \times g_m \times 0.75 \times P_e \div 3.6 = 0.24 \times P_e \times g_m$，单位mg/s。高压喷油泵每一秒的循环次数$N = n \div (2 \times 60)$，$n$为发动机额定转速，单位r/min。

(3)校正比排量循环供油量 $q_c = Q_{0.75} \div (N \times L \times r) = 2 \times 60 \times 0.24 \times P_e \times g_m \div (n \times L \times r) = 28.8 \times P_e \times g_m \div (n \times L \times r)$，单位 mg/(L·循环)，L 为发动机排量，单位 L，r 为吸气增压比，自由吸气 $r=1$，设增压比 $r=2.2$。例如：玉柴 YCL310-30 的 $L=8.424L$，吸气方式为增压中冷，$q_c = 28.8 \times 228 \times 205/(2200 \times 8.424 \times 2.2) = 33.0$，小于 40。

(4)按各种柴油车的额定功率、额定转速、排量、吸气方式、全负荷最低燃油率可统计 q_c，见表 4-5。

统计各种柴油机的 q_c 表 4-5

柴油机型号	功率(kW)	转速(r/min)	排量升(L)	增压比 r	最低油耗率 g_m	q_c
WD615.00	147	2600	9.726	1	220	36.83
WD615.61	191	2600	9.726	2	215	23.38
WD615.64	182	2200	9.726	2	210	25.72
WD615.68	206	2400	9.726	2	204	25.92
WD615.68	228	2200	9.726	2	197	30.23
BF6M1013EC	174	2300	7.146	2	195	29.73
CA6113-1B	117	2900	6.842	1	224	38.04
CA6110-2B	125	2900	7.221	1	218	37.48
BF6M1013EC	174	2300	7.146	2	195	29.73
五十铃 4JA1	50	3600	2.499	1	231	36.97
五十铃 4JB1	57.3	3600	2.771	1	224	37.06
五十铃 4BC2	64.7	3500	3.268	1	224	36.49
五十铃 4BD1	72.1	3200	3.856	1	220	37.02
索菲姆 8140	76	3800	2.499	2	230	26.51
YZ4102Q1	63	3300	3.432	1	242	38.77
YZ4100Q	66	3200	3.707	1	218	34.93
YZ4105QF	75	3200	4.087	1	240	39.64
YZ4102ZLQ	81	2900	3.432	2	205	24.02
CY4102BZLQ	88	2800	3.856	2	205	24.06
BJ493Q	57	3600	2.771	1	230	37.85
BJ493ZQ	68	3600	2.771	2	230	22.58
CY4100Q	62.5	2800	3.707	1	218	37.80
CY4102BQ	70.6	3200	3.856	1	217	35.76
CY4102BZLQ	88	2800	3.856	2	205	24.06
YZ4110QA	85	2900	4.752	1	228	40.50
YC6112ZLQ	221	2200	7.8	2	215	39.87
YC6G255-20	188	2300	7.8	2	210	31.69
YC4G180-20	132	2300	5.202	2	205	32.57
YC6L350-20	258	2200	8.424	2	193	38.69
YC6L280-30	206	2200	8.424	2	205	32.81
CA6DE1-16	117	2300	6.618	2	225	24.90
CA6DE1-19W	140	2500	6.618	2	215	26.20
CA6DE1-24	177	2300	6.618	2	205	34.33
YC6108Q	118	2800	6.871	1	229	40.45
CA6110	118	2900	6.842	1	229	39.22
6BT	118	2600	5.88	2	212	23.56

表 4-5 中,除 YC6108Q 的 q_c 略大于 40 外,其他柴油机的 q_c 均小于 40mg/(L·循环),q_c 的平均值为 32.6,故可以设定发动机因子 $f_m=0.3$ 为常量,无须所检车辆的相关技术参数,也无须计算 q_c 值,在保证准确性的前提下,大大提高了检测的操作性。

需要说明的是,当在用车辆柴油机技术状况下降后,最大油门的转速供油量不变,只是输出转矩下降,从柴油机的万有特性曲线和统计可知,同一车辆柴油机在部分功率减小时,q_c 也会相应减小。采用上述类似方法,统计最大油门全负荷额定功率点 q_c 的平均值为 39.2,增压柴油机的 q_c 全部都较小于 40,16 种无增压柴油机的 q_c 全部大于 40,其平均值为 47.25,对应 $f_m=0.036\times47.25-1.14=0.56$,考虑现代柴油车节能减排增压、电控的技术发展趋势,在达标功率检测时,虽然是最大油门,但动力性合格车辆的 q_c 均小于最大油门全负荷额定功率点 q_c,为简化起见,设定发动机因子 $f_m=0.3$ 为常量基本保证了检测的准确性。

三、评价方法

装用压燃式发动机车辆的动力性检测采用额定功率工况,在底盘测功机上进行,方法如下:

(1) 被检车辆驱动轮置于底盘测功机滚筒上,根据车型调整侧移限位和系留装置,在非驱动轮加装停车楔;

(2) 底盘测功机设置为恒力控制方式,力、速度等参数示值调零;

(3) 底盘测功机不加载的条件下,起动被检车辆,逐步加速,选择直接挡测取全油门的最高稳定车速,并按前述额定功率车速的取值方法($V_e=0.86\times V_a$),计算额定功率车速。当最高稳定车速大于 95km/h(对于危险货物运输车辆,其最高稳定车速大于 80km/h)时,应降低一个挡位,并重新测取最高稳定车速;

(4) 底盘测功机逐步进行恒力加载至($F_E\pm20N$)范围内并稳定 3s 后,开始测取车速,当 3s 内的车速波动不超过 ±0.5km/h 时,该车速即为驱动轮轮边稳定车速 V_W;

(5) 当 V_W 大于等于 V_e 时,动力性检测达标,即合格;当 V_W 小于 V_e 时,动力性检测不达标,即不合格。

需要说明的是:液化天然气发动机(LNG)车辆,其发动机虽然是点燃式,但机体结构是柴油机,外特性和调速特性与柴油机类似,调速特性的稳定调速率也不大于 10%(标准的 M_2 级),故对于液化天然气发动机(LNG)车辆,基于达标法的动力性检测方法与压燃式发动机车辆相同。

四、误差分析

1. 外特性分析

喷油泵油量调节机构位置固定不动,柴油机性能指标(功率 P_e、转矩 T_{tq} 等)随转速 n 变化的关系称为柴油机速度特性。当油量调节机构固定在标定循环供油量位置时的速度特性称为柴油机外特性。某柴油发动机速度特性如图 4-4 所示。

柴油机的速度特性曲线以额定功率车速点(V_e)来划分,其左侧为外特性曲线,车速逐渐减小,但转矩(驱动力)逐渐增大,功率下降缓慢,其右侧为调速曲线,车速略有增加,但转动力急剧减小(斜率很大),因此功率也将急剧下降。因此,在额定功率车速点进行柴油车动力性检测的原则是:设定的 V_e 小于真实的 $V_{e真}$ 所造成的功率检测误差相应较小,设定的 V_e 大于 $V_{e真}$ 所造成的功率检测误差相应较大。V_e 相对 $V_{e真}$ 宁小勿大,但又不能小过头,与额定功率相差过大。

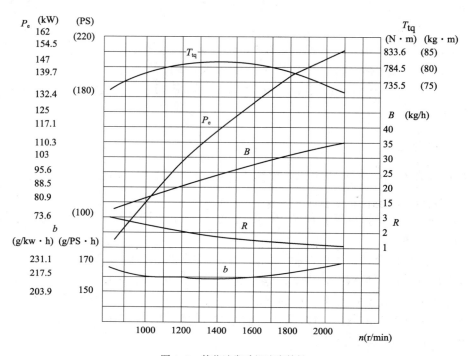

图 4-4 某柴油发动机速度特性

汽油发动机和柴油发动机的外特性都有一个共同点,即:功率曲线和转矩曲线在额定功率点和额定转矩转速点附近的一定转速范围内变化较平缓。

从图 4-4 可知:该柴油发动机的额定功率约为 155kW,额定转速为 2100r/min。假设检测时的发动机转速较小于额定转速,为 1900r/min,对应的发动机功率为 147kW,此时:

转速减小误差 $\Delta n = (1900-2100) \div 2100 = -0.095 = -9.5\%$;

功率减小误差 $\Delta P = (147-155) \div 155 = -0.0516 = -5.16\%$。

功率检测误差计算:本应在额定转速为 2100r/min,发动机输出功率为 155kW 检测,但实际在发动机输出功率为 147kW 检测,$0.75 \times 155 = 116.25$,相对 147kW 的比率为 $116.25 \div 147 = 0.791 = 79.1\%$,动力性检测相比 0.75 增大了 4.1%。

上述分析可得结论:基于达标法的动力性检测,测试车速偏小误差对于测试功率误差的敏感性较小,测试功率误差约为测试车速误差的 50%,从而有利于保证动力性检测的准确性。

2. 试验分析

额定功率 103kW,额定功率转速 2800r/min,环境温度 21℃,湿度 69.0%,大气压

$100.6\mathrm{kPa}, \alpha_d = 1.00$,测量最高稳定车速($V_a$)后,计算得到额定功率车速($V_e$),计算车辆和台架的各阻力,计算电涡流机加载力($F_E$),在恒力控制工况下测量车辆最大油门稳定车速($V_W$),分别挂3挡和4挡(直接挡),功率比值系数($\eta$)取0.75、0.80、0.85各5次,0.90各3次,$V_e = 0.88 \times V_a$(出于验证目的,未取0.86)。试验结果见表4-6。

不同 η 达标值3挡和4挡动力性检测　　　　表4-6

挡位	η	F_e(N)	F_E(N)	V_e(km/h)	V_W(km/h)	V_W 转速(r/min)	V_a(km/h)	V_a 转速(r/min)
3	0.75	5728	4475	48.6	50.3	2900	55.2	3100
4	0.75	3539	2601	78.6	83.1	2900	89.3	3100
3	0.75	5703	4460	48.8	50.6	2900	55.4	3100
4	0.75	3545	2619	78.5	82.8	2900	89.2	3100
3	0.75	5687	4469	48.9	50.3	2900	55.6	3100
4	0.75	3598	2667	77.3	82.7	2900	88.9	3100
3	0.75	5690	4480	48.9	50.3	2900	55.5	3100
4	0.75	3543	2635	78.2	82.4	2900	88.8	3100
3	0.75	5649	4450	49.2	50.3	2900	55.7	3100
4	0.75	3545	2642	78.1	81.8	2900	88.7	3100
3	0.80	6032	4833	49.2	49.6	2800	55.7	3100
4	0.80	3764	2870	78.5	81.9	2800	89.2	3100
3	0.80	6058	4865	49.0	49.7	2800	55.7	3100
4	0.80	3771	2879	78.7	81.5	2800	89.4	3100
3	0.80	6013	4828	49.3	49.7	2800	55.5	3100
4	0.80	3791	2902	78.2	81.1	2800	88.9	3100
3	0.80	6059	4873	49.0	49.8	2800	55.6	3100
4	0.80	3803	2911	78.0	81.1	2800	88.6	3100
3	0.80	6025	4851	49.2	50.0	2800	55.9	3100
4	0.80	3790	2901	78.3	81.6	2800	88.9	3100
3	0.85	6411	5243	49.1	48.5	2700	55.8	3100
4	0.85	4007	3120	78.6	80.1	2750	89.4	3100
3	0.85	6389	5223	49.3	48.7	2700	55.9	3100
4	0.85	4016	3128	78.5	80.4	2750	89.2	3100
3	0.85	6337	5182	49.2	48.8	2700	55.9	3100
4	0.85	4017	3131	78.5	80.6	2750	89.2	3100
3	0.85	6366	5194	49.2	48.9	2700	55.9	3100
4	0.85	4021	3137	78.4	80.4	2750	89.1	3100
3	0.85	6378	5222	49.1	48.7	2700	55.8	3100
4	0.85	4003	3119	78.7	80.5	2750	89.5	3100
3	0.90	6696	5548	49.7	46.0	2600	56.5	3100
4	0.90	4243	3361	78.7	78.1	2680	89.4	3100
3	0.90	6758	5609	49.4	45.9	2600	56.1	3100
4	0.90	4238	3358	78.7	77.6	2650	89.5	3100
3	0.90	6745	5590	49.5	45.9	2600	56.2	3100
4	0.90	4238	3360	78.7	75.3	2600	89.5	3100

根据表 4-6，不同 η 达标值 3 挡和 4 挡动力性检测结果，作如下分析。

(1) 未加载时的稳定调速率约为 10.7%，符合稳定调速率的理论分析和设定车速不大于实际额定车速的原则。

(2) 各个检测数据的重复性很好，在非临界点的动力性评价准确。

(3) 在 η 为 0.75 和 0.80 时，3 挡和 4 挡的 V_W 均大于 V_e，动力性合格；在 η 为 0.90 时，3 挡和 4 挡的 V_W 均小于 V_e，动力性均不合格。

(4) 在 η 为 0.85 时，3 挡的 V_W 均小于 V_e，动力性不合格；而 4 挡的 V_W 均大于 V_e，动力性均合格。说明在临界点动力性检测，不同挡位会出现错判，直接挡易合格，次直接挡易不合格，主要原因如下：

①相对于 4 挡，3 挡车轮驱动力相应增大，相应车轮动力半径减小，滑移率增大，会使车速 V_W 略有减小；

②4 挡是直接挡，减少了变速器齿轮传动，故传动效率较高，而 3 挡增加了一对齿轮传动，故传动效率降低，所以 4 挡时的车辆实际传动系阻力相比 3 挡更小，相应加载力相对减小，造成在动力性临界点的 V_W 大于 V_e；

③4 挡的 V_e 较大于 3 挡的 V_e，通常较高车速的振动力略大于较低车速的振动力，恒力控制中包含着虚假振动力，4 挡时的加载力相对 3 挡更小，而振动力更大，使加载负荷减小的比率更大，造成 4 挡在临界点的 V_W 大于 V_e；

④3 挡的车辆传动系统惯量(含发动机飞轮)较大，动态检测功率的系统误差相对较大。

为确保临界点动力性检测的准确性，尤其是直接挡的车轮驱动力相应减小，车轮滑移减小，更适合雨、雪天气的动力性检测，故应尽可能采用直接挡，但又不完全限死于直接挡，应注意，检测过程需始终采用同一挡位。

(5) 车辆、设备和试验过程的安全性很好，对该 2005 年 7 月注册的老旧在用货车连续进行 36 次动力性检测，车辆没有任何损坏和损伤，风冷电涡流机无过热现象，只是车辆静态试验时，未采取风冷措施，由于冷却液水温过高而停止试验。

第五节　装用点燃式发动机车辆的评价方法

汽油车动力性下降的一种表现形式为发动机转矩近似等比例下降。如额定功率下降 25%，相应额定转矩车速点的转矩(或额定转矩功率)也近似下降 25%。通过控制汽油机额定转矩车速点的转矩下降不超过 25%，来间接控制额定功率不小于 $0.75P_e$。

电喷汽油机的额定转矩点转速通常在 2500~5000r/min 范围内(乘用车略高)。尽管理论上可行，但考虑检测的安全性，汽油车不宜在发动机额定功率转速下检测动力性(发动机转速过高或前驱车速过高时检测安全性较差)，可在发动机额定转矩点检测，并按 0.75 额定转矩进行恒力加载。

一、额定转矩车速的测定方法

在手动变速器某一挡位下(自动变速器的道路运输汽油车较为罕见)，发动机的任意转速都对应一个确切的驱动轮轮边线速度。由于发动机额定转矩转速(n_m)为已知量，n_m 所对

应的车速即为额定转矩车速(V_m)。因此,在测功机台架上,可通过速度标定法测定额定转矩车速,方法如下:

底盘测功机不加载的条件下,起动被检车辆,逐步加速,选择变速器第3挡位,采用加速踏板控制车速,当外接转速表(外接转速表无法稳定测取转速时,可观察发动机转速表)的转速稳定指向发动机额定转矩转速(n_m)时,测取当前驱动轮轮边线速度,该车速即为额定转矩车速(V_m)。需要说明的是,当有些车辆的额定转矩转速为 $n_{m1} \sim n_{m2}$ 范围时,n_m 取其均值;当 n_m 大于 4000r/min 时,为降低检测时的车速,按 n_m = 4000r/min 测取 V_m。

该方法的特点是:

(1)操作性好。营运出租汽车通常装有发动机转速表,外接转速表也较为方便。营运汽油货车的车型相对很少,发动机的额定转矩和额定转矩转速可以通过查阅车辆手册、建立数据库以及资源共享方式加以解决。

(2)在额定转矩车速附近的一定转速范围内,转矩变化较小,发动机转速测量误差或读表误差对检测的准确性影响较小。

(3)有少数汽油车的额定转矩转速接近 5000r/min,为确保检测的安全性,限定按转速 4000r/min 来测定额定转矩车速,并不会错检错判。转速 4000r/min 时的转矩虽然小于额定转矩,但在 4000r/min 的动力性检测合格,则实际额定转矩的动力性合格;转速 4000r/min 时,部分油门检测动力性不合格,自然会加大油门,如动力性合格,则会达到大于该转速对应的稳态车速,如动力性不合格,则无法达到稳态车速。

二、加载力的分析与计算

1. 力的分析

与压燃式发动机车辆同理,基于达标法的汽油车动力性检测应计入轮胎滚动阻力(F_c)、测功机台架阻力(F_{tc})、发动机附件阻力(F_f)、传动系允许阻力(F_t)和功率吸收装置的加载力(F_M)。为方便发动机驱动力与系统阻力平衡计算,同样可将发动机驱动力与系统各阻力统一换算在驱动轮表面,分析如下:

(1)发动机达标转矩换算在驱动轮的当量驱动力(F_m)。

汽油发动机达标转矩换算在驱动轮上的当量驱动力 F_m,该力克服轮胎滚动阻力、测功机台架内阻、传动系允许阻力、发动机附件当量阻力和功率吸收装置加载阻力后,驱动车轮达到稳定车速。在额定转矩车速(V_m),发动机达标转矩换算在检测环境状态下驱动轮上的当量驱动力(F_m)按下式计算:

$$F_m = \frac{0.377 \times \eta \times M_m \times n_m}{\alpha_a \times V_m}$$

式中:M_m——发动机额定转矩,N·m;

η——功率比值系数,动力性达标检验时,η = 0.75;

n_m——发动机额定转矩转速,r/min;

α_a——点燃式发动机功率校正系数;

V_m——驱动轮轮边线速度,km/h。

上式是从以下两式推导而得:

$$F_\mathrm{m} = \frac{\eta \times M_\mathrm{m} \times i_\mathrm{g} \times i_0}{r}$$

$$\frac{n_\mathrm{m}}{V_\mathrm{m}} = \frac{i_\mathrm{g} \times i_0}{0.377 \times r}$$

与柴油机功率校正系数不同,汽油车计算功率校正系数无须计算校正比排量循环供油量 q_c。

(2)轮胎滚动阻力(F_c)。

计算方法同压燃式发动机车辆。

(3)测功机台架内阻(F_tc)。

按表4-4取值,或采用反拖法定期测定测功机在50km/h时的内阻。

(4)发动机附件当量阻力(F_f)。

在额定转矩车速(V_m),发动机附件换算在驱动轮上的当量阻力按下式计算:

$$F_\mathrm{f} = \frac{0.377 \times f_\mathrm{m} \times M_\mathrm{m} \times n_\mathrm{m}}{V_\mathrm{m}}$$

式中:f_m——V_m车速点,发动机附件消耗转矩系数,f_m取0.06。

关于发动机附件消耗转矩系数(f_m)的取值说明:

发动机附件消耗转矩随转速的增加而增大。在额定功率转速下,发动机附件的消耗转矩约为发动机额定功率对应转矩的10%,而额定转矩转速小于额定功率转速,故额定转矩转速时(V_m车速点)的发动机附件消耗转矩系数小于10%。又由于发动机的转矩储备系数,额定转矩比发动机额定功率对应转矩增大约15%,故发动机附件消耗转矩系数(f_m)取中位偏大值为0.06,约等于额定功率对应转矩的$0.06 \times 1.15 = 0.069$。

(5)传动系允许阻力(F_t)。

传动系允许阻力(F_t)的取值原理与压燃式发动机车辆相同,允许阻力按下式计算:

$$F_\mathrm{t} = 0.18 \times (F_\mathrm{m} - F_\mathrm{f})$$

2. 加载力的计算

在检测环境状态下驱动轮表面上的驱动力与系统阻力达到力平衡。即:

$$F_\mathrm{m} = F_\mathrm{c} + F_\mathrm{tc} + F_\mathrm{f} + F_\mathrm{t} + F_\mathrm{M}$$

可计算得出功率吸收装置的加载力:

$$F_\mathrm{M} = F_\mathrm{m} - F_\mathrm{c} - F_\mathrm{tc} - F_\mathrm{f} - F_\mathrm{t}$$

三、评价方法

装用点燃式发动机车辆的动力性评价采用额定转矩工况,并在底盘测功机上进行,方法如下。

(1)被检车辆驱动轮置于底盘测功机滚筒上,根据车型调整侧移限位和系留装置,在非驱动轮加装停车楔。

(2)底盘测功机设置为恒力控制方式,力、速度等参数示值调零。

(3)底盘测功机不加载的条件下,起动被检车辆,逐步加速,选择变速器第3挡位,采用加速踏板控制车速,当外接转速表(外接转速表无法稳定测取转速时,可观察发动机转速表)

的转速稳定指向发动机额定转矩转速 n_m 时,测取当前驱动轮轮边线速度,记作额定转矩车速 V_m。当额定转矩车速 V_m 大于 80km/h 时,应降低 1 个挡位(考虑出租汽车前轮驱动在高速下的车轮侧滑危险),重新测取额定转矩车速 V_m。

(4)踩下加速踏板使车速超过 V_m,底盘测功机逐步进行恒力加载至($F_E \pm 20N$)范围内并稳定 3s 后,开始测取车速,当 3s 内的车速波动不超过 ± 0.5km/h 时,该车速即为驱动轮轮边稳定车速 V_W;

(5)当 V_W 大于等于 V_m 时,动力性检测达标(合格),当 V_W 小于 V_m 时,动力性检测不达标(不合格)。

四、误差分析

1. 外特性分析

汽油发动机和柴油发动机的外特性都有一个共同点,即:功率曲线和转矩曲线在额定功率点和额定转矩转速点附近的一定转速范围内变化较平缓。相对于功率曲线,这一特点在转矩曲线上表现得更为明显。因此,额定转矩车速(V_m)的较小偏差对动力性检测影响更小。图 4-5 为某汽油发动机的外特性曲线。

从图 4-5 可知:该发动机的额定转矩为 160Nm,额定转矩转速约为 2500r/min,在(2500±300)r/min 转速范围内,转矩值变化很小,车速误差对检测的准确性影响极小。假设检测时的发动机转速较大于额定转矩转速,为 2800r/min,对应的发动机转矩为 159Nm,此时:

转速增大误差:$\Delta n = (2800 - 2500) \div 2500 = 0.12 = 12\%$;

转矩减小误差:$\Delta M = (159 - 160) \div 160 = -0.00625 = -0.625\%$,可近似忽略不计。

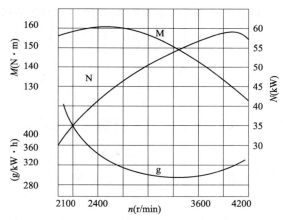

图 4-5　汽油发动机的外特性曲线图

2. 试验分析

试验车辆额定转矩为 142Nm,额定转矩转速 3500r/min,环境温度 8℃,湿度 86.0%,大气压 101.6kPa,$\alpha_a = 0.95$。标定车速后得到 V_m,计算车辆和台架各阻力,计算电涡流机加载力(F_M),车辆在恒力控制下,测量稳定车速(V_W),挂 2 挡,η 取 0.75 进行 6 次检测。试验结果见表 4-7。

$\eta = 0.75$ 达标值的动力性检测　　　　表 4-7

序号	η_m	M_m(Nm)	n_m(r/min)	F_m(N)	F_M(N)	α_a	V_m(km/h)	V_W(km/h)
1	0.75	142	3500	3020	2598	0.95	53.2	56.0
2	0.75	142	3500	2977	2607	0.95	54.0	61.0

续上表

序号	η_m	M_m(Nm)	n_m(r/min)	F_m(N)	F_M(N)	α_a	V_m(km/h)	V_W(km/h)
3	0.75	142	3500	2917	2553	0.95	55.1	62.4
4	0.75	142	3500	2938	2592	0.95	54.7	61.9
5	0.75	142	3500	2857	2520	0.95	56.2	60.0
6	0.75	142	3500	3053	2720	0.95	52.6	59.0

根据表4-7,对 $\eta=0.75$ 达标值的动力性检测结果作如下分析：

(1) F_m、F_M 等中间数据重复性较好,微小差异主要由额定转矩转速读数误差、额定转矩车速测量误差和测量随机误差造成；

(2) 额定转矩车速(V_m)的测量计算值稳定,较小差异主要由额定转矩转速读数误差、额定转矩车速测量误差和测量随机误差造成；

(3) 控制方式决定稳定车速值(V_W)的不同。恒力控制时,要逐步加大油门,使车速超过 V_m 并稳定,速度由油门控制,故为变量。

需要说明的是：压缩天然气发动机(CNG)车辆,其基体结构是汽油机,属于高速小转矩的汽油机类型,外特性与汽油机类似,故按点燃式发动机车辆的方法检测。

第六节　基于达标法的汽车动力性台架检测分析

一、关于压燃式发动机额定功率车速的测定

压燃式发动机的额定功率车速可以通过 $V_e=0.86\times V_a$ 计算得出,也可采用点燃式发动机的速度标定法加以确定,方法如下：

底盘测功机不加载,起动被检车辆并逐步加速,选择直接挡,采用加速踏板控制车速,当外接转速表(外接转速表无法稳定测取转速时,可观察发动机转速表)的转速稳定指向发动机额定功率转速(n_e)时,测取当前驱动轮轮边线速度,该车速即为额定功率车速(V_e)。当最高稳定车速大于95km/h(对于危险货物运输车辆,其最高稳定车速大于80km/h)时,应降低一个挡位。

采用速度标定法确定额定功率车速,V_e 为实测值,相对于统计方法($0.86V_a$)更加准确,但在操作性方面存在以下问题。

(1) 外接转速表,对于货车需要掀起驾驶室,对于客车需要掀起发动机罩,还要连接线路(尤其是后置发动机,需要较长的连接线),检测线上占位时间长,操作难度较大,柴油车多为大型车辆,且部分车型没有发动机转速表。

(2) 采用速度标定法确定额定功率车速(V_e),需要发动机额定功率转速参数。机动车登记证书只有额定功率而无额定功率转速,检测站对众多柴油车型难以得到准确的发动机额定功率转速参数,如果额定功率转速参数错误将会造成严重错检错判甚至无法检测。

(3) 由于驱动轮在滚筒上空载和加载不同工况时的车轮动力半径和滑动略有不同,加上

同一机型不同柴油机额定转速允许在正负误差的一定范围内,为避免计算车速 V_e 落在调速段,对于空载标定所计算的 V_e 需乘以一个小于 1 的修正系数,以补偿加载检测的车速损失以及额定转速误差。

鉴于此,采用速度标定法确定额定功率车速(V_e),更加适用于科学研究、旧车报废等其他领域或采用独立工位的动力性检测与评价,一般不宜应用于综合性能检测站。由于测定的额定功率车速(V_e)更加准确,故在动力性达标检测结果为临界值或对检测结果存在申诉和异议时,可考虑采用该方法进行仲裁检测。

二、关于系统阻力的检测方法

基于达标法的汽车动力性台架检测是评价整车动力性,功率吸收装置的加载力 $F_{E(M)} = F_{e(m)} - F_c - F_{tc} - F_f - F_t$,$(F_{tc} + F_c + F_t)$ 是计算值,确定了传动系允许阻力。显然,这是一种优先考虑驱动轮输出动力的方法,当所检车辆传动系技术状况严重下降,实际传动系阻力增大后,要求发动机动力相应提高以克服增大的传动系阻力,以保证车辆的驱动轮输出动力,该方法应注意以下几点。

(1) 需要估算技术状况允许的车辆传动系阻力以及车轮滚筒阻力,有可能造成保守估算的偏大误差,从而对绝大多数传动系技术状况正常的在用车辆检测,可能会降低发动机动力性要求。

(2) 如果动力性检测合格,不能说明传动系技术状态正常,可能发动机动力进行了补偿;如果动力性不合格,也不能说明传动系技术状态不好,可能传动系技术状态正常而发动机动力性不良,唯一能确定的是车辆驱动轮动力性能否合格。

(3) 要防止误导维修,由于传动系阻力增大(通常是制动器拖滞)的原因而造成动力性检测不合格,不能把很简单的维修底盘问题(如调整制动器或更换车轮轴承)误导为需要维修发动机,这两种维修成本相差很大。

为此,在修订《营运车辆综合性能要求和检验方法》(GB 18565—2001)时,还研究和探讨了一种优先考虑发动机动力的检测和评价方法,即:不是估算台架阻力、车轮滚动阻力、车辆传动系阻力,而是采用空挡滑行法测量这 3 种阻力之和。按照有关试验,汽车传动系的阻力主要取决于受转速和油温影响的液力阻力以及结构形式,由于润滑传动的齿轮、轴承的摩擦阻力系数很小,传递转矩对齿轮副等影响较小可忽略不计,可采用车辆在台架上空挡滑行测量这 3 种阻力之和的系统阻力。

在用车辆发动机功率达标检验时,功率比值系数 η 取 0.75,检测新车动力性时,由于同一型号不同发动机的额定功率允许下降 5%,可取 $\eta = 0.95$,评价方法与上述压燃式发动机和点燃式发动机相同,令挂空挡的车辆台架系统阻力 $F_s = F_{tc} + F_c + F_t$,则:

$$F_s = (M_1 + M_2) \times a$$

式中:M_1——被检车辆挂空挡时,传动系转动件的当量惯性质量。当被检车辆总质量 $m \geq 8t$ 时,$M_1 = $ 驱动轮胎数 $\times 60$(kg);当 $5t \leq m < 8t$ 时,$M_1 = $ 驱动轮胎数 $\times 50$(kg);当 $3t \leq m < 5t$ 时,$M_1 = $ 驱动轮胎数 $\times 30$(kg);当 $m < 3t$ 时,$M_1 = $ 驱动轮胎数 $\times 20$(kg);保守略微偏大一点的轮胎当量惯量可增大 F_s 以补偿空载滑行时偏小的系统阻力;

M_2——底盘测功机台架转动件的当量惯性质量(已知量),kg;

a——$V_{e(m)}$车速点,被检车辆传动系(空挡)与台架转动件自由滑行的系统减速度,m/s²。系统减速度按下式计算:

$$a = \frac{V_1 - V_2}{3.6 \times (t_2 - t_1)}$$

式中:$V_1 = [V_{e(m)} + 5]$km/h,$V_2 = [V_{e(m)} - 5]$km/h;

t_1——车速V_1时刻,s;

t_2——车速V_2时刻,s。

空挡检测的F_s约等于直接挡动力检测时的系统阻力($F_{tc} + F_c + F_t$),通常无需对传递发动机较大转矩进行系统补偿,从检测的系统误差可知,该微小检测误差可与力传感器的振动力检测误差互相部分抵消,前者使实际加载负荷增大,后者使实际加载负荷减小。而在非直接挡应增加一对齿轮传动阻力和搅油阻力,令$F_s/0.96$才约等于实际的($F_{tc} + F_c + F_t$)。通常可以根据所测台架空载最高车速V_a来自动判断变速器挡位:当V_a大于等于80km/h通常为直接挡,小于80km/h通常为次直接挡。这种方法的不足之处在于:当车辆传动系的技术状况极差、阻力极大时(尽管这种情况极少,但也有存在的可能性),如果发动机动力性合格,但发动机动力性过多地消耗在传动系阻力上,使车辆的驱动轮动力性不合格,这种情况大多是由于维修更换制动片后产生制动拖滞,通常短时间磨合即可消除。该方法的优点是:优先保证发动机的动力性,能准确检测和评价发动机动力状况,故障诊断和维修规范、准确,不会把简单的底盘问题错判成复杂的发动机问题,不会误导进行成本较高的发动机维修,也不会有车主质疑和投诉。

在综合考虑和分析发动机动力性或驱动轮动力性两方面后,认为:在缺乏车辆传动系技术状况检测和评价的现状下,考虑到车辆的动力性主要体现为驱动轮的行驶动力性,在兼顾发动机动力性(不小于$0.75P_e$)的条件下,采用主要优先确保驱动轮动力性的方法,估算车轮滚动阻力和传动系允许阻力的方式来检测达标动力性。为简化和提高操作性,防止把动力性合格的车辆错判为不合格,估算传动系允许阻力系数保守偏大些,如果所检车辆的实际传动系阻力大于传动系允许阻力,相应要求比限值($0.75P_e$)更大的发动机功率才能确保车辆动力性合格,在实际操作中,要防止误诊断和误维修。

如何全面保证发动机动力性和车辆驱动轮的动力性,准确、快捷地检测和评价发动机和车辆传动系的技术状况,并把两者有机结合,是有待于深入研究和探讨的问题。要研究技术状况良好车辆在台架规定车速点空挡滑行的准确系统阻力值($F_{tc} + F_c + F_t$),通过检测实际系统阻力($F_{tc} + F_c + F_t$),规范实际系统阻力相对额定系统阻力的增大限值,填补车辆传动系技术状况检测和评价的空白,从而进一步完善发动机动力性和车辆驱动轮动力性的检测和评价技术。

三、达标法汽车动力性台架检测的特点分析

基于达标法的汽车动力性台架检测是针对汽车检测站这一特定场所,为其研究的准确、快捷、安全并具有较好可操作性的汽车动力性台架检验方法,其特点如下。

(1)检测过程、车辆和设备的安全性较好。将全负荷恒速控制改变为无过加载的达标部

分负荷的恒力控制,不检测发动机的最大功率,恒力加载时间短(通常不大于10s,如图4-6所示),电涡流机的恒力加载负荷相比全负荷恒速控制的过加载负荷减小了约40%,现有风冷电涡流机不会过热,检测过程中车辆不会冲出台架,被测车辆不会过载损伤或损坏。为进一步保证检测安全性和操作性,建议加载时间控制在不超过15s,从0平稳渐近加载至规定恒力值为3~5s。底盘测功机无须惯性飞轮(台架基本质量越小越好),提高系统惯量对加载的响应性能,使发动机动力与系统阻力快速达到平衡的稳定车速,大大提高操作性,减小动态惯性误差。在显示器上建议显示规定加载恒力水平线和稳定车速水平线,使检测和评价过程简洁和一目了然。

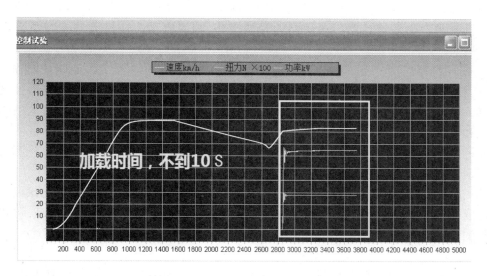

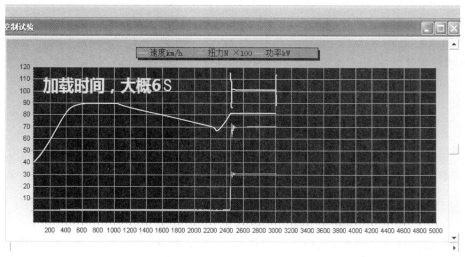

图4-6 试验截屏

(2)提高了动力性检测结果的准确性。在额定功率点和额定转矩点检测动力性,不按车型系列统计给出试验车速,对于柴油车,通过调速特性快速、准确确定所检车辆的实际额定功率车速,对于少数的汽油车型,通过标定法确定实际额定转矩车速,解决了测试速度偏差问题。在功率的力和车速两个参数中,既控制了力也控制了车速,具有良好的准确性和重复性,大大减少错检错判。

(3)控制和检测精度较高。恒速控制是以变化应万变,而达标法采用恒力控制,以不变应万变。恒力控制不变,发动机自动适应恒力,而不是测功机控制变化力去适应发动机变化的转速,恒速是模糊控制,恒力实现了定量控制,可以使加载负荷无超调和极短的调节时间,大大提高了测试精度。

(4)操作性好。根据安全性要求,可选择偏高车速偏低加载力(直接挡)或者偏低车速偏高加载力(次直接挡),两者的安全性和操作性良好。只是加载时,偏低挡位和偏高挡位车轮的不同驱动力会导致轮胎与滚筒间的轻微滑移,临界点动力性检测的准确性方面略有差异。

(5)适用车型广泛。恒速控制不适应智能动力控制车辆的检测,在发动机短时输出较大功率下,过加载检测极易损坏发动机或造成车辆冲出台架等严重安全事故。恒力控制的达标法,如动力性合格则智能不会增加动力,如动力性不合格,即使额外增加动力也不会损坏发动机和产生检测危险。智能增加动力通常是在小于额定转速后,不会影响达标法动力性检测和评价的准确性,无须判断是否为智能动力控制车辆,从而彻底消除了综合检测机构对这类车辆动力性检测的恐惧感。

(6)适应雨天和雪天检测。全负荷恒速控制不适应雨天和雪天检测,车轮与滚筒滑移严重会造成错误的恒速控制而无法检测,达标法的达标功率负荷较小而且无过加载,可适应全天候检测。

(7)达标法检测所需车辆参数少。对于柴油车,只需一个额定功率参数,可从机动车登记证书等获取。营运汽油车相对较少,汽油车都为电控通常有发动机转速表,额定转矩和额定转矩转速可通过车型参数的查阅和积累获取。

(8)功率校正准确、简便,达标法动力性检测既保证了驱动轮的动力性,也兼顾了发动机的动力性,设置不同的功率比值系数(η),还可进行动力性技术等级评定等检测。

第七节 汽车动力性检测的台架要求

探讨汽车动力性检测的台架要求,不仅有利于准确、安全、快捷地检测车辆动力性,而且有利于现有综合检测机构对原有设备的技术改造。

一、风冷式电涡流机的加载能力要求

风冷式电涡流机具有结构简单、使用维护方便、惯量小、响应时间短、成本较低等特点,我国底盘测功机绝大多数采用风冷式电涡流机作为功率吸收装置,其控制系统技术也相对成熟,缺点是对所吸收的功率散热效果较差,随着温度的升高,磁导率和相同励磁电流所产生的加载能力下降,连续检测易形成热衰退恶性循环,即:温度升高导致励磁电流相应增大,线圈温度进一步升高,使电涡流机的加载能力逐步下降,线圈内外温度的不断升高易损坏绝

缘体,烧坏电涡流机。因此,应根据风冷式电涡流机的工作特性和汽车检测站的要求以及加载方式来确定加载能力。

风冷式电涡流机的加载能力最好以加载转矩参数来确定。由于加载功率是加载转矩与转速的乘积,如果加载功率的转速较高,相同的功率则加载转矩下降,可能不符合风冷式电涡流机所要求的低速大转矩。建议风冷式电涡流机相应加载功率为250kW,设定检测车速为80km/h,计算电涡流机所需的加载力 $F=3600\times250/80=11250(\text{N})$。考虑到达标法测量最高车速时对电涡流机实施风冷,而恒力加载量不大且时间不超过10s,电涡流机温升较小,可按风冷式电涡流机允许热衰退至60%加载能力来计算,以滚筒直径 R(单位 m)来确定所需的加载转矩 $M=F\times R/0.6=11250\times R/0.6=18750\times R$,再计算80km/h所对应的滚筒转速 $n=212.2/R$,然后在所选用的风冷式电涡流机特性曲线上查找转速对应点的转矩,当对应转矩大于等于计算转矩,且曲线上的最大转矩点转速较小于 $212.2/R$,则满足要求。滚筒直径 R 越大所需的加载转矩越大,而对应的滚筒转速越小,所要求的低速大转矩性能越高。风冷式电涡流机通常能满足350kW发动机功率的车辆检测,如果对个别发动机功率较大的车辆检测时,可待风冷式电涡流机降温后再检测。

如果检测站同时需要适应柴油车加载减速法尾气排放检测,采用最大油门动态功率扫描的恒速控制加载,发动机功率以及过加载的负荷很大,且过加载的时间较长,建议按风冷式电涡流机允许热衰退至30%～40%的加载能力来计算。

二、风冷式电涡流机的数量配置

由于台架各转动件的动态不平衡、机械间隙以及车辆轮胎的不平衡,车辆在滚筒上加载检测时,会使台架产生振动并传递给力传感器,所测加载力包含有作用在力传感器上的振动力,这种系统误差是随机难以消除的。显然,台架所配置的涡流机越多这种系统误差就越大,有些台架由于滚筒直径过大需配置2台甚至3台涡流机,从而降低了检测的准确性。有些台架配置多台相同型号涡流机,控制相同的加载电压,只采用一个力传感器,加载力乘以涡流机台数,等效叠加了多个振动力,由于同型号涡流机的线圈电阻不同,加上风冷状态的温度会有差异,新增了更大的误差,不能为了降低成本简化控制系统而省略力传感器,这从检测和计量方面都是不允许的。

随着我国汽车检测技术的发展,适用于底盘测功机所需的低速大转矩风冷式电涡流机得到了国产化,只要优化底盘测功机的结构参数,采用一个涡流机可以满足检测要求。另外,通过轻型车分别在轻型和重型车底盘测功机上的动力性检测对比试验,检测结果差异不大,从技术上轻型车可在重型车底盘测功机上检测动力性,但应考虑低底盘车辆的通过性和安全性。

三、台架的结构形式和参数

根据汽车动力性检测特点来探讨台架的结构形式和参数。《道路运输车辆综合性能要求和检验方法》(GB 18565—2016)规定了重型车的台架结构形式为三轴六滚筒,这样才能适应双轴驱动车辆的检测,至于第一、二、三轴是否需要1:1机械连接是值得探讨的问题。为此,对国内几个底盘测功机生产企业进行了对比试验,同一车辆在同一台架上对第一、二轴分别1:1机械连接和脱开连接进行车速和动力性试验,得到以下结论。

(1)不同稳定车速下,无机械连接的第一轴滚筒车速小于第二轴滚筒车速,说明同一车轮相对第一、二轴滚筒的动力半径不同。如果采用机械连接迫使两滚筒速度一致,车轮与第二轴滚筒产生运动干涉滑移,产生较大的功率损失,这不是正常的车轮滚筒摩擦损耗,而是非正常的运动干涉寄生阻力和功率,应尽量避免。

(2)脱开一、二轴滚筒机械连接所测底盘输出功率大于机械连接时的所测功率,两功率的差值等于运动干涉所产生的寄生功率,从力和功率方面也证实了这种非正常的运动干涉现象。

从底盘测功机结构形式上可以考虑第一、二、三轴无须1:1机械连接,不仅可以消除由此产生的寄生功率,而且更有利于优化台架的结构参数,可按《汽车底盘测功机》(JT/T 445—2008)的要求:"底盘测功机滚筒直径应介于200~530mm之间"。例如:优化结构参数设计,第一、二轴的滚筒直径偏小约为300mm,为了适应双轴驱动车辆的不同驱动轴轴距,可以使第三轴的滚筒直径偏大为450~500mm。优化的结果可以减小所需的加载转矩,通常只需一个风冷式电涡流机即可满足检测要求。有些台架之所以配置两个或三个涡流机,主要原因是第一、二、三轴需要1:1机械连接(用于满足台架精度测试),而为适应双轴驱动的不同轴距,第三轴的滚筒直径必须偏大为450mm,致使第一、二轴的滚筒直径也必须偏大为450mm,从而提高了所需的加载转矩,造成必须采用多个涡流机。

(3)汽车动力性稳态检测难免会有或大或小的加、减速度,故所谓稳态检测是相对的。系统当量惯量越大,检测的动态功率误差越大,而且系统惯量越大,对加载的车速响应时间越长,使达到稳态的检测时间越长,所以无须附加惯性飞轮,测功机台架滚筒等旋转部件的当量惯量加上车辆自身的较大惯量,即可满足动力性和燃料经济性检测。与轻型车ASM稳态检测不同,较小滚筒直径的当量惯量偏小,汽油车自身的当量惯量也偏小,如果系统对加载负荷响应过度,较长时间才能寻找到规定车速的部分油门位置,所以需增加惯性飞轮以减小稳定油门位置的敏感性。对于汽车动力性和加载减速法最大油门位置检测,不存在稳定油门位置的敏感性问题。

四、台架和操作的安全性

基于达标法的汽车动力性台架检测,除了在方法上消除了过加载,提高了检测安全性外,在设备和操作上也要提高安全性。

受检车辆冲出滚筒的主要原因是瞬间过加载过大,滚筒相当于地面,其极限情况是滚筒短时间急剧减速使车辆冲出台架。在控制系统正常情况下,通常不会出现这种情况,但要防止控制系统出现故障时,滚筒抱死或将要抱死。因此,要通过测量加载力和减速度来判别这种情况,进而自动卸载为零。例如,当测量瞬态加载力超过0.4倍驱动轴轴重时应自动卸载,测量瞬态加载力超过20%规定恒力值或测量瞬态减速度超过$1.39m/s^2$时都应自动卸载。另外,为防止车辆在检测过程中,举升托板故障和误动作按钮上升,在控制上必须把滚筒车速与举升托板连锁。例如,当滚筒表面车速高于3km/h时,按动举升托板上升按钮应无上升动作。在操作上要注意,当在检测过程中发现各种异常情况,应迅速挂空挡或脱开离合器,千万不要踩制动踏板,否则较大惯量的滚筒将要抱死可能会使车辆冲出台架。

五、综合检测机构现有台架的改造

基于达标法的汽车动力性台架检测（包括燃料经济性台架检测），对于中重型车辆，综合检测机构需购置三轴六滚筒底盘测功机，除此之外也可对现有台架进行改造。目前，大多数动力性测功机采用两轴四滚筒结构形式，可依据《汽车底盘测功机》（JT/T 445—2008）的要求，按规定距离和尺寸增加一个较大直径的第三轴滚筒，可以是带有出车制动的自由滚筒，也可以是带有功率吸收装置和出车制动的较大直径滚筒。在动力性和燃料经济性检测前，需要已知驱动轴重量才能计算加载量，故轮重台（或轴重台）宜布置在动力性检测工位前。由于燃料经济性检测相对动力性检测对车辆热状态更敏感，为保证燃料经济性检测时车辆的热状态，从检测工序上可以先进行动力性检测，而后进行燃料经济性检测。

六、数据传送和验证

汽车计算机联网控制检测，在提高检测技术的同时，也为数据作假提供了方便。动力性检测的准确性和真实性主要取决于力和转速传感器的准确性，《道路运输车辆综合性能要求和检验方法》（GB 18565—2016）要求保存相关的过程数据也只是增加了作假的难度而已。如果检测站为了提高合格率，争取更多的车辆检测，调大检测过程两个传感器的放大系数，车辆检测合格的概率便会大大提高。目前，许多地区的道路运输管理部门要求逐级传送检测数据，从检测站的计算机系统传送数据并不能完全保证数据的真实性和准确性，因此，如何利用计算机技术提高传送、验证驱动力和车速的准确性和真实性，是值得研究和探讨的技术问题。

如果在力和车速的两个传感器上并联接出模拟电信号，增加一块将模拟电信号转化为数字信号的 A/D 转换板，将数字信号直接远程传送给监管部门的验证计算机，与检测站设备和计算机系统无关，同一传感器同步标定使验证计算机所接受、计算的数据与检测站的数据近似相等，验证计算机接收检测站传送的登录参数和检测数据，自动计算规定数据以及计算数字信号的真实数据，评价计算规定数据、真实数据、检测数据三者是否在准确性范围内。如不在规定的准确性范围内，则为异常数据，设备可能有故障或检测出了问题，无法通过检测和打印报告单，结合摄像传输照片，验证动力性、制动性、油耗等检测，可实现全自动的验证和监管。

以上动力性检测的台架要求只是作为探讨性的建议，许多台架生产厂家以及综合检测机构有丰富的实践和使用经验，可以根据各自的条件和要求自行确定。

第五章 道路运输车辆燃料消耗量检测

第一节 研究背景

汽车燃料经济性是衡量汽车能耗、污染排放和运行成本的重要性能指标。《中华人民共和国节约能源法》(以下简称《节约能源法》)第46条规定:"国务院有关部门制定交通运输营运车船的燃料经济性限值标准;不符合标准的,不得用于营运。国务院有关交通运输主管部门应当加强对交通运输营运车船燃料消耗检测的监督管理。"2008年8月1日,国务院《关于进一步加强节油节电工作的通知》(国发〔2008〕23号)明确要求尽快制定营运客、货车燃料经济性限值标准,建立并实施强制性汽车燃料经济性申报、公告、标识制度。因此,加强道路运输车辆燃料经济性检测和监督管理,是法律赋予道路运输行业的重要职责,是贯彻落实《节约能源法》和国务院有关文件精神的重要举措。上述措施对提高道路运输装备技术水平,促进道路运输节能降耗,保障交通运输行业节能减排总体目标的实现,推动交通运输行业向"资源节约、环境友好"型发展模式转变具有重要意义。

交通运输业是国民经济发展的基础,在为我国国民经济发展提供有力保障的同时,已成为一个资源占用型和能源消耗型行业。与世界先进水平相比,我国道路运输车辆能源利用效率明显偏低,道路运输百吨公里油耗明显偏高。据有关资料,交通运输石油消耗总量约占全社会石油消耗总量的30%,其中道路运输约占交通运输石油消耗总量的50%,我国机动车油耗水平比欧洲高25%、比日本高20%、比美国高10%,营运汽油客车、汽油货车、柴油客车、柴油货车的百吨公里油耗量分别为12L、11L、8L、6L,而美国在20世纪80年代初,大型汽车运输企业城际间运输的百吨公里油耗仅为3.4L。国务院发展研究中心与清华大学等单位共同起草的《机动车燃油经济性背景报告》显示:我国汽车每百公里油耗比发达国家高20%以上,其中客、货运输车辆比国外同类车辆高10%~25%。由此可见,道路运输行业节能减排形势严峻,任务艰巨,潜力巨大。

为实现道路运输行业节能减排工作的总体目标,既需要从结构性、管理性节能入手,提高道路客货运输组织化水平、提升汽车驾驶员节能素质、大力发展智能交通,同时也需要从技术性节能入手,加快运力结构调整,促进车型结构向更加环保、更加经济的方向发展。要把节能作为重要的政策导向,引导运输经营者购买使用节能、环保、标准化的车辆,推广应用先进成熟的节油型车辆,限制淘汰高耗油车辆,燃料经济性检测评价可为实现节能减排总体目标提供技术保障。

2009年6月,交通运输部颁布《道路运输车辆燃料消耗量检测和监督管理办法》(交通运输部令2009年第11号),第三十条规定:"已进入道路运输市场车辆的燃料消耗量指标应当符合《营运车辆综合性能要求和检验方法》(GB 18565—2001)的有关要求。道路运输管理机构应当加强对已进入道路运输市场车辆的燃料消耗量指标的监督管理。对于达到国家规定的报废标准或者经检测不符合标准要求的车辆，不得允许其继续从事道路运输经营活动"。

长期以来，汽车综合性能检验机构对道路运输车辆的经济性检测是将油耗测量设备直接串入汽车发动机的燃油供给系统，在底盘测功机加载，模拟车辆道路上等速行驶状况，测量得出车辆的等速百公里油耗，但在实际操作中存在以下问题：

(1) 油耗测量设备安装连接不便，不同车型的油路油管的孔径和长度不同，需使用与之匹配的管接头，有回油管路的或管路不暴露在车辆外的更增加了安装的难度；

(2) 燃油经济性采用线上流水检测方式，安装、连接油耗测量设备需要较长的时间，影响其他线上项目的正常检测和工艺节拍；

(3) 汽油的挥发性有易燃危险和造成污染，检测过程存在安全隐患；

(4) 油耗测量设备串入汽车油路中会影响发动机的燃油供给，接头处容易产生渗漏，影响了测试精度，同时给汽车油管路造成一定损伤。

基于上述原因，汽车综合性能检验机构对于在用道路运输车辆燃油经济性的检测评价至今未能有效开展，节能减排的政策未能得到真正落实。因此，研究不解体检测汽车油耗量的方法成为推行燃油经济性检测的技术关键。目前，碳平衡法燃料消耗量检测技术已趋于成熟，将在道路运输车辆综合性能检测中得到广泛应用。

第二节 碳平衡法燃料消耗量检测方法与评价

道路运输车辆燃料经济性以车辆在水平硬路面上，额定总质量、变速器最高挡、等速行驶条件下的百公里燃料消耗量作为检测评价参数，采用底盘测功机和碳平衡油耗仪组成的燃料消耗量检测系统，按《道路运输车辆燃料消耗量检测评价方法》(GB/T 18566—2011)规定方法进行检测和评价，燃料消耗量的检测适用于燃用柴油或汽油、额定总质量大于3500kg的在用营运客车和营运货车。有关"碳平衡法汽车燃料消耗量检测"的基本原理以及系统组成见"基础篇第二章第六节"。

一、检测工况

在底盘测功机上模拟受检汽车道路行驶工况。高级营运客车检测速度工况为等速60km/h，中级、普通级营运客车以及营运货车检测速度工况为等速50km/h。载荷工况等同于汽车在水平硬路面上，以额定总质量、变速器最高挡、等速行驶的道路行驶阻力。

二、检测设备

(1) 底盘测功机。

单桥驱动车辆的检测采用两轴四滚筒式底盘测功机，双后桥驱动车辆的检测采用三轴六滚筒式底盘测功机，底盘测功机应符合《汽车底盘测功机》(JT/T 445)的技术要求。

(2) 燃料消耗量测量装置。

燃料消耗量测量装置应符合《碳平衡法汽车燃料消耗量检测仪》(JT/T 1013)和《道路运

输车辆燃料消耗量检测评价方法》(GB/T 18566)的要求。

三、检测准备

(1)底盘测功机、碳平衡油耗仪预热,至设备到达正常的工作状态,示值调零。

(2)受检车辆空载,检查车辆排气系统,不得有泄漏,检查驱动轴轮胎的花纹深度和气压,花纹深度不得小于1.6mm,花纹中不得夹有杂物,轮胎气压应按GB/T 2977的规定进行调整。标准GB/T 18566给出了客、货车常用轮胎的基本参数。汽车预热使发动机、传动系达到正常工作的温度状况,发动机冷却液温度在80℃~90℃。

(3)关闭非汽车正常行驶所必需的附属装备,如空调系统等。

(4)记录受检车辆的以下参数信息,对于检测站数据库或车辆行驶证无法提供的参数,应进行实车测量。

①燃油类别(汽、柴油);
②驱动轮轮胎规格型号;
③额定总质量,单位为千克(kg);
④车高,单位为毫米(mm);
⑤前轮距,单位为毫米(mm);
⑥客车车长,单位为毫米(mm);
⑦客车等级(分为高级、中级、普通级);
⑧货车车身形式(分为栏板车、自卸车、牵引车、仓栅车、厢式车和罐车);
⑨驱动轴数;
⑩驱动轴空载质量,单位为千克(kg);
⑪牵引车满载总质量,单位为千克(kg)。

(5)计算机控制系统根据受检车辆的参数信息,计算台架加载阻力。

四、检测方法

(1)引车员将汽车平稳驶上底盘测功机,置汽车驱动轮于滚筒上,驱动轮轴线应与滚筒轴线平行,固定汽车非驱动轮。

(2)每次检测前油耗仪应调零,并测量环境空气中CO_2气体浓度。

(3)起动汽车,逐步加速,变速器接入最高挡(自动变速器应置于"D"挡),底盘测功机按照控制系统规定的台架加载阻力对受检车辆进行加载,至车速稳定在确定的检测工况车速。

(4)油耗仪采样管应靠近并对准汽车排气管口,其间距不大于100mm,使采样管与排气尾管末端同轴,用支架固定,使汽车排气和环境空气顺利进入采样管。

(5)引车员按驾驶员帮助提示控制汽车油门,使检测车速的变化幅度稳定在±0.5km/h的范围内,稳定至少15s后,油耗仪开始60s连续采样,同时测功机开始测量60s连续采样时间内的汽车行驶距离$S(m)$。

(6)采样过程中,如连续3s内检测车速的变化幅度超过±0.5km/h或加载阻力变化幅度超过±20N,则停止本次采样,返回到步骤(5)重新开始。

(7)连续60s采样完成后,按下式计算汽车百公里燃料消耗量,并四舍五入至小数点后一位。

$$FC = \frac{100}{S} \times \sum FC_S$$

式中:FC——汽车百公里燃料消耗量,L/100km;

S——采样时间内汽车的行驶距离,m;

$\sum FC_S$——采样时间内汽车每秒燃料消耗量的累加值,mL。

(8)每次检测结束后油耗仪应进行反吹。

五、台架加载阻力计算

1. 汽车道路行驶阻力

(1)汽车燃料消耗量检测工况下的道路行驶阻力由滚动阻力和空气阻力构成,公式如下:

$$F_R = F_f + F_W$$

式中:F_R——汽车燃料消耗量检测工况下的道路行驶阻力,N;

F_f——汽车道路行驶的滚动阻力,N;

F_W——汽车道路行驶的空气阻力,N。

(2)汽车道路行驶的滚动阻力计算公式为:

$$F_f = G \cdot g \cdot f$$

式中:G——受检汽车额定总质量(或牵引车单车满载总质量),kg;

g——重力加速度,$g = 9.81 \text{m/s}^2$;

f——滚动阻力系数,汽车以50km/h、60km/h速度在水平硬路面行驶的滚动阻力系数f值参见表5-1。

滚动阻力系数f值　　　　　　　表5-1

轮　胎		f
子午胎	轮胎断面宽度<8.25in(1in=25.4mm)	0.007
	轮胎断面宽度≥8.25in(1in=25.4mm)	0.006
斜交胎	—	0.010

(3)汽车道路行驶的空气阻力计算公式为:

$$F_W = \frac{1}{2} \times C_D \cdot A \cdot \rho \cdot v_0^2$$

式中:C_D——空气阻力系数,汽车以50km/h、60km/h速度在水平硬路面行驶的空气阻力系数C_D值参见表5-2;

A——受检汽车迎风面积,即汽车行驶方向的投影面积,m^2;

ρ——空气密度,$\rho = 1.189 \text{N} \cdot \text{s}^2 \cdot \text{m}^{-4}$(温度293.15K,大气压力101.33kPa状态下);

v_0——汽车行驶速度,m/s。

汽车迎风面积 A 用下式估算：

$$A = B \times H \times 10^{-6}$$

式中：B——汽车前轮距,mm；

H——汽车高度,mm。

营运客车和营运货车的空气阻力系数 C_D 值 表 5-2

营运客车 C_D			营运货车 C_D		
车长 L(mm)	等速 60km/h	等速 50km/h	车身形式	额定总质量 G(kg)	等速 50km/h
L≤7000	0.60	0.65	栏板车 自卸车 牵引车	G<10000	0.9
				G≥10000	1.1
7000<L≤9000	0.70	0.75	仓栅车	—	1.4
L>9000	0.80	0.85	厢式车 罐车	G<10000	0.8
				10000≤G<15000	0.9
				G≥15000	1.0

2. 台架运转阻力

(1)汽车台架运转阻力等于汽车台架滚动阻力和台架内阻之和,公式为：

$$F_C = F_{fc} + F_{tc}$$

式中：F_C——汽车台架运转阻力,N；

F_{fc}——汽车台架滚动阻力,N；

F_{tc}——台架内阻,N。

(2)汽车台架滚动阻力计算公式为：

$$F_{fc} = G_R \cdot g \cdot f_c$$

式中：G_R——受检汽车驱动轴空载质量,kg；

f_c——台架滚动阻力系数,$f_c = 1.5f$。

(3)台架内阻 F_{tc} 值应由台架生产厂提供,或按 GB 18566 附录 D 规定的滑行法或反拖法测定台架内阻,也可采用表 5-3 的推荐值。

台架内阻 F_{tc} 推荐值 表 5-3

速度(km/h)	二轴四滚筒式台架内阻 F_{tc}(N)	三轴六滚筒式台架内阻 F_{tc}(N)
50	100	130
60	110	140

3. 台架加载阻力

台架加载阻力等于汽车道路行驶阻力减去汽车台架运转阻力。公式为：

$$F_{TC} = F_R - F_C$$

式中：F_{TC}——台架加载阻力,四舍五入至整数位,N。

六、燃料消耗量评价

1. 燃料消耗量限值

（1）已列入交通运输主管部门公布的《道路运输车辆燃料消耗量达标车型表》的车辆，其燃料消耗量限值为车辆《燃料消耗量参数表》中 50km/h 或 60km/h 满载等速油耗的 114%。

（2）未列入交通运输主管部门公布的《道路运输车辆燃料消耗量达标车型表》的车辆，其燃料消耗量限值的参比值见表 5-4 ~ 表 5-6。

（3）当按牵引车（单车）满载总质量进行检测时，燃料消耗量限值的参比值按牵引车（单车）满载总质量对应取表 5-5 中的数值。

在用柴油客车燃料消耗量限值的参比值 表 5-4

车长 L （mm）	参比值（L/100km）	
	高级客车 等速 60km/h	中级和普通级客车 等速 50km/h
$L \leqslant 6000$	11.3	9.5
$6000 < L \leqslant 7000$	13.1	11.5
$7000 < L \leqslant 8000$	15.3	14.1
$8000 < L \leqslant 9000$	16.4	15.5
$9000 < L \leqslant 10000$	17.8	16.7
$10000 < L \leqslant 11000$	19.4	17.6
$11000 < L \leqslant 12000$	20.1	18.3
$L > 12000$	22.3	20.3

在用柴油货车（单车）燃料消耗量限值的参比值 表 5-5

额定总质量 G （kg）	参比值 （L/100km）	额定总质量 G （kg）	参比值 （L/100km）
$3500 < G \leqslant 4000$	10.6	$10000 < G \leqslant 11000$	18.0
$4000 < G \leqslant 5000$	11.3	$11000 < G \leqslant 12000$	19.1
$5000 < G \leqslant 6000$	12.6	$12000 < G \leqslant 13000$	20.0
$6000 < G \leqslant 7000$	13.5	$13000 < G \leqslant 14000$	20.9
$7000 < G \leqslant 8000$	14.9	$14000 < G \leqslant 15000$	21.6
$8000 < G \leqslant 9000$	16.1	$15000 < G \leqslant 16000$	22.7
$9000 < G \leqslant 10000$	16.9	$16000 < G \leqslant 17000$	23.6

续上表

额定总质量 G (kg)	参比值 (L/100km)	额定总质量 G (kg)	参比值 (L/100km)
$17000 < G \leqslant 18000$	24.4	$24000 < G \leqslant 25000$	29.5
$18000 < G \leqslant 19000$	25.4	$25000 < G \leqslant 26000$	30.1
$19000 < G \leqslant 20000$	26.1	$26000 < G \leqslant 27000$	30.8
$20000 < G \leqslant 21000$	27.0	$27000 < G \leqslant 28000$	31.7
$21000 < G \leqslant 22000$	27.7	$28000 < G \leqslant 29000$	32.6
$22000 < G \leqslant 23000$	28.2	$29000 < G \leqslant 30000$	33.7
$23000 < G \leqslant 24000$	28.8	$30000 < G \leqslant 31000$	34.6

在用柴油半挂汽车列车燃料消耗量限值的参比值　　表5-6

额定总质量 G (kg)	参比值 (L/100km)	额定总质量 G (kg)	参比值 (L/100km)
$G \leqslant 27000$	42.9	$35000 < G \leqslant 43000$	46.2
$27000 < G \leqslant 35000$	43.9	$43000 < G \leqslant 49000$	47.3

2. 判定方法

(1)当检测结果小于或等于限值,判定该车燃料消耗量为合格。

(2)当检测结果大于限值,允许复检两次。一次复检合格,则判定该车燃料消耗量为合格。

(3)当检测结果和复检结果均大于限值,则判定该车燃料消耗量为不合格。

第三节　系统误差分析

为验证碳平衡法油耗检测的准确性,我们采用FCM-V型油耗仪(柴油)和FCM-VG油耗仪(汽油)与某型号的碳平衡油耗仪进行试验对比,每车试验3次。综合多次对比试验结果,可得出以下结论:

(1)对比结果的平均示值误差小于±2%,重复性误差小于4%;

(2)测量准确度主要取决于排气分析系统浓度测量装置的精度;

(3)排气中碳氢化合物的氢碳比对最终结果几乎没有影响,汽油中氢碳比在典型值的10%内变化时,对计算结果的影响在试验误差范围内,可忽略不计。

试验用车基本信息见表5-7,具体对比试验结果见表5-8～表5-11。

试验用车基本信息
表 5-7

序号	试验车辆	燃油类型	长/宽/高（mm）	总质量（kg）	整备质量（kg）	发动机排量（L）	前轮距（mm）	驱动轴空载质量（kg）	轮胎规格	轮胎气压（kPa）
1	试验车 1	柴油 0 号	9650/2480/3685	15700	7700	7.79	1960	10000	10.00R20-16PR	830
2	试验车 2	柴油 0 号	5950/1880/2220	5010	2400	2.77	1400	1270	7.00R-15	440
3	试验车 3	汽油 93 号	8990/2480/2790	12190	6005	5.42	1900	3357	9.00R-20	610
4	试验车 4	柴油 0 号	1200/2490/3755	15900	11850	8.4	2100	8500	7.00R-15	420
备注	（1）各测试用车辆技术状况完好，发动机水温、油温正常，排气管路完好无泄漏，满足测试要求； （2）测试前，按照测试要求进行车辆预热									

1 号车测试数据及结果
表 5-8

	测试项目、参数	次　数		
		1	2	3
示值误差及重复性误差	油耗仪百公里油耗示值 Q_m（L/100km）	14.07	13.83	13.68
	油耗仪百公里油耗校正值 Q_{mj}（L/100km）	14.23	13.98	13.83
	碳平衡仪 Q_m（L/100km）	14.14	13.91	13.72
	相对误差（%）	−0.63	−0.50	−0.80
	平均示值误差（%）	−0.64		
	重复性误差（%）	3.00		
备注	环境温度：24.0℃；大气压力：101.4kPa；燃油密度：0.835g/mL			

2 号车测试数据及结果
表 5-9

	测试项目、参数	次　数		
		1	2	3
示值误差及重复性误差	油耗仪百公里油耗示值 Q_m（L/100km）	7.42	7.40	7.54
	油耗仪百公里油耗校正值 Q_{mj}（L/100km）	7.50	7.48	7.62
	碳平衡仪 Q_m（L/100km）	7.51	7.59	7.59
	相对误差（%）	+0.13	+1.47	−0.39
	平均示值误差（%）	+0.40		
	重复性误差（%）	1.06		
备注	环境温度：24.0℃；大气压力：101.4kPa；燃油密度：0.835g/mL			

3 号车测试数据及结果　　　　　　　　　　　　　　　　　　表 5-10

测试项目、参数		次 数		
		1	2	3
示值误差及重复性误差	油耗仪百公里油耗示值 Q_m (L/100km)	21.66	21.20	21.09
	油耗仪百公里油耗校正值 Q_{mj} (L/100km)	21.84	21.37	21.26
	碳平衡仪 Q_m (L/100km)	21.63	21.14	20.97
	相对误差(%)	−0.96	−1.08	−1.36
	平均示值误差(%)	−1.13		
	重复性误差(%)	3.07		
备注		环境温度:27.0℃;大气压力:101.1kPa;燃油密度:0.733g/mL		

4 号车测试数据及结果　　　　　　　　　　　　　　　　　　表 5-11

测试项目、参数		次 数		
		1	2	3
示值误差及重复性误差	油耗仪百公里油耗示值 Q_m (L/100km)	28.75	28.46	28.22
	油耗仪百公里油耗校正值 Q_{mj} (L/100km)	29.31	29.02	28.77
	碳平衡仪 Q_m (L/100km)	29.69	29.45	29.04
	相对误差(%)	1.30	1.48	0.94
	平均示值误差(%)	+1.24		
	重复性误差(%)	2.24		
备注		环境温度:27.0℃;大气压力:101.1kPa;燃油密度:0.835g/mL		

第四节　碳平衡法油耗检测关键技术

一、碳平衡法数学模型的修正

采用碳平衡法检测计算燃料消耗量时,基于如下假设:

(1)废气中的碳仅包含在 CO、CO_2 和 HC 之中;
(2)废气中的 CO、CO_2 和 HC 仅来自燃料中;
(3)车辆技术状况良好,即曲轴箱微量窜气,排气系统无泄漏。

由于采用碳平衡法计算燃油消耗量基于上述假设,但实际燃油在燃烧中存在碳微粒,排气系统有可能存在泄漏和曲轴箱窜气现象,背景空气和排气中也有原本存在于空气中的 CO、CO_2 等,加之环境温度、湿度及大气压力变化等可能存在的影响因素,因而碳平衡法存在基本方法误差,同时考虑到测试仪器误差等,使得用碳平衡法模型计算得到的油耗与实测油耗存在一定偏差。要弥补这些偏差,必须对碳平衡法模型进行修正。为此,对试验车辆用油耗仪测量其实际油耗,同时用碳平衡法计算油耗,两者相比较后的数据表明,实际油耗与计算油耗呈明显的线性关系。故对其进行一元线性回归,即可建立碳平衡法的修正模型。真正具有实用价值的碳平衡法油耗测量装置应能在任何环境和油品品质条件下,完成精确测量,数学模型的修正至关重要。

二、燃油体积含碳量的确定

由前述的碳平衡法数学模型可见,检测燃油体积含碳量是用碳平衡法测油耗的一个关键环节。原油品质、炼制工艺以及调和方式不同,燃油各项成分指标均有较大差异,有关油品质量的国家标准也未对其成分指标作出明确规定,而应用碳平衡法检测车辆油耗,必须已知车用燃油的体积含碳量。燃油含碳量的测定需要专用设备、专业人员以及较长的时间(检验一个样本约需20min以上),不能适应车辆在检测线上的不间断流水检测。由于碳原子的原子量远大于氢原子的原子量,故燃油中碳原子的数量对其密度具有决定性影响,碳含量高的燃油,其密度必然较大,而密度可简便快速测量。因此,通过对从大量加油站随机抽取的燃油样本的检验,确定了其体积含碳量与密度的关系,得到一元回归模型。如此,只要测得燃油密度,就可以计算出体积含碳量。

三、尾气体积的计算

汽油燃烧产生HC、CO、CO_2,同时也生成大量的水蒸气。因此,汽车排放是各种气体与水蒸气的混合气,而在碳平衡模型中需要标准状态下的干燥尾气体积。根据燃烧理论,确定混合气中水蒸气的分压,再根据混合气分压定理和气体状态方程,转换为标准状态,即:

$$Q = Q_n \times 273.16 \times (p - p_1) \div 1.01325 \times 10^5 T$$

式中:Q——尾气换算成标准状态下的干气体体积,L;

Q_n——气体在温度T时的体积,L;

p——大气压强,Pa;

p_1——尾气在温度T时的水蒸气分压,Pa;

T——尾气的温度,K。

四、流量计类型与流量的计量

流量计是碳平衡法检测汽车油耗的重要部件之一,采用简易瞬态工况法(VMAS)的流量计进行汽车油耗检测有以下问题:

(1)该流量计一般采用涡旋式设计,精度范围较宽,加上含碳气体浓度测量装置的测量误差,在油耗检测时,测量误差偏大;

(2)涡旋式流量计的流量偏小,为$4 \sim 12 m^3/min$,一般适用于小型车辆的检测,但对于大排量道路运输车辆,流量计的流量检测范围不够;

(3)由于流量计的流量小,在进行汽车油耗检测时,外面稀释的空气少,稀释比达不到规定要求,在气温稍低时,汽车的排气就会产生冷凝,浓度测量装置可能无法正常工作。因此,选配适合道路运输车辆碳平衡油耗检测用流量计是技术关键。

经查阅大量的资料,对现使用的各类流量计的优缺点进行详细分析,内锥式流量计可匹配道路运输车辆各种发动机排量,测量稀释排气流量范围覆盖所有的道路运输车辆。内锥式流量计结构如图5-1所示。

内锥式流量计有以下特点:

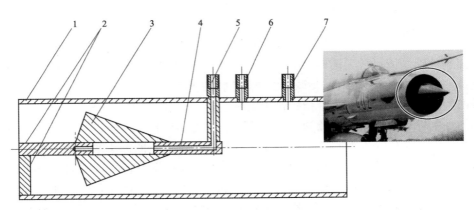

图 5-1　内锥式流量计结构示意图

1-圆柱壳体；2-连接棒；3-锥体；4-孔棒；5-锥体前部取压口；6-锥体后部取压口；7-温度探测

（1）有较高的测试精度与测试稳定性，精度达到 0.5%；

（2）汽车尾气含有大量碳烟等颗粒，长期使用易在流量计中积聚污垢，影响测试精度，该流量计具备一定的自洁能力；

（3）具备一定的整流能力，可以保证测量过程中流体处于比较平稳的状态，克服一般差压流量测量的缺陷，这一技术与飞机进气函道原理相同；

（4）量程比宽、寿命长，能使流量计适应不同车型和不同工况下的稀释排气流量的测量，并有较长的使用寿命。

五、低量程含碳气体浓度测量装置

为防止汽车尾气在采样过程中出现冷凝，提高油耗检测系统对汽车尾气浓度的测量精度，在汽车尾气取样的同时需要吸入一定外来空气，对汽车排气进行稀释。但稀释空气太多会影响汽车尾气的测量精度，吸入太少又会产生冷凝，掌握适当的稀释比十分关键。相关研究推导出了稀释排气流量出现冷凝的条件，得出 CO_2 浓度控制在 3% 以下稀释气体就不会产生冷凝的结论，这一结论在碳平衡法检测汽车油耗的实际运用中取得了较好的效果。

目前市场上的含碳气体浓度测量装置主要用于汽车尾气测量，而对于汽车的稀释排气中低浓度的测量，较难满足精度要求。因此，采用低浓度气体分析装置（CO_2 的最大量程为 3%、CO 量程为 2000×10^{-6}、HC 量程 2000×10^{-6}）可有效提高碳平衡法油耗检测的准确度，这一点在碳平衡油耗检测系统的设计上十分关键。

第六章 汽车制动性能检测影响因素及方法分析

第一节 制动性能检测评价指标

汽车制动性能是涉及行车安全的一个重要检测项目,大多数汽车检测机构是采用滚筒反力式制动检验台进行检测。通过研究探讨汽车制动性能各个参数的检测影响因素和常见现象,提出相应的对策,有利于提高制动性能检测的准确性。

制动效能是指汽车迅速降低行驶速度直至停车的能力,是汽车制动性能最基本的评价指标,主要包括:制动力、制动稳定性、制动协调时间、制动距离、制动减速度。

一、制动力

为使行驶中的汽车能够减速或停车,必须由路面对汽车作用一个与其行驶方向相反的外力来消耗汽车的动能,使汽车产生减速度,达到降低其行驶速度以至停车的目的,这个外力称为制动力。制动力受车轮与路面的最大附着力和车轮制动器技术状态的影响,在小于或等于最大附着力的条件下,路面对车轮的制动力等于车轮制动器的制动力(作用力和反作用力)。制动力的大小反映制动器的制动能力,决定了制动距离的长短,对于质量一定的汽车来说,制动力越大制动减速度越大,制动距离越短,所以制动力是从本质上评价汽车制动性能的参数,制动力对汽车的制动性能具有决定性的影响。制动力传递到轮胎时,受路面附着条件的制约,取决于两对摩擦副的摩擦力:制动器摩擦副的摩擦力和轮胎与地面附着力的关系,地面制动力 $F \leq F_z \times \mu$(F_z 为轮胎法向力,μ 为地面附着系数)。由于车轮与水泥或沥青路面的最大附着系数约为 0.7,设计满载整车制动率应大于 0.7,以充分利用路面附着系数,达到安全行驶的目的。对于在用汽车制动器的技术状况允许存在一定程度的下降,通常满载整车制动率应不小于整车总重量的 50%,由于受台试操作性的限制,一般采用空载检测,空载时应不小于车辆总重量的 60%。

二、制动稳定性

制动稳定性是指汽车制动时的方向稳定性,通常用制动时汽车按给定轨迹行驶的能力来评价,即汽车制动时维持直线行驶或预定弯道行驶的能力。在试验条件下,制动稳定性良好的汽车,不会产生不可控制而使汽车偏离一定宽度的通道。制动稳定性主要取决于左、右车轮的制动力平衡以及车轮是否抱死滑移,如制动力不平衡会使车辆发生制动偏转,如车轮抱死会使转向失控而侧向滑移。用制动力参数评价汽车的制动稳定性,可以对每轴左、右两轮制动平衡力差提出要求,从而保证汽车整车制动的方向稳定性,并使各轮附着重量得到充分利用。

三、制动协调时间

制动协调时间(也称制动反应时间)反映制动响应的快慢程度,其值的大小同样决定了制动距离的长短。用制动力作为单独的评价指标时,在检验了制动力大小、制动力合理分配及平衡制动力差的同时,一般还要检验制动协调时间。制动协调时间包括消除制动踏板行程、制动鼓间隙和部分制动力增长过程所需要的时间,如图 6-1 所示。调整良好的液压制动系的协调时间为 0.15~0.20s,气压制动为 0.20~0.40s。如果汽车以 60km/h 的速度行驶,每秒行驶 16.7m,在制动协调时间内,液压制动汽车行驶距离为 2.5~3.3m,气压制动为 3.3~6.6m。若制动系调整不当,这个距离要成倍增长。台架或路试检测时,制动协调时间是制动踏板开关的触发时刻至所有车轮同时刻制动力之和达到整车制动率规定限值的 75% 时刻所需时间。

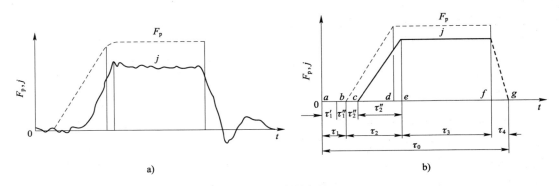

图 6-1 制动协调时间

四、制动距离

制动距离是指车辆在规定的初速度下急踩制动踏板,从脚接触制动踏板时起至车辆停住时止,车辆驶过的距离。制动距离包括了制动协调时间和以最大减速度持续制动时间内汽车驶过的距离,是评价汽车制动性能最直观的一个参数,与汽车实际运行的制动情况最接近。制动距离不等于车轮在路面上拖压印的长度,因为制动距离中包含有制动协调时间内汽车驶过的距离,在这一段时间内车轮尚未在路面拖压印。制动距离与制动踏板力,即制动系中的液压或气压有关,故给出制动距离时应指明相应的踏板力或制动系中的压力。

用制动距离来评价汽车的制动性能具有一定的准确度,而且重复性较好,是新车型式认定的重要性能参数,但需要有较大的试车场地,而且对轮胎的磨损较大,对试验仪器和操作要求较高。此外,制动距离是一个整车性能参数,它不能单独定量地反映出各车轮的制动状况以及制动力分配情况(从地面印痕只能大致看到),当制动距离延长时,也反映不出具体是什么故障使制动性能变差,所以汽车检测机构对在用车辆采用该方法时,受到了各方面的限制。

制动距离必须和制动跑偏量一起作为检验制动性能的参数,制动距离主要反映整车制动力,制动跑偏量综合反映各车轮的制动力平衡。对于一个确定的汽车来说,它的质量是一定的,其制动器所能产生的制动力也是一定的,制动时汽车的初速度越大,制动距离越长,因此检验时还必须规定汽车的制动初速度。

五、制动减速度

制动减速度一般用充分发出的平均制动减速度(MFDD)来表示,对于一个确定的汽车来说,质量一定,所能产生的制动力一定,故制动减速度是一个确定值。MFDD 不包含制动力增长过程的减速度,也不包含制动结束阶段下降的减速度,通过不同比率制动初速度的开始取样和结束取样来计算制动稳定阶段的平均制动减速度,它反映了稳定制动阶段时汽车速度降低的速率。由于测量 MFDD 开始取样和结束取样的特点,只要制动初速度不小于 25km/h,制动初速度对检测 MFDD 的影响不大,不同制动初速度检测结果的差异主要是制动过程产生的制动摩擦材料热衰退造成。

制动减速度也是一个整车性能参数,它反映不出各轮的制动力及分配情况。由于 MFDD 不反映制动力增长过程,单独用制动减速度来评价制动性能时,也应同时检验制动协调时间和制动跑偏量。

充分发出的平均制动减速度(MFDD)可采用速度分析仪、制动减速度仪测出相关参数后再计算得出检测结果。采用制动减速度仪来检测汽车的制动减速度,仪器本身结构简单,使用方便,但试验的重复性较差,且受路面附着系数的影响很大。

六、制动时间

制动过程所经历的时间即制动时间,它很少作为单纯的评价指标,但是在分析制动过程和评价制动效能时又是不可缺少的参数。如对于同一型号的两辆汽车同样制动力所经历的时间不同,则两辆汽车的制动距离就可能相差较大,对行驶安全将产生不同效果。因此通常把制动时间作为一项辅助的评价指标。

上述汽车制动性能可采用台架检测或道路试验进行评价,其中:

台架检测采用滚筒反力式制动检验台或平板式制动检验台,检测指标为整车制动率、轴制动率、制动不平衡率、制动协调时间等。

道路试验采用便携式制动性能检测仪或无触点速度分析仪、五轮仪,前者的检测指标为制动初速度、制动协调时间、充分发出的平均制动减速度(MFDD)、制动稳定性、后者则为制动初速度、制动距离、制动稳定性,也可自动计算制动协调时间和 MFDD。

第二节 汽车制动性能检测影响因素分析

一、滚筒反力式制动检验台安装高度对检测结果的影响

很多汽车检测机构的滚筒反力式制动检验台采用副(前)滚筒上母线与地面平齐的安装方式。由于主、副滚筒间存在 440~480mm 的中心距,所检车轮在制动台两滚筒上相对地平面有一个下沉量 H,其轮心高度低于地面上的非检测车轮轮心高度。这种安装方式对于两轴车制动性能的检测影响很小,可忽略不计。但对于双转向轴、双轴后驱和并装轴等多轴车辆,由于所检车轮的轮胎下母线低于地面,且有被其他非检测车轴架空的趋势,大大减小了

所检车轮的附着重量,从而减小了车轮最大检测力。此时,如汽车检测机构采用独立式水平称重台称取轴重,无论车轮的制动性能多好,偏小附着重量的轴制动力与所测轴重之比通常难以达到限值要求,造成大量错判;如采用复合称重台称取轴重,所测取的轴重偏小,偏小附着重量的轴制动力与所测偏小轴重之比,所测整车制动率和轴制动率不符合实际情况,同样造成大量错判。以制动性能良好的双转向轴车辆为例来分析(图6-2),按"机动车(单车)纵向中心线中心位置以前的轴为前轴"的规定,双转向轴车辆的第一、第二转向轴均为前轴,空载轴制动率应大于或等于60%。而由于第一转向轴受到第二转向轴和后轴的部分架空作用,在两滚筒上的附着重量减小,使最大检测力和轴制动率减小(注:水平称重),轴制动性能难以合格。并装轴半挂车在牵引车拖挂下试验,各轴和整车的附着重量也都大大减小,整车制动率也难以合格。

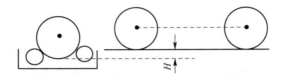

图6-2 多轴车在水平安装滚筒台的车轮状态示意图

解决上述问题的方法是:

规范滚筒反力式制动台的安装方式,以多轴车1000mm直径车轮的下沉量来确定副滚筒上母线相对地平面的升高高度,以1200mm直径车轮的下沉量来验算和控制其轮心不过高。即:副滚筒上母线高于地面,适当提高被测轴轴心高度,使多轴车被测轴的轮胎下母线略高于地面水平面,增加附着重量,可有效解决多轴车的制动检测问题。

副滚筒上母线与水平地面的高度差可根据滚筒反力式制动台的结构参数准确计算:

多轴车多为重型车辆,轮胎直径一般为1000mm左右,计算不同直径的车轮位于两滚筒间时,车轮下母线相对副滚筒上母线的下沉量 H,具体计算结果如下:

(1)车辆空载时,在地面上的转向轮静力半径减小约20mm,驱动轮(并装两车轮)半径减小约10mm。

(2)依据《滚筒反力式制动检验台》(GB/T 13564),设反力式滚筒制动台的滚筒中心距为460mm,滚筒直径为245mm,主、副滚筒高差为30mm。

(3)计算不同直径的车轮在两滚筒间,其下母线相对副滚筒上母线的下沉量 H 见表6-1。

不同直径车轮下母线相对副滚筒上母线的下沉量 H　　　　表6-1

轮胎直径(mm)	主副滚筒无高差		主副滚筒高差30mm		
	H (450mm 中心距)	H (470mm 中心距)	H (450mm 中心距)	H (460mm 中心距)	H (470mm 中心距)
800	50.9	55.8	37.2	39.6	42.0
900	46.1	50.5	32.4	34.5	36.7
1000	42.1	46.1	28.6	30.5	32.4
1100	38.8	42.4	25.3	27.1	28.9
1200	35.9	39.3	22.6	24.2	25.8

根据上述计算,副滚筒上母线高出地面40mm,可确保1000mm直径的车轮轴心相对地面水平面上升约10mm,相对相邻车轮轴心上升约20mm(按相邻车轮静力半径减小10mm计算)。滚筒直径越大,车轮轴心上升高度越大;主、副滚筒高差越大,车轮轴心上升高度越大。表6-1中计算数据具有一定的等差规律,对于偏离460mm中心距和30mm主、副滚筒高差的制动台,《道路运输车辆综合性能要求和检验方法》(GB 18565—2016)规定了副滚筒上母线距地面高度的修正计算方法,部分计算见表6-2～表6-4。

车轮下母线相对副滚筒上母线的下沉量 H 计算(不同滚筒中心距) 表6-2

轮胎直径 (mm)	滚筒中心距 (mm)	H (mm)	差值 (mm)
1200	450	35.9279	1.66
	460	37.5867	1.70
	470	39.2861	均值1.68

车轮下母线相对副滚筒上母线的下沉量 H 计算(不同主、副滚筒高差) 表6-3

轮胎直径 (mm)	滚筒中心距 (mm)	主副滚筒高差 (mm)	H (mm)	差值 (mm)
1200	450	30	22.6121	3.80
		20	26.4128	4.41
		10	30.8272	均值4.11

车轮下母线相对副滚筒上母线的下沉量 H 计算(不同滚筒中心距、主副滚筒高差) 表6-4

轮胎直径 (mm)	滚筒中心距 (mm)	主副滚筒高差 (mm)	H (mm)	差值 (mm)
1200	450	30	22.6121	5.69
	460	20	28.3061	6.15
	470	10	34.4590	均值5.92

《道路运输车辆综合性能要求和检验方法》(GB 18565—2016)规定,用于检验多轴及并装轴车辆的制动台应符合:当滚筒直径为245mm,中心距为460mm,主、副滚筒高差为30mm时,副滚筒上母线与地面水平面的高度差为40_{0}^{+5}mm。当滚筒中心距增大或减小10mm,副滚筒上母线与地面水平面的高度差相应增大或减小2mm,当主、副滚筒高差减小10mm,副滚筒上母线与地面水平面的高度差相应增大4mm。

副滚筒上母线与地面水平面的高度差可采用以下两种方式实现:
(1)以副滚筒上母线为基准,提高滚筒反力式制动台台体的安装高度;
(2)以副滚筒上母线为基准,采用机械举升方式提高滚筒反力式制动台台体高度。

二、称重方式对检测结果的影响

在汽车检测技术中,轮(轴)重仪主要用于称取被测车辆轮重进而得到各轴重量和整车重量,并据此计算轴制动率和整车制动率。轮(轴)重仪一般有两种形式:一种是独立安装,其称重面与地平面水平;另一种是与滚筒制动台复合安装,检测制动力的同时对被测轴进行称重。对于后一种形式,由于双转向轴和并装轴等多轴车辆的非测轮的架空作用,导致所检车轮的附着重量偏小,从而减小了车轮最大检测力,所测整车制动率和轴制动率不符合实际情况。

试验结果验证了上述结论,水平轮(轴)重仪与复合轴重仪的称重比较见表6-5,两轴车车轮轴心高度变化时的称重比较见表6-6。称重试验结果分析如下:

(1)滚筒反力式制动台的副滚筒上母线与地面在同一水平面内,采用复合轴重仪称重,对于双转向轴三轴车,整车称取的重量普遍减小。例如:CA4250车型的第二转向轴的水平称重重量为1386kg,在复合台上为886kg,附着重量减小36.1%,制动台检测能力相应减小36.1%,设滚筒附着系数为0.85,等效附着系数减小为$(1-0.361)\times0.85=0.543$。相对于水平称重重量,良好的行车制动难以达到轴制动率超过60%的要求,如果按复合台称重来计算,对轴制动率无影响,但由于整车重量减小,实际上降低了轴制动率、整车制动率和驻车制动率的要求。SX4257车型的第二转向轴附着重量减小34.5%,等效附着系数减小为$(1-0.345)\times0.85=0.557$。

(2)采用复合轮重仪称重,三并装轴挂车AKL9405、JST9400、YXF9400的三个轴重量均减小,整车重量分别减小19.6%、23.7%和20.7%,同样得出减小了制动台的检测能力的结论。如按复合台称重计算,同样降低了轴制动率、整车制动率和驻车制动率的要求。

(3)二轴车(HFC1083KR1D)及单转向轴的双后轴车(TZ5257GJBZ4N、QD5250XXYL7T1-1)在水平称重和复合台上称重时,各轴和整车重量相差不大,其影响可忽略不计。

独立轮(轴)重仪与复合式轴重仪的称重比较　　表6-5

车　型	整备质量 (kg)	轴序	独立轮重仪称重 (kg)	复合轮重仪称重 (kg)
HFC1083KR1D(二轴车)	4410	一轴	2218	2272
		二轴	2160	2193
		整车	4378	4465
CA4250P63K2T3E (双转向轴三轴)	7450	一轴	3673	3802
		二轴	1386	886
		三轴	2320	2248
		整车	7379	6936
SX4257GR279 (双转向轴三轴)	7650	一轴	3781	3851
		二轴	1700	1114
		三轴	2152	2060
		整车	7633	7025

续上表

车　　型	整备质量（kg）	轴序	独立轮重仪称重（kg）	复合轮重仪称重（kg）
CA5160XXYPK2L7T3A（双转向轴三轴）	8085	一轴	2723	2556
		二轴	1932	1232
		三轴	3788	4014
		整车	8443	7802
HFC5200CCYKR1（双转向轴三轴）	9770	一轴	3675	3498
		二轴	3199	2417
		三轴	4944	4968
		整车	11818	10883
AKL9405（三并装轴挂车）	7800	一轴	2662	1828
		二轴	2138	1844
		三轴	2375	2095
		整车	7175	5767
JST9400（三并装轴挂车）	6000	一轴	2706	1678
		二轴	2488	2314
		三轴	1425	1058
		整车	6619	5050
YXF9400（三并装轴挂车）	8000	一轴	1230	999
		二轴	2043	1328
		三轴	2591	2324
		整车	5864	4651
THT9282（三并装轴挂车）	6000	一轴	3091	2129
		二轴	2378	1628
		三轴	2401	1924
		整车	7870	5681
CA1202PK2L10T3A95（双转向轴三轴）	10160	一轴	2883	2809
		二轴	1832	1288
		三轴	4267	4516
		整车	8982	8613
BJ4251SNFJB（双转向轴三轴）	7640	一轴	3492	3544
		二轴	1777	1189
		三轴	2400	2319
		整车	7669	7052
CA5200CLXYP4K2L11T（双转向轴三轴）	10080	一轴	3023	2855
		二轴	2435	2004
		三轴	4785	5008
		整车	10243	9867

续上表

车型	整备质量（kg）	轴序	独立轮重仪称重（kg）	复合轮重仪称重（kg）
TZ5257GJBZ4N（双后驱车）	14370	一轴	5643	5638
		二轴	5077	5207
		三轴	5124	5352
		整车	15844	16197
QD5250XXYL7T1-1（双后驱车）	11890	一轴	4321	4467
		二轴	3675	3536
		三轴	3610	3640
		整车	11606	11643

两轴车车轮轴心高度变化时的称重比较　　　　表6-6

车型	车辆测试状态	轴型	左轮重(kg)	右轮重(kg)	轴重(kg)	绝对误差	相对误差(%)
宝马	前后轴水平	前轴	532	527	1059		
	后轴垫高40mm		533	528	1061	2	0.19
	后轴垫高60mm		533	526	1059	0	0
	前后轴水平	后轴	555	543	1098		
	前轴垫高40mm		558	544	1102	4	0.36
	前轴垫高60mm		560	546	1106	8	0.72
吉利	前后轴水平	前轴	304	276	580		
	后轴垫高40mm		305	276	581	1	0.18
	后轴垫高60mm		307	278	585	5	0.86
	前后轴水平	后轴	199	175	374		
	前轴垫高40mm		200	177	377	3	0.80
	前轴垫高60mm		199	181	380	6	1.60
奥迪	前后轴水平	前轴	528	522	1050		
	后轴垫高40mm						
	后轴垫高60mm		527	526	1053	3	0.28
	前后轴水平	后轴	385	364	749		
	前轴垫高40mm						
	前轴垫高60mm		379	369	749	−1	−0.13

通过对称重试验数据分析，可得以下结论：

（1）两轴车在水平称重台和复合称重台所称重量，也即附着重量相差不大，车轴轴心的高度变化产生的称重误差可以忽略不计，对检测无明显影响。

（2）多轴车，特别是双转向轴车辆在水平称重台和复合称重台上所称重量相差较大。如果副滚筒上母线在地面水平面内，有些轴所称重量减小约35%。此时，以复合称重台称重结果来计算,轴制动率虽无明显降低,但整车重量和整车制动力大大降低,无法反映整车制动力占整车重量比的真实情况。

(3)如果副滚筒上母线高于地面水平面,使所测车轮轴心略高于非测车轮轴心,车轮在滚筒上的附着重量增大,等效于滚筒附着系数提高,使制动台检测能力增强,可有效杜绝目前检测方法造成的错检错判。

基于上述结论,两轴车辆的轮(轴)质量可采用独立式水平轮(轴)重仪或复合式轴重仪测取,多轴及并装轴车辆的轮(轴)质量应分别采用独立式水平轮(轴)重仪和复合式轴重仪测取。对于多轴及并装轴车辆,计算轴制动率和制动不平衡率时,静态轴荷按复合式轴重仪测取的轴荷计算。计算整车制动率和驻车制动率时,整车重量按独立式水平轮(轴)重仪测取的静态轮荷计算。

三、滑移率控制方式和控制范围对检测结果的影响

在附着系数一定的条件下,汽车车轮接近临界抱死,此时检测制动力为最大。从这个角度讲,滚筒反力式制动台的制动力检测过程至少应包括临界抱死点,否则不能检测得到满足限值要求的制动力。判断最大制动力一般采用以下两种方式。

1. 第三滚筒控制

车轮滑移率是被测轮胎表面线速度相对于滚筒表面线速度的速度差与滚筒表面线速度的百分比,用公式表示为:

$$v = \frac{v - v_{轮}}{v} \times 100\%$$

式中:v——滚筒表面线速度,km/h;

$v_{轮}$——轮胎表面线速度,km/h。

滚筒反力式制动台一般都装有第三滚筒(图6-3),其作用一是检测轮胎滑移率,测取最大制动力;二是保护轮胎,防止损伤。当踩下制动踏板,车轮制动力达到最大时,尽管滚筒台的驱动电机具有短时过载能力,但驱动电机在车轮的制动力矩作用下,其转速仍会瞬间降低,使滚筒表面线速度(v)相应减小,与计算机中设定的滚筒表面线速度产生偏差,此时检测计算的滑移率与车轮将要抱死的滑移率毫无关系,只是电机过加载的转速差,如果不考虑该

图6-3 第三滚筒

转速差,用偏小滑移率作为停机保护条件,不能检测得到车轮的最大制动力,从而造成误判。表6-7试验结果中,无论是"急踩"还是"缓踩",30%滑移率时测得的轮制动力均大于20%滑移率时测得的轮制动力。滑移率为范围区间,非定值,在保证轮胎安全的前提下,应尽可能取大值,以保证测取最大制动力。基于此,《道路运输车辆综合性能要求和检验方法》(GB 18565—2016)在设备要求中,考虑了电机过加载的转速差对滑移率的影响,提高了滑移率控

制的取值范围,即:左、右滚筒的停机保护应能保证测取到被检车轮最大制动力。由第三滚筒控制时,轮胎线速度相对于滚筒设计线速度降低25%~35%应停机保护。由此可以避免出现两种极端情况:一种是控制滑移率过低使客车后轴的检测最大制动力偏小,从而使整车制动力难以合格;另一种是为确保检测最大制动力,故意使第三滚筒失效不起作用,当车辆轮胎较深花纹内夹有石块时,容易大面积挤压剥落轮胎表面花纹,或者对轮胎表面形成明显黑色损伤。

滑移率大小对制动力检测结果的影响(试验车型:两轴货车)　　表6-7

轴号	滑移率	制动过程	序号	左制动力(kg)	右制动力(kg)	制动力和(kg)	轴平均制动力	轴重(kg)	制动率(%)
前轴	20%	急踩	1	1010	879	1889	2086	2841	73.4
			2	1296	990	2285			
			3	1187	895	2085			
		缓踩	1	829	556	1385	1557		54.8
			2	972	616	1588			
			3	985	715	1700			
	30%	急踩	1	1344	965	2309	2326		81.8
			2	1362	1057	2419			
			3	1324	927	2251			
		缓踩	1	1147	836	1983	1959		69.0
			2	1116	799	1915			
			3	1095	885	1980			
后轴	20%	急踩	1	1440	1311	2751	2700	3845	70.2
			2	1418	1243	2661			
			3	1432	1256	2688			
		缓踩	1	1269	1141	2410	2364		61.5
			2	1333	1175	2508			
			3	1121	1055	2176			
	30%	急踩	1	1388	1294	2682	2702		70.3
			2	1443	1268	2711			
			3	1448	1267	2715			
		缓踩	1	1282	1068	2650	2429		63.1
			2	1290	1071	2361			
			3	1195	1082	2277			

备注:前左轮重:1489kg　　前右轮重:1352kg　　前轴重:2841kg
　　　后左轮重:2055kg　　后右轮重:1790kg　　后轴重:3845kg

2. 软件控制

与车辆路试车轮抱死的特性相类似,车轮抱死的最大制动力也是出现在该滑移率范围,滑移率增大则制动力减小,ABS防抱死系统也是控制这种滑移率,所以,车轮与滚筒的滑移率特性也类似。

从制动力曲线可知:正常情况下,当车轮制动力达到最大值时,其后的制动力曲线呈下降趋势,通常不会再出现比该制动力更大的数值(图6-4),只有当制动鼓失圆或制动盘变形时,会出现多个制动力峰值(图6-5)。因此,对采集到的不同时刻的制动力进行比较。当出现一个峰值后,在设定时间段内没有更大的制动力峰值出现,即把当前峰值作为最大制动力。

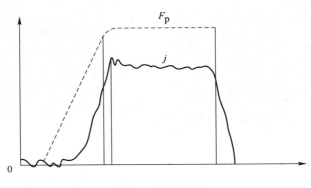

图 6-4 制动力曲线

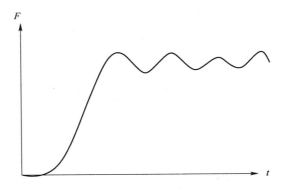

图 6-5 多个制动力峰值

综上所述,适当提高滑移率控制范围或延长制动力峰值后继续采样时间有利于测取最大制动力,且所增加的检测时间极短,对损伤轮胎的风险较小可忽略不计,故采样计算时,应优先确保能测取到最大制动力。

四、台架制动检测"急踩"和"缓踩"对检测结果的影响

试验表明,滚筒台检测制动性能时,对于液压制动车辆和气压制动车辆的制动性能检测与踩下制动踏板动作的快慢具有明显的相关性。通过选择一些车辆分别进行"缓踩"和"急踩"试验(液压制动尽量保持相同踏板力,气压制动制动踏板踩到底),"急踩"测得的轮制动力的上升斜率较大于"缓踩",制动协调时间较短。此外,制动力呈增大趋势(表6-7,图6-6),但主要源于车辆悬架的冲击、振动差异对检测结果的影响。基于此,《道路运输车辆综合

性能要求和检验方法》(GB 18565—2016)规定,采用滚筒台检测制动力时,应"缓踩"制动踏板,以减少制动冲击和损伤轮胎。如需检测制动协调时间,则应"急踩"制动踏板。

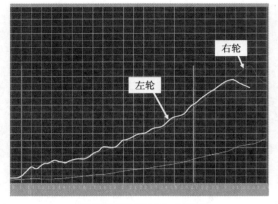
a)"缓踩"制动曲线(红、绿曲线)

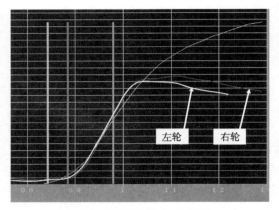
b)"急踩"制动曲线(红、绿曲线)

图6-6 "缓踩"和"急踩"制动曲线(红、绿曲线)

需要说明的情况如下:

(1)气压制动较容易产生左、右制动气室开始动作的时间差异,造成制动力平衡不合格。制动力增长的速率越小,同一时间的左、右车轮制动力差就越小。然而,左、右车轮制动力差的大小与踩下制动踏板的时间也近似成正比。所以,两种因素大部分互相抵消,缓踩制动踏板对制动力平衡检测影响不大。

(2)"缓踩"和"急踩"制动踏板,制动力上升的斜率不同,故"缓踩"制动踏板,不能检测制动协调时间。

(3)行业中有一种观点认为,欧式高速粘砂滚筒制动台的检测原理进步在于:滚筒线速度约为2.5km/h,急踩制动踏板后,车辆产生一个向后的加速度,这个优点使所检车轮的制动力不受非检测车轮制动力大小的影响。当所检车轴制动性能良好时,如非检测车轮制动力较大,车辆产生向后的加速度偏小,如非检测车轮制动力较小,车辆产生向后的加速度偏大,两种情况下的检测车轮制动力都约等于车轮与滚筒的最大附着力。欧式高速粘砂滚筒制动台之所以能产生向后的加速度,除了滚筒线速度较高外,制动力增长时间短也是不可缺少的重要因素,这一点在驻车制动检测中表现得尤为明显。驻车制动时,前轮无制动,车辆系统不能提供较大的阻力,日式低速齿槽式滚筒难以使车辆产生较大的向后加速度,所以驻车制动力检测值偏小,甚至再好的驻车性能也难以达到限值,需在非检测车轮后面塞上三角木增加车辆阻力。在欧式高速粘砂滚筒制动台上,同样后轮都抱死,当驻车制动力增长速率大于行车制动力增长速率时,向后加速度相对更大,驻车制动力检测值通常大于后轮行车制动检测值,车辆悬架的冲击和振动力是内力,不影响整车的受力。所以,这种观点认为,"缓踩"制动踏板可能丢失了欧式高速粘砂滚筒制动台的技术先进性,倾向于"急踩"制动踏板检测。

五、滚筒反力式制动台驱动电机储备功率对检测结果的影响

我国的滚筒反力式制动台由原来日式低速齿槽式滚筒发展到现行的欧式高速粘砂式滚筒,具有检测原理的进步,滚筒线速度约为2.5km/h,由于滚筒线速度的提高,相同的制动力所需电机功率大大增加,会使台架的制造成本和检测能耗有所提高。但制动力检测时间仅为几秒钟,这种成本和能耗略有增加的缺点相对检测原理的优点是次要的。

我国汽车检测设备生产企业众多,品牌型号繁杂。有些滚筒制动台的电机功率不够,在车轮制动力的作用下,产生短时的"丢转",滑移率控制出现偏小误差,使得轴质量较大的检测制动力偏小(后置发动机客车)。由于制动力检测加载时间很短,故可以也应该充分利用电机的短时过载能力和堵转转矩。检测额定轴荷车辆的轴制动率大于60%会使电机极短时间内的堵转电流过大,但不会损坏电机,而且这种情况极为罕见,故合理确定电机额定功率,既可确保制动台的检测能力,保证检测无错检错判,又可避免过大的电机造成成本和能源的浪费。据此,《道路运输车辆综合性能要求和检验方法》(GB 18565—2016)在设备要求中,规定了滚筒制动台单边滚筒驱动电机的额定功率要求。即

$$P_d \geq \frac{0.3 \times m_e \times g \times v}{1.9 \times 3600}$$

式中:P_d——单边滚筒驱动电机额定功率,kW;

m_e——制动台额定承载轴质量,kg;

g——重力加速度,取9.81m/s²;

v——滚筒线速度,km/h。

我国电机的堵转转矩系数通常为2.2,不能让电机堵转停动,留有一定的系数故取为1.9。根据国内现有的3t、10t、13t额定承载质量的制动台,按上式计算,v=2.5km/h,则$P_{3t} \approx$ 5kW,$P_{10t} \approx$ 11kW,$P_{13t} \approx$ 16kW。

由此可见,不同承载质量的滚筒制动台,其电机驱动能力不同。在滚筒式制动台选择方面,应以大车线、小车线划分。小车线检测总质量小于或等于3.5t的小型车辆,可选用3t级制动台;大车线检测总质量大于3.5t的中重型车辆,可选用10t或13t级制动台。按轮胎的承载设计,通常单轴空车的承载质量不超过10t,空载12m长高级卧铺客车的后轴质量不超过10t,选用10t级制动台的通用性最好,几乎能够满足所有中重型车辆的检测,对于少数轴质量超过10t的重型车辆,应选用13t级制动台。试验表明:由于3t级制动台和10t级滚筒制动台的力传感器在轻型车制动力检测范围内的精度基本相同,只是滚筒中心距和车轮安置角略有差异,故轻型车在3t级制动台和10t级制动台上所测制动力并没有本质上的差异。

六、路试制动测试速度对检测结果的影响

当对台架检测制动性能结果有质疑或被检车辆无法进行台架检测时,可采用路试检测并以路试检测结果进行评价。路试检测行车制动有两种方法:一种是以制动距离评价,另一种是以充分发出的平均减速度(MFDD)评价,通常MFDD可溯源到制动距离,两者是近似相同行车制动性能的不同形式,其不同点在于制动距离受制动初速度影响很大,与制动初速度密切相关,而MFDD受制动初速度的影响较小,这一较小影响主要源于制动初速度不同,制

动器热衰退性有所变化。需要说明的是,上述两种方法的制动稳定性受初速度影响较大。目前,绝大多数检测站采用便携式制动仪来检测 MFDD,为保证路试检测的准确性,应该规范路试 MFDD 的检测方法和制动初速度的误差范围。

汽车制动过程,从制动初始状态开始到充分发出减速度,再从充分发出减速度到制动停车,整个过程是连续的。为此必须确定充分发出减速度阶段中的起始点和终止点,即评价区间的 t_B、v_B、S_B、a_B 和 t_E、v_E、S_E、a_E 等制动过程参数。显然,算得的 a_m 值随评价区间的上、下限的取值而异。相关标准规定的评价区间的上、下限为:

t_B、v_B、s_B 为制动车速下降到 $0.8v$(制动初始车速)时的时间、速度、距离;

t_E、v_E、s_E 为制动车速下降到 $0.1v$(制动初始车速)时的时间、速度、距离。

充分发出的平均减速度 a_m 算式经速度单位换算后,为:

$$a_m = \frac{v_E^2 - v_B^2}{25.92(S_E - S_B)} \quad (\text{m/s}^2)$$

便携式制动检测仪无法实时测量和显示车速(即使具备此功能,其准确性也难以满足要求),只能事后推算车速。因此,对于单轴驱动车辆路试检测行车制动,可先在车速表检验台上,使实际车速等于规定的制动初速度(30km/h 或 50km/h),并确定车速表指针的示值位置,路试时,使车速略大于该示值车速后挂空挡,当车速下降到指针的示值位置时急踩制动踏板。全时四轮驱动车辆难以台试测量车速表示值误差,可按车速表示值在略大于规定车速 2km/h 时实施制动(车速表示值通常略高于实际车速,此制动初速度可认为是对应的实际车速)。如输出打印报表中的路试制动初速度不在规定的范围内,可按比例以规定车速确定车速表示值重测。尽管理论上 MFDD 受制动初速度的影响较小,从规范检测的角度,《道路运输车辆综合性能要求和检验方法》(GB 18565—2016)规定,制动初速度允许偏差为规定值 ±2km/h。

在汽车检测站计量认证检验项目参数中,应根据不同的检测设备来确定路试行车制动的检验参数,如用钢卷尺或五轮仪等,通常是制动距离法,检验参数是制动初速度、制动距离、制动稳定性。如采用路试便携式制动仪,通常是充分发出的平均减速度法,检验参数是制动初速度、MFDD、制动稳定性、制动协调时间。虽然制动距离与 MFDD 相关联,但由于仪器和推算存在误差,两者在量值上有差异,所以只能两者取其一,否则可能会出现一个数据合格而另一个数据不合格。作为检测原则,同一种方法中不能出现两种方法的不同限值参数,便携式制动仪的认证项目和报告单不宜有制动距离,其所测制动距离仅作参考。

平板式制动检验台是一种低速动态检测车辆制动性能的设备,其检测原理是将车轮制动力通过制动平板传递在力传感器上测量而得,由于在平板上动态测量,反映了车辆在制动过程中的惯性减速的重荷前移,相对静态轴荷,前轴动态轴荷增加、后轴动态轴荷减小,制动惯性力只与制动减速度有关,与车速无关,所以可以在平板台上以较低的车速测量车辆动态制动力。由于在制动时初速度越高,汽车悬架的动态相应不同,后轴向前轴转移的动态轴荷越大,测取的相应各轴制动力也会受到影响,从而表现出测取的制动力与制动初速度存在一定的相关性。

第三节　制动力检测取值的研究分析

一、轴制动率的取值分析

在制动力检测中,有时会出现轴制动率超过100%,从理论上分析,车轮与粘砂滚筒的附着系数约为0.8,对于发动机前置的车辆,前轴的重量利用系数略高一点,如果轴制动率超过100%,可能由以下原因导致:

第一种可能的情况是:轮(轴)重仪传感器偏小误差严重或制动台力传感器偏大误差严重,应检查校准轮(轴)重仪传感器和制动台力传感器。在轮(轴)重仪传感器和制动台力传感器示值误差在合格范围内时,则主要是计算机取样问题所造成。制动力检测时,踩下制动踏板,被测车轮有脱离副滚筒的趋势,当被测车轮脱离副滚筒后松开制动踏板,制动力降低后车轮回落到副滚筒上,滚筒向后转动而车轮向前跌落,对滚筒产生了一个冲击的重力负荷叠加在制动力上,使制动力明显增大。踩两脚制动踏板或制动回位较慢也容易出现这种现象,在制动力曲线上出现多个波峰(图6-7),前面波峰下降一小段后即开始了第二个波峰的上升,后面一个波峰高于前面一个波峰。所以在取样时,如果计算机自动判断连续多个点出现下降,说明已断电机或已松制动踏板,计算机自动取第一个波峰的最大值。

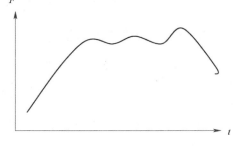

图6-7　多峰值制动曲线

第二种可能情况是:被测轮胎直径过小,轮胎在滚筒上的安置角较大,制动力检测时,施加在轮胎表面的力既有轮胎与滚筒间的摩擦力,还有滚筒对轮胎的挤压力,导致测取的制动力大大增加,此时测得的制动力是制动器制动效能的真实反映。由此可见,适当增加滚筒反力式制动检验台的滚筒中心距有利于提高设备的检测能力。

第三种可能情况是:如果滚筒制动台的安装高度较高于地面,对于多轴及并装轴车辆,所测得的各车轮制动力较大。此时,整车重量采用水平承重,就可能出现轴制动率达到90%,甚至大于100%的情况。因此,《道路运输车辆综合性能要求和检验方法》(GB 18565—2016)规定,用于检验多轴及并装轴车辆的制动台,副滚筒上母线与地面水平面的高度差为40mm,而且根据不同滚筒制动台的结构参数进行了高度修正,从而保证了被检车轴的附着重量不会增加过多。

二、制动力平衡的取值分析

制动力平衡检测的准确性与取值终点密切相关,通常可以有两种取值终点方式。一种是以左、右任一车轮达到规定滑移率,滚筒驱动电机断电时刻作为取值终点(简称单轮法),另一种是以左、右两个车轮均产生抱死滑移,达到规定滑移率时刻作为取值终点(简称两轮法)。

单轮法没有反映稳定制动阶段的左、右两车轮最大制动力之差，有可能在制动力增长阶段的制动力平衡很好，而在制动力稳定阶段的制动力平衡很差，通常这种情况主要是由同轴左、右轮重相差过大所造成，随着制动力平衡限值的合理放宽，这种现象已基本消除。

两轮法不仅包含了稳定制动阶段的左、右两车轮最大制动力之差，而且包含了先抱死滑移，驱动电机断电后制动力下降的误差。同轴左、右车轮的轮重不同，会使两车轮将要抱死分别停电机的时间差较大，当左、右车轮轮重较小的一边电机先断电后，制动力快速下降，而另一边车轮的制动力仍然在增长上升，这段过程的同一时刻左、右轮制动力差的检测值并不是真实的制动力差，如果把这段过程的检测值作为最大制动力差显然会造成错检错判。

单轮法的单边车轮先抱死滑移断电后，不管另一边的车轮能否抱死滑移、是大是小都不会错判，左、右轮重不同所造成稳定阶段的左、右轮最大制动力较大差值，并不反映左、右轮制动器的技术状况，故不予考虑。《道路运输车辆综合性能要求和检验方法》（GB 18565—2016）规定："以同轴左、右任一车轮产生抱死滑移时为取值终点，如左、右轮无法达到抱死滑移，则以较后出现车轮最大制动力时刻作为取值终点。"

三、车轮阻滞力的取值分析

车轮阻滞力对整车的安全性、动力性、燃料经济性等影响很大，也严重影响制动性能的各检测参数，车轮阻滞力难以定性检查，但可以很方便地定量检测。车轮阻滞力检测对车辆的影响如下：

（1）车轮阻滞力严重影响动力性和油耗，当动力性和油耗检测不合格时，车轮阻滞力是一个很重要的维修、诊断参数。

（2）可防止制动器拖滞的摩擦热传导给轮毂和轮胎，减少爆胎事故。

（3）可检测制动系气路或油路的卸载和背压情况，也可检测制动蹄片间隙自动调整装置的技术状况。制动系的一个重要性能是松开制动踏板后应快速释放制动力，车轮驶上制动台时会踩脚制动踏板，到位后松开制动踏板先检测车轮阻滞力，如果释放制动力过慢则会使车轮阻滞力增大，影响制动力的检测。对于盘式制动器，如果卸载后的背压偏大也会使车轮阻滞力增大，这些技术性能和状况都可以通过检测车轮阻滞力来反映。

（4）可防止调大阻滞力，以提高车轮制动力检测值和减小最大制动力差。

由于现有车轮阻滞力检测不完善，取样与操作没有正确配合，例如，在阻滞力取样时间区间内偏早踩脚制动踏板，取到行车制动的部分增长制动力而使阻滞力增大。大量试验表明，我国的力传感器精度可以满足车轮阻滞力的检测精度要求，虽然较大额定力值的力传感器，其低量程的相对误差较大，但相对误差的力值并不是很大，不会严重影响检测，主要误差在于取样，完善制动台的取样可准确检测车轮阻滞力。

（1）通常10t台架滚筒静态时的零位误差在±20N，重新规范了零位精度要求。台架两个滚筒的低速阻力并不大，驱动电机减速器传动系阻力作为系统内力已平衡，并不作用在反力式的力传感器上。

（2）起动电机2s后开始测量车轮阻滞力，防止过早采样，有些制动台测量的车轮阻滞力偏大，其原因是过早采样，检测值包含着较大的电机起动振动力。

（3）车轮阻滞力取平均值而不是最大值，这样可以避免将电机起动时的最大振动力作为车轮阻滞力而错检错判,也可把链传动不均匀的瞬态传动力平均化。

(4)为防止取样到部分增长的制动力,建议计算机程序自动判断车轮制动力开始增长的时刻,并以该时刻的前 0.5s 作为车轮阻滞力计算的终止时刻。

(5)保持至少 5s 的采样时间,保证被测轮胎转动一圈以上。

(6)由于平板制动台难以准确测量车轮阻滞力,故该台架不用于检测和评价车轮阻滞率。

(7)由于车轮阻滞力与轴制动率和制动不平衡率密切相关,在复检相关性中,当任何一个参数不合格复检时,要同时对该三个参数复检。

四、制动台的当量附着系数

滚筒反力式制动台的滚筒表面附着系数与制动力检测密切相关。滚筒反力式制动台的检测能力除了受电机驱动功率、滑移率控制影响外,另一个关键因素就是车轮与滚筒的表面摩擦系数,它决定了制动力检测时的车轮最大附着力。与路试类似,最大检测制动力小于或等于路面最大附着力,通常所说的滚筒摩擦系数是指滚筒粘砂表面所能达到的最大值(或新滚筒值),一般为 0.8 以上,经过长期使用的滚筒表面摩擦系数逐渐下降直至小于 0.6,此时将会导致滚筒制动台的检测能力下降,检测不到制动器最大制动力,从理论上讲,几乎会将所有车辆的制动性能指标检测为不合格,产生大量误判。

粘砂滚筒使用寿命终结的表现形式是粘砂层剥落,直径远小于原值。由于主滚筒拆装的装配性较差,大多数检测站的在用滚筒表面粘砂层虽无剥落,但摩擦系数下降,使得较大直径车轮的当量附着系数(车轮最大检测力与轮重之比)小于 0.7。有些检测站通常通过适当调小称重台的力传感器系数,调大制动台的力传感器系数进行补偿,显然这是一种违规行为。为确保制动台的检测能力,需要掌握滚筒表面摩擦系数的变化情况,可采用制动台的当量附着系数来综合检查和判断,其方法是:用制动性能良好、轮胎花纹深度符合规定且轴重接近滚筒制动台额定承载质量的试验车辆,在制动台上缓踩制动踏板使车轮逐渐抱死(车轮在两滚筒间车辆不向后移的最小检测能力状态),测量左、右车轮的当量附着系数,其值应不小于 0.7,也可采用滚筒附着系数测量仪测量滚筒表面附着系数,其值应不小于 0.75,否则应寻找原因,可能是滑移率控制出现问题或滚筒表面摩擦系数偏低。所以,要完善制动台主滚筒的结构设计,在提高装配性的基础上再完善最小当量附着系数的检查,最终解决雨天制动检测的问题,以提高制动力检测的准确性和规范性。

第四节 汽车制动性能的加载检测

目前,欧洲多采用加载检测法对汽车制动性能进行台架检测,常见的加载方式有两种:一种是将滚筒反力式制动台设计为可升降,检测时为升起状态,主要针对多轴车辆或并装轴车辆的检测。检测时,被检轴被顶起,利用其他轴的重量对被检轴实施加载,如图 6-8a)所示。另一种是在滚筒反力式制动检验台下方设计一套加力装置,一端将加力带系在被检车轴上,另一端固定在加力装置上,通过外加动力(如油缸)向下加力,如图 6-8b)所示。

图6-8 加载检测

理论上,汽车制动器设计应考虑并充分利用路面附着系数,最大制动能力应不小于满载整车总重量70%(普通路面的附着系数约为0.6~0.7),以达到最大制动效能。中重型货运车辆的满载/空载比远大于客车和乘用车,受轴荷和台架附着系数的限制,空载检测难以反映货车装载或满载状态时制动器所能发出的最大制动力,空载检测合格,装载或满载检测不一定合格,而反之则成立。因此,汽车制动性能台架加载检测主要用于货运车辆,特别是中、重型货车。随着技术的进步和管理要求的加强,可以预见在不久的将来,制动性能台架加载检测甚至满载检测会成为现实。

加载检测将会导致制动性能台试检测的重大改变,现有的相关检测设备、检测方法、操作、限值等也面临改变,需要开展大量试验和研究,为此探讨两种不同加载方式的优缺点以及加载检测的相关问题。

一、空载与满载检测的比较

汽车制动性能台架空载检测与加载检测各自具有鲜明的特点,分析如下:

(1)满载或加载检测属于高性能检测,检测合格不仅满足满载车辆制动要求,也满足空载车辆制动要求。空载在用车检测属于低性能检测,通过部分制动踏板行程、部分制动踏板力、部分制动气压或油压等限制条件下的空载检测,为满载制动留有余地,检测合格则满足空载车辆制动要求,但不一定满足满载车辆制动要求。

(2)静态满载或加载检测的制动力轴间分配不一定符合车辆行驶制动的实际制动力轴间分配。作为检测在用车制动系的技术状况,如果通过大量的试验统计表明,当空载车辆能达到限值要求就可以证实制系的技术状况良好,那就没有必要满载或加载检测。

(3)在用车制动性能检测最好采用一种检测和评价方法,如果既有空载又有满载的选择,容易引起对检测结论的异议。

(4)满载或加载检测的限值要根据不同车辆类别的设计轴间制动力分配来确定加载量,需要大量的满载试验统计。

(5)《道路运输车辆综合性能要求和检验方法》(GB 18565—2016)规定的多轴及并装轴车辆的台架检测方法,升高副滚筒上母线40mm只是满足了在用车的空载检测。

二、两种加载方式的比较

对于两轴式非并装轴车辆,被检轴顶起时,轴荷不但不会增加,甚至会导致轴荷下降。

因此，举升式加载不适用于两轴式车辆的加载检测，且与多轴车满载轴荷的状态不相符，多轴车结构的多样化会使相同举升高度的加载量相差很大。例如，为确保双驱动轴车轮在任何地面情况下不失重，其摆转式结构使之在一定举升高度范围内的两轴重量变化不大，很难达到所需的轴荷加载。又如并装三轴挂车的设计制动力相等，相同举升高度的轴荷相差很大，要求相同的加载轴制动率限值，则是对相同设计能力的各轴提出了不同技术要求。这种加载通常较小于挂车并装轴的真实满载轴荷，由于挂车并装轴的空载50%轴制动率偏小，加载后的50%的限值制动力大于或等于空载60%的限值制动力，由此可以探讨和研究替代举升式的加载方法，如通过固定升高40mm甚至更高一点，同时提高轴制动率限值为60%，在不影响乘用车等各种车型通过性的情况下简化设备和操作，按复合台称重计算车轮阻滞率，也不影响其检测和评价。举升式加载不能实现定量模拟满载检测，但在提高某些多轴车的制动台检测能力的基础上可提高轴制动力检测值。

下拉式加载不仅适用于多轴车满载的轴荷加载，也适用于两轴式非并装轴车辆，而且可以准确控制加载量，这种方式较为理想。虽然相比车辆空载台试检测制动性能，设备较复杂、操作性偏差，相比举升式只增加了简单、快捷用带系车轴和选定油压指针的操作，但可以实现空载车辆静态模拟满载制动性能检测，创新满载车辆行车制动安全性检测的先进技术。

根据不同车辆类别的满载行驶制动要求，尤其要考虑满载车辆行驶制动时重荷前移的动态轴荷，不同车辆类别的设计轴间制动力分配比例不同，通常乘用车前、后轴间制动力分配比例约为7∶3，轻型货车约为5∶5，两轴重型货车约为4∶6等，这种轴间制动力分配比例反映了车辆满载行驶制动重荷前移所需的实际前、后轴制动力比例。下拉式加载可以先按满载整车制动率限值要求，以设计轴间制动力分配比例或车辆满载行驶制动重荷前移的轴间动态轴重比例来分别计算确定各轴所需的制动力限值，并按所需的制动力限值来确定加载轴荷和加载量，其检测方法步骤如下：

（1）按所规定满载车辆的整车制动力限值要求 $\delta \times G$，G 为车辆总重量，δ 为规定要求的满载制动率限值系数，以所检车辆类别的设计轴间制动力分配比例，把 $\delta \times G$ 分解计算为各轴的制动力限值 F_i，要确保加载轴荷不小于 $F_i/0.6$，雨天检测时，车轮滚筒当量附着系数减小，加载轴荷应适当加大。

（2）空载车辆各轴称重，得到各轴静态重量，把分解计算的加载轴荷减去空载车辆称重的轴荷即为所需的下拉加载力，起动制动台电机后，再逐渐对所检车轴施加规定的下拉加载力，对左、右车轮加载平衡并达到规定加载轴荷稳定后，测取最大制动力和制动力不平衡力。

（3）根据计算所需加载力，按缸径可自动计算所需油压，人工把油压控制指针调至所需油压位置，当油压达到所需值时自动保持恒定油压若干秒，提示加载测量最大制动力和制动力不平衡力后，油泵自动卸压。

（4）可以创新满载车辆的制动力评价，当各轴的检测制动力均不小于各轴对应制动力限值 F_i，可以认为轴制动率和整车制动率都符合要求；或者前轴检测制动力不小于规定的前轴限值，且整车制动力也不小于规定的限值，可以认为满载车辆的轴制动率和整车制动率都符合要求。

（5）举例计算，两轴在用货车总重量为90000N，空载车辆的前轴重20160N，后轴重23830N，满载总制动力限值为不小于 $0.5 \times 90000 = 45000\text{N}$。按设计前、后轴制动力分配比约为4:6，前轴制动力不小于 $0.4 \times 45000 = 18000$N，后轴制动力不小于 $0.6 \times 45000 = 27000$N。按加载轴荷不小于 $F_i/0.6$ 要求，前轴加载轴荷不小于 $18000/0.6 = 30000$N，后轴加载轴荷不小于 $27000/0.6 = 45000$N，下拉加载力：前轴为 $30000-20160 = 9840$N，后轴为 $45000-23830 = 21170$N。

(6) 由于加载轴荷需要加大滚筒反力式制动台的额定承载质量，所需驱动电机的额定功率有所增加，为避免过大的电机功率，可优化设计，采用适当降低滚筒表面线速度的方式来配套合适的电机功率。

三、下拉式定量加载的技术优点

下拉式定量加载的技术优点如下：

(1) 从理论和实践上易统计不同车辆类别的轴间制动力分配比例，较为简单的方法以统计的各种车型底盘的制动鼓宽度和直径来估算，盘式制动器可按活塞数量、面积以及制动半径来估算，也可按各种车辆类别的满载整车重心位置和规定减速度理论计算而得，只需登录总重量、整备质量或车辆类别即可确定各轴的加载轴荷和轴制动力限值。在设计车辆前、后轴制动力分配比时，考虑了车辆满载行驶制动的重荷前移，这种方法本质上就是模拟车辆行驶制动时动态轴荷的制动性能检测，从而克服了现行空载检测难以满载和无法模拟行驶制动重荷前移的两大缺陷，也解决了行业内滚筒式与平板式检测制动的技术争议。

(2) 由于车辆在水泥或沥青路面的附着系数约为0.7，设计额定整车制动率肯定大于0.7。对于在用车辆，允许制动系统的技术状况有所下降，满载整车制动率限值为0.5是适宜的，相对设计各轴额定制动力等比例地合理放松限值，对各轴制动器的技术状况要求统一和规范，通常车轮无抱死时能够检测真实的车轮制动力，从根本上解决雨天制动检测错检错判问题，提高汽车检测站雨天检测制动的规范性和准确性。

(3) 从前述举例计算可知：空载整车制动力限值为 $0.6 \times (20160 + 23830) = 26394$N，满载则为45000N，空载仅为满载的 $26394/45000 = 0.587$。如果车辆空载台试车轮不抱死状态下，整车制动率刚好合格，满载制动的平均减速度就会大大下降，制动距离大大增加。所谓的部分踏板力、行程和部分油压、气压无法控制也难以实施，致使许多空载检测合格的车辆，满载行驶时存在严重的制动安全隐患。

(4) 加载检测可以增加台试制动协调时间的检测，以各轴检测踏板开关触发时刻统一作为计时0点，叠加同一时刻各轴各车轮的制动力总和来计算制动协调时间。随着甩挂运输方式的推广应用，汽车列车的数量越来越多，较轻的挂车质量对于运输效率和节能减排是有利的，但对于空载台架检测制动性能是不利的，要准确检测和评价挂车各轴制动系统的技术状况，下拉定量加载轴荷检测是比较科学、准确的方法。并装轴车辆应在副滚筒上母线升高40mm的台架上加载轴荷，避免加载力过多地被其他非检测轴所吸收。

(5) 现行制动力平衡限值是相对于空载检测确定的，可能存在满载制动不跑偏，但是空载制动严重跑偏的情形。如加载检测参照空载检测的限值，在合格范围内，其最大制动力差可适当增大，但需要通过大量试验确定不同车辆类别加载检测的前、后轴制动不平衡率限值，确保车辆空载和满载都不会制动跑偏。由于制动跑偏主要是由较长时间和距离的制动力稳定阶段所决定，加载轴荷检测通常左、右车轮不会都抱死，可准确测量制动力稳定阶段的制动力平衡。

（6）按综合检测站工位检测时间来分析，在底盘测功机工位检测车速表、动力性和油耗三种性能所需的时间，与下拉式加载轴荷制动的检测时间相差不大，所以对综合检测站的检测效率影响不大。

总之，下拉式空载车辆静态模拟满载行驶制动重荷前移的动态轴荷检测制动性能，具有各方面的优点，但其严重缺陷是牺牲了空载检测的良好操作性和高效率。所以，作为在用汽车制动检测技术的一种发展方向，需要综合探讨和研究以下问题：

（1）根据不同车辆类别的在用车设计和使用状况以及安全危害程度，出租汽车和轻型货车由于空载与满载的重量相差不大，采用空载台试即可基本满足满载制动要求，无须模拟重荷前移的动态轴荷检测。整车空载限值 0.6 是满载限值 0.5 的 1.2 倍，客车的总重量与整备质量之比约为 1.4，$0.6 = F_空/G_空$，$0.5 = F_满/G_满 = F_满/(1.4 \times G_空)$，联立解得 $F_满 = 1.17 \times F_空$，即客车满载所需整车制动力是空载时的 1.17 倍，需要探讨是否有必要实施加载检测。如果认为客车通常不会达到总重量或即使人员满载也小于总重量，也可无须加载检测。重型货车的 $F_满 \approx 1.7 \times F_空$，挂车的 $F_满 \approx 2.5 \times F_空$，可按所登录的总质量、整备质量自动确定是否需要加载检测，当 $G_满/G_空$ 大于 1.5 则需加载检测，其余可空载检测。当乘用车或客车前轴制动率合格而整车制动率不合格，必要时可前轴加载检测，重型货车、挂车和危险货物运输车辆应采用加载检测。从检测时间和节拍上考虑，如果只是增加约 2min 检测时间，适当增加一些检测费用，但保证了满载制动性能，有利于制动加载检测技术的发展应用。

（2）开展同一车辆空载检测和加载检测的对比试验，比较两种方法的检测时间、轴制动合格率、整车制动合格率、制动平衡率等，统计复检率的比例，在总结和完善试点的经验后再评价其准确性、操作性，探讨实施性。

（3）通过对比试验还可得到汽车满载制动的各种性能，如汽车列车满载制动的真实制动时序、制动力分配和较大加载力的时序变化等。

台试加载制动性能检测是检测技术的发展方向，可以大大提高我国的汽车安全检测技术和行驶安全性。但是，采用何种加载方式是检测行业值得研究的问题，在研究和比较各种不同加载方式的利弊，确定加载方式并达成共识后，需进行大量试验，全面完善设备、方法、操作与限值等。在目前缺乏试验的情况下，《道路运输车辆综合性能要求和检验方法》（GB 18565—2016）暂未对加载制动力检测作出规范。

第五节　全时四驱车辆的制动性能检测

针对全时四驱车辆，目前汽车检测站所用的单台滚筒反力式制动检验台无法满足检测需要，因而需采用平板制动台或路试检测。如采用滚筒反力式制动检验台，有以下几种方法可实现对全时四驱车辆的检测。

一、加装"自由滚筒组"

在滚筒反力式制动检验台前、后分别加上"自由滚筒组"，如图 6-9 所示。

"自由滚筒组"是由四根粘砂滚筒组成，在正常情况下自由滚筒可以自由旋转（旋转阻力很小)。在需要的时候,可以利用"锁止机构"将四根滚筒锁止不动。

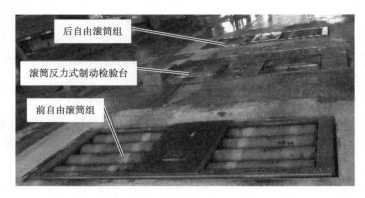

图6-9　加装"自由滚筒"的滚筒检验台

为了防止在检测时车轮后退影响制动力检测的准确性,反力式制动检验台后加装"车轮挡",如图6-10所示。当需要时,可以通过控制液压泵使车轮挡液压顶杆顶起,车轮挡平板倾斜,车轮挡滚筒靠紧被检测车轮,使被检测车轮在检测过程中无法后退。当不需要"车轮挡"时,车轮挡液压顶杆收回,车轮挡平板回落与地面平齐,车辆可方便地驶出制动台。

图6-10　车轮挡挡住被检测车轮

二、两台滚筒反力式制动检验台串职安装

两台滚筒反力式制动检验台串联安装,同时检测。其中一个检验台固定安装用于检测前轮(或后轮),另一个检验台设计为轴距可调,用于检测后轮(或前轮)。检测时,将车身用牵引或挡轮固定使其制动时不能后退,从而实现四轮同检。

三、非检测轮悬空法

全时四驱车辆通常是乘用车,重型车辆较少有全时四驱结构。全时四驱车辆制动性能检测首选为路试,也可采用前述两种方法,但设备需要投入资金,且较复杂。第三种方法是用快速举升器把非检测轮稍微悬空(使非检测轮空转检测),慢踩制动踏板实施制动。乘用车重量相对较轻,且滚筒速度不高(约2.5km/h),操作性和安全性良好。

第六节　汽车列车制动性能要求和评价方法

制动性能是汽车最主要的性能之一,对于汽车列车也不例外,甚至显得更为重要。欧、美等国家和地区的道路运输,特别是货物运输突出体现出运输车辆的重型化特征,其表现形式为汽车列车的广泛应用。目前,我国也有同样的发展趋势,由于运输效率和运输成本的优势,重型道路运输车辆发展很快,多轴式汽车列车在道路运输中的占比呈现快速上升趋势,中、小型单车已不再是中、远程货物运输的主导车型。在大力开展甩挂运输技术研究和推广应用的背景下,牵引车与挂车的匹配及其制动效能的优劣对道路运输安全尤为重要。

国内曾有学者利用仿真技术对汽车列车制动性能、制动协调性和行驶稳定性进行过分析研究,但此类方法都是建立在数学模型基础上的理论计算,更加适用于车辆生产企业的产品辅助设计,在汽车不解体检验技术应用方面无太多实际意义。在我国货运车辆已向多轴式、重型化方向发展的新形势下,从确保政府相关法规法令有效实施和重特大道路交通事故综合预防的战略高度看,汽车列车制动性能及其检测技术的研究和装备开发将成为必然,其发展趋势是科学化、自动化、电子化前提下的规范生产与应用。

目前,汽车列车的制动性能问题已经得到政府和研究机构的高度关注,相关实用性技术研究也取得了初步的成果。

一、汽车列车制动性能存在的问题

汽车列车相对于其他普通运输车辆,具有以下突出特点:
(1)外廓尺寸大,行驶车体重心高,其外部特征远超普通车辆;
(2)多轴底盘行走系统,制动系和制动参数要求较为复杂;
(3)各轴制动时序不正确时,易产生"折叠"和"摆尾"等极其危险的情况(图6-11);

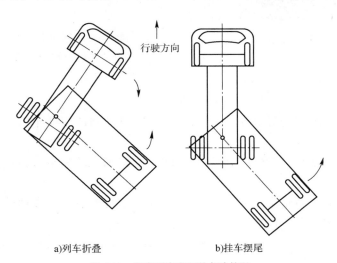

a)列车折叠　　　　b)挂车摆尾

图6-11　汽车列车出现的危险情况

（4）整备质量和总质量相对较大，制动距离长。

除制动力、制动协调时间和制动力平衡等常规评价参数外，由于汽车列车的特殊结构以及牵引车与挂车之间的特殊连接，汽车列车的制动协调性和稳定性问题更加突出。长期以来，汽车界对汽车制动性能的理论研究主要是以两轴或三轴普通客、货汽车为研究对象，而对于多轴汽车列车的研究相对较少，汽车列车的制动协调性和稳定性问题始终存在。究其根源，既有管理层面的原因，也有技术层面的因素。

（1）没有科学、统一、规范的技术标准，汽车列车制动性技术性能要求缺失；

（2）牵引车与挂车设计不协调统一，生产脱节，汽车列车的制动性能匹配性差；

（3）汽车列车的技术管理存在盲区和难点，缺少牵引车与挂车使用过程的协调管理机制；

（4）缺乏相应的检测技术手段，台架检测和路试检测存在一定的局限性；

（5）汽车列车装载随意性较大，超载现象使所需制动力超过制动器充分利用路面附着系数的能力。

对于多轴汽车列车而言，由于制动管路长，各轴制动不同步，造成挂车制动滞后，严重时导致车辆倾覆、车毁人亡的事故。因此，在不能保证所有轴同步抱死的情况下，各轴的抱死顺序、抱死时差对汽车列车制动效能以及制动协调性和稳定性有相当大的影响。一些汽车列车驾驶员出于制动折叠以及挂车对牵引车制动撞击的恐惧，将转向轮（第一桥）的制动力人为调整降低甚至解除制动，或采用"点制动"操作，以牺牲整车制动效能换取制动的协调性和稳定性。

在汽车列车制动性能参数中，制动力和协调时间决定了制动距离长短，左、右两轮的制动力差及示值间差决定了车辆是否跑偏，而制动时序则决定了车辆是否产生"摆尾"和"折叠"现象。汽车列车在制动时一旦出现这种情况，在道路宽度有限的条件下，将形成极其危险的行走姿态（图6-12），这种特有的姿态对于双轴车或单车并不突出。因此，除制动力、制动力平衡和制动协调时间等指标参数外，各轴的制动时序、牵引车与挂车间的制动力分配是汽车列车制动性能的重要评价指标。

图6-12 汽车列车"折叠"姿态

汽车列车制动"折叠"和"摆尾"的主要原因是：

（1）牵引车与挂车的选配组合不合理，牵引车的设计制造与挂车的设计制造脱节，忽略了组合后的匹配性能；

（2）制动控制管路布置不合理，总泵和分配阀至挂车制动分泵管路过长，导致制动时序不正确；

（3）挂车与牵引车的质量比过大，制动滞后的挂车对牵引车形成推动冲击，在推力偏角分力作用下导致折叠，挂车重载或超载时，问题更为严重；

（4）牵引车与挂车制动力分配不当，挂车制动力不足，紧急制动或弯道制动时，导致"折叠"；

(5)安全配置不足,挂车后轴抱死滑移,导致"摆尾"。

对于半挂列车而言,在所有车轴不能确保同步制动情况下,当牵引车前轮先抱死时,将导致失去转向能力,但驾驶员快速松开制动踏板后,转向能力即可恢复,因此是可控的;牵引车后轮先抱死将造成折偏角,在牵引车制动效能较强、挂车制动效能较弱或行驶在弯道时,会出现"折叠"现象,这种现象难以控制;半挂车车轮先抱死将引起挂车"摆尾",但驾驶员松开制动踏板后,同样可恢复正常状态,因此也是可控的。上述三种情况中,产生折偏角是最危险工况。因此,半挂车车轴应先于牵引车后轴制动抱死,这就意味着即使列车出现挂车"摆尾"的制动不稳定现象,也要让"折叠"现象发生在"摆尾"现象之后。

国内外汽车列车技术文献指出,为了防止汽车列车出现"折叠"侧滑和"摆尾"现象,提高制动稳定性,理论上汽车列车各轴应同步制动并达到最大制动效能。当各轴达不到理想状态的同步抱死时,半挂车制动较牵引车制动应稍微提前一点,解除制动时应稍微滞后一点,以避免牵引车受到撞击或半挂车发生"折叠"。具体来讲,按照制动稳定性要求,车轴抱死顺序应是"牵引车前轴(1)—半挂车车轴(3)—牵引车后轴(2)",或者"半挂车车轴(3)—牵引车前轴(1)—牵引车后轴(2)",牵引车后轴先抱死是最为有害的,即牵引车后轴无论如何不能首先抱死滑移。在山区和弯道行驶的半挂汽车列车,制动时失去转向能力比后轴侧滑潜在的危害更大,即使牵引车和挂车同时装备防抱死制动装置(ABS),由于我国半挂汽车列车载荷以及半挂车相对牵引车的总质量较大,超载严重,如制动时序不正确,在山区、弯道及丘陵地区仍有可能产生制动"折叠",因而其制动抱死顺序应为"3—1—2"。按"3—1—2"顺序制动,可有效减小平直、山区、弯道及丘陵地带制动对牵引车的撞击,从而避免"折叠"等不稳定工况,符合我国现阶段的国情。

对于全挂汽车列车而言,理论分析与实际使用结果都表明,当牵引车后轴或牵引车前、后轴都先于挂车车轴制动抱死时,牵引车会受到来自挂车的较大冲击,紧急制动的初速度越大,冲击力也越大,严重时会损坏牵引架,产生全挂汽车列车"折叠"现象。另外,当挂车后轴或前、后轴都先于牵引车车轴制动抱死时,挂车会产生制动"摆尾",制动稳定性不好。全挂汽车列车最佳的制动抱死顺序为:"挂车前轴—牵引车前轴—挂车后轴—牵引车后轴"。

由于《机动车运行安全技术条件》(GB 7258)以及《道路运输车辆综合性能要求和检验方法》(GB 18565—2016)均要求半挂牵引车以及 O_3、O_4 类挂车安装防抱死制动装置,这就基本解决了车轮制动抱死滑移问题。基于此,在确定汽车列车制动性能要求时,不再过多考虑车轮制动抱死、侧滑以及"摆尾"问题,而是把关注的重点放在半挂车对牵引车的制动冲击和制动"折叠"上。

二、汽车列车制动性能

1. 常规要求

汽车列车由牵引车和挂车组合而成,汽车列车的制动性能既与牵引车和挂车的制动性能相关,同时也受到牵引车和挂车组合匹配性能的制约。因此,汽车列车的制动性能应对牵引车、挂车以及组合后的汽车列车分别提出要求。《机动车运行安全技术条件》(GB 7258—2012)中对汽车列车的制动性能规定为:"空载和满载条件下,整车制动率分别不小于55%和45%"(该指标限值与欧洲指标相近),对于汽车列车的轴制动率未提出要求。由于在空载和满载条件下,牵引车的整车制动率分别不小于60%和50%,挂车的轴制动率均不小于55%,当牵引车和挂车的各轴制动率满足要求时,牵引车和挂车组合形成汽车列车后,其整车制动率一定满足要求。基于此,《道路运输车辆综合性能要求和检验方法》(GB 18565—2016)未对汽车列车整车制动率作出规定,只规定了牵引车的整车制动率、轴制动率和制动不平衡率以及挂车的轴制动率和制动不平衡率,见表6-8。

表6-8 台架检验制动性能要求

车辆类型		整车制动率(%)		轴制动率(%)		制动不平衡率(%)
		空载	满载	前轴[a]	后轴[a]	
M_1 类乘用车		≥60	≥50	≥60[b]	≥20[b]	前轴≤24 后轴≤30 或 10[d]
M_2、M_3 类客车		≥60	≥50	≥60[b]	≥50[c]	
N_1 类货车		≥60	≥50	≥60[b]	≥20[b]	
N_2、N_3 类货车		≥60	≥50	≥60[b]	≥50[c]	
牵引车		≥60	≥50	≥60	≥50	
O_3、O_4 类挂车	全挂车	—	—	≥55[e]	≥55[e]	
	半挂车	—	—		≥55[e]	

a 前轴是指位于机动车(单车)纵向中心线中心位置以前的轴,除前轴之外的其他轴均为后轴;第二转向桥视为前轴;挂车的所有车轴均视为后轴。
b 空载和满载状态下测试时应均满足此要求。
c 满载测试时不做要求,空载用平板制动检验台检验时应大于或等于35%;总质量大于3500kg的客车,空载用滚筒反力式制动检验台检验时应大于或等于40%,用平板制动检验台检验时应大于或等于30%。
d 对于后轴,当轴制动率大于或等于该轴轴荷60%时,不平衡率不大于30%;当轴制动率小于该轴轴荷60%时,不平衡率不大于10%。
e 满载状态下测试时应大于或等于45%

2. 制动时序、制动协调时间与制动力分配要求

(1)制动时序、制动协调时间。

根据目前我国汽车列车的技术水平和使用现状,牵引车和挂车无论是否装有防抱死制动装置,在不能保证各轴同步制动的情况下,挂车的制动应不滞后于牵引车,为防止各轴制动产生过大的时间差,以制动协调时间加以约束。《道路运输车辆综合性能要求和检验方法》(GB 18565—2016)规定,汽车列车的制动时序应满足:"挂车各轴的制动动作应不滞后于牵引车各轴的制动动作,汽车列车的制动协调时间不大于0.80s。"

(2)制动力分配。

汽车列车除应符合上述制动时序要求外,还应满足制动力分配要求。

对于新生产车辆,满载条件下,汽车列车制动力的分配应满足:仅使用牵引车(挂车)制动器时产生的制动减速度与使用牵引车和挂车全部制动器时产生的制动减速度的比值不应小于牵引车(挂车)质量与汽车列车质量比值的95%。

对于在用车辆,牵引车(挂车)整车制动力与汽车列车整车制动力的比值不应小于牵引车(挂车)质量与汽车列车质量比值的90%,也即牵引车(挂车)的整车制动率不应小于汽车列车整车制动率的90%。

需要说明的是:

①上述汽车列车制动力分配要求中,对于新生产车辆,是以满载条件下的制动减速度评价,便于汽车制造企业在设计中进行道路试验;对于在用车辆,是以整车制动力(率)评价,便于车辆年审和车辆技术管理进行台架检测。由于 $F=m\times a$,两者是等效的。

②关于汽车列车制动协调性和稳定性,国外发达国家有不同的规定。例如,德国、欧盟和瑞典等要求挂车制动不得滞后于牵引车;美国 SAE 标准要求:"挂车最后轴的制动动作滞后于牵引车第一轴的时间不大于(0.17 ± 0.05)s",苏联和我国《机动车运行安全技术条件》(GB 7258)要求:"挂车最后轴的制动动作滞后于牵引车第一轴的时间不大于 0.20s"。上述要求可理解为:挂车的制动动作应先于牵引车,如果存在滞后的话,挂车最后轴的制动动作时间相对于牵引车前轴也要尽可能短,滞后于牵引车第一轴的时间不得超过规定限值。我国现阶段汽车列车最为显著的使用特点:一是挂车总质量和装载质量过大,"小马拉大车"现象普遍存在;二是中重型汽车通常采用气压制动,气压制动系统达到最大制动效能的时间一般为 0.5s 左右(油压制动系统为 0.3s 左右),显然,0.2s 的滞后时间限值明显过长。在此现状下,即使挂车最后轴的制动动作滞后于牵引车第一轴的时间不大于 0.2s,仍有可能造成不可控的"折叠"。因此,欧洲的规定更加符合我国国情。

③国外发达国家的汽车列车多装有防抱死制动系统(ABS)和可变比例分配阀等电子控制装置,在很大程度上解决了汽车列车制动协调性和稳定性的问题。反观我国,尽管相关法规要求牵引车和 O_3、O_4 类挂车应安装防抱死制动装置,但实施的效果并不理想。例如,多数牵引车和绝大多数的挂车未安装防抱死制动装置,或安装的防抱死制动装置不符合要求。此外,即使牵引车和挂车均安装了防抱死制动装置,只是很大程度上解决了车轮抱死滑移产生的"摆尾",在山区、弯道、丘陵等特殊地区和路段,或牵引车与挂车推力线出现偏角时,汽车列车的制动时序不当仍可能产生制动"折叠"。

3. 解决方案

汽车列车的制动是一个非常复杂的过程。满载时,要使得整车在各种路面制动时,各轴都同时达到最大制动力,其制动器的制动力分配关系异常复杂。目前,对于具有固定分配比值的汽车列车,通过合理选择分配系数或完善制动管路系统,不仅能保证制动时的稳定性,而且可保持较高的制动效能。

在我国现阶段,汽车列车的制动协调性和稳定性可通过以下方法加以解决:

(1)牵引车和挂车制造厂在产品制动系统设计上应协调统一,可采取在半挂牵引车以及 O_3、O_4 类挂车强制安装防抱死制动装置,安装可变比例分配阀,将储气筒和制动总泵后移等改进措施;

(2)在吸收国外先进技术的基础上,在牵引车上安装列车制动系统同步装置,使列车制动时能快速向挂车提供气源,确保牵引车与挂车同步产生同等强度、同等速度的制动,从而减少和避免制动"折叠"形态;

(3)进一步推动先进、成熟的车辆安全装置的普及应用,根本解决汽车列车制动协调性和稳定性问题的途径是实现制动系统的电子控制。

汽车列车的制动安全性问题既是技术问题,也是管理问题,更是道路货物运输安全保障的核心所在和重要抓手。解决好这个核心问题,货运安全问题就解决了大半。《道路运输车辆综合性能要求和检验方法》(GB 18565—2016)只是从技术层面提出了汽车列车制动性能的相关要求,而更多的工作需要政府相关管理部门研究并提出现阶段我国汽车列车和挂车设计生产和使用管理的政策和措施。

三、汽车列车制动性能的评价方法

由于受结构、原理的制约,滚筒反力式制动检验台同时检测汽车列车每轴、每车轮的制动力在操作方面存在局限性,即需要加装制动踏板开关,分别对各个车轴进行检测,且踩下制动踏板的动作力度需要保证一致。普通平板式制动检验台虽然可以同时测量每个车轮的制动性能,但主要应用于双轴车辆,不能满足《道路运输车辆综合性能要求和检验方法》(GB 18565—2016)所规定的汽车列车制动性能的检测需求。为此,研究开发符合汽车列车车型特点和结构特征的汽车列车制动性能检测技术,受到政府、科研院所和汽车检测行业的广泛关注,目前该技术已取得了阶段性成果(图6-13)。

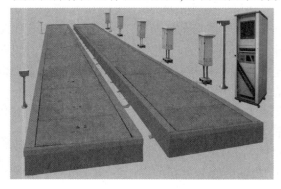

图6-13　汽车列车制动性能检验台

1. 系统组成

汽车列车制动性能检验台由检测台架(机械单元)、计算机数据采集处理系统(测控单元)、提示系统(引导单元)、网络系统组成,如图6-14所示。

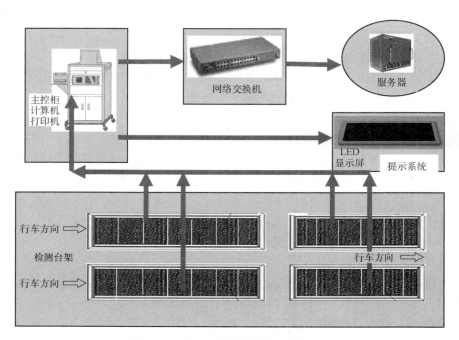

图6-14　汽车列车制动性能检测系统组成

检测台架:由独立的检测单元组成检验台架,形成一段模拟路面,通过轮重传感器和制动力传感器将车辆轮胎传递的力转换成电信号,经放大滤波后,送往 A/D 转换器转换成数字信号,由计算机进行处理转换成相应的物理量。

控制系统:由主控柜、计算机、打印机及电气测量系统组成,同步采集来自各检测板的电信号,并处理转换成各检测板相应的物理量(垂直载荷及水平制动力、时间),进行限值判断。

提示系统:由控制系统通过串行通信口传输操作指挥信号到 LED 显示屏,提示驾驶员操作。

网络交换机、服务器:根据需要,通过网络交换器与外部数据服务器进行数据通信交互。

2. 测力单元

汽车列车制动性能检测系统测力单元的结构与普通平板式制动检验台的测试平板大体相同,如图 6-15 所示。

测力单元是车轮制动力和车轮垂直力的承受与传递装置。与普通平板式制动检验台相同,测试面板为一长方形钢板,面板的宽度设计适应双胎宽度并有余量,而长度设计则保证在任何情况下,不会出现同侧前、后两个车轮的制动力和垂直力同时作用于同一测力单元的情形。由于汽车列车一般装有并装轴,而并装轴的轴距相对较小(通常为 1300mm 左右),故各测力单元紧密排列,用以检测各车轮的作用力。

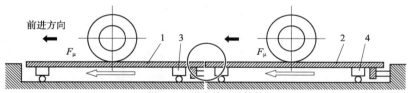

图 6-15　测力单元的结构
1、2-测力单元;3、4-拉力传感器

3. 检测原理

汽车列车制动性能检测系统的测试原理也与普通平板式制动检验台基本相同。即:汽车列车以 5~10km/h 的速度(或按出厂说明书允许的更高速度)驶上制动台,置变速器于空挡。急踩制动踏板后,汽车列车在惯性力的作用下,通过各车轮在各个测力单元上附加与制动力大小相等、方向相反的作用力,使测力单元沿纵向产生刚性位移。数据采集系统测量并处理各车轮的制动力、轮重等参数,并显示、输出检测结果,测试原理如图 6-16 所示。

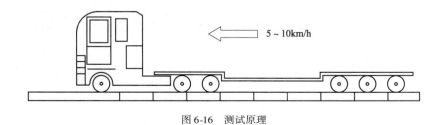

图 6-16　测试原理

4. 检测功能

依据《道路运输车辆综合性能要求和检验方法》(GB 18565—2016)有关汽车列车制动性能的技术要求,确定汽车列车制动性能检测系统的检测功能:

(1)牵引车、挂车和汽车列车的整车制动力;

(2)牵引车、挂车和汽车列车的各轴制动力;

(3)牵引车、挂车和汽车列车各轴制动不平衡率;

(4)动(静)态轮重;

(5)汽车列车制动时序;

(6)汽车列车制动协调时间;

(7)汽车列车制动力分配;

(8)汽车列车轴数自动识别;

(9)车辆速度的判定;

(10)车辆无效位置的判定。

5. 检测流程

汽车列车制动性能检测检验流程如图6-17所示。

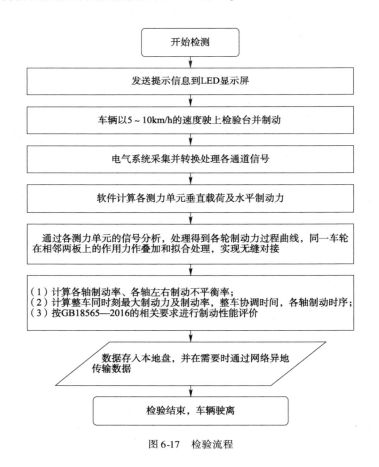

图6-17 检验流程

応用篇

第七章 道路运输车辆综合性能要求和检验方法(GB 18565—2016)释义

第一节 范 围

【条款1】 本标准规定了申请从事道路运输车辆和在用道路运输车辆的技术要求,以及在用道路运输车辆的检验方法。

本标准适用于申请从事道路运输经营的车辆和正在从事道路运输经营的车辆,从事驾驶员教学等道路运输相关业务的车辆可参照执行。

【释义】 本章是对《道路运输车辆综合性能要求和检验方法》(GB 18565—2016)(以下简称 GB 18565—2016)技术内容以及适用范围(即效力范围)的概括性说明。

【要点】 《中华人民共和国道路运输条例》第二条:"从事道路运输经营以及道路运输相关业务的,应当遵守本条例。前款所称道路运输经营包括道路旅客运输经营和道路货物运输经营;道路运输相关业务包括站(场)经营、机动车维修经营、机动车驾驶员培训";第三十条:"客运经营者、货运经营者应当使用符合国家规定标准的车辆从事道路运输经营";第三十一条:"客运经营者、货运经营者应当加强对车辆的维护和检测,确保车辆符合国家规定的技术标准;不得使用报废的、擅自改装的和其他不符合国家规定的车辆从事道路运输经营"。

基于此,GB 18565—2016 适用于申请从事道路运输经营和正在从事道路运输经营的客运车辆和货运车辆,对于从事道路运输相关业务的车辆,应依据《中华人民共和国道路运输条例》以及各省、自治区和直辖市的相关法规执行。

第二节 规范性引用文件

【条款2】 下列文件对于本文件的应用是必不可少的。凡是注日期的引用文件,仅注日期的版本适用于本文件。凡是不注日期的引用文件,其最新版本(包括所有的修改单)适用于本文件。

GB 1589	道路车辆外廓尺寸、轴荷及质量限值
GB/T 2408	塑料燃烧性能的测定 水平法和垂直法
GB 3847	车用压燃式发动机和压燃式发动机汽车排气烟度排放限值及测量方法
GB 7258	机动车运行安全技术条件
GB 8410	汽车内饰材料的燃烧特性

GB/T 12544	汽车最高车速试验方法
GB 12676	商用车辆和挂车制动系统技术要求及试验方法
GB 13057	客车座椅及其车辆固定件的强度
GB 13392	道路运输危险货物车辆标志
GB/T 13594	机动车和挂车防抱制动性能和试验方法
GB 14166	机动车乘员用安全带、约束系统、儿童约束系统和ISOFIX儿童约束系统
GB 14167	汽车安全带安装固定点、ISOFIX固定点系统及上拉带固定点
GB/T 14172	汽车静侧翻稳定性台架试验方法
GB 17578	客车上部结构强度要求及试验方法
GB/T 18276	汽车动力性台架试验方法和评价指标
GB 18285	点燃式发动机汽车排气污染物排放限值及测量方法(双怠速法及简易工况法)
GB 18564.1	道路运输液体危险货物罐式车辆 第1部分:金属常压罐体技术要求
GB 18564.2	道路运输液体危险货物罐式车辆 第2部分:非金属常压罐体技术要求
GB/T 18566	道路运输车辆燃料消耗量检测评价方法
GB/T 19056	汽车行驶记录仪
GB 19578	乘用车燃料消耗量限值
GB 20300	道路运输爆炸品和剧毒化学品车辆安全技术条件
GB 20997	轻型商用车辆燃料消耗量限值
GB 21668	危险货物运输车辆结构要求
GB 21670	乘用车制动系统技术要求及试验方法
GB/T 24545	车辆车速限制系统技术要求
GB 26512	商用车驾驶室乘员保护
GB/T 26778	汽车列车性能要求及试验方法
JT/T 325	营运客车类型划分及等级评定
JT/T 445	汽车底盘测功机
JT 711	营运客车燃料消耗量限值及测量方法
JT 719	营运货车燃料消耗量限值及测量方法
JT/T 789	道路甩挂运输车辆技术条件
JT/T 794	道路运输车辆卫星定位系统车载终端技术要求
JT/T 884	营运车辆抗侧翻稳定性试验方法 稳态圆周试验
QC/T 730	汽车用薄壁绝缘低压电线
QC/T 29106	汽车电线束技术条件

【释义】 本章列出了GB 18565—2016引用标准的标准号及标准名称,共37个。所有引用标准的最新版本(包括所有的修改单)适用于本文件。

【要点】 为了更好地理解执行GB 18565—2016,综合性能检验机构的检验人员应掌握规范性引用文件引用的相关技术要求。

第七章 道路运输车辆综合性能要求和检验方法(GB 18565—2016)释义

【说明】

(1)2016 年 7 月第 1 版,第 1 次印刷的 GB 18565—2016 规范性引用文件中,《汽车动力性台架试验方法和评价指标》(GB/T 18276—2000)应不带年号,其最新版本(包括所有的修改单)适用于本文件。

(2)GB 18565—2016 技术要求中,车辆类型的分类方法执行《机动车及挂车分类》(GB/T 15089—2001)的规定。

第三节 术语和定义

【条款3】 下列术语和定义适用于本文件。

3.1 道路运输车辆

获得道路运输许可,从事经营性道路客、货运输的车辆。

3.2 申请从事道路运输车辆

申请办理道路运输经营许可证,并拟从事道路运输经营的已注册车辆。

3.3 比功率

发动机最大净功率(或 0.9 倍的发动机额定功率,或 0.9 倍的发动机标定功率)与车辆最大允许总质量之比。

3.4 整车制动率

各车轮的最大行车制动力之和与整车重量(各轴静态轴荷之和)的百分比。

3.5 轴制动率

同轴左、右车轮最大制动力之和与静(动)态轴荷的百分比。

3.6 制动不平衡率

行车制动力增长全过程中,同时刻测取的同轴左、右轮制动力差的最大值与该轴左、右车轮的制动力最大值中大者的百分比;除前轴外,当轴制动率小于 60% 时,为同时刻测取的同轴左、右轮制动力差的最大值与该轴轴荷的百分比。

3.7 制动协调时间

从触动制动踏板至所有车轮同时刻的制动力之和达到整车制动率规定值的 75%(或充分发出的平均减速度达到规定值的 75%)所需时间。

3.8 驻车制动率

驻车制动轴的最大驻车制动力之和与整车重量(各轴静态轴荷之和)的百分比。

3.9 制动时序

汽车列车各轴产生制动动作的时间次序。

3.10 驱动轮轮边稳定车速

在额定功率(或额定扭矩)工况和规定的负荷下,驱动轮轮边的稳定线速度。

【释义】 本章是对 GB 18565—2016 的相关术语作出的定义,共 10 条。其中,"道路运输车辆"和"申请从事道路运输车辆"的定义是对 GB 18565—2016 适用车辆的术语界定;"比功率"、"整车制动率"、"轴制动率"、"制动不平衡率"、"制动协调时间"、"驻车制动率"、"制动时序"和"驱动轮轮边稳定车速"的定义是对 GB 18565—2016 中车辆性能参数的术语界定。

【要点】 为了更好地理解执行 GB 18565—2016,综合性能检验机构的检验人员、汽车检测设备生产企业以及计算机控制联网单位应熟知汽车结构原理,理解掌握上述术语及其定义,并对受检车辆作出科学、规范、准确的评价。

第四节 申请从事道路运输车辆的技术要求

一、结构要求

(一)技术要求

1.【条款 4.1.1】 申请从事道路运输的车辆应符合 GB 1589 的规定。

2.【条款 4.1.2】 客车的上部结构强度应符合 GB 17578 的规定。

3.【条款 4.1.3】 货车驾驶室的强度和安装强度应满足 GB 26512 的要求。

4.【条款 4.1.4】 货车均应在驾驶室(区)两侧喷涂总质量(半挂牵引车为最大允许牵引质量)。其中,栏板货车和自卸车还应在驾驶室两侧喷涂栏板高度,栏板挂车应在车厢两侧喷涂栏板高度。罐式汽车和罐式挂车还应在罐体上喷涂罐体容积和允许装运货物的种类。

5.【条款 4.1.5】 客车座椅及其车辆固定件的强度应符合 GB 13057 的规定。

6.【条款 4.1.6】 客车的所有应急出口应在车内用清晰的符号或文字标明,每个应急控制器处或附近应有标志并注明操作方法。封闭式客车的每个应急窗邻近处应设置玻璃破碎装置。若为应急锤,取下时应能通过声响信号实现报警,玻璃破碎装置的配置应符合相关规定。

7.【条款 4.1.7】 牵引车与挂车连接装置的结构应能确保相互牢固的连接,应装有防止车辆在行驶中因振动和撞击导致连接脱开的安全装置。

8.【条款 4.1.8】 牵引车与其挂车之间的气动连接,对气压制动系统,连接挂车的气动接头应是双管路或多管路。

9.【条款 4.1.9】 汽车列车应装有挂车与牵引车意外脱离时的挂车自行制动装置。挂车与牵引车意外脱离后,挂车应能自行制动,且牵引车的制动仍然有效。

10.【条款 4.1.10】 用于道路甩挂运输的车辆,其结构应符合 JT/T 789 的要求。

11.【条款 4.1.11】 危险货物运输车辆的结构应符合 GB 21668 的要求。

12.【条款 4.1.12】 危险货物运输车辆的标志应符合 GB 13392 的要求。运输爆炸品和剧毒化学品车辆以及运输液体危险货物罐式车辆的标志和标识应符合 GB 20300、GB 18564.1 和 GB 18564.2 的相关要求。

【释义】 以上条款是对申请从事道路运输车辆提出的结构要求。上述要求中有些属于汽车产品公告管理内容,且业已执行。但基于其重要程度、执行效果以及标准的完整性,GB 18565—2016 予以重复提出,以示强化。

【要点】
(1)以上条款是对拟进入道路运输市场车辆提出的要求。
(2)对于已注册的新生产车辆和非营运转营运车辆,综合性能检验机构需对【条款 4.1.1】、

【条款4.1.4】、【条款4.1.6】和【条款4.1.12】进行查验。其中,对于【条款4.1.1】,查验新生产车辆注册的外廓尺寸信息,测量非营运转营运车辆的外廓尺寸(与注册信息相符),查验结果和测量结果符合 GB 1589 的规定;对于【条款4.1.6】,查验所有应急出口的符号或文字、车内应急控制器的标志和注明的操作方法,以及是否按规定配备玻璃破碎装置,不查验应急锤取下时的声响信号报警。

(二)查验方法

1.【条款4.1.1】 GB 1589 有关外廓尺寸规定的查验

按本章第五节在用车辆"唯一性认定"中规定的外廓尺寸检验方法,对非营运转营运货车进行测量(客车除外),对新生产车辆注册的外廓尺寸信息以及所有车辆的号牌号码、类型、品牌型号、燃料类别、车身颜色、发动机号、底盘号或 VIN 号、挂车架号、车箱栏板高度等唯一性信息进行查验确认,并记录办理道路运输证所需信息。

2.【条款4.1.4】 车身喷涂信息的查验

目视检查。

查验货车驾驶室(区)两侧、栏板货车和自卸车的驾驶室两侧、栏板挂车车厢两侧、罐式汽车和罐式挂车罐体上喷涂的总质量(半挂牵引车为最大允许牵引质量)、栏板高度、罐体容积和允许装运货物的种类等信息,并记录办理道路运输证所需信息。

3.【条款4.1.6】 玻璃破碎装置的查验

目视检查。

查验新生产车辆和非营运转营运车辆的玻璃破碎装置配备情况、所有应急出口的符号或文字,以及车内应急控制器的标志和注明的操作方法。

4.【条款4.1.12】 危险货物运输车辆标志及标识的查验

目视检查。

按《道路运输爆炸品和剧毒化学品车辆安全技术条件》(GB 20300)、《道路运输液体危险货物罐式车辆 第 1 部分:金属常压罐体技术要求》(GB 18564.1)和《道路运输液体危险货物罐式车辆 第 2 部分:非金属常压罐体技术要求》(GB 18564.2)的相关要求进行查验,具体查验方法及要求见"本章第五节,十二"的相关内容。对于非营运转营运车辆,还需重点查验标志和标识的齐全性、完整性以及是否清晰、有无污损和安放位置等。

二、配置要求

(一)技术要求

1.【条款4.2.1】 M_2、M_3 类客车、N_2 和不超过四轴的 N_3 类货车、危险货物运输车、O_3 和 O_4 类挂车以及乘用车应安装符合 GB/T 13594 规定的防抱制动装置,并配备防抱制动装置失效时用于报警的信号装置。

2.【条款4.2.2】 车长大于 9m 的客车(按名义尺寸,下同)和危险货物运输车,其前轮应装有盘式制动器。

3.【条款4.2.3】 车长大于 9m 的客车、N_3 类货车(含危险货物运输车)应装有缓速器或其他辅助制动装置。

4.【条款4.2.4】 M_2、M_3类客车、N_2和N_3类货车、O_3和O_4类半挂车、乘用车以及危险货物运输车,其所有的行车制动器应装有制动间隙自动调整装置。

5.【条款4.2.5】 采用气压制动的车辆应装有气压显示装置、限压装置,并可实现报警功能。气压制动系应安装保持压缩空气干燥或油水分离的装置。

6.【条款4.2.6】 车长大于9m的客车和危险货物运输车应装用子午线轮胎,卧铺客车应装用无内胎子午线轮胎。

7.【条款4.2.7】 客车、货车及乘用车的所有座椅均应装备符合GB 14166要求的安全带,其固定点应符合GB 14167的要求。

8.【条款4.2.8】 客车和危险货物运输车应具有限速功能,否则应配备符合GB/T 24545要求的限速装置。三轴及三轴以上的货车应具有超速报警功能(具有限速功能和限速装置且符合规定的除外),能通过视觉或声觉信号报警。限速功能、限速装置和超速报警调定的最大速度应符合有关规定。

9.【条款4.2.9】 旅游客车、包车客车、三类及以上班线客车、危险货物运输车辆、N_3类载货汽车和半挂牵引车应装有具有行驶记录功能并符合GB/T 19056和JT/T 794规定的卫星定位系统车载终端。

10.【条款4.2.10】 客车在设计和制造上应保证发动机或采暖装置的排气不会进入客厢,封闭式客车应有通风换气装置。

11.【条款4.2.11】 客车应设置车厢灯和门灯。车厢灯和门灯不应影响本车驾驶人的视线和其他机动车的正常行驶。

12.【条款4.2.12】 转向轴最大设计轴质量大于4000kg时,应装有转向助力装置。

【释义】 以上条款是对申请从事道路运输车辆提出的配置要求。上述要求中有些属于汽车产品公告管理内容,《商用车辆和挂车制动系统技术要求及试验方法》(GB 12676—2014)也有相同的规定。但基于其重要程度、执行效果以及标准的完整性,GB 18565—2016予以重复提出,以示强化。

需要说明的是,GB 18565—2016技术要求中的车辆类型按《机动车及挂车分类》(GB/T 15089—2001)进行分类,具体参见表7-1。

汽车及挂车分类   表7-1

车辆类型		座位数	最大设计总质量(kg)	说　　明
M类 至少有四个车轮并且用于载客的机动车辆	M_1类	≤9	—	包括驾驶员座位在内,座位数不超过9座的载客车辆
	M_2类	>9	≤5000	包括驾驶员座位在内,座位数超过9个,且最大设计总质量不超过5000kg的载客车辆
	M_3类		>5000	包括驾驶员座位在内,座位数超过9个,且最大设计总质量超过5000kg的载客车辆
N类 至少有四个车轮并且用于载货的机动车辆	N_1类	—	≤3500	最大设计总质量不超过3500kg的载货车辆
	N_2类	—	>3500~12000	最大设计总质量超过3500kg,但不超过12000kg的载货车辆
	N_3类	—	>12000	最大设计总质量超过12000kg的载货车辆

续上表

车辆类型		座位数	最大设计总质量(kg)	说明
O类	挂车(包括半挂车)	O_1类	—	≤750	最大设计总质量不超过750kg的挂车
		O_2类	—	>750~3500	最大设计总质量超过750kg,但不超过3500kg的挂车
		O_3类	—	>3500~10000	最大设计总质量超过3500kg,但不超过10000kg的挂车
		O_4类	—	>10000	最大设计总质量超过10000kg的挂车

注:1. 座位数是指包括驾驶员在内的座位。
   2. GB/T 15089—2001 的分类还包括 G 类,即满足一定要求的 M 类、N 类越野车

【要点】

(1)以上条款是对拟进入道路运输市场车辆提出的要求。

(2)对于新生产车辆和非营运转营运车辆,综合性能检验机构需对【条款4.2.1】、【条款4.2.2】、【条款4.2.3】、【条款4.2.4】、【条款4.2.5】、【条款4.2.6】、【条款4.2.7】、【条款4.2.8】和【条款4.2.9】进行查验。需要说明的是,GB 18565—2016 对上述部分要求规定了实施过渡期,配置查验待实施过渡期满后实施。部分要求的实施过渡期如下:

以下要求自本标准实施之日起第 7 个月对申请从事道路运输车辆实施:

(1)4.2.1 关于 M_2、M_3 类客车、N_2 和不超过四轴的 N_3 类货车、危险货物运输车、O_3 和 O_4 类挂车以及乘用车安装防抱制动装置的要求;

(2)4.2.2 关于车长大于 9m 的客车和危险货物运输车,其前轮应装有盘式制动器的要求;

(3)4.2.3 关于车长大于 9m 的客车、N_3 类货车(含危险货物运输车)应装有缓速器或其他辅助制动装置的要求;

(4)4.2.4 关于 M_2、M_3 类客车、N_2 和 N_3 类货车、乘用车以及危险货物运输车,其所有的行车制动器应装有制动间隙自动调整装置的要求。

以下要求自本标准实施之日起第 13 个月对申请从事道路运输车辆实施:

(1)4.2.4 关于 O_3 和 O_4 类半挂车配备制动间隙自动调整装置的要求;

(2)4.2.8 关于三轴及三轴以上的货车应具有超速报警功能的要求。

(二)查验方法

申请从事道路运输车辆配置要求的查验方法见"应用篇第八章第七节"的相关内容。

三、防火要求

(一)技术要求

1.【条款4.3.1】 客车和货车的驾驶室和成员舱所用的内饰材料应采用符合 **GB 8410** 规定的阻燃材料。其中,客车内饰材料的燃烧速度应小于或等于 **70mm/min**。

2.【条款4.3.2】 发动机后置的客车,其发动机舱内应装备发动机舱自动灭火装置(电动汽车除外)。灭火装置启动时应能通过声觉信号向驾驶员报警。

3.【条款4.3.3】 装备电涡流缓速器的客车和货车(含危险货物运输车),缓速器的安

装部位上方应装有隔热板或具阻燃性的隔热材料。

4.【条款 4.3.4】 客车发动机舱内和其他热源附近的线束应采用耐温不低于 **125℃** 的阻燃电线,其他部位的线束应采用耐温不低于 **100℃** 的阻燃电线,波纹管阻燃等级应达到 **GB/T 2408** 规定的 **V-0** 级。线束穿孔洞时应装设阻燃耐磨绝缘套管。

5.【条款 4.3.5】 客车和货车车载电器设备的供电导线应符合 **QC/T 730** 的要求,低压电线束应符合 **QC/T 29106** 的要求。

6.【条款 4.3.6】 客车乘员舱和货车驾驶室应配置手提式灭火器,客车灭火装置的配置应符合相关标准要求。除驾驶室内应配备 **1** 具干粉灭火器外,道路运输爆炸品、剧毒化学品车辆以及其他危险货物运输车辆还应配备与装运介质性能相适应的灭火器或有效的灭火装置,灭火器的规格、放置位置及固定应符合 **GB 20300** 等相关规定。

【释义】 以上条款是对申请从事道路运输车辆提出的防火要求。客车和货车的驾驶室和成员舱的内饰材料阻燃性能等要求属于汽车产品公告管理内容。但基于重要程度、执行效果以及标准的完整性,GB 18565—2016 予以重复提出,以示强化。

【要点】
(1) 以上条款是对拟进入道路运输市场车辆提出的要求。
(2) 综合性能检验机构需对【条款 4.3.2】和【条款 4.3.6】进行查验。

(二) 查验方法

1.【条款 4.3.2】 自动灭火装置的查验
查验方法见"应用篇第八章第七节"的相关内容。

2.【条款 4.3.6】 灭火装置的查验
目视检查。
查验客车乘员舱和货车驾驶室手提式灭火器的配置情况。对于客车,仅有一个灭火器时,应设置在驾驶员附近;当有多个灭火器时,应在客厢内按前、后,或前、中、后分布,其中一个应靠近驾驶员座椅,新生产车辆和非营运转营运车辆均需查验。重点检查道路运输爆炸品、剧毒化学品车辆以及其他危险货物运输车辆。有关客车的灭火装置相关标准实施后,执行其规定。

四、性能要求

(一)【条款 4.4.1】动力性

1.【条款 4.4.1.1】 客车的动力性以比功率评价,应符合 **JT/T 325** 的相关要求。

2.【条款 4.4.1.2】 货车满载条件下的最高设计车速应不小于 **70km/h**,满载最高车速试验方法执行 **GB/T 12544** 的规定。

3. 条款 4.4.1.3】 汽车列车的动力性以比功率评价,应符合表 7-2 的要求。

汽车列车比功率限值　　　　　　　　　表 7-2

最大总质量 G t	$G < 18$	$18 \leq G < 43$	$43 \leq G < 49$
比功率 kW/t	≥ 6.88	$\geq 4.30 + 46.00/G$	≥ 5.40

第七章　道路运输车辆综合性能要求和检验方法(GB 18565—2016)释义

【释义】 以上条款是对申请从事道路运输车辆提出的动力性要求。动力性是道路运输车辆的重要技术性能之一,与运输效率和安全性相关。该要求按客车、货车和汽车列车三种车型分别提出,其中客车和汽车列车以比功率为评价指标,货车以满载最高设计车速为评价指标。客车的比功率应符合 JT/T 325—2013 的相关要求:

特大型(12m < L ≤13.7m):高三、高二、高一、中级、普通分别为 13、12、11、10、9(kW/t);

大型(9m < L ≤12m):高三、高二、高一、中级、普通分别为 15、13.5、12、10、9(kW/t);

中型(6m < L ≤9m):高二、高一、中级、普通分别为 14、13、12、11(kW/t);

小型(3.5m < L ≤6m):高二、高一、中级、普通分别为 21、19、14.5、13(kW/t)。

【要点】

(1)以上条款是对拟进入道路运输市场车辆提出的要求。

(2)对于注册日期在 3 个月以内的新生产车辆(查阅机动车行驶证),综合性能检验机构无须对此进行查验。对于注册日期超过 3 个月的新生产车辆以及非营运转营运车辆,应按 GB 18565—2016 规定的在用车辆动力性要求进行检验,具体参见本章第六节的相关内容。

(二)【条款 4.4.2】燃料经济性

1.【条款 4.4.2.1】 燃用柴油或汽油且最大总质量超过 3500 kg 的客车,其燃料消耗量应符合 JT 711 的要求,试验方法执行 JT 711 的规定。

2.【条款 4.4.2.2】 燃用柴油或汽油且最大总质量超过 3500 kg 的货车,其燃料消耗量应符合 JT 719 的要求,试验方法执行 JT 719 的规定。

3.【条款 4.4.2.3】 轻型商用车辆和乘用车的燃料消耗量应符合 GB 20997 和 GB 19578 的要求,试验方法执行该两项标准的有关规定。

【释义】 以上条款是对申请从事道路运输车辆提出的燃料经济性要求。【条款 4.4.2.1】和【条款4.4.2.2】依据交通运输部 2009 年第 11 号部令《道路运输车辆燃料消耗量检测和监督管理办法》提出,技术依据为"营运客车燃料消耗量限值及测量方法"(JT 711)和"营运货车燃料消耗量限值及测量方法"(JT 719)。【条款 4.4.2.3】按工信部相关要求以及《轻型商用车辆燃料消耗量限值》(GB 20997)和《乘用车燃料消耗量限值》(GB 19578)执行。

【要点】

(1)以上条款是对拟进入道路运输市场车辆提出的要求。

(2)对于进入流通领域销售的燃用柴油或汽油且最大总质量超过 3500kg 的新生产车辆,均已通过燃料消耗量达标车型确认,并予以公告,注册日期在 3 个月以内的,燃料消耗量视为合格,综合性能检验机构无须对此进行查验,但需按相关要求对达标车型参数进行核查。注册日期超过 3 个月以及未列入《道路运输车辆燃料消耗量达标车型表》的燃用柴油或汽油且最大总质量超过 3500kg 的车辆,按 GB 18565—2016 规定的在用车辆燃料消耗量要求进行检验,具体参见本章第六节的相关内容。

(三)【条款 4.4.3】制动性

1.【条款 4.4.3.1】 冷态制动效能

(1)【条款 4.4.3.1.1】　客车和货车

乘用车的行车制动系冷态制动效能应符合 GB 21670 的要求,M_2、M_3 类客车和 N 类货车的行车制动系冷态制动效能应符合 GB 12676 的要求,试验方法执行 GB 21670 和 GB 12676 的相关规定。

(2)【条款 4.4.3.1.2】 挂车

O_3、O_4 类挂车行车制动时,作用于被制动车轮周缘上的制动力之和与各车轮静载荷总和之比应不小于:

——全挂车,空载和满载时:50%;

——半挂车,空载和满载时:45%。

试验方法执行 GB 12676 的相关规定。

【释义】 以上条款是对申请从事道路运输车辆提出的冷态制动性能要求。上述要求属于汽车产品公告管理内容,《商用车辆和挂车制动系统技术要求及试验方法》(GB 12676—2014)也有相同的规定。但基于其重要程度、执行效果以及标准的完整性,GB 18565—2016 予以重复提出,以示强化。

【要点】

(1)以上条款是对拟进入道路运输市场车辆提出的要求。

(2)对于新生产车辆和非营运转营运车辆,综合性能检验机构无须查验冷态制动效能,但应按 GB 18565—2016 规定的在用车辆制动性能要求进行检验,具体参见本章第六节的相关内容。

2.【条款 4.4.3.2】 热态制动效能

(1)【条款 4.4.3.2.1】 客车和货车。

乘用车的行车制动系热态制动效能应符合 GB 21670 的要求,M_2、M_3 类客车和 N 类货车的行车制动系热态制动效能应符合 GB 12676 的要求,试验方法执行 GB 21670 和 GB 12676 的相关规定。

(2)【条款 4.4.3.2.2】 挂车。

O_3、O_4 类挂车的行车制动系热态制动效能应符合 GB 12676 的要求,试验方法执行 GB 12676 的相关规定。

【释义】 以上条款是对申请从事道路运输车辆提出的热态制动性能要求。上述要求属于汽车产品公告管理内容,《商用车辆和挂车制动系统技术要求及试验方法》(GB 12676—2014)也有相同的规定。但基于其重要程度、执行效果以及标准的完整性,GB 18565—2016 予以重复提出,以示强化。

【要点】

(1)以上条款是对拟进入道路运输市场车辆提出的要求。

(2)对于新生产车辆和非营运转营运车辆,综合性能检验机构无须查验热态制动效能,但应按 GB 18565—2016 规定的在用车辆制动性要求进行检验,具体参见本章第六节的相关内容。

3.【条款 4.4.3.3】 汽车列车

(1)【条款 4.4.3.3.1】 制动性能。

汽车列车的制动性能应满足:牵引车和挂车的制动性能均符合表 2 的相关要求。

(2)【条款 4.4.3.3.2】 制动时序。

第七章 道路运输车辆综合性能要求和检验方法(GB 18565—2016)释义

汽车列车的制动时序应满足:挂车各轴的制动动作应不滞后于牵引车各轴的制动动作,汽车列车的制动协调时间不大于 0.80s。

汽车列车制动时序的试验方法执行 6.7.1.4 或 GB/T 26778 相关条款的规定。

(3)【条款 4.4.3.3.3】 制动力分配。

满载条件下,汽车列车制动力的分配应满足:仅使用牵引车(挂车)制动器时产生的制动减速度与使用牵引车和挂车全部制动器时产生的制动减速度的比值不应小于牵引车(挂车)质量与汽车列车质量比值的 95%。试验方法执行 6.7.1.4 或 GB/T 26778 的相关规定。

【释义】 以上条款是对申请从事道路运输的汽车列车提出的制动性能要求。汽车列车的制动性能要求分为常规制动性能要求和特殊制动性能要求。表 7-3 为常规制动性能要求,制动时序和制动力分配为特殊制动性能要求。汽车列车整车制动性能的合格条件:牵引车和挂车的制动性能均符合表 7-3 的相关要求。有关分析说明见"技术篇第六章,第六节"的相关内容。

汽车列车台架检验制动性能要求 表 7-3

车辆类型		整车制动率(%)		轴制动率(%)		制动不平衡率(%)
		空载	满载	前轴[a]	后轴[a]	
牵引车		≥60	≥50	≥60	≥50	
O_3、O_4 类挂车	全挂车	—	—	≥55[e]	≥55[e]	
	半挂车	—	—	—	≥55[e]	

【要点】

(1)以上条款是对拟进入道路运输市场车辆提出的要求。

(2)根据交通运输部 2016 年第 1 号部令有关规定,挂车在办理道路运输证和年审时,查验其是否具有有效行驶证件(公安交通管理部门签发的挂车行驶证等)。基于此,综合性能检验机构不对挂车进行检验,对于牵引车,应按 GB 18565—2016 规定的在用车辆制动性要求进行检验。

(3)GB 18565—2016 规定了汽车列车制动时序和制动力分配要求的实施过渡期,在实施过渡期满前,暂不对汽车列车制动时序和制动力分配进行要求。汽车列车制动时序和制动力分配要求的实施过渡期如下:

以下要求自本标准实施之日起第 25 个月对申请从事道路运输车辆实施:

——4.4.3.3.2 和 4.4.3.3.3 关于汽车列车制动时序和汽车列车制动力分配的要求。

以下要求对本标准实施之日起第 25 个月后生产的在用车辆实施:

——5.2.3.3.3、5.2.3.3.4 关于汽车列车制动时序和汽车列车制动力分配的要求,对在用汽车列车实施。

4.【条款 4.4.3.4】 连续制动能力

(1)【条款 4.4.3.4.1】 储气筒的容量应保证在调压阀调定的最高气压下,且在不继续充气的情况下,机动车在连续 5 次踩到底的全行程制动后,气压不低于起步气压。

(2)【条款 4.4.3.4.2】 采用气压制动的挂车应有一个或多个由牵引车供气的储气筒,并能满足在切断储气筒供气管路情况下,牵引车的行车制动装置做 8 次全行程制动后,挂车储气筒供给工作部件的压力不低于首次制动时压力的 **50%**。

【释义】 以上条款是对申请从事道路运输车辆提出的连续制动能力要求。该要求适用于采用气压制动的车辆。

【要点】

(1)以上条款是对拟进入道路运输市场车辆提出的要求。

(2)对于新生产车辆和非营运转营运车辆,综合性能检验机构无须对此进行查验。

(四)【条款 4.4.4】排放性

客、货道路运输车辆排气污染物排放限值应符合国家相关标准的规定。

【释义】 以上条款是对申请从事道路运输车辆提出的尾气排放要求。该要求依据国家有关机动车尾气排放法规提出。

【要点】

(1)以上条款是对拟进入道路运输市场车辆提出的要求。

(2)对于进入流通领域销售的车辆,均已通过尾气排放的审验确认,并予以公告。注册日期在 3 个月以内的新生产车辆,排放性视为合格,综合性能检验机构无须对此进行查验。对于注册日期超过 3 个月的新生产车辆和非营运转营运的车辆,按 GB 18565—2016 规定的在用车辆排放性要求进行检验,具体参见本章第六节的相关内容。

(五)【条款 4.4.5】行驶稳定性

1.【条款 4.4.5.1】 客车

在满载条件下沿特定曲线匀速行驶,当车辆质心处的最大向心加速度达到 $0.4g$ 的稳定状态时,车辆不发生侧翻或侧滑。按 JT/T 884 规定的方法进行试验。

2.【条款 4.4.5.2】 货车

(1)N_2、N_3 类货车满载条件下沿特定曲线匀速行驶,车辆质心处的向心加速度达到 $0.35g$ 时,车辆不发生侧翻或侧滑,危险货物运输专用车辆以及罐式车辆应达到 $0.4g$。按 JT/T 884 规定的方法进行试验。

(2)半挂牵引车在空载、水平静止条件下,向左侧和右侧的最大侧倾稳定角不应小于 $35°$。最大侧倾稳定角的测量方法按 GB/T 14172 规定的汽车静侧翻稳定性台架试验方法进行。

(3)O_3、O_4 类挂车满载时同一车轴轮胎接地点外侧间距与质心高度的比值应不小于 0.9。

【释义】 以上条款是对申请从事道路运输车辆提出的行驶稳定性要求。

【要点】

(1)以上条款是对拟进入道路运输市场车辆提出的要求。

(2)综合性能检验机构无须对此进行查验。

第五节　在用道路运输车辆的基本要求和检验方法

一、唯一性认定

(一)技术要求

1.【条款5.1.1.1】　在用道路运输车辆的号牌号码、类型、品牌型号、燃料类别、车身颜色、发动机号、底盘号或 VIN 号、挂车架号、重中型货车及挂车的外廓尺寸、车箱栏板高度应与行驶证、机动车登记证、道路运输证记载的内容及其他相关资料相符。其中,外廓尺寸的允许误差为 ±2% 或 ±100mm,车箱栏板高度的允许误差为 ±2% 或 ±50mm。汽车列车的外廓尺寸不得超过 GB 1589 规定的最大限值。

2.【条款5.1.1.2】　客车的座(铺)位数应与道路运输证核定的数量一致。

【释义】　以上条款是车辆唯一性信息的要求。唯一性检查是道路运输车辆综合性能检验最重要的项目之一,是打击走私、盗抢、改装拼装机动车等违法犯罪行为的防线和有效手段,综合性能检验机构对车辆唯一性检查工作必须予以重视。

【要点】

(1)车辆检验时,需要从号牌号码、类型、品牌型号、车身颜色、发动机号、底盘号或 VIN 号、挂车架号、重中型货车及挂车的外廓尺寸、货车及挂车车箱栏板高度以及客车的实际座(铺)位数等几方面对车辆唯一性进行检查确认。

(2)外廓尺寸仅对总质量大于 3500kg 的重、中型货车及挂车进行测量,重点关注是否有加长、加宽、加高情形。对于汽车列车,其外廓尺寸不得超过 GB 1589 规定的最大限值。

(3)车箱栏板高度仅对结构上有栏板的货车、挂车(包括栏板货车、栏板挂车、自卸车、仓栅车等)进行查验,重点关注是否有加高情形。

(4)外廓尺寸的允许误差为 ±2% 或 ±100mm,车箱栏板高度的允许误差为 ±2% 或 ±50mm,取大者。

(5)客车的座(铺)位数对所有客车进行核定。

(二)检验方法

【条款6.3.1】　查验、核对道路运输车辆的号牌号码、类型、品牌型号、燃料类别、车身颜色、发动机号、底盘号或 VIN 号、挂车架号、重中型货车及挂车的外廓尺寸、货车及挂车车箱栏板高度以及客车的实际座(铺)位数,检查是否与行驶证、机动车登记证、道路运输证记载的内容及其他相关资料相符。

【条款6.3.2】　外廓尺寸、货箱栏板高度应按以下方法检验:
a)外廓尺寸可采用专用设备,也可采用钢卷尺和高度尺进行检验;
1)采用专用设备检验时,按使用说明书规定的方法进行检验:
注:专用设备示值误差,在长度方向为 ±0.8% 或 ±50mm,在宽度和高度方向为 ±0.8% 或 ±20mm。
2)采用钢卷尺和高度尺时,应在平整的场地,用铅垂将车长、车宽投影在地面,用钢卷尺

或其他量具测量投影点的间距,车高可用钢卷尺直接测量,也可采用高度尺等量具进行测量。

b)货箱栏板高度采用专用设备或钢卷尺检验。

【释义】 本项目在人工检验分类中定义为"唯一性认定"。受检车辆停放在唯一性认定的指定检查位置,发动机熄火后进行以下项目的检查和测量:

(1)号牌号码、车辆类型、品牌型号查验。

目视检查。查验受检车辆的号牌号码、类型、品牌型号,并与道路运输证或IC卡(见图7-1、图7-2)或机动车行驶证签注的内容进行比对。

图7-1 道路运输证

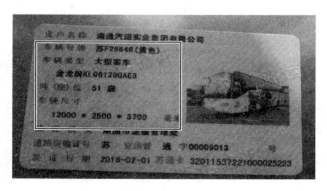

图7-2 道路运输证(IC卡)

【判定】 号牌号码、类型、品牌型号与道路运输证、IC卡或机动车行驶证签注的内容不符,视为不合格。

【要点】 号牌号码和品牌型号信息可分别从受检车辆号牌和车辆铭牌获取。

(2)车身颜色查验。

目视检查。查验受检车辆的颜色和外形,并与道路运输证或机动车行驶证上的车辆照片进行比对,查看有无更改车身颜色、改变车厢形状、改变车辆结构等情形。

【判定】 车身颜色和外形与道路运输证或机动车行驶证上的车辆照片不符,视为不合格。

(3)发动机号、底盘号或VIN号、挂车架号查检。

目视检查。查验发动机号、车辆识别代号或VIN号,并与机动车行驶证签注的内容进行比对。必要时,可通过拓印,摄像等方法提取,也可用工具镜子和变焦放大镜,按如图7-3所示的方法进行核对。有条件时,可使用能自动识别车辆识别代号、发动机号码的仪器设备。上述信息不应有凿改等异常情形。

图7-3 借助镜子、变焦放大镜核查VIN号

【判定】 号牌号码、类型、品牌型号、燃料类别、车身颜色、发动机号、底盘号或VIN号、挂车架号与行驶证、机动车登记证、道路运输证记载的内容不符时,视为不合格。

【要点】

①发动机号打刻(或铸)在汽缸体上,某些进口车可能打刻在缸盖上。

②汽车、半挂车和中置轴挂车具有唯一的车辆识别代号(VIN),其内容和构成应符合《道路车辆 车辆识别代号(VIN)》(GB 16735)的规定,即至少有一个车辆识别代号(VIN)打刻在车架(无车架的机动车为车身主要承载且不能拆卸的部件)能防止锈蚀、磨损的部位上。乘用车的风挡下和发动机舱内也有车辆识别代号(VIN)。

(4)外廓尺寸查验。

测量结果与行驶证或机动车登记证或道路运输证记载的内容进行比对。

①采用外廓尺寸检测仪测量。

采用外廓尺寸检测仪时,应按使用说明书规定的方法进行测量,如图7-4所示。

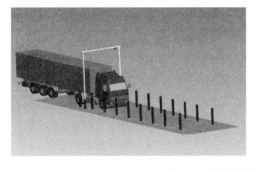

车牌号码	测A12345
长(mm)	11177
宽(mm)	2783
高(mm)	3081

图7-4 采用外廓尺寸检测仪测量示意图

②采用钢卷尺测量。

在平整的场地,将车长、车宽铅垂投影在地面,用钢卷尺或其他量具测量投影点的间距,车高可用钢卷尺直接测量,也可以采用高度尺等量具进行测量。

• 车辆长度、宽度的测量

以车辆前、后突出位置为基准,使用线锤在地面画出"十"字标记,以车辆两侧固定突出部位为基准,用线锤在地面画出"十"字标记,如图7-5所示。

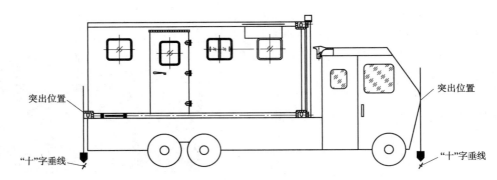

图 7-5　车辆长度、宽度测量示意图

为防止车辆前、后突出位置不在同一中心线上,影响测量准确度,可将车辆移走,在地面的长、宽标记点上分别画出平行线,在地面形成一个长方形框架(可用对角线进行校正)找出车辆中心位置,用钢卷尺分别测出长和宽的直线距离,作为整车的车长和车宽如图 7-6 所示。

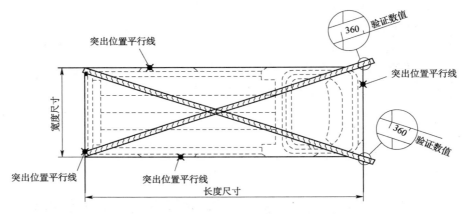

图 7-6　车辆长度、宽度测量示意图

- 车辆高度的测量

将水平尺放在车辆的最高处并且保持与地面水平。将水平尺端点铅垂放到地面画出"十"字标记,用钢卷尺或高度尺测量水平尺该端点与地面"十"字标记之间的距离,即为该车的实际高度,如图 7-7 所示。

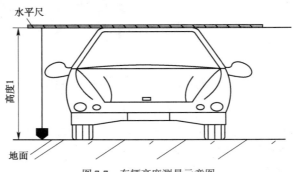

图 7-7　车辆高度测量示意图

【判定】 重中型货车及挂车的外廓尺寸与行驶证、机动车登记证、道路运输证记载的内容不符,汽车列车的外廓尺寸超过 GB 1589 规定的最大限值时,视为不合格。

【要点】
①检测通道(或场地)的长度和宽度应与受检车型相适应,其地面水平高度差:纵向不大于检测通道(或场地)长度的 0.1%,横向不大于检测通道宽度(或场地)的 0.05%;
②按《汽车和挂车的术语及其定义 车辆尺寸》(GB/T 3730.3)的定义确定车长、车宽和车高,车辆左、右两侧的外后视镜以及非固定突出部位不计入测量值;
③外廓尺寸检测仪的示值误差,在长度方向为 ±0.8% 或 ±50mm,在宽度和高度方向为 ±0.8% 或 ±20mm;
④采用外廓尺寸检测仪测量时,受检车辆以规定的速度正直驶过检测通道,不得偏斜,尽量保持匀速;
⑤只对中、重型货车、挂车(总质量大于 3500kg)以及汽车列车的外廓尺寸进行测量。

(5)货箱栏板高度查验。

货车及挂车的货箱栏板高度采用专用设备或钢卷尺人工测量,将测量结果与机动车登记信息、驾驶室两侧喷涂的栏板高度数值进行比对,货车车箱栏板高度的允许误差为 ±2% 或 ±50mm。

【判定】 对于与原车规定的栏板高度不符,或货箱栏板高度超过 GB 1589 规定的车辆(挂车及二轴货车的货箱栏板高度不得超过 600mm,二轴自卸车、三轴及三轴以上货车的货箱栏板高度不得超过 800mm,三轴及三轴以上自卸车的货箱栏板高度不得超过 1500mm),视为不合格。

(6)客车的座(铺)位数查验。

目视检查。将实际座(铺)位数与机动车行驶证签注的内容,或道路运输证核定的数量进行比对。

【判定】 客车的座(铺)位数与道路运输证核定的数量不一致时,视为不合格。

二、电子控制系统

(一)技术要求

【条款 5.1.2】 装有车载诊断系统(OBD)的车辆不应有与发动机排放控制系统、防抱制动装置(ABS)和电动助力转向系统(EPS)及其他与行车安全相关的故障信息。

【释义】 本条是对汽车电子控制系统进行故障诊断的要求。随着车载电子技术的发展,越来越多的车辆安装有车载诊断系统(OBD),该系统不得有与排放控制系统、防抱制动装置(ABS)和电动助力转向系统(EPS)及其他与行车安全相关的故障信息。

【要点】 未装有车载诊断系统(OBD)的车辆不适用于本条款。

(二)检验方法

【条款 6.4.1】 采用汽车故障电脑诊断仪或同类型仪表按照使用说明书规定的操作程序读取车辆故障信息,检查有无与发动机排放控制系统、制动防抱死装置(ABS)、电动助力转向系统(EPS)及其他与行车安全相关的故障信息。

【释义】 本项目在人工检验分类中定义为"故障信息诊断"。受检车辆停放在指定位置,检验员参照以下方法进行故障诊断:

(1)根据受检车辆诊断座的类型选择测试接头;

(2)关闭发动机,点火钥匙处于"关"的位置;

(3)将汽车故障电脑诊断仪连接到受检车辆的诊断座接口(如图7-8所示);

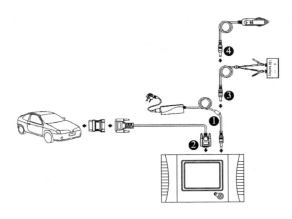

图7-8 仪表与受检车辆的连接

(4)将点火钥匙打到"起动"位置,不起动发动机(有的诊断仪需要起动发动机),操作诊断仪读取故障码;

(5)如存在故障码,应清除故障码;

(6)点火钥匙打回"关"的位置后,再打到"起动"位置,再次操作诊断仪读取故障码;

(7)查看诊断仪屏幕是否有故障码输出提示;

(8)如有故障码提示,分析显示的故障或根据故障码手册查询故障信息(请注意手册仅供参考),检查有无与发动机排放控制系统、制动防抱死装置(ABS)、电动助力转向系统(EPS)及其他与行车安全相关的故障信息。

【判定】 电子控制系统有与发动机排放控制系统、制动防抱死装置(ABS)、电动助力转向系统(EPS)及其他与行车安全相关的故障信息时,视为不合格。

【要点】

(1)OBD Ⅱ 诊断座是一个包含16pin的母座,如图7-9所示,一般位于汽车转向盘的下方,如图7-10所示,但不同的车型具体位置可能不同,可按使用说明书指明的位置或在中控台和正、副驾驶座椅附近查找。

(2)汽车发动机故障诊断仪器种类繁多,操作时按使用说明书进行操作;

(3)电子喷射和高压共轨发动机均有诊断座,其位置因车而异,通常在驾驶座附近,应仔细查找;

(4)有些车辆维修后可能未清除车载电脑中存储的故障码,为防止误判,应先清除故障码后,再进行诊断并读取故障码,此时出现的故障码为真实故障。

第七章 道路运输车辆综合性能要求和检验方法(GB 18565—2016)释义

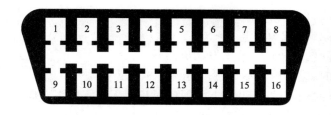

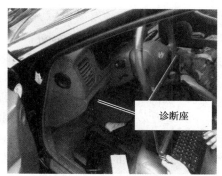

图 7-9　16pin 诊断座　　　　　　　　　图 7-10　诊断座的位置

三、发动机

(一)技术要求

1.【条款 5.1.3.1】　工作性能

(1)发动机起动性能良好。在正常工作温度状态下,发动机起动 3 次,成功起动次数不少于 2 次。

(2)柴油发动机停机装置功能有效。在正常工作温度状态下,发动机连续起动/停机 3 次,3 次停机均应有效。

(3)发动机低、中、高速运转稳定、无异响。

2.【条款 5.1.3.2】　密封性

发动机缸体、油底壳、冷却水道边盖、放水阀、水箱等不得有油、液滴漏现象。

3.【条款 5.1.3.3】　传动带

助力转向传动带和空气压缩机传动带无裂痕、油污和过量磨损,运转良好。空气压缩机传动带的松紧度符合规定。对于采用齿轮传动的空气压缩机,其齿轮箱无异响和漏油现象。

4.【条款 5.1.3.4】　燃料供给

(1)燃料管路不得有泄漏现象,与其他部件无碰擦,软管无老化现象;

(2)燃料箱及燃料管路应稳固牢靠;

(3)燃料箱盖应齐全,并能有效地防止燃料泄漏;

(4)不得随意改动或加装燃料箱。

【释义】　以上条款是对发动机的基本性能、助力转向传动带、空气压缩机传动带以及燃料供给系统的要求。

(二)检验方法

1.【条款 6.4.2.1】　工作性能

发动机起动和熄火 3 次,检查发动机成功起动次数是否不少于两次,柴油发动机 3 次停机是否均有效。发动机低、中、高速运转状况时,检查运转是否稳定,有无异响。

【释义】　本项目在人工检验分类中定义为"运行检查"。受检车辆停放在指定位置,检验员起动发动机 3 次,成功起动次数不少于 2 次。对于柴油发动机,3 次停机均应有效,不得出现异常情况。起动发动机后,使发动机在怠速、中速和高速下分别运转10s,均应运转平稳,无异响。

【判定】 检验结果存在以下情形的,视为不合格:
（1）起动发动机3次,成功起动次数少于2次;
（2）柴油发动机,在3次连续起/停时,无法正常关闭发动机;
（3）起动发动机后,在怠速、中速和高速下运转不平稳,有异响。

【要点】 检查时,注意发动机起动时消耗的时间,如起动时间过长或无法完成2次成功启动,可根据出现的情况判断是否为发动机、起动机或蓄电池故障。

2.【条款6.4.2.2】 密封性

在地沟内检视发动机缸体、油底壳、冷却水道边盖、放水阀、水箱等有无油、液滴漏现象。

【释义】 本项目在人工检验分类中定义为"底盘检查"。由于检查部位的特殊性,所检部位需要检验员在地沟内完成检查,如所检部位无法检视,可由其他检验员在外观检查时补充进行。

【判定】 发动机缸体、油底壳、冷却水道边盖、放水阀、水箱等存在油、液滴漏现象,视为不合格。

【要点】 对于在用车辆,随着使用年限的增加,发动机缸体、油底壳、冷却水道边盖、放水阀、水箱等部件的密封性能会逐渐变差（如图7-11～图7-14所示）。故标准规定上述部位不得有油、液滴漏现象,轻微的渗液可视为合格（干迹为渗,湿迹为漏）。

图7-11　发动机缸体渗油(干迹)

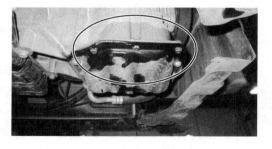

图7-12　发动机油底壳漏油(湿迹)

图7-13　发动机冷却水道边盖(拆卸后状态)

图7-14　水箱放水阀

3.【条款 6.4.2.3】 传动带

开启发动机舱门(盖),检视助力转向、空气压缩机传动带有无裂痕、油污和过量磨损;指压传动带,检视松紧度是否正常;对于采用齿轮传动的空气压缩机,起动发动机,检视齿轮箱有无异响和漏油现象。

【释义】 本项目在人工检验分类中定义为"外观检查"。受检车辆停放在指定位置,检验员通过目视和指压的方法检查发动机舱内助力转向传动带和空气压缩机传动带,以免传动带断裂或打滑造成助力转向及空气压缩机失去动力源而无法正常工作,导致车辆转向和制动失效。

【判定】 检验结果存在以下情形的,视为不合格:
(1)助力转向、空气压缩机传动带存在裂痕、油污和过量磨损,松紧度不正常;
(2)齿轮传动的空气压缩机齿轮箱有异响和漏油现象。

【要点】
(1)助力转向传动带和空气压缩机传动带,是由发动机带动的传动部件。对于皮带传动,主要检查是否存在裂痕、油污和过量磨损,以及皮带松动、张紧力度不够等故障或隐患。空气压缩机皮带过紧,会使空气压缩机曲轴径向间隙减小,曲轴和轴承之间不易形成润滑油膜,容易造成空气压缩机曲轴烧损。空气压缩机皮带过松打滑,会使空气压缩机转速不够,其排气量和工作压力达不到要求,使汽车制动困难。不同形式的发动机,其空气压缩机的传动方式有所不同,对于齿轮传动结构,主要检查齿轮箱是否有异响和漏油,一旦发现异常情况需进行维修。

空气压缩机皮带的调整:松开空气压缩机底座支架上的3个紧固螺栓,将调整螺栓顺时针拧动,则皮带张紧,皮带的松紧度为:在传动带长度1/2处,以30~50N(约3kg~5kg)的力按下皮带,其挠度为15~20mm。

(2)检查时,注意关闭发动机。

4.【条款 6.4.2.4】 燃料供给

开启发动机舱门(盖),检视输油管有无漏油、燃料管路与其他部件有无碰擦、软管有无老化现象;检视燃料箱及燃料管路是否稳固牢靠、燃料箱盖是否齐全有效、燃料箱有无改动或加装。

【释义】 本项目在人工检验分类中定义为"外观检查"。受检车辆停放在指定位置,检验员通过目视进行检查。除检查燃料箱、燃料管路是否泄漏外,还要检查安装牢固程度、接头处的紧固、管路老化损坏情况以及燃料箱盖。在没有相关部门改装证明时,不得随意改装或添加燃料箱。

【判定】 输油管漏油,燃料管路与其他部件有碰擦,软管有老化现象,燃料箱及燃料管路不稳固牢靠,缺少燃料箱盖,燃料箱有改动或加装情形时,视为不合格。

【要点】 燃料供给系统主要包括燃料箱、燃料管路及其连接装置或阀门,如图7-15所示。该系统是车辆安全的敏感系统,一旦有泄漏或存在导致泄漏的条件都将直接威胁行车安全。检查时,应依据要求逐步查验燃料供给系统可视的各个部位。重点检查燃料箱(盖)及可视管路的状态完好性,有无燃油泄漏。

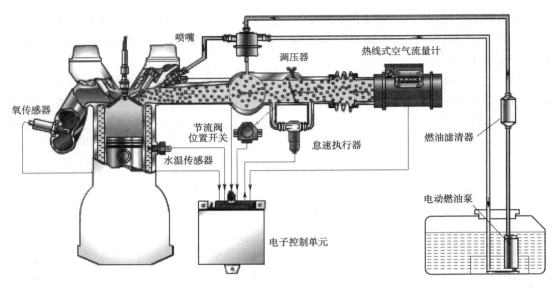

图 7-15　燃料供给系统组成示意图

四、制动系

(一)技术要求

1.【条款 5.1.4.1】　行车制动

(1) 制动管路。

制动管路稳固,转向及行驶时,金属管路及软管不应与车身或底盘产生运动干涉。

(2) 制动泵(缸)及气(油)路。

制动泵(缸)及气(油)路应符合以下要求:

①制动总泵(主缸)、分泵(轮缸)、各类阀门及制动管路无漏气、漏油现象;

②制动金属管及软管无弯折、磨损、凸起和扁平等现象,接头处的连接可靠;

③液压制动助力系统的真空软管不应有磨损、折痕和破裂,接头处的连接可靠。

(3) 制动报警装置。

气压制动系统的低气压报警装置工作正常,制动系统故障报警装置无报警信号输出。

(4) 缓速器。

缓速器连接可靠,电涡流缓速器外表、定子与转子间应清洁、无油污,液压缓速器不应有漏油现象。

(5) 弹簧储能装置。

装有弹簧储能制动器的气压制动车辆,弹簧气室气压低时,弹簧储能制动器自锁装置应有效。

(6) 储气筒。

储气筒安装稳固,不应有锈蚀、变形等损伤,储气筒排污(水)阀畅通。

(7) 制动踏板。

制动踏板无破裂或损坏,防滑面无磨光现象。

2.【条款 5.1.4.2】 驻车制动

驻车制动装置机件齐全完好,操纵灵活有效,拉杆无过度摇晃现象。

【释义】 以上条款是对制动系统的基本要求。制动系统是汽车最重要的主动安全装置,由制动泵(缸)及气(油)路、储气筒、制动踏板等多个部件组成。因机械故障引发的重特大道路交通事故,与制动系统的技术状况有直接关系,在营运车辆的各个系统或总成中,制动系是运行安全的强相关因素,在车辆检验时应予以高度重视。

(二)检验方法

1.【条款 6.4.3.1.1】 制动管路、制动泵及气(油)路、缓速器

被检车辆驶上地沟,在地沟内进行以下检查:

(1)检视制动管路是否稳固,转向时,金属管路及软管与车身或底盘有无运动干涉;

(2)采用气压制动的车辆,在储气筒保持一定压力条件下,关闭发动机,踏下制动踏板,检查各车轮制动气室、气阀及制动管路有无漏气声。对于采用液压制动的车辆,检视制动总泵(主缸)、分泵(轮缸)及制动管路有无漏油现象;检视制动金属管及软管的可视部分有无弯折、磨损、凸起和扁平等现象,接头处的连接是否可靠;检视液压制动助力系统的真空软管有无磨损、折痕和破裂,接头处的连接是否可靠;

(3)采用检验锤敲击(连接螺栓、螺母)和目视的方法,检查缓速器连接是否可靠;检视电涡流缓速器外表、定子与转子间是否清洁、有无油污;如装用液压缓速器,检视有无漏油现象。

【释义】 本项目在人工检验分类中定义为"底盘检查"。检验员在地沟内(部分作业在地面)不仅需要检查制动管路及制动相关部件的密封性,对于制动管路和缓速器等相关部件的技术状况以及固定连接也要予以重点关注:

(1)汽车制动时,制动系统完成制动介质传递制动动力源的压力,直至制动执行机构的完整过程。目前常用的制动系统介质为油和气。对于系统密封性,不同的制动介质应采用不同的方法进行检查:采用液压制动的车辆,检查制动总泵(主缸)、分泵(轮缸)及制动管路有无制动液泄漏;采用气压制动的车辆,在储气筒压力已具有一定压力时,关闭发动机,驾驶员踏下制动踏板,检验员在地沟内对所有车轮的制动气室、气阀及制动管路进行巡检,检查有无漏气声,该检查由检验员与驾驶员配合完成,应尽量避免在嘈杂的环境下进行。

(2)辅助制动装置的作用是避免车辆下长坡时,因连续使用行车制动导致制动器过热产生性能衰退。辅助制动装置主要是缓速器,包括液力缓速器和电涡流缓速器。液力缓速器结构复杂,但重量轻,且能与传动系成为一个整体,其制动力矩不受温度的影响;电涡流缓速器虽然结构简单,但重量大,制动扭矩会随着温度升高而降低。对于安装有缓速器的车辆应重点检查线路的连接情况,是否有损伤、松动,外表、定子与转子间是否清洁、有无油污,对于液压缓速器还要检查有无漏油现象。

气压制动系统示意图如图 7-16 所示,液压制动系统示意图如图 7-17 所示,电涡流缓速器如图 7-18 所示,液力缓速器如图 7-19 所示。

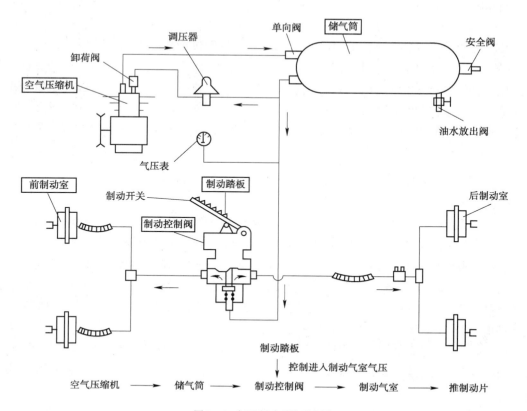

图 7-16 气压制动系统示意图

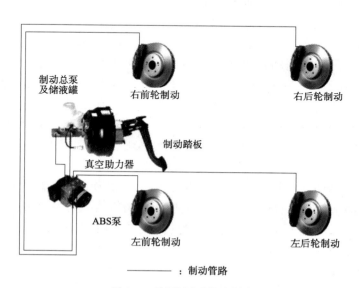

图 7-17 液压制动系统示意图

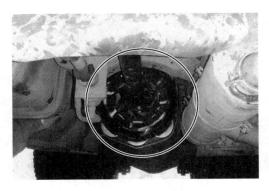 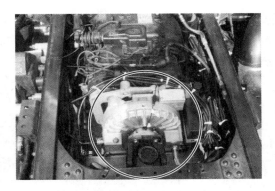

图 7-18　电涡流缓速器　　　　　　　图 7-19　液力缓速器

【判定】　检验结果存在以下情形的,视为不合格:

(1)制动管路固定不牢固,转向时,金属管路及软管与车身或底盘存在运动干涉;

(2)制动系统有漏气或漏油现象(对于液压制动系统,即使是轻微渗油也应视为不合格);

(3)制动金属管及软管的可视部分有弯折、磨损、凸起和扁平等现象,接头处连接松动;液压制动助力系统的真空软管有磨损、折痕和破裂,接头处连接松动;

(4)缓速器与传动系统部件的连接松动,电涡流缓速器外表、定子与转子间有灰尘、油污,装用的液压缓速器的有漏油现象。

2.【条款 6.4.3.1.2】　制动报警装置和弹簧储能装置

起动发动机,在驾驶室内进行以下检查:

(1)检视制动系统有无故障报警。对于气压制动车辆,踩下并放松制动踏板若干次,使制动气压下降至低于起步气压,低气压报警装置是否工作正常。

(2)对于装用弹簧储能制动器的车辆,当制动气压下降至低于起步气压时,观察气室推杆是否动作。

【释义】　本项目在人工检验分类中定义为"运行检查"。受检车辆停放在指定位置,检验员进行如下检查:

(1)将点火开关转到 ON 的位置(不启动车辆),检视制动系统各故障指示灯的指示状况,所有与制动系统相关的故障指示灯在自检闪亮完成后均应熄灭。

现代汽车制动系统一般都装有一个或多个故障警告灯,包括 ABS 警告灯、EBD 警告灯、制动系统告警灯(气压告警、制动液液位告警)等(如图 7-20 所示)。ABS 警告灯会监视防抱制动系统,该警告灯在点火开关转到 ON 的位置时,会持续点亮约 4s。如 ABS 警告灯一直亮着或是在行驶中点亮,表示制动系统的防抱制动装置(ABS)有故障,必须进行维修。如果制动警告灯没有点亮,表示常规的

ABS故障指示灯　　　　　制动系统故障指示灯

图 7-20　制动故障警告灯

制动系统仍然可以正常工作。如点火开关转到 ON 的位置，ABS 警告灯不亮时，应尽快修理更换此灯泡。如制动警告灯和 ABS 警告灯同时闪亮，防抱制动装置（ABS）和电子式制动力分配系统（EBD）可能失去功能，应立刻修复防抱制动装置。

图 7-21　制动气压表

（2）如制动气压为正常工作压力，检验员踩下并放松制动踏板若干次，使制动气压下降至低于起步气压，检视低气压报警装置或气压仪表（如图 7-21 所示）是否工作正常（此时气压表应指示在仪表低压端的红色区域），对于安装有弹簧储能制动器的车辆，同时检视制动气室推杆是否有刹车动作。

起步气压是指汽车制造厂标明的车辆能够满足正常制动要求的贮气筒最小压力。采用气压制动的车辆，当制动系统的气压低于起步气压时，报警装置应能连续向驾驶人发出容易听到或看到的报警信号。对于安装有弹簧储能制动器的车辆，制动气压低时，车辆应处于制动状态。

【判定】　检验结果存在以下情形的，视为不合格：
（1）制动系统有故障报警；
（2）制动气压低于起步气压时，低气压报警装置或气压仪表不能正常工作；
（3）装用弹簧储能制动器的车辆，当制动气压下降至低于起步气压时，气室推杆无动作，车辆未处于制动状态。

3.【条款 6.4.3.1.3】　储气筒
检视储气筒是否安装稳固，有无锈蚀、变形等损伤，储气筒排污（水）阀是否畅通。

【释义】　本项目在人工检验分类中定义为"底盘检查"。受检车辆停放在地沟位置，检验员检查储气筒（如图 7-22 所示）的安装固定以及外观状况。此外，还需检查排污阀是否畅通。储气筒是汽车制动的动力源，其技术状况直接影响行车安全，应重点检查。

【判定】　储气筒安装不稳固，有锈蚀、变形等损伤，储气筒排污（水）阀堵塞，视为不合格。

【要点】　储气筒装在车身两侧的车辆，需在地面检查。

图 7-22　制动储气筒

4.【条款 6.4.3.1.4】　制动踏板
在驾驶室内，检视制动踏板有无破裂、损坏及防滑面磨光现象。

【释义】　本项目在人工检验分类中定义为"运行检查"。受检车辆停放在指定位置，检验员在驾驶室内检视制动踏板（包括副制动踏板）及其支架的技术状况，应无破裂、损坏及防滑面磨光等现象。

【判定】　制动踏板（包括副制动踏板）及其支架破裂、损坏、防滑面磨光，视为不合格。

【要点】 除检查制动踏板外,也可对踏板行程予以关注。对于液压行车制动在达到规定的制动效能时,踏板行程应小于等于踏板全行程的四分之三,制动器装有间隙自动调整装置的机动车踏板行程应小于等于踏板全行程的五分之四,且乘用车应小于等于120mm,其他机动车应小于等于150mm。

5.【条款 6.4.3.2】 驻车制动

在驾驶室内,检视驻车制动装置机件是否齐全完好,操纵驻车制动,检查驻车制动装置是否灵活有效、拉杆有无过度摇晃现象。

【释义】 本项目在人工检验分类中定义为"运行检查"。受检车辆停放在指定位置,检验员在驾驶室内检视驻车制动装置机件的齐全完好性,操纵驻车制动装置,其功能应可靠有效,不得有卡滞、过度摇晃或失效的现象。

【判定】 驻车制动装置机件缺失,功能失效,拉杆严重晃动,视为不合格。

【要点】 对于机械驻车制动装置,在达到最大制动效能时,驾驶员施加于操纵装置上的力应满足:

手操纵时,乘用车应小于等于400N,其他机动车应小于等于600N;

脚操纵时,乘用车应小于等于500N,其他机动车应小于等于700N。

手操纵驻车制动装置、脚操纵驻车制动装置和电子驻车制动装置分别如图7-23、图7-24和图7-25所示。

图7-23 手操纵驻车制动　　　图7-24 脚操纵驻车制动　　　图7-25 电子驻车制动

五、转向系

(一)技术要求

1.【条款 5.1.5.1】 部件连接

转向机构各部件应连接紧固,各连杆无松旷,锁止、限位正常,转向时无卡阻和运动干涉。

2.【条款 5.1.5.2】 部件技术状况

转向节、臂、横直拉杆、平衡杆、转向器摇臂和球销总成应无变形、裂纹及拼焊,转向器摇臂、球销总成及各连杆的连接部位不松旷,转向器壳体和侧盖无裂损、渗油、漏油现象。

3.【条款 5.1.5.3】 转向助力装置

转向助力装置工作正常,不应有传动带打滑和漏油现象。

【释义】 以上条款是对转向系部件连接、部件技术状况和转向助力装置的基本要求。

因机械故障引发的重特大道路交通事故,与转向机构的技术状况有直接关系。在营运车辆的各个系统或总成中,转向系是运行安全的强相关因素,必须引起高度重视。

(二)检验方法

1.【条款 6.4.4.1】 部件连接

转向轮停放在底盘间隙检查仪上,操纵滑板开关使转向轮随滑板产生方向位移,在地沟内检视转向机构各部件的连接、固定、锁止、限位是否正常,有无卡阻和运动干涉。

图 7-26 转向机构的检查

【释义】 本项目在人工检验分类中定义为"底盘检查"。受检车辆停放在指定位置,转向轮正直停放在底盘间隙检查仪上,关闭发动机,驾驶员踩下制动踏板,检验员在地沟工位操纵底盘间隙检查仪滑板开关,使转向轮随滑板产生方向位移,并借助照明设备和专用手锤等必要的工具对转向机构各部件的连接、固定、锁止和限位进行目视检查,如图 7-26 所示。

【判定】 转向机构各部件的连接、固定、锁止和限位异常,存在卡阻和运动干涉,视为不合格。

【要点】

(1)底盘间隙仪是位于地沟工位的辅助设备(不具备检测功能),可实现左、右两侧台面分别前、后搓动,也可实现同时向内、外摆动,检验员利用台面移动过程中车轮的位移,通过人工检视完成转向机构的检查。

(2)检查时,应重点关注转向机构各部件连接紧固以及各连杆松旷情况。

2.【条款 6.4.4.2】 部件技术状况

在地沟内检视转向节、臂、横直拉杆、转向器摇臂、球销总成有无变形及拼焊;采用检验锤敲击和目视的方法,检查转向节、臂、横直拉杆、转向器摇臂、球销总成有无可视的裂纹;操纵底盘间隙检查仪滑板开关使转向轮随滑板产生方向位移,检视转向器摇臂、球销总成及各连杆的连接部位有无松旷;检视转向器壳体和侧盖有无裂损和渗漏油现象。

【释义】 本项目在人工检验分类中定义为"底盘检查"。检验员在地沟内检视转向节、臂、横直拉杆、转向器摇臂、球销总成以及转向器壳体和侧盖,判断是否存在故障、缺陷和隐患。

【判定】 转向节臂、横直拉杆、转向器摇臂、球销总成有可视的变形、裂纹及拼焊现象,转向器摇臂、球销总成及各连杆的连接部位松旷,转向器壳体和侧盖裂损、渗漏油,视为不合格。

【要点】

(1)重点检查转向横直拉杆、球销总成有无变形及拼焊,转向节臂、横直拉杆、转向器摇臂、球销总成有无可视的裂纹,转向器摇臂、球销总成及各连杆的连接部位有无松旷。球销总成如图 7-27 所示。

(2)转向机构结构较为复杂,检验员应熟悉结构,认准各部件构成。汽车转向系如图 7-28 所示。

图 7-27　球销总成

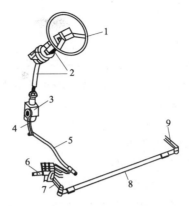

图 7-28　汽车转向系统结构

1-转向盘；2-转向柱总成；3-转向机；4-摇臂；5-直接杆；6-转向节；7、9-横拉杆臂；8-转向横拉杆

【案例】　某检验员在对转向机构进行检验时，发现一辆＊＊牌客车的两前轮胎侧异常磨损，询问驾驶员情况，驾驶员说：最近该车转向不稳定，有飘浮感觉。转动转向盘，检查自动转动量和转向节臂、横、直拉杆、球销、球节都正常，用车检锤敲击横拉杆正常，但敲击平衡杆时发出了清脆的声响，经仔细检查找到了原因所在，发现平衡杆有断裂纹，拆卸后稍用力弯曲平衡杆即断裂，断裂面上陈旧性裂纹达 80%，如图 7-29 所示。

图 7-29　外检发现的断裂部件

3.【条款 6.4.4.3】　转向助力装置

起动发动机，左右转动转向盘，检查转向助力装置是否工作正常，有无传动带打滑和漏油现象。

图 7-30　汽车液压转向助力泵

【释义】　本项目在人工检验分类中定义为"底盘检查"。检验员在地沟内检查转向助力装置（如图 7-30 所示）的工作状况，转向助力泵、可视管路和储液罐是否有漏油的现象。如有传动带，检查转向时是否有打滑的现象。不同的车型，转向助力装置的位置也有所不同，如在地沟内检验员不便观察时，可与其他检验员配合检查。

【判定】　转向助力装置不能正常工作，存在传动带打滑和漏油现象，视为不合格。

【要点】　检查时，起动发动机，左、右转动转向盘，提高助力工作压力，检查转向助力装置的工作状况，同时检查助力泵、可视管路和储液罐的密封状况。

六、行驶系

(一)技术要求

1.【条款5.1.6.1】 车架

全承载式结构的车身以及非全承载式结构的车架纵梁、横梁不应有开裂和变形等损伤,铆钉、螺栓齐全有效。

2.【条款5.1.6.2】 车桥

(1)车桥的桥壳无可视的裂纹及变形;

(2)车桥密封良好,无漏油现象。

3.【条款5.1.6.3】 拉杆和导杆

车桥与悬架之间的拉杆和导杆无松旷、移位及可视的变形和裂纹。

4.【条款5.1.6.4】 车轮及螺栓、螺母

各车轮的轮辋应无裂纹,车轮及半轴的螺栓、螺母应齐全、完好,连接可靠。车轮安装的装饰罩和装饰帽不得有碍于检查螺栓、螺母技术状况。

5.【条款5.1.6.5】 轮胎

(1)轮胎的胎冠、胎壁不得有长度超过 **25mm** 或深度足以暴露出帘布层的破裂和割伤以及凸起、异物刺入等影响使用的缺陷,并装轮胎间应无异物嵌入。

(2)具有磨损标志的轮胎,胎冠的磨损不得触及磨损标志;无磨损标志或标志不清的轮胎,乘用车和挂车的胎冠花纹深度应不小于 **1.6mm**;其他车型的转向轮的胎冠花纹深度应不小于 **3.2mm**,其余轮胎胎纹深度应不小于 **1.6mm**。

(3)同轴轮胎的规格和花纹应相同,规格符合整车制造厂的规定。

(4)装用轮胎的速度级别应不低于车辆最高设计车速的要求。

(5)轮胎的充气压力应符合规定值。

(6)客车和危险货物运输车的所有车轮不得装用翻新的轮胎,其他车辆的转向轮不得装用翻新的轮胎,其余车轮使用翻新的轮胎应符合相关标准的规定。

(7)轮胎类型应符合 **4.2.6** 的规定。

(8)随车配备备用轮胎并固定牢固。

6.【条款5.1.6.6】 悬架

(1)弹性元件

悬架的弹性元件,如钢板弹簧、螺旋弹簧、扭杆弹簧、橡胶减震垫等弹性元件应安装牢固,不应有裂纹、缺片、加片、断裂、塑性变形和功能失效等现象,空气弹簧不应有泄漏现象。

(2)部件连接

悬架的弹性元件总成、减振器、导向杆(若装配)等部件应连接可靠,钢板弹簧的 U 形螺栓、螺母等应齐全、紧固,吊耳销(套)无松旷和断裂,锁销齐全有效。

(3)减振器

减振器稳固有效,无漏油现象。

【释义】 以上条款是对汽车行驶系的基本要求。汽车行驶系包括车架、车桥、拉杆和导杆、车轮及螺栓螺母、轮胎、悬架等。因机械故障引发的重特大道路交通事故,与行驶系有直接关系。在营运车辆的各个系统或总成中,行驶系是运行安全的强相关因素,必须引起高度重视。

各国对在用车辆轮胎花纹深度磨损极限的要求不尽相同,我国对轮胎花纹深度、特别是转向轮花纹深度的要求应是比较严格的,见表7-4。

轮胎花纹深度磨损极限(mm) 表7-4

国 家	车 型		
	乘用车	客车	货车
美国	≥1.6	≥2.0	≥2.0
欧洲	≥1.0	≥2.0	≥2.0
日本	≥1.6	≥3.2	≥3.2

(二)检验方法

1.【条款6.4.5.1】 车架、车桥、拉杆和导杆

【条款6.4.5.1.1】 车架

在地沟内,检视全承载式结构的车身以及非全承载式结构的车架纵梁、横梁有无开裂和变形等损伤,铆钉、螺栓是否齐全有效。

【条款6.4.5.1.2】 车桥

在地沟内,检视车桥的桥壳有无可视的裂纹及变形,车桥密封是否良好,有无漏油现象。

【条款6.4.5.1.3】 拉杆和导杆

在地沟内,晃动拉杆和导杆,检视车桥与悬架之间的拉杆和导杆有无松旷、移位及可视的变形和裂纹。

【释义】 以上三个项目在人工检验分类中定义为"底盘检查"。检验员在地沟工位,借助手锤等必要的工具对车架、车桥、拉杆及导杆进行检视。

【判定】 检验结果存在以下情形的,视为不合格:

(1)全承载式结构的车身以及非全承载式结构的车架纵梁、横梁有开裂和可视变形等损伤,铆钉、螺栓缺失;

(2)车桥的桥壳有可视的裂纹及变形,车桥有漏油现象;

(3)拉杆和导杆存在松旷、移位现象,有可视的变形和裂纹。

【要点】

(1)由于车辆结构的限制以及在用车辆部件不可避免的轻微缺陷,技术要求中规定的检查部位以及查找的缺陷均为可视部位和可视缺陷,对于车架不可视的部位不进行拆解检查。

(2)汽车车身结构有非承载式车身(见图7-31)、承载式车身(见图7-32)和半承载式车身。

采用非承载式车身的车辆多是卡车、专业越野车。非承载式车身有刚性车架,又称底盘

大梁架。这种车架一般是矩形或者梯形结构,布置在车身的最底部。该结构的最大优点就是车身强度高,钢架能够提供很强的车身刚性,有利于提高安全性。

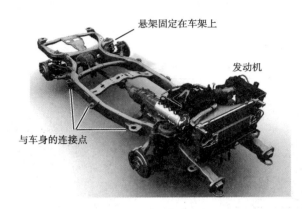

图 7-31　非承载式车身

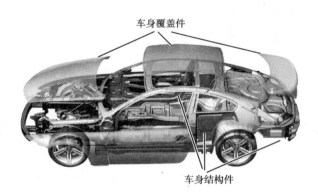

图 7-32　承载式车身

采用承载式车身的车辆多是乘用车和客车。承载式车身的外壳、车顶和地板以及 A、B、C 三根柱都是连接在一起的。承载式车身优点是重量轻,重心较低,车内空间利用率比非承载式车身结构更高。但承载式车身的抗扭刚性和承载能力相对较弱。

2.【条款 6.4.5.2】　车轮及螺栓、螺母

检视各车轮的轮辋有无裂纹,车轮及半轴的螺栓、螺母是否齐全完好。对于疑似松动和损伤的螺栓、螺母,采用检验锤敲击和目视的方法,检查螺栓、螺母是否连接可靠;检视各车轮有无安装有碍于观察螺栓、螺母技术状况的装饰罩和装饰帽。

【释义】　本项目在人工检验分类中定义为"外观检查"。受检车辆停放在指定位置,检验员在地面上检视各个车轮的轮辋、车轮及半轴的螺栓、螺母,同时检查各车轮有无安装有碍于观察螺栓、螺母技术状况的装饰罩或装饰帽。

【判定】　检验结果存在以下情形的,视为不合格:
(1)轮辋有裂纹,车轮及半轴的螺栓、螺母缺损或松动;
(2)车轮安装有碍于观察螺栓、螺母技术状况的装饰罩或装饰帽。

【要点】

(1) 车轮是车辆唯一与地面接触的部件,直接影响行车安全,轮辋不得有裂纹或损伤,车轮与半轴螺栓、螺母不得松动或缺失。此外,车轮与半轴螺栓、螺母在检查时容易混淆,应特别注意,并按规定力矩紧固。

(2) 所有车轮不得装用如图 7-33 所示的装饰罩或装饰帽,可装用如图 7-34 所示的装饰罩或装饰帽。

图 7-33　车轮装饰罩

图 7-34　车轮装饰罩

【案例1】 2010 年 02 月 28 日 17 时 35 分,一辆＊＊牌普通客车(核载 27 人,实载 26 人)沿郑密路由东向西行驶至侯寨桥路段,车辆失稳(后轴侧滑,顺时针旋转),其左前角与左侧与道路右侧桥梁护栏发生碰撞并坠入桥下水库,致 19 人死亡,7 人受伤,车辆及路产受损。

事故原因:事故前该车行车制动系统技术状况严重不良,其左后轮轮辋完全裂开,如图 7-35 所示,该车轮制动失效,其他各车轮制动鼓严重磨损,摩擦面凹凸不平,两后轮摩擦片不均匀、磨损严重,局部已磨损至铆钉处,两前轮摩擦片厚度正常(新换摩擦片),事故前,该车两后轮轮胎技术状况不正常,其轮胎花纹基本磨平。

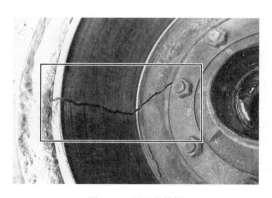

图 7-35　开裂的轮辋

【案例2】 2012 年 2 月 28 日上午 11 时 30 分,某长途汽车站安全例检人员在对进站经营的赣 E27＊＊＊金旅牌客车进行例行检查时,及时查出一起重大安全隐患:右前车轮的 8

颗固定螺栓只剩下 4 颗,其余 4 颗不仅没有螺母,螺栓也全部断落,如图 7-36 所示。

图 7-36　残缺的车轮螺栓螺母

3.【条款 6.4.5.3】　轮胎

(1) 检视各轮胎的胎冠、胎壁有无长度超过 **25mm** 或深度足以暴露出帘布层的破裂和割伤以及凸起、异物刺入等影响使用的缺陷,并装轮胎间有无异物嵌入。

(2) 检视各轮胎磨损情况。无磨损标志或标志不清的轮胎,当其花纹深度与规定限值接近而无法准确判定时,应采用轮胎花纹深度尺或专用设备测量胎冠花纹深度。具有磨损标志的轮胎,检视胎冠的磨损是否触及磨损标志。

(3) 检视同轴轮胎的规格和花纹是否相同。

(4) 检视各轮胎的速度级别,是否不低于车辆最高设计车速的要求。

(5) 采用检验锤敲击和目视的方法,巡检各轮胎的充气状况,必要时用气压表测量轮胎气压。

(6) 检视客车和危险货物运输车的所有车轮、货车的转向轮是否装用翻新的轮胎。

(7) 检视车长大于 **9m** 的客车和危险货物运输车是否装用子午线轮胎,卧铺客车是否装用无内胎子午线轮胎。

(8) 检查是否随车配备备用轮胎,固定是否牢固。

【释义】　本项目在人工检验分类中定义为"外观检查"。检验员在地面和地沟内检视各个轮胎内外侧胎壁、胎冠、规格、速度级别、气压、类型、是否采用翻新胎以及备胎等。

【判定】　检验结果存在以下情形的,视为不合格:

(1) 轮胎的胎冠、胎壁有长度超过 **25mm** 或深度足以暴露出帘布层的破裂和割伤以及凸起、异物刺入等影响使用的缺陷,并装轮胎间有异物嵌入;

(2) 轮胎磨损超过限值;

(3) 同轴轮胎的规格和花纹不同;

(4) 轮胎的速度级别低于车辆最高设计车速;

(5) 轮胎气压不符合规定;

(6) 客车和危险货物运输车任一车轮、货车的转向轮装用翻新的轮胎;

(7) 车长大于 **9m** 的客车和危险货物运输车未装用子午线轮胎,卧铺客车未装用无内胎子午线轮胎;

(8) 未随车配备备用轮胎,固定不牢固。

第七章 道路运输车辆综合性能要求和检验方法(GB 18565—2016)释义

【要点】

(1)轮胎是机动车与道路唯一接触的部分,其技术状况是汽车安全行驶的重要保障,许多重特大事故都与轮胎技术状况密切相关,综合性能检验机构应高度重视,全面、仔细地对其进行检查,重点是轮胎外观、花纹深度以及使用翻新轮胎的情况等,特别是转向轮轮胎,应重点关注。

(2)轮胎常见的损伤和缺陷如图 7-37 所示。

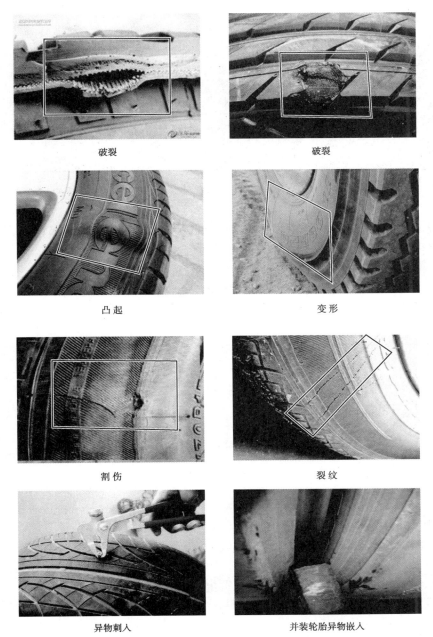

图 7-37 轮胎损伤和缺陷图示

· 235 ·

（3）轮胎两侧肩部处一般模刻出指明胎面磨耗标志位置的▲标记，通常每个轮胎圆周内的花纹深度标志不少于4个。

检查轮胎花纹深度时，首先查看轮胎胎冠磨损是否触及磨损标志（如图7-38所示），无磨损标志或标志不清的轮胎，可通过目视定性判断，当其花纹深度与规定限值接近而无法准确判定时，应采用轮胎花纹深度尺或专用设备在胎冠磨损程度最严重的部位测量花纹深度（如图7-39所示）。需要说明的是：技术等级评定时，轮胎花纹深度为分级项，需测量实际值（如图7-40所示）。

图7-38　磨损标记　　　　　图7-39　磨损最严重部位　　　　　图7-40　测量花纹深度

（4）机动车所装用轮胎的速度级别不应低于该车最大设计车速的要求，但装用雪地轮胎时除外。轮胎速度级别符号与最高行驶速度的对应关系见表7-5。

轮胎速度级别符号与最高行驶速度的对应关系　　　　表7-5

速度级别	最高行驶速度（km/h）	速度级别	最高行驶速度（km/h）	速度级别	最高行驶速度（km/h）
A1	5	D	65	Q	160
A2	10	E	70	R	170
A3	15	F	80	S	180
A4	20	G	90	T	190
A5	25	J	100	U	200
A6	30	K	110	H	210
A7	35	L	120	V	240
A8	40	M	130	W	270
B	50	N	140	Y	300
C	60	P	150		

（5）轮胎气压以及轮胎完好程度对制动性能、燃料消耗量、转向轮侧滑量以及车速表检验等线内检验项目的检验结果有较大的影响。从事该项检查时，可采用目视的方法核实轮胎的气压状况，必要时使用气压表测量，并保证轮胎气压正常。

（6）针对我国有关翻新轮胎的使用规定，目前还存在不同的看法和争议，主要是从节约资源、提倡环保和构建循环经济的角度提出的。应该指出的是,轮胎翻新,循环利用是有利于环保的切实可行方法,但没有按照标准生产和严格检验的翻新轮胎,存在严重的安全隐患。现行法规规定,机动车转向轮不得装用翻新的轮胎。

(7)翻新轮胎的识别方法:正规翻新胎按翻新部位分为顶翻、肩翻和全翻(如图7-41,图7-42,图7-43所示),按翻新工艺分为冷翻和热翻两种。其中,顶翻胎、肩翻胎的翻新痕迹较为明显,全翻胎的翻新痕迹难以鉴别。

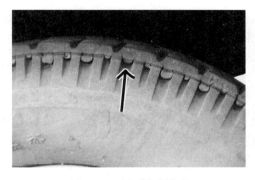

图7-41 顶翻胎翻新痕迹

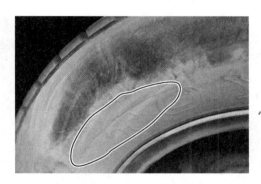

图7-42 肩翻胎翻新痕迹

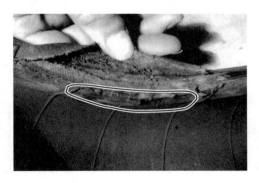

图7-43 全翻胎的翻新痕迹

4.【条款6.4.5.4】 悬架

1)弹性元件

悬架弹性元件的检查在地沟内进行。对于钢板弹簧,检视有无裂纹、缺片、加片、断裂、塑性变形和功能失效等现象。对于空气弹簧,采用检验锤敲击和目视的方法,检查空气弹簧的气密性和外观状况。同时检视悬架的弹性元件是否安装牢固。

2)悬架部件连接

悬架部件连接的检查在地沟内进行。采用检验锤敲击和目视的方法,检视悬架的弹性元件总成、减振器、导向杆(若装配)等部件是否连接可靠,钢板弹簧的U形螺栓、螺母是否齐全紧固,吊耳销(套)有无松旷和断裂,锁销是否齐全有效。

3)减振器

检视减振器是否稳固有效,有无漏油现象。

【释义】 本项目在人工检验分类中定义为"底盘检查"。检验员在地沟内采用检验锤敲击和目视相结合的方法,检查悬架的弹性元件,包括钢板弹簧、螺旋弹簧或空气弹簧,同时检查悬架部件连接,包括弹性元件总成、减振器、导向杆(若装配)等部件,以及钢板弹簧的U形螺栓、螺母、吊耳销(套)和锁销,最后还需检查减振器。重点检查弹性元件、U形螺栓及螺母。

【判定】 检验结果存在以下情形的,视为不合格:
(1)悬架的弹性元件安装不牢固,存在裂纹、缺片、加片、断裂、塑性变形和功能失效等现象,空气弹簧有泄漏;
(2)悬架的弹性元件总成、减振器、导向杆(若装配)等部件连接松动,钢板弹簧的U形螺栓、螺母缺失或松动,吊耳销(套)松旷、断裂,锁销失效;
(3)减振器晃动、失效,有漏油现象。

【要点】
(1)悬架是汽车结构中的一个重要总成,它把车架与车轮弹性地联系起来,关系到汽车的多种使用性能。既要满足汽车的舒适性要求,又要满足其操纵稳定性的要求,而这两方面又是互相对立的。悬架损坏导致支撑力不足,易使汽车发生刹车"点头",加速"抬头"以及左、右侧倾严重等不良倾向,不利于汽车的转向和操纵稳定性。

(2)悬架形式可主要分为独立式与非独立式(如图7-44所示),独立悬架又包括多连杆式、纵臂式、烛式、麦弗逊式、拖曳臂式等,非独立悬架包括钢板弹簧式、螺旋弹簧式、空气弹簧式、油气弹簧式等。检验员应掌握不同形式的悬架结构特点,有针对性地进行检验。以下是对非独立悬架弹性元件的解释说明:

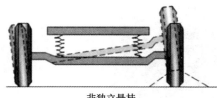
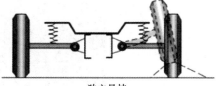

非独立悬挂　　　　　独立悬挂

图7-44　悬架形式

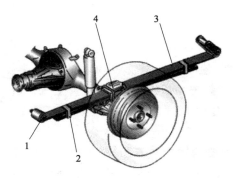

图7-45　钢板弹簧
1-卷耳;2-弹簧夹;3-钢板弹簧;4-中心螺栓

①钢板弹簧。

钢板弹簧又叫叶片弹簧(如图7-45所示),它是由若干不等长的合金弹簧片叠加在一起组合成一根近似等强度的梁。钢板弹簧的第一片(最长的一片)称为主片,其两端弯成卷耳,内装衬套,用弹簧销与固定在车架上的支架或吊耳作铰链连接,钢板弹簧的中间用U形螺栓(中心螺栓)与车桥固定。

中心螺栓用来连接各弹簧片,并保证各片装配时的相对位置。中心螺栓到两端卷耳中心的距离可以相等,也可以不相等。为了增加主片卷耳的强度,将第二片末端也弯成半卷耳,包在主片卷耳和外面,且留有较大的间隙,使得弹簧在变形时,各片间有相对滑动的可能。钢板弹簧在载荷作用下变形,各片之间因相对滑动而产生摩擦,可促使车架的振动衰减。各片间的干摩擦,车轮将所受冲击力传递给车架,且增大了各片的磨损。所以在装合时,各片间涂上较稠的润滑剂(石墨润滑脂),并应定期保养。

②气体弹簧。

气体弹簧主要有空气弹簧和油气弹簧两种。空气弹簧是以空气做弹性介质(如图7-46所示),即在一个密闭的容器内装入压缩空气(气压为0.5~1MPa),利用气体的可压缩性实现弹簧的作用。随着载荷的增加,容器内压缩空气压力升高,使其弹簧刚度也随之增加,载荷减少,弹簧压力也随空气压力减少而下降,因而这种弹簧有其理想的弹性特性。空气弹簧在大型客车和高档轿车上,尤其在主动悬架中被广泛采用。

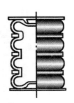 

图7-46　空气弹簧

空气弹簧分为囊式和膜式。囊式空气弹簧由夹有帘线的橡胶组成的气囊和密闭在其中的压缩空气构成。气囊外展由耐油橡胶制成单节或多节,节数越多弹簧越软,节与节之间围有钢质腰环,防止两节之间摩擦。气囊上下盖板将空气封于室内。膜式空气弹簧由橡胶模片和金属压制件组成。它比囊式空气弹簧的弹性曲线更为理想,固有频率更低些,且尺寸小,便于布置因而多用于轿车上,但造价贵,寿命较短。

油气弹簧以惰性气体(氮气)作为弹性介质(如图7-47所示),用油液作为传力介质。油气弹簧类型有不带隔膜的简单式油气弹簧和带隔膜式油气弹簧,其中隔膜式油气弹簧将体和液体分开,便于充气并防油液乳化。如图右侧所示是带反压气室式油气弹簧,它有一个反压气室,相当于在简单油气弹簧上加上一个方向相反的小筒单油气弹簧,用以提高空载时弹簧刚度,使空气和油气弹簧用在悬架中,由于它们只能承受轴向载荷,因此,悬架中必须加设导向机构和减振器。目前此种弹簧多用于重型车和部分小客车上。

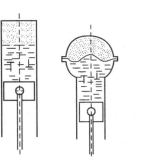

图7-47　油气弹簧

③扭杆弹簧。

扭杆弹簧(如图7-48所示)总成用铬钒合金弹簧钢制成,它的表面经过加工很光滑。通常为保护扭杆表面,在其上涂有环氧树脂,并包一层玻璃纤维,再涂一层环氧树脂,最后涂上沥青和防锈油漆,以防摩蚀和损坏表面,从而提高扭杆弹簧的使用寿命。扭杆弹簧是一根由弹簧钢制的扭杆。扭杆断面常为圆形,少数是矩形或管形,扭杆一端固定在车架上,另一端上的摆臂与车轮相连。当车轮跳动时,摆臂便绕着扭杆轴线摆动,使扭杆产生扭转弹性变

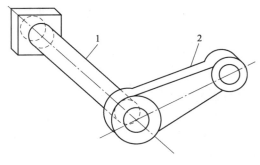

图7-48 扭杆弹簧
1-扭杆;2-摆臂

形,以保证车轮与车架的弹性连接。

扭杆弹簧在制造时,经热处理后施加一定的扭转力矩载荷,使它有一个永久变形,而具有一定的预应力,这样可以在实际工作中减小工作时的实际应力,有利于延长扭杆弹簧的寿命。但应注意左右扭杆由于施加应力有方向性,装在车上后承受工作载荷时扭转的方向应与所预加在扭杆上的扭转方向相一致,因而左右扭杆做有标记,安装时应加以注意。采用扭杆弹簧做弹性元件的悬架要设导向机构和减振器。扭杆弹簧与钢板弹簧相比质量轻,而且不需润滑,保养维修简便。扭杆弹簧在客车上的应用较为少见。

④螺旋弹簧。

螺旋弹簧是用弹簧钢钢棒料卷制而成,它们有刚度不变的圆柱形螺旋弹簧和刚度可变的圆锥形螺旋弹簧(如图7-49所示)。

螺旋弹簧大多应用在独立悬架上,尤以前轮独立悬架采用广泛。有些轿车后轮非独立悬架也有采用螺旋弹簧作弹性元件的。由于螺旋弹簧只承受垂直载荷,它用做弹性元件的悬架要加设导向机构和减振器。它与钢板弹簧相比具有不需润滑,防污性强,占用纵向空间小,弹簧本身质量小的特点,因而现代轿车上广泛采用。

图7-49 螺旋弹簧

七、传动系

(一)技术要求

1.【条款5.1.7.1】 离合器

离合器接合平稳、分离彻底、操作轻便、工作时无异响、打滑、抖动和沉重等现象。

2.【条款5.1.7.2】 变速器

变速器操纵轻便、档位准确,无异响和滴漏油现象。

3.【条款5.1.7.3】 传动件异响

运转时,传动轴、主减速器和差速器不应有异响。

4.【条款5.1.7.4】 万向节与轴承

万向节、中间轴承无松旷、无裂损。

【释义】 以上条款是对传动系的基本要求。虽然汽车传动系与行车安全的相关性弱于制动系统、转向系统和行驶系统,但技术状况不良的传动系影响汽车行驶性能。

(二)检验方法

1.【条款6.4.6.1】 离合器、变速器及传动件异响

被检车辆在行驶过程中,进行以下检查:

(1)进行换挡操作,检查离合器接合是否平稳、分离是否彻底、操作是否轻便,有无异响、打滑、抖动和沉重等现象;

(2)进行换挡操作,检查变速器操纵是否轻便、档位是否准确,有无异响;

(3)检查传动轴、主减速器和差速器有无异响。

【释义】 本项目在人工检验分类中定义为"运行检查"。受检车辆停放在指定位置,检验员操作车辆,起步并行驶20m以上,利用目视、耳听、操作感知等方式检查。重点检查:离合器接合是否平稳、分离是否彻底、操作是否轻便、有无异响、打滑、抖动和沉重等现象,换挡是否正常,同时检查传动轴、主减速器和差速器有无异响。

【判定】 检验结果存在以下情形的,视为不合格:

(1)离合器接合不平稳,分离不彻底(车辆有顿挫感),踩踏沉重,有异响、打滑、抖动等现象;

(2)变速器操纵沉重,档位不准确,有异响;

(3)传动轴、主减速器和差速器有异响。

【注意】 电动汽车的前进和倒车只有在静止或低速时才能够实现转换,检查运行时有无传动异响。

2.【条款6.4.6.2】 万向节与轴承、变速器密封性

在地沟内进行以下检查:

(1)晃动传动轴,检视万向节、中间轴承有无松旷及可视的裂损;

(2)检视变速器有无滴漏油现象。

【释义】 本项目在人工检验分类中定义为"底盘检查"。检验员在地沟内目视检查,重点检查传动轴万向节、中间轴承有无松旷及可视的裂损。万向节、轴承在传动系统中有时不止一个,应逐一检查。

【判定】 万向节、中间轴承松旷,有可视的裂损,变速器滴漏油,视为不合格。

【要点】 对于在用车辆,随着使用年限的增加,变速器的密封性可能会逐渐变差。检查时,检验员应能准确把握漏与渗的程度概念,不得有油液滴漏现象,轻微的渗油可视为合格。

八、照明、信号装置和标识

(一)技术要求

1.【条款5.1.8.1】 外部照明和信号装置

前照灯、转向灯、示廓灯、危险报警闪光灯和雾灯等信号装置应齐全、完好、有效。

2.【条款5.1.8.2】 前照灯远、近光光束变换功能

前照灯的远、近光光束变换功能正常。

3.【条款5.1.8.3】 反射器与侧标志灯

车辆的后反射器、侧反射器和侧标志灯应齐全,无损毁。

4.【条款5.1.8.4】 货车车身反光标识和尾部标志板

货车、挂车侧面及后部的车身反光标识和尾部标志板的适用车型要求、性能、尺寸、位置应符合GB 7258的相关要求,且完好、无污损。

【释义】 以上条款是对车辆照明、信号装置和标识的要求。在机动车上,照明、信号装

置和标识分别属于主动安全和被动安全装置,对行车安全十分重要,按相关法规标准要求,对车辆照明、信号装置以及标识具有强制性。因装置失效或性能不良导致的道路交通事故时有发生,必须引起高度重视。

（二）检验方法

1.【条款 6.4.7.1】 外部照明和信号装置

开启外部照明和信号装置,检视前照灯、转向灯、示廓灯、危险报警闪光灯和雾灯等信号装置是否齐全、完好、有效。

2.【条款 6.4.7.2】 前照灯远、近光光束变换功能

操作前照灯远、近光变换开关,检视远、近光光束变换功能是否正常。

3.【条款 6.4.7.3】 反射器与侧标志灯

检视车辆的后反射器、侧反射器和侧标志灯是否齐全,有无损毁。

4.【条款 6.4.7.4】 货车车身反光标识和尾部标志板

检视货车侧面及后部的车身反光标识和尾部标志板的适用车型、长度、尺寸、位置是否符合相关规定,是否完好、有无污损。

【释义】 以上项目在人工检验分类中定义为"外观检查"。受检车辆停放在指定位置,检验员对以上项目依次进行检查。外部照明和信号装置主要包括前照灯、转向灯（前/后/侧）、制动灯、示廓灯（前/后）、危险报警灯（前/后）、雾灯（前/后）、倒车灯和牌照灯等（如图 7-50～图 7-55 所示),重点检查齐全、完好性和有效性;对于【条款 6.4.7.3】反射器与侧标志灯和【条款 6.4.7.4】货车车身反光标识和尾部标志板（如图 7-56～图 7-58 所示),重点检查齐全、完好性和污损情况。货车、挂车侧面及后部的车身反光标识和尾部标志板的适用车型要求、性能、尺寸、位置应符合 GB 7258 的相关要求。

图 7-50 组合式前照灯（包括远光灯、近光灯、转向灯、前雾灯等）

图 7-51 组合式尾灯（包括转向灯、制动灯、倒车灯、后雾灯、反射器等）

图 7-52　侧转向灯

图 7-53　前后位灯

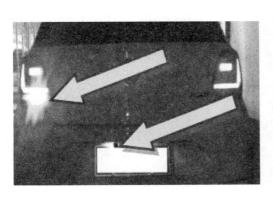 

图 7-54　牌照灯与后雾灯　　　　　　　　图 7-55　示廓灯

图7-56 侧标志灯

图7-57 车身反光标识

图7-58 尾部标志板

【判定】 检验结果存在以下情形的,视为不合格:
(1)前照灯等外部照明装置以及转向灯、示廓灯、危险报警闪光灯和雾灯等信号装置缺损、失效;
(2)远、近光光束变换功能异常;
(3)后反射器、侧反射器和侧标志灯缺损;
(4)货车侧面及后部的车身反光标识和尾部标志板的适用车型、长度、尺寸、位置不符合相关规定,状态不完整,有污损现象。

【要点】
(1)检查时,检验员一般情况下不应站在受检车辆的正前方或正后方。
(2)检查【条款6.4.7.1】外部照明和信号装置和【条款6.4.7.2】前照灯远、近光光束变换功能时,建议由两名检验员配合进行(一名在驾驶位置操作开关,一名巡视检查)。
(3)机动车应装置后反射器(回复反射器),挂车及车长大于等于6m的机动车应安装侧反射器和侧标志灯,反射器应与机动车牢固连接。
(4)宽度大于2100mm的机动车应安装示廓灯。
(5)牵引杆挂车应在挂车前部的左、右位置各装一只前白后红的标志灯,其高度应比牵引杆挂车的前栏板高出300mm~400mm,距车厢外侧应小于150mm。

（6）对称设置、功能相同的灯具，其光色和亮度不应有明显差异。

（7）汽车（三轮汽车除外）均应具有危险警告信号装置，其操纵装置不应受灯光总开关的控制。对于牵引挂车的汽车，危险警告信号控制开关也应能打开挂车上的所有转向信号灯，即使在发动机不工作的情况下，仍应能发出危险警告信号。

（8）总质量大于等于 12000kg 的货车（半挂牵引车除外）和货车底盘改装的专业作业车、车长大于 8.0m 的挂车以及所有最大设计车速小于等于 40km/h 的汽车和挂车，应设置符合 GB 25990 规定的车辆尾部标志板；半挂牵引车应在驾驶室后部上方设置能体现驾驶室的宽度和高度的车身反光标识，其他货车、货车底盘改装的专项作业车和挂车（设置有符合规定的车辆尾部标志板的除外）应在后部设置车身反光标识。后部的车身反光标识应能体现机动车后部的高度和宽度，对厢式货车和挂车应能体现货厢轮廓。

（9）所有货车（半挂牵引车除外）、货车底盘改装的专项作业车和挂车应在侧面设置车身反光标识。侧面的车身反光标识长度应大于等于车长的 50%，对侧面车身结构无连续平面的专项作业车应大于等于车长的 30%，对货厢长度不足车长 50% 的货车应为货厢长度。

（10）货车、专项作业车和挂车（组成拖拉机运输机组的挂车除外）的车身反光标识材料应符合 GB 23254 的规定，其中厢式货车和厢式挂车应装备反射器型车身反光标识。

九、电气线路及仪表

（一）技术要求

1.【条款 5.1.9.1】 导线

发动机舱内线束以及其他部位线束的导线绝缘层无老化、皲裂和破损，导体无外露，线束固定可靠；电缆线及连接蓄电池的接头应牢固，并有绝缘套；线束穿过金属孔时应设绝缘护套。

2.【条款 5.1.9.2】 仪表与指示器

车速、里程、水温、机油压力、电流或电压或充电、燃油、气压等信号指示装置应工作正常。

3.【条款 5.1.9.3】 卫星定位系统车载终端

装有卫星定位系统车载终端的车辆，终端应工作正常。

【释义】 以上条款是对发动机舱内线束以及其他部位线束的导线、仪表与指示器以及卫星定位系统车载终端的技术要求。对于在用车辆，随着使用年限的增加，车上导线的技术状况可能会逐渐变差，特别是发动机舱内线束以及其他部位线束的导线绝缘老化、导线破损、导体外露都有可能造成短路，产生火花，极易引起车辆自燃和火灾事故。车速、里程、水温、机油压力、气压等信号指示装置和卫星定位系统车载终端功能失效，会对车辆行驶安全性能、动态监管以及安全监控产生严重影响，尤其是客车和危险货物运输车辆，对此必须予以高度重视。

（二）检验方法

1.【条款 6.4.8.1】 导线

开启发动机舱门（盖），检视：

(1) 发动机舱内线束以及其他部位可视线束的导线绝缘层有无老化、皲裂和破损,导体有无外露,线束固定是否可靠;

(2) 电缆线及连接蓄电池的接头是否牢固,有无绝缘套;

(3) 线束穿过金属孔时有无绝缘护套。

【释义】 以上项目在人工检验分类中定义为"外观检查"。受检车辆停放在指定位置,打开发动机舱门(盖),检验员采用目视方法逐一检查发动机舱内线束和其他部位可视线束的导线绝缘层、线束固定情况以及线束穿过孔洞时采取的保护措施。

【判定】 检验结果存在以下情形的,视为不合格:

(1)发动机舱内线束以及其他部位线束的导线绝缘层老化、皲裂和破损,导体外露,线束散乱无固定;

(2)电缆线及连接蓄电池的接头松动,无绝缘套;

(3)线束穿过孔洞时无绝缘护套。

【要点】

(1)以上项目的检查部位均为可视部位。

(2)虽然客车发动机舱内和其他热源附近的线束采用耐温不低于125℃的阻燃电线,其他部位的线束采用耐温不低于105℃的阻燃电线,但车辆在使用或维修时,导线存在改变以及受损的可能,线束布置、固定以及接头连接状态也可能发生变化。因此,应予以关注。

2.【条款6.4.8.2】 仪表与指示器

被检车辆在行驶过程中,检视车速、里程、水温、机油压力、电流或电压或充电指示、燃油、气压等信号指示装置是否工作正常。

【释义】 本项目在人工检验分类中定义为"运行检查"。受检车辆停放在指定位置,检验员起动车辆并以不小于20km/h速度行驶20m以上,检视车速表和里程表工作状况。停车后,保持怠速状态,检视水温、机油压力、电流或电压或充电指示、燃油、气压等信号指示装置的工作情况。

【判定】 车速、里程、水温、机油压力、电流或电压或充电指示、燃油、气压等信号指示装置不能正常工作,视为不合格。

3.【条款6.4.8.3】 卫星定位系统车载终端

启动卫星定位系统车载终端进行自检,通过信号灯或显示屏观察卫星定位及通讯模块、主电源、卫星天线、与终端主机相连的摄像头的工作状态,确认自检是否通过。

【释义】 本项目在人工检验分类中定义为"运行检查"。受检车辆停放在指定位置,检验员采用按键启动或插入IC卡或其他方式进行自检,观察显示屏的指示灯以及信号提示,确认其工作状态,自检通过视为合格。

【判定】 卫星定位及通讯模块、主电源、卫星天线、与终端主机相连的摄像头工作异常,自检未通过,视为不合格。

【要点】 旅游客车、包车客车、三类及以上班线客车、危险货物运输车辆、N_3类载货汽车和半挂牵引车应装有具有行驶记录功能并符合GB/T 19056和JT/T 794规定的卫星定位系统车载终端。

十、车身

(一)技术要求

1.【条款 5.1.10.1】 门窗及照明

(1)采用动力启闭车门的客车,车门应急控制器机件齐全完好,应急控制器标志及操作说明无损毁。

(2)应急门和安全顶窗机件齐全完好。

(3)应急窗易于开启,封闭式客车的每个应急窗邻近处应有玻璃破碎装置,且状态完好。采用安全手锤时,应在规定的位置放置。

(4)所有门、窗的玻璃应齐全,不得有长度超过 **25mm** 且易导致破碎的裂纹和穿孔,密封良好。

(5)客车车厢灯和门灯工作正常。

2.【条款 5.1.10.2】 车身外观

(1)车身与驾驶室基本完好。客车车身和货车驾驶室不得有超过 3 处的轻微开裂、锈蚀和明显变形,缺陷部位不影响安全性和密封性。

(2)车身应周正,货车、客车及挂车车轴上方的车身两侧对称部位的高度差不大于 **40mm**。

(3)车身外部和内部不应有任何可能使人致伤的尖锐凸起物。

(4)客车车身和货车驾驶室的表面涂装无明显的缺损(允许有轻微划伤),补漆颜色与原色基本一致。

(5)货车货箱、车门、栏板和底板应无变形和破损,栏板锁止机构作用可靠。

(6)驾驶室车窗玻璃不应张贴妨碍驾驶员视野的附加物及镜面反光遮阳膜。

【释义】 以上条款是对门窗及照明和车身外观的基本要求。其中,应重点检查车门应急控制器、应急门、安全顶窗、玻璃破碎装置等预防事故后二次伤害的安全设施及装置,车身外观是否周正、货车货箱、车门、栏板和底板、可能使人致伤的尖锐凸起物、栏板锁止机构以及驾驶员视野等涉及车辆安全和人身伤害的部位和部件。

(二)检验方法

1.【条款 6.4.9.1】 门窗及照明

(1)对于采用动力启闭车门的客车,检视车门应急控制器机件是否齐全完好,应急控制器标志及操作说明有无损毁。

(2)检视客车的应急门和安全顶窗机件是否齐全完好。

(3)检视客车的应急窗是否易于开启。对于封闭式客车,检视车内是否配备玻璃破碎装置或安全手锤,是否在规定的位置放置。

(4)检视所有门、窗的玻璃是否完好、有无破损,密封是否良好。

(5)开启客车车厢灯和门灯,检视工作是否正常。

【释义】 以上项目在人工检验分类中定义为"外观检查"。受检车辆停放在指定位置,检验员检查动力启闭车门(客车车门)的车内应急控制器机件(如图 7-59 所示)、应急门(如

图 7-60 所示)和安全顶窗机件(如图 7-61 所示),对于封闭式客车,检查车内玻璃破碎装置(包括安全手锤)的配备情况及放置位置(如图 7-62 所示),同时检查所有门、窗玻璃以及客车车厢灯和门灯。

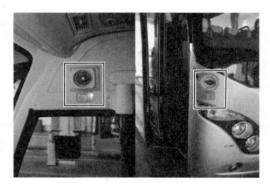

图 7-59　车门内外应急控制器

图 7-60　应急门

图 7-61　安全顶窗

图 7-62　安全手锤

【判定】　检验结果存在以下情形的,视为不合格:

(1)采用动力启闭车门的应急控制器机件缺损,无应急控制器标志及操作说明或标志,或操作说明损毁;

(2)客车的应急门和安全顶窗机件不全或损毁;

(3)客车的应急窗不易开启,封闭式客车车内未配备玻璃破碎装置或数量与规定不符,玻璃破碎装置放置位置不正确;

(4)门、窗玻璃有长度不小于 25mm 且易导致破碎的裂纹和穿孔,影响密封性;

(5)客车车厢灯和门灯不能正常工作。

【要点】

(1)重点检查车门内外应急控制器、应急门和安全顶窗以及玻璃破碎装置。

(2)车门应急控制器的检查,只检视车内应急控制器机件的齐全完好性,一般不进行开启检查。当对应急控制器的功用有质疑时,可进行开启检查。

(3)玻璃破碎装置采用安全手锤或自动破窗器(如图 7-63 所示),或两者混装均视为合格。

图 7-63　自动破窗器

(4)封闭式客车玻璃破碎装置的配置数量应符合相关规定。

(5)检查门、窗玻璃时,有长度小于 25mm 且不易导致破碎的裂纹和穿孔,且密封良好,可视为合格。

2.【条款 6.4.9.2】　车身外观

(1)检视车身与驾驶室有无开裂、锈蚀和明显变形。

(2)按以下方法检测车身高度差:被检车辆停放于平整的场地,采用钢卷尺,在距地 1.5m 高度内,测量第一轴和最后轴上方的车身两侧对称部位的高度,半挂车测量最后轴上方两侧对称部位高度,计算高度差。

(3)检视车身外部和内部有无可能使人致伤的尖锐凸起物。

(4)检视车身表面涂装有无明显破损,补漆颜色与原色是否基本一致。

(5)检视货车货箱车门、栏板和底板有无变形和破损,栏板锁止机构作用是否可靠。

(6)检视驾驶室车窗玻璃是否张贴妨碍驾驶员视野的附加物及镜面反光遮阳膜。

【释义】　以上项目在人工检验分类中定义为"外观检查"。受检车辆停放在指定位置,检验员检查受检车辆的车身与驾驶室、车身高度差、尖锐凸起物、车身表面涂装、货车货箱车门、栏板和底板、栏板锁止机构以及妨碍驾驶员视野的附加物及镜面反光遮阳膜。

【判定】　检验结果存在以下情形的,视为不合格:

(1)客车车身和货车驾驶室有超过 3 处的轻微开裂、锈蚀和明显变形,缺陷部位影响安全性和密封性(注:车身表面涂装允许有轻微划伤);

(2)车身两侧对称部位高度差不符合规定;

(3)车身外部和内部有可能使人致伤的尖锐凸起物;

(4)车身表面涂装有明显破损,补漆颜色与原色色差过大;

(5)货车货箱车门、栏板和底板有可视的变形和破损,栏板锁止机构损坏或失去作用;

(6)驾驶室车窗玻璃张贴了妨碍驾驶员视野的附加物及镜面反光遮阳膜。

【要点】

(1)重点检查车身高度差、货车货箱栏板锁止机构和妨碍驾驶员视野的附加物及镜面反光遮阳膜。

(2)检测车身两侧对称部位高度差时,场地应平整。对于 2~4 轴的汽车,测量第一轴和最后轴上方的车身两侧对称部位高度,对于半挂车,测量最后轴上方两侧对称部位高度。

十一、附属设备

(一)技术要求

1.【条款 5.1.11.1】 后视镜和下视镜

车辆的左、右后视镜、内后视镜、下视镜应完好、无损毁,并能有效保持其位置。N_2、N_3 类货车的内后视镜不做要求。

2.【条款 5.1.11.2】 风窗刮水器、洗涤器

前风窗玻璃刮水器、洗涤器应能正常工作,刮水器关闭时刮片应能自动返回初始位置。

3.【条款 5.1.11.3】 防炫目装置

驾驶室内的防止阳光直射而使驾驶员产生炫目的装置完整有效。

4.【条款 5.1.11.4】 除雾、除霜装置

前风窗玻璃的除雾、除霜装置工作正常。

5.【条款 5.1.11.5】 排气管和消声器

排气管、消声器应完好有效,稳固可靠。

【释义】 以上条款是对车辆视镜等附属设施的基本要求。其中,汽车后视镜和风窗刮水器等是汽车产品公告的强检项目,与行车安全相关,应重点关注。

(二)检验方法

1.【条款 6.4.10.1】 后视镜和下视镜

检视被检车辆的左、右后视镜、内后视镜、下视镜是否完好,有无损毁,能否有效保持其位置。

【释义】 以上项目在人工检验分类中定义为"外观检查"。受检车辆停放在指定位置,检验员在车内外分别检查左右后视镜、内后视镜和下视镜状态,对于装有补盲镜、广角镜等其他视镜的车辆,一并进行检查。

【判定】 左、右后视镜、内后视镜、下视镜以及其他装车视镜存在破损,丧失功能,不能有效保持其位置,视为不合格。

【要点】

(1)左、右后视镜、内后视镜(如图 7-64 所示)等与行车中驾驶员的前后视野密切相关,是驾驶员的"第二双眼睛"。不同车型装备的视镜种类有所不同,凡是装车视镜均应完好,无损毁,并能有效保持位置。

(2)N_2、N_3 类货车无内后视镜,故 N_2、N_3 类货车不适用本条款。

(3)机动车的左、右位置应至少各设置一面后视镜,总质量大于 7500kg 的货车和货车底盘改装的专项作业车还应在右侧至少设置广角后视镜和补盲后视镜各一面(如图 7-65 所示)。

(4)车长大于等于 6m 的平头汽车车前应至少设置一面前下视镜或相应的监视装置(如图 7-66 所示),以保证驾驶人能看清风窗玻璃前下方长 1.5m、宽 3m 范围内的情况。

(5)教练车(三轮汽车除外)应安装有符合规定的辅助后视镜(如图7-67所示),以使教练员能有效观察到车辆周围的交通状态。

(6)对于汽车列车,当所牵引挂车的宽度超过牵引车宽度时,牵引车应加装后视镜加长架(延长支架),以保证其后视镜的视野满足要求。

图7-64 内后视镜

图7-65 后视镜、补盲镜和广角镜

图7-66 下视镜

图7-67 辅助后视镜

2.【条款6.4.10.2】 风窗刮水器、洗涤器

开启风窗刮水器和洗涤器,检视刮水器、洗涤器能否正常工作,刮水器关闭时刮片是否**自动返回初始位置**。

【释义】 以上项目在人工检验分类中定义为"运行检查"。受检车辆停放在指定位置,检验员在车上开启风窗刮水器和洗涤器,检视刮水器、洗涤器工作情况。然后关闭刮水器,检查其回位情况。

【判定】 刮水器不动作或各档刮刷频率异常,刮水器关闭时刮片不能自动返回初始位置,洗涤器不能正常工作,视为不合格。

【要点】 风窗刮水器和洗涤器的检查可同步进行,建议先检查洗涤器,并使风窗在湿态下,对刮水器进行检查。

3.【条款6.4.10.3】 防炫目装置

检视驾驶室内的防炫目装置是否完整有效。

【释义】 本项目在人工检验分类中定义为"运行检查"。受检车辆停放在指定位置,检验员在车上操作防炫目装置,检视其完好性及有效性。

【判定】 驾驶室内的防炫目装置缺损或失效,视为不合格。

4.【条款 6.4.10.4】 除雾、除霜装置

检视前风窗玻璃的除雾、除霜装置是否工作正常。

【释义】 本项目在人工检验分类中定义为"运行检查"。受检车辆停放在指定位置,检验员在车上开启除雾、除霜装置开关(如图 7-68 所示),对于前风窗玻璃,应有风流吹其表面。

图 7-68　除雾、除霜装置开关

【判定】 开启除雾、除霜装置开关后,前风窗玻璃无风流吹其表面时,视为不合格。

【说明】 本要求适用于前风窗玻璃。对于后风窗玻璃和带有除雾、除霜功能的外后视镜,开启除雾、除霜装置开关(如图 7-69 所示),一定时间后,后风窗玻璃表面和外后视镜表面应有热量产生。

图 7-69　后视镜除雾开关

5.【条款 6.4.10.5】 排气管和消声器

被检车辆驶上地沟,在地沟内检视排气管、消声器是否完好有效、稳固可靠。

【释义】 本项目在人工检验分类中定义为"底盘检查"。检验员在地沟工位借助手锤等工具,检查排气管和消声器完好性和固定情况。

【判定】 排气管、消声器存在锈蚀穿孔、开裂、破裂等缺陷,视为不合格。

【要点】

(1)排气管和消声器漏气可导致尾气排放检验和燃料消耗量检验数据失真。

(2)GB 18565—2016 规定的碳平衡法检测燃油消耗量时,排气管及消声器不得有泄漏。

因此,在此工位检查时,应准确判断排气管和消声器的技术状况,并以此作为碳平衡法燃油消耗量检测的前提条件。凡是排气管、消声器存在锈蚀穿孔、开裂、破裂等缺陷,不能进行碳平衡法燃油消耗量检测。图 7-70 为排气管、消声器破损、泄漏图示。

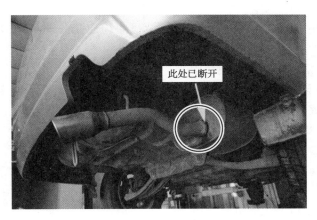

a) 排气管开裂

b) 排气管锈蚀穿孔

c) 消声器锈蚀穿孔

图 7-70　排气管、消声器泄漏

十二、安全防护

(一)技术要求

1.【条款 5.1.12.1】 安全带

客车的所有座椅、货车驾驶人座椅和前排乘员座椅应配备安全带,且配件齐全有效,无破损。

2.【条款 5.1.12.2】 侧面防护装置

N_2、N_3 类货车(半挂牵引车除外)、O_3、O_4 类挂车两侧以及牵引车与挂车之间两侧装备的侧面防护装置应完好、稳固、有效。

注:车辆自身结构已能防止行人和骑车人等卷入的汽车和挂车除外。

3.【条款 5.1.12.3】 后部防护装置

除牵引车和长货挂车以外的 N_2、N_3 类货车和 O_3、O_4 类挂车的后下部防护应完好、稳固、有效。

4.【条款 5.1.12.4】 保险杠

乘用车、车长小于 **6m** 的客车的前、后保险杠、货车的前保险杠应无损毁并稳固。

5.【条款 5.1.12.5】 牵引装置和安全锁止机构

(1)汽车列车牵引装置的连接和安全锁止机构锁止可靠;

(2)集装箱运输车固定集装箱箱体的锁止机构应工作可靠、无损坏。

6.【条款 5.1.12.6】 安全架与隔离装置

货车车箱前部安装的安全架、驾驶员和货物同在车厢内的厢式车隔离装置应完好、稳固。

7.【条款 5.1.12.7】 灭火器材、警示牌和停车楔

(1)随车配备与车辆类型相适应的灭火器,灭火器应在有效期内,并安装牢靠和便于取用。对于客车,仅有一个灭火器时,应设置在驾驶人附近。当有多个灭火器时,应在客厢内按前、后或前、中、后分布,其中一个应靠近驾驶人座椅。

(2)随车配备三角警告牌,并妥善放置。

(3)随车配备停车楔,数量不少于两只,并妥善放置。

8.【条款 5.1.12.8】 危险货物运输车辆安全装置与标志

(1)运送易燃易爆货物的车辆应符合以下要求:

①应备有灭火器材,其数量、放置位置及固定应符合 **GB 20300** 的相关规定。排气管应装在罐体(箱体)前端面之前、不高于车辆纵梁上平面的区域。隔热和熄灭火星的装置完好;

②电路系统应有切断总电源和隔离电火花的装置,该装置应安装在驾驶室内;

③车辆尾部的导静电拖地带完整有效,无破损。

(2)危险货物运输车辆的标志和标识应符合 4.1.12 的要求,且应齐全、完整、清晰、无污损,安放位置应符合规定。

(3)装运危险货物的罐(槽)式车辆,其罐体应具备由符合资质的有关机构出具的有效检验合格证明或报告,并在有效期内。

(4)装运大型气瓶、可移动罐(槽)等的车辆,应设置有效的紧固装置,不得松动。

【释义】 以上条款是对车辆安全防护的基本要求。汽车安全防护分为主动安全防护和被动安全防护,上述条款中,安全带、侧面防护装置、后部防护装置、保险杠等均为被动安全防护,牵引装置和安全锁止机构、安全架与隔离装置、危险货物运输车辆安全装置与标志同属于安全防护范畴。为保证行车安全和公共安全,上述总成、装置、机构、标志均应齐全完好,功用有效。

(二)检验方法

1.【条款 6.4.11.1】 安全带

检视客车的所有座椅、货车驾驶人座椅和前排乘员座椅是否配备安全带,配件是否齐全有效,有无破损。

【释义】 本项目在人工检验分类中定义为"外观检查"。受检车辆停放在指定位置,检验员在车上检视并操作安全带,重点对安全带的锁扣锁止有效性、安全带的自动卷收以及织带状况进行检验核查,以确保其功能有效。重点关注汽车安全带的损坏情形、坐垫套覆盖遮挡安全带情形、安全带绑定在座位下面情形。

【判定】 未按规定配备安全带,安全带的机件不全,锁扣锁止、自动卷收失效,织带破损,以及存在坐垫套覆盖遮挡安全带、安全带绑定在座位下面的情形,视为不合格。

【要点】 客车、货车及乘用车的所有座椅均应配备安全带。

2.【条款 6.4.11.2】 侧面防护装置

检视 N_2、N_3 类货车(半挂牵引车除外)、O_3、O_4 类挂车两侧以及牵引车与挂车之间两侧装备的侧面防护装置是否完好、稳固、有效。

3.【条款 6.4.11.3】 后部防护装置

检视除牵引车和长货挂车以外的 N_2、N_3 类货车和 O_3、O_4 类挂车的后下部防护是否完好、稳固、有效。

【释义】 以上项目在人工检验分类中定义为"外观检查"。受检车辆停放在指定位置,检验员目视检查侧面防护装置、后部防护装置的完好性、稳固性和有效性。

【判定】 未按规定安装侧面防护装置和后部防护装置,或防护装置严重变形、连接松动(晃动其会产生摇摆和移位)、材料选择不当导致的强度、刚度不足等,视为不合格。

【要点】

(1)总质量大于 3500kg 的货车(半挂牵引车除外)和挂车应提供防止人员卷入的侧面防护(如图 7-71 所示)。

(2)货车列车的货车和挂车之间应提供防止人员卷入的侧面防护。

(3)总质量大于 3500kg 的货车(半挂牵引车除外)和挂车(长货挂车除外)的后下部应装备后下部防护装置(如图 7-72 所示),该装置对追尾碰撞的机动车应具有足够的阻挡能力,以防止发生钻入碰撞。

注:长货挂车是指为搬运无法分段的长货物而专门设计和制造的特殊用途车,如运输木材、钢材棒料等货物的车辆。

图 7-71　侧部防护装置　　　　　　　　图 7-72　后部防护装置

4.【条款 6.4.11.4】　保险杠

检视乘用车、车长小于 **6m** 的客车的前、后保险杠、货车的前保险杠有无损毁、是否稳固。

【释义】　本项目在人工检验分类中定义为"外观检查"。受检车辆停放在指定位置,检验员目视检查保险杠的完好性、稳固性和有效性。

【判定】　未按规定安装保险杠或保险杠缺失、损裂、连接松动等,视为不合格。

【要点】　乘用车和车长小于 6m 的客车前后部应设置保险杠,货车(三轮汽车除外)和货车底盘改装的专项作业车应设置前保险杠。

5.【条款 6.4.11.5】　牵引装置和安全锁止机构

(1)检视汽车列车牵引装置的连接和安全锁止机构是否锁止可靠;

(2)检视集装箱运输车固定集装箱箱体的锁止机构是否工作可靠、有无损坏。

【释义】　本项目在人工检验分类中定义为"外观检查"。受检车辆停放在指定位置,对于汽车列车,检验员检查牵引装置的连接和安全锁止机构(如图 7-73 所示),对于集装箱运输车,检查固定集装箱箱体的锁止机构(如图 7-74 所示),必要时进行操作检查。

图 7-73　牵引装置和安全锁止机　　　　　图 7-74　集装箱箱体的锁止机构

【判定】　检验结果存在以下情形的,视为不合格:

(1)汽车列车牵引装置的连接和安全锁止机构状态异常,机件或结构有损伤;

(2)集装箱运输车固定集装箱箱体的锁止机构存在断损、裂损或失效。

【要点】 汽车列车牵引装置和安全锁止机构、集装箱运输车固定集装箱箱体的锁止机构存在疑似失效且难以判定时,应要求车主作进一步检查和维修。

6.【条款 6.4.11.6】 安全架与隔离装置

检视货车车箱前部安装的安全架、驾驶员和货物同在车厢内的厢式车隔离装置是否完好、稳固。

【释义】 本项目在人工检验分类中定义为"外观检查"。受检车辆停放在指定位置,对于栏板货车,检验员检查货车车箱前部安装的安全架(如图 7-75 所示),对于驾驶员和货物同在车厢内的厢式车,检查车内的隔离装置(如图 7-76 所示)。

图 7-75 货车安全架

图 7-76 货车隔离架

【判定】 未按规定安装安全架和隔离架,安全架和隔离架存在缺损或连接不牢时,视为不合格。

【要点】

(1)货车货箱(自卸车、装载质量 1000kg 以下的货车除外)前部应安装比驾驶室高至少 70mm 的安全架。

(2)封闭式货车在最后排座位的后方应安装具有足够强度的隔离装置。

7.【条款 6.4.11.7】 灭火器材、警示牌和停车楔

(1)检视是否随车配备灭火器,灭火器是否在有效期内,安装是否牢靠和便于取用,数量及放置位置是否符合规定。

(2)检视是否随车配备三角警告牌,是否妥善放置。

(3)检视是否随车配备停车楔,数量是否不少于两只,是否妥善放置。

【释义】 本项目在人工检验分类中定义为"外观检查"。受检车辆停放在指定位置,检验员检查灭火器、三角警示牌和停车楔的配备、数量以及放置位置情况。对于灭火器,检查是否与车辆类型相适应,是否在有效期内,放置是否牢靠,是否便于取用。

【判定】 未按规定配备灭火器、三角警告牌和停车楔,数量及放置位置不符合规定,灭火器超过有效期,视为不合格。

【要点】

(1) 客车的客舱、货车的驾驶室应配备灭火器，灭火器在车上应安装牢靠并便于取用。对于客车，仅有一个灭火器时，应设置在驾驶人附近；当有多个灭火器时，应在客厢内按前、后，或前、中、后分布，其中一个应靠近驾驶人座椅。有关客车的灭火装置相关标准实施后，执行其规定。

(2) 汽车（无驾驶室的三轮汽车除外）应配备三角警告牌，三角警告牌，在车上应妥善放置。根据《中华人民共和国道路交通安全法实施条例》第六十条规定："机动车在道路上发生故障或者发生交通事故，妨碍交通又难以移动的，应当按照规定开启危险报警闪光灯并在车后50米至100米处设置警告标志。"

(3) 欧、美等国家法规规定，汽车应随车配备不少于2只的停车楔，GB 18565—2016 据此作出规定。

随车灭火器、三角警示牌和停车楔如图7-77所示。

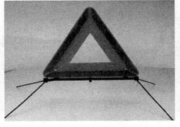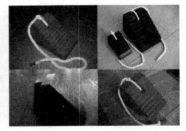

图7-77　随车灭火器、三角警示牌和停车楔

8.【条款6.4.11.8】　危险货物运输车辆安全装置与标志

(1) 对运送易燃易爆货物车辆进行如下检查：

①是否备有灭火器材，其数量、放置位置及固定是否符合相关规定。排气管是否装在罐体或箱体前端面之前且不高于车辆纵梁上平面的区域。隔热和熄灭火星的装置是否完好；

②电路系统是否有切断总电源和隔离电火花的装置，该装置是否安装在驾驶室内；

③车辆尾部的导静电拖地带是否完整，有无破损。

(2) 检视危险货物运输车辆、运输爆炸品和剧毒化学品车辆以及运输液体危险货物罐式车辆标志和标识是否齐全、完整、清晰、无污损，安放位置是否符合规定。

(3) 检查装运危险货物的罐（槽）式车辆，其罐体是否具备有效的检验合格证明或报告。

(4) 检视装运大型气瓶、可移动罐（槽）等的车辆，是否设置有效的紧固装置，有无松动。

【释义】　本项目在人工检验分类中定义为"外观检查"。受检车辆停放在指定位置，检验员检查危险货物运输车辆的安全装置及标志，包括灭火器材、排气管安装位置、隔热和熄灭火星装置、切断总电源和隔离电火花装置、尾部导静电拖地带以及标志和标识等。此外，还需检查装运危险货物的罐（槽）式车辆罐体的有效检验合格证明或报告以及装运大型气瓶、可移动罐（槽）车辆的紧固装置。

【判定】 检验结果存在以下情形的,视为不合格:
(1)未按规定配备灭火器材,数量、放置位置及固定不符合相关规定,排气管安装位置不正确,隔热和熄灭火星装置不完好;
(2)电路系统未安装切断总电源和隔离电火花装置,该装置未安装在驾驶室内;
(3)尾部导静电拖地带不完整,有破损;
(4)标志和标识不齐全,不完整,不清晰,有污损,安放位置不符合规定;
(5)装运危险货物的罐(槽)式车辆的罐体无有效检验合格证明或报告;
(6)装运大型气瓶、可移动罐(槽)等的车辆,未设置有效的紧固装置,或紧固装置存在松动。

【要点】
(1)运送易燃易爆货物车辆的排气管应装在罐体或箱体前端面之前,且不高于车辆纵梁上平面的区域。隔热和熄灭火星装置以及尾部导静电拖地带应完好,无破损。
(2)根据 GB 20300 的要求,道路运输爆炸品和剧毒化学品车辆除应安装符合 GB 13392 要求的标志牌和标志灯外,还应在车辆后部安装安全标示牌(白底黑字),在车辆的后部和两侧应粘贴宽度为 150mm±20mm 的橙色反光带,以标示车辆的轮廓。并且,厢式道路运输爆炸品和剧毒化学品车辆的货厢外部颜色应为浅色。
(3)罐式危险货物运输车辆还应在罐体两侧后部色带的上方喷涂装运介质的名称,字高不小于 200mm,字体为仿宋体,字体颜色为:
①易燃、易爆类介质:红色;
②有毒、剧毒类介质:黄色;
③腐蚀、强腐蚀介质:黑色;
④其余介质:蓝色。
(4)道路运输危险货物车辆应按照规定放置符合标准要求的标志灯、标志牌。标志灯安装于驾驶室顶部外表面中前部(从车辆侧面看)中间(从车辆正面看)位置,以磁吸或顶檐支撑、金属托架方式安装固定。对于带导流罩车辆,可视导流罩表面流线形和选择的金属托架角度确定安装位置,允许自制金属托架,允许在金属托架与导流罩间加衬垫,应保证标志灯安装正直。

标志牌一般悬挂在车辆后厢板或罐体后面的几何中心部位附近,避开车辆放大号;对于低栏板车辆可视情选择适当悬挂位置。悬挂的标志牌应与所运载危险货物的类、项相对应,与标志灯同时使用。对于罐式车辆,可选择按规定位置悬挂标志牌或以反光材料按相应规定在罐体上喷绘标志。运输爆炸、剧毒危险货物的车辆,应在车辆两侧面厢板几何中心部位附近的适当位置各增加一块悬挂标志牌。运输放射性危险货物的车辆,标志牌的悬挂位置和数量应符合 GB 11806《放射性物质安全运输规程》的规定。根据车辆结构或用途,可选择螺栓固定、铆钉固定、粘合剂粘贴固定或插槽固定(可按使用需要随时更换)等方式安装固定标志牌。

危险货物运输车辆安全装置与标志如图 7-78~图 7-87 所示。

图 7-78　危险货物运输车辆安全装置与标志

图 7-79　排气管的安装位置

图 7-80　隔热和熄火星装置

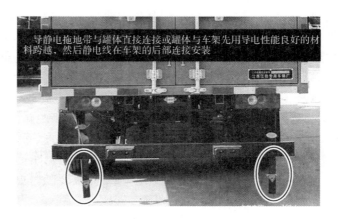

图 7-81　尾部导静电拖地带

图 7-82　危险标志灯

图 7-83　罐车橙色反光带

图 7-84　危险标志牌

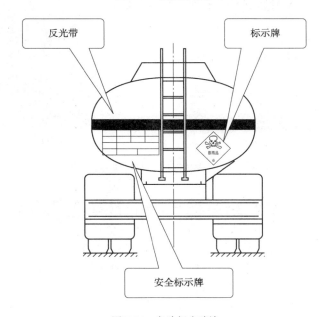

图 7-85　危险标志喷涂

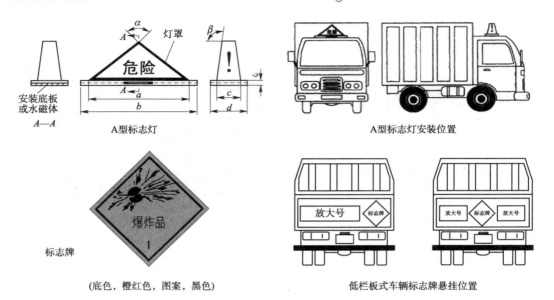

图 7-86 道路运输危险货物车辆标志(1)

图 7-87 道路运输危险货物车辆标志(2)

第六节 在用道路运输车辆的性能要求和检验方法

本节内容是在用道路运输车辆性能要求和检验方法的解释说明。

为确保检测结果的科学性、公正性和准确性,促进综检行业健康发展,防止不符合标准的检测设备进入汽车综合性能检测领域,依据《中华人民共和国计量法》以及[交通运输部(厅科技字〔2013〕258号)]《交通运输部办公厅关于发布〈交通运输行业重点监督管理产品目录(2013年版)〉的通知》精神,检验方法中涉及的仪器设备应符合以下要求:

(1) 用于道路运输车辆性能检验的仪器设备应符合相关国家或行业标准的规定,并满足使用要求。建议使用经标准符合性检验合格,并由中国汽车维修行业协会汽车维修检测工作委员会公告(推荐目录)推荐的企业及其相应型号的产品。

(2) 凡具计量特性的检验仪器、设备及量具应检定或校准合格,并在有效期内。

为保证车辆检验的科学、规范以及检验结果的准确性,对于受检车辆,应注意以下几点:

(1) 检验方法中如无特别说明,受检车辆均为空载,各轮胎气压符合规定。

(2) 受检车辆的车身、驾驶室、发动机舱、车厢、底盘和照明信号装置应清洁,无油污。

(3) 受检车辆应随车携带行驶证、道路运输证、机动车登记证或其复印件和产品说明书。

一、动力性

(一)技术要求

【条款 5.2.1】 动力性

(1) 车辆动力性以 GB/T 18276 中规定的驱动轮轮边稳定车速进行评价。

(2) 额定功率工况下,驱动轮轮边稳定车速应不小于额定功率车速,如式(1)所示:

$$V_W \geq V_e \tag{1}$$

式中:V_W——驱动轮轮边稳定车速,单位为千米每小时(km/h);

V_e——额定功率车速,单位为千米每小时(km/h)。

(3) 额定扭矩工况下,驱动轮轮边稳定车速应不小于额定扭矩车速,如式(2)所示:

$$V_W \geq V_m \tag{2}$$

式中:V_m——额定扭矩车速,单位为千米每小时(km/h)。

【释义】 以上条款是车辆动力性的要求。动力性是在用道路运输车辆的重要性能之一,反映车辆的基本技术状况,与运输安全和运输效率相关。

GB 18565—2016 规定的动力性指标是基于达标法的汽车动力性台架检验,以相应工况和阻力负荷下的驱动轮轮边稳定车速进行评价。该方法依据《机动车运行安全技术条件》(GB 7258—2012),规定汽车动力性技术状况下降的最低允许限值[发动机功率应大于等于标牌(或产品使用说明书)标明的发动机功率的75%],实现整车动力性的达标检验。有关分析说明见"技术篇第四章"。

【要点】

(1) 基于达标法的汽车动力性台架检验有额定功率和额定扭矩两种规定工况。其中,额定功率工况适用于压燃式发动机的车辆,额定扭矩工况适用于点燃式发动机的车辆,在软件设计和车辆检测中应予以注意和区分。

(2) 车辆的动力性不达标,通常由汽缸磨损、密封性变差导致。此时汽缸内的燃烧气体在压力的作用下,或多或少地"上窜"至汽缸盖,"下窜"至曲轴箱,并伴随有机油燃烧现象。车辆的动力性不达标,影响尾气排放检测及燃料消耗量检测。对于燃料消耗量检测,由于燃烧气体未能全部从排气管路排出,不符合碳平衡原理,同时,机油燃烧产生非燃油含碳物质,致使油耗检测失准,产生误判。

(二)检验方法

1.【条款 6.5.1】 设备要求

(1)应采用符合 JT/T 445 要求的底盘测功机进行检验。并装双驱动轴车辆的检验采用三轴六滚筒式底盘测功机。

(2)底盘测功机应能根据环境温度、湿度、气压等参数计算功率校正系数,且能根据登录车辆参数和信息,计算测功机的加载力并进行恒力加载。

(3)底盘测功机的静态力示值误差为 ±1.0%,恒力控制误差为 ±20N,车速示值误差为 ±0.2km/h 或 ±1.0%。

(4)底盘测功机应能显示功率吸收装置的瞬时加载力和曲线以及瞬时车速和曲线,并能通过外部显示设备提示操作。

(5)已知底盘测功机台架转动件的基本惯性质量。

(6)滚筒上母线应保持水平,各滚筒两端点间的高度差应不大于 ±5mm。

【释义】 以上条款是动力性检验的设备要求。GB 18565—2016 规定:符合以上要求的底盘测功机才可用于动力性检验。

【要点】

(1)底盘测功机的性能直接影响动力性检验结果的准确性以及检测过程的顺畅性,主要影响因素如下:

①底盘测功机台架的加工精度和装配质量。劣质底盘测功机台架由于加工精度、装配质量以及旋转部件动不平衡量的影响,在运转时会产生较大的振动力,该振动力与加载力和被测车辆驱动轮的驱动力同时作用于传感器,导致恒定加载力和驱动力的检测失准,对恒力控制稳定性也会造成影响。

②底盘测功机测控软件的技术水准与程序优化。技术水准低与程序优化不良的底盘测功机测控系统,会导致恒力控制和恒速控制超差,控制目标值不能趋于稳定(《底盘测功机》(JT/T 445)规定:恒力控制误差为 ±20N,车速示值误差为 ±0.2km/h 或 ±1.0%),闭环控制存在过度超调或调节过程过长等缺陷,这将导致动力性检测的误判,甚至失败。用于动力性达标检测的测控软件,应具有控制精度高、示值误差小、调节过程短、响应时间快的特点,选择底盘测功机时应加以关注。

(2)动力性检测需要查询并登录较多的车辆参数信息,并参与控制和计算。GB 18565—2016 要求:底盘测功机应能根据环境温度、湿度、气压等参数计算功率校正系数,且能根据登录车辆参数和信息,计算测功机的加载力并进行恒力加载。

(3)建立测量环境温度、湿度、气压等参数的气象站(各仪表应有较高的测量准确度),计算机控制系统应可实时采集环境参数并计算功率校正系数。

2.【条款 6.5.2】 检验准备

(1)底盘测功机电气系统应预热。

(2)采用反拖电机或车辆驱动滚筒预热台架转动部件,直至底盘测功机滑行时间趋于稳定。

(3)登录被检车辆的以下参数信息,对于检验机构数据库或车辆行驶证无法提供的参数,应从车辆登记证、产品说明书、发动机铭牌等处查取:

①压燃式发动机额定功率(当发动机功率参数仅以最大净功率表征时,额定功率取1.11倍的净功率),单位为千瓦(kW);

②点燃式发动机额定扭矩,单位为牛[顿]米(N·m);额定扭矩转速,单位为转每分钟(r/min);

③驱动轴空载质量,单位为千克(kg)。

(4)预热发动机、传动系达到正常工作的温度状况。

(5)被检车辆空载,轮胎表面干燥、清洁无油污,驱动轴轮胎的花纹深度不小于1.6mm,轮胎花纹内和并装轮胎间无异物嵌入,轮胎气压符合规定。

(6)关闭空调系统等汽车运行非必需的耗能装置。

(7)对于并装双驱动轴车辆,应使桥间差速器不起作用。

(8)两用或双燃料车辆取发动机燃油额定功率(或额定扭矩),油电(或气电)混合动力车辆取发动机燃油(或燃气)额定功率(或额定扭矩),燃气车辆取发动机燃气额定功率(或额定扭矩),纯电动汽车的动力性不做评价。

【释义】 以上条款是动力性检验的准备条件以及适用性说明。为保证动力性检验结果的准确性,避免误判,以上检验准备必须予以满足后,方可进入检验程序。

【要点】

(1)底盘测功机台架的转动部件应充分预热,使台架内阻趋于正常(稳定)值。

(2)登录受检车辆的车型参数信息时,应注意以下几点:

①液化燃气车辆(LNG)按压燃式发动机车辆的动力性检测方法,压缩燃气车辆(CNG)按点燃式发动机车辆的动力性检测方法。

②不同的发动机,其铭牌功率的表征方式有所不同,一般有额定功率和最大净功率两种形式(如图7-88所示)。对于压燃式发动机车辆,应以额定功率作为登录参数,当发动机功率参数以最大净功率表征时,额定功率取1.11倍的最大净功率。对于点燃式发动机车辆,当发动机铭牌扭矩以最大扭矩表征时,最大扭矩即为额定扭矩。发动机的功率和扭矩参数可通过发动机铭牌、车辆铭牌、机动车登记证、道路运输证、使用说明书以及车型数据库等获取。

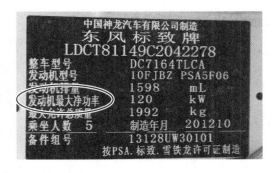

图7-88 发动机功率的不同表征方式

③用以计算轮胎滚动阻力的驱动轴空载质量,可从车型数据或检测数据库的历史数据中调取,或采用独立式轮(轴)重仪测取,并在进入动力性检验工位前录入计算机系统。

(3)受检车辆的发动机和传动系应达到正常工作的温度状况,以使车辆的动力性充分发挥。

(4）关闭受检车辆的空调、刮水器、音响以及所有的灯光信号装置，使车辆的能耗全部用于动力输出。

(5）开启气象站，测量和采集当前状态下的环境温度、湿度、气压等参数，并计算功率校正系数。

(6）有些并装双驱动轴车辆装有桥间差速器（如图 7-89 所示），该类车辆共使用 3 个差速器，其中 2 个相当于常规的差速器，使该轴上的左、右轮产生差速，另外一个装在变速箱出来的传动轴上，发动机传动轴传递过来的力通过该差速器后再分别传给两个驱动轴。这类车辆有些装有桥间差速锁止开关（如图 7-90 所示），其作用：一是可以通过自适应感知两个驱动轴的受力情况对动力进行调节分配。当其中一轴整体打滑时，可以通过差速器锁锁止，使动力传递至不打滑的另外一轴。二是通过差速锁止开关选择单轴驱动或双轴驱动。动力性检测时，应使桥间差速器不起作用（即双轴驱动），保证两个驱动轴均有动力输出。

 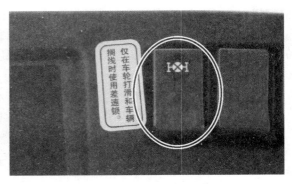

图 7-89　桥间差速器　　　　　　　　图 7-90　桥间差速锁止开关

(7）两用或双燃料车辆取发动机燃油额定功率（或额定扭矩），油电（或气电）混合动力车辆取发动机燃油（或燃气）额定功率（或额定扭矩），燃气车辆取发动机燃气额定功率（或额定扭矩），纯电动汽车的动力性不做评价。以上车辆的发动机铭牌参数如图 7-91、图 7-92、图 7-93 所示。

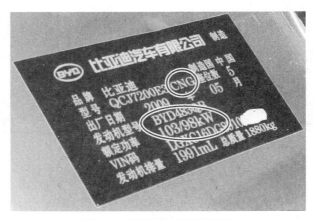

图 7-91　双燃料发动机铭牌参数

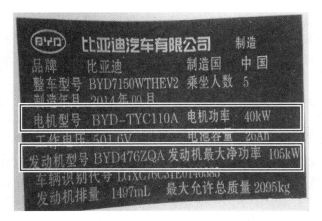

图 7-92　油电混合动力发动机铭牌参数

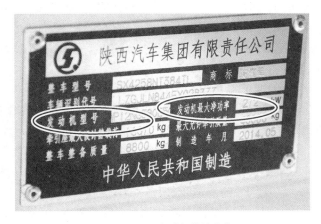

图 7-93　LNG 发动机铭牌参数

3.【条款 6.5.4】　压燃式发动机车辆的动力性检验

1)【条款 6.5.4.1】　检验步骤

(1)被检车辆驱动轮置于底盘测功机滚筒上,根据车型调整侧移限位和系留装置,在非驱动轮加装停车楔。

(2)底盘测功机设置为恒力控制方式,力、速度等参数示值调零。

(3)底盘测功机不加载的条件下,起动被检车辆,逐步加速,选择直接挡测取全油门的最高稳定车速,并按式(4)计算额定功率车速。当最高稳定车速大于 **95km/h**(对于危险货物运输车辆,其最高稳定车速大于 **80km/h**)时,应降低一个挡位,并重新测取最高稳定车速。

$$V_e = 0.86 \times V_a \tag{4}$$

式中:V_e——额定功率车速,单位为千米每小时(km/h);

V_a——全油门所挂挡位的最高稳定车速,单位为千米每小时(km/h)。

(4)底盘测功机逐步进行恒力加载至($F_E \pm 20N$)范围内并稳定 3s 后,开始测取车速,当 3s 内的车速波动不超过 ±**0.5km/h** 时,该车速即为驱动轮轮边稳定车速 V_w,检测结束。

注:液化燃气车辆按压燃式发动机动力检测方法。

【释义】　以上条款是压燃式发动机车辆的动力性检验步骤,在软件编制和检测过程中,必须充分理解，并严格执行以上规定的检验步骤。

【判定】 在发动机额定功率工况和规定的阻力负荷下，受检车辆的驱动轮轮边稳定车速 V_W 大于等于额定功率车速 V_e 时，动力性检测为合格。否则，为不合格。

【要点】

(1) 被检车辆驱动轮置于底盘测功机滚筒上，完成安全系留措施后，底盘测功机的力、速度等参数示值应进行复位调零，用以消除受检车轮作用于滚筒而可能产生的附加力以及出现的零漂，复位动作应由控制系统自动实现。

(2) 底盘测功机不加载，选择直接挡测取全油门的最高稳定车速 V_a，当最高稳定车速 V_a 大于 95km/h 时，基于安全性，应降低一个档位，此时应重新测取最高稳定车速 V_a。对于危险货物运输车辆，其最高稳定车速 V_a 大于或等于 80km/h 时，可能为限速装置及其误差所致，此时也应降低一个档位，并重新测取最高稳定车速 V_a，所测最高稳定车速 V_a 应小于 80km/h。

(3) 测取最高稳定车速 V_a 时，必须将加速踏板踩到底，否则不能得到准确的车速值。

(4) 最高稳定车速 V_a 的判定取值方法：当连续 3s 内的车速波动范围（峰-峰值）不超过 1.0km/h 时，取该 3s 内车速的平均值作为最高稳定车速 V_a。编制系统软件时，应以此作为最高稳定车速 V_a 的取值条件。

(5) 额定功率车速 V_e 的取值系数以及方法说明见"技术篇第四章"。

(6) 从检测的安全性考虑，底盘测功机应逐步恒力加载，不得突然增大加载力。

(7) 驱动轮轮边稳定车速 V_W 的判定取值方法：底盘测功机加载至 $(F_E \pm 20N)$ 范围内并稳定 3s 后，才可测取车速。当前车速与其前 3s 内的所有实测瞬态车速之差均不超过 ±0.5km/h 时，取该 3s 内车速的平均值作为驱动轮轮边稳定车速 V_W。编制系统软件时，应以此作为驱动轮轮边稳定车速 V_W 的取值条件。

【注意】 如果底盘测功机恒力加载不能稳定在 $(F_E \pm 20N)$ 范围内，说明该设备控制系统有问题，不能用于动力性检测。

2)【条款 6.5.4.2】 计算加载力

(1) 检测环境下的功率吸收装置加载力，按式(5)计算：

$$F_E = F_e - F_{tc} - F_c - F_f - F_t \tag{5}$$

式中：F_E——检测环境下功率吸收装置在滚筒表面上的加载力，单位为牛顿（N）；

F_e——V_e 车速点，检测环境下发动机达标功率换算在驱动轮上的驱动力，单位为牛顿（N）；

F_{tc}——底盘测功机内阻，单位为牛顿（N）；

F_c——轮胎滚动阻力，单位为牛顿（N）；

F_f——V_e 车速点，发动机附件消耗功率换算在驱动轮上的阻力，单位为牛顿（N）；

F_t——车辆传动系允许阻力，单位为牛顿（N）。

(2) 按式(6)计算 F_e：

$$F_e = \frac{3600 \times \eta \times P_e}{\alpha_d \times V_e} \tag{6}$$

式中：P_e——发动机额定功率，单位为千瓦（kW）；

η——功率比值系数，动力性达标检验时，$\eta = 0.75$；

α_d——压燃式发动机功率校正系数,发动机因子 f_m 取 0.3,计算方法见 GB/T 18276—2000 中附录 A。

(3) F_{tc} 按表 7 取值,或采用反拖法定期测量测功机在 80km/h 时的内阻。

台架内阻 F_{tc} 推荐值 表 7

车辆类型	内阻	
	二轴四滚筒式台架内阻(F_{tc}) N	三轴六滚筒式台架内阻(F_{tc}) N
压燃式发动机车辆的动力性检验	130	160
点燃式发动机车辆的动力性检验	110	140

(4) 按式(7)计算 F_c:

$$F_c = f_c \times G_R \times g \tag{7}$$

式中:f_c——台架滚动阻力系数,V_e 大于或等于 70km/h 时,f_c 取 $2f$;V_e 小于 70km/h 时,f_c 取 $1.5f$。f 是汽车在水平硬路面上行驶的滚动阻力系数,子午线轮胎取 0.006,斜交轮胎取 0.010;

G_R——驱动轴空载质量,单位为千克(kg);

g——重力加速度,$g = 9.81\text{m/s}^2$。

(5) 按式(8)计算 F_f:

$$F_f = \frac{3600 \times f_p \times P_e}{V_e} \tag{8}$$

式中:f_p——V_e 车速点,发动机附件消耗功率系数。当发动机铭牌(或说明书)功率参数以额定功率表征时,f_p 取 0.1;以车辆铭牌最大净功率表征时,f_p 取 0。

(6) 按式(9)计算 F_t:

$$F_t = 0.18 \times (F_e - F_f) \tag{9}$$

【释义】 以上条款是加载力的计算方法。公式(5)为加载力的平衡关系式:发动机达标功率换算在驱动轮表面上的当量驱动力(F_e),该驱动力克服轮胎滚动阻力(F_c)、测功机台架阻力(F_{tc})、传动系允许阻力(F_t)、发动机附件阻力(F_f)以及功率吸收装置加载阻力(F_E)等五种阻力,在检测环境状态下平衡后,受检车辆驱动车轮达到稳定车速。显然,计算加载力需要得到发动机达标功率换算在驱动轮表面上的当量驱动力(F_e)、轮胎滚动阻力(F_c)、测功机台架阻力(F_{tc})、传动系允许阻力(F_t)以及发动机附件阻力(F_f)五种力,分别由公式(5)~公式(9)计算得出。

【要点】

(1) 基于达标法的汽车动力性台架检验,加载力的计算正确与否直接影响动力性检验的结果与判定。

(2) 公式(6):发动机达标功率是标准环境状态下的功率,要把其换算成检测环境状态下的驱动力,使发动机当量驱动力在检测环境状态下与系统各阻力平衡,故需除以功率校正

系数 α_d。由于发动机转速和车辆车速与环境状态无关,只是发动机输出扭矩受环境状态影响,所以用功率校正系数修正功率、扭矩、驱动力是等效的。

(3)公式(7):汽车动力性台架检测时,被测车辆驱动轮与测功机滚筒间存在滚动阻力,该力作用在驱动轮表面上。高速行驶时,滚动阻力近似与车速成平方关系,低速行驶时,滚动阻力系数近似与车速成正比线性关系,且斜率不大。基于达标法的汽车动力性台架检测速度不超过 95km/h,属于低速范围,每一个车速点的滚动阻力与驱动轴轴重成正比。试验表明:f_c 与驱动车轮类型和车速相关,子午胎在 50km/h 时,$f_c = 1.5 \times 0.006$,80km/h 时,$f_c = 2 \times 0.006$;斜交胎在 50km/h 时,$f_c = 1.5 \times 0.01$,80km/h 时,$f_c = 2 \times 0.01$;由于斜率不大,且台架滚动阻力所占总阻力的比率也不大,为简化起见,当车速小于等于 70km/h 时,按 50km/h 点计算 f_c,当车速大于 70km/h 时,按 80km/h 点计算 f_c。

(4)公式(8):《汽车发动机性能试验方法》(GB/T 18297—2001)规定,发动机净功率是发动机带全套附件时所输出的校正有效功率;总功率是发动机仅带维持运转所必需的附件时所输出的校正有效功率;额定功率是制造厂根据发动机具体用途,在规定的额定转速下所输出的总功率。整车动力性台架检测时,发动机的附件阻力不仅包含了其自身附件阻力,也包含了排气制动阀、制动用的压气泵、空调用的冷气泵、动力转向用的液压泵等车辆附件阻力,并作用在发动机上。因此,发动机附件消耗功率系数 f_p,随发动机铭牌(或说明书)功率参数表征形式的不同而有所差异。

(5)公式(9):基于达标法的汽车动力性台架检测是评价整车动力性,影响评价结果的因素除发动机动力性外,还包括传动系的技术状况。当汽车传动系的技术状况下降,实际阻力增大后,要求更高的发动机动力性。因此,规定传动系允许阻力有利于在保证发动机动力性的同时,也保证车辆驱动轮的动力性。通常变速箱与主传动器的匹配有多种形式,而传动效率与此相关。在传动系阻力系数取值上,保守偏大按少挡变速箱直接挡、双级主减速器(约等于多挡变速箱直接挡、单级主减速器)来估算车辆传动系效率 η_t 为 $0.97 \times 0.98 \times 0.92 = 0.8746$,传动系阻力系数 $(1 - \eta_t) = 1 - 0.8746 = 0.125 \approx 0.13$。考虑到允许在用车传动系技术状况略有下降,故设定 $(1 - \eta_t) = 0.18$。

(6)底盘测功机台架阻力(F_{tc})可按经验取值,也可采用反拖法测量。具有反拖电机的测功机,建议定期测量测功机在 80km/h 时的内阻,以进一步提高动力性检测的准确性。

(7)在动力性合格临界点附近检测时,不同挡位会出现错判,直接挡易合格,次直接挡易不合格,主要是轮胎打滑所致。为确保临界点动力性检测的准确性,尤其是直接挡的车轮驱动力相应减小,车轮滑移减小,更适合雨、雪天气的动力性检测,故应尽可能采用直接挡,但又不完全限于直接挡。应注意,检测过程需始终采用由 V_a 确定的同一档位。

3)【条款6.5.4.3】 存储数据

存储以下被检车辆相关参数及中间数据:

η、P_e、V_e、V_w、F_e、F_E、F_{tc}、F_c、F_f、F_t、α_d 以及环境温度、相对湿度、大气压力。

【释义】 以上条款是存储数据的要求。基于达标法的动力性台架检测时,η、P_e、V_e、V_w、F_e、F_E、F_{tc}、F_c、F_f、F_t、α_d 以及环境温度、相对湿度、大气压力等相关参数及中间数据均应存储,并作为车辆检测档案(电子档案)的一部分,同时增大弄虚作假难度。

4. 点燃式发动机车辆的动力性检验

1)【条款6.5.5.1】 检验步骤

(1)被检车辆驱动轮置于底盘测功机滚筒上,根据车型调整侧移限位和系留装置,在非驱动轮加装停车楔。

(2)底盘测功机设置为恒力控制方式,力、速度等参数示值调零。

(3)底盘测功机不加载的条件下,起动被检车辆,逐步加速,选择变速箱第3挡位,采用加速踏板控制车速,当外接转速表(外接转速表无法稳定测取转速时,可观察发动机转速表)的转速稳定指向发动机额定扭矩转速 n_m 时,测取当前驱动轮轮边线速度,记作额定扭矩车速 V_m。当额定扭矩车速 V_m 大于 80km/h 时,应降低1个挡位,重新测取额定扭矩车速 V_m。

注:当额定扭矩转速为 $n_{m1} \sim n_{m2}$ 时,n_m 取其均值。当 n_m 大于 4000r/min 时,按 $n_m = 4000$r/min 测取 V_m。

(4)踩下加速踏板使车速超过 V_m,底盘测功机逐步进行恒力加载至 $(F_M \pm 20N)$ 范围内并稳定 3s 后,开始测取车速,当 3s 内的车速波动不超过 ±0.5km/h 时,该车速即为驱动轮轮边稳定车速 V_W,检测结束。

注:压缩燃气车辆按点燃式发动机动力性检测方法。

【释义】 以上条款是点燃式发动机车辆的动力性检验步骤。在软件编制和检测过程中,必须充分理解,并严格执行以上规定的检验步骤。

【判定】 在额定扭矩工况和规定的阻力负荷下,受检车辆的驱动轮轮边稳定车速 V_W 大于等于额定扭矩车速 V_m 时,动力性检测为合格,否则为不合格。

【要点】

(1)被检车辆驱动轮置于底盘测功机滚筒上,并完成安全系留措施后,底盘测功机的力、速度等参数示值应进行复位调零,用以消除受检车轮作用于滚筒而可能产生的附加力以及出现的零漂,复位动作应由控制系统自动实现。

(2)底盘测功机不加载,选择变速箱第3档位,测取发动机额定扭矩转速 n_m 时对应的额定扭矩车速 V_m。当额定扭矩车速 V_m 大于 80km/h 时,基于安全性,应降低1个档位,此时应重新测取额定扭矩车速 V_m。与压燃式发动机车辆相同,危险货物运输车辆的最高稳定车速 V_a 大于或等于 80km/h 时,可能为限速装置及其误差所致,此时也应降低一个档位,并重新测取最高稳定车速 V_a,所测最高稳定车速 V_a 应小于 80km/h。

对于汽油发动机,在额定扭矩车速附近的一定转速范围内,扭矩变化较小,发动机转速测量误差或读表误差对检测的准确性影响较小。但为保证发动机额定扭矩转速 n_m 读数的准确性,测取额定扭矩车速 V_m 时,建议外接转速表。

(3)检验员踩下加速踏板使车速超过额定扭矩车速 V_m 后,底盘测功机才可逐步加载,同时检验员控制油门,使车速始终大于额定扭矩车速 V_m,此时不得换挡操作。从检测的安全性考虑,底盘测功机的恒力加载应逐步进行,不得突然增大加载力。

(4)底盘测功机恒力加载至 $(F_M \pm 20N)$ 范围内并稳定 3s 后,才可测取车速。当 3s 内的车速波动不超过 ±0.5km/h 时,该车速即为驱动轮轮边稳定车速 V_W。编制系统软件时,应以此作为驱动轮轮边稳定车速 V_W 的取值条件。

【注意】 如果底盘测功机恒力加载不能稳定在 $(F_M \pm 20N)$ 范围内,说明该设备控制系统有问题,不能用于动力性检测。

(5)营运出租汽车通常装有发动机转速表,外接转速表也较为方便。营运汽油货车的车型相对很少,发动机的额定扭矩和额定扭矩转速可以通过查阅车辆手册、建立数据库以及资源共享方式加以解决。

2)【条款 6.5.5.2】 计算加载力

(1)检测环境下的功率吸收装置加载力,按式(10)计算:

$$F_M = F_m - F_{tc} - F_c - F_f - F_t \tag{10}$$

式中:F_M——检测环境下功率吸收装置在滚筒表面上的加载力,单位为牛顿(N);

F_m——V_m车速点,检测环境下发动机达标扭矩换算在驱动轮上的驱动力,单位为牛顿(N);

F_f——V_m车速点,发动机附件消耗扭矩换算在驱动轮上的阻力,单位为牛顿(N)。

(2)按式(11)计算F_m:

$$F_m = \frac{0.377 \times \eta \times M_m \times n_m}{\alpha_a \times V_m} \tag{11}$$

式中:M_m——发动机额定扭矩,单位为牛米(N·m);

α_a——点燃式发动机功率校正系数,计算方法见 GB/T 18276—2000 中附录 A。

(3)F_{tc}按表7取值,或采用反拖法定期测量测功机在 50km/h 时的内阻;

(4)按式(7)计算F_c。其中,V_m大于或等于 70km/h 时,f_c取 $2f$;V_m小于 70km/h 时,f_c取 $1.5f$。f取值:子午线轮胎取 0.006,斜交轮胎取 0.010;

(5)按式(12)计算F_f:

$$F_f = \frac{0.377 \times f_m \times M_m \times n_m}{V_m} \tag{12}$$

式中:f_m——V_m车速点,发动机附件消耗扭矩系数,f_m取 0.06。

(6)按式(13)计算F_t:

$$F_t = 0.18 \times (F_m - F_f) \tag{13}$$

【释义】 以上条款是加载力的计算方法。与压燃式发动机车辆同理,基于达标法的汽油车动力性检测应计入轮胎滚动阻力(F_c)、测功机台架阻力(F_{tc})、发动机附件阻力(F_f)、传动系允许阻力(F_t)和功率吸收装置的加载力(F_M)。为方便发动机驱动力与系统阻力平衡计算,同样可将发动机驱动力与系统各阻力统一换算在驱动轮表面,分别由以上公式计算得出。

【要点】

(1)基于达标法的汽车动力性台架检验,加载力的计算正确与否直接影响动力性检验的结果与判定。

(2)公式(10):汽油发动机达标扭矩换算在驱动轮上的当量驱动力F_m,该力克服轮胎滚动阻力、测功机台架阻力、传动系允许阻力、发动机附件当量阻力和功率吸收装置加载阻力后,驱动车轮达到稳定车速。

(3)公式(11):与压燃式发动机的达标功率同理,发动机达标扭矩是标准环境状态下的扭矩,要把其换算成检测环境状态下的驱动力,使发动机当量驱动力在检测环境状态下与系统各阻力平衡,故需除以功率校正系数 α_a。

(4)轮胎滚动阻力(F_c)的计算方法及说明同压燃式发动机车辆。

(5)公式(12):发动机附件消耗扭矩随转速的增加而增大。在额定功率转速下,发动机附件的消耗扭矩约为发动机额定功率对应扭矩的 10%,而额定扭矩转速小于额定功率转速,故额定扭矩转速时(V_m 车速点)的发动机附件消耗扭矩系数小于 10%。又由于发动机的扭矩储备系数,额定扭矩比发动机额定功率对应扭矩增大约 15%,故发动机附件消耗扭矩系数(f_m)取中位偏大值为 0.06。

(6)公式(13):传动系允许阻力(F_t)的取值原理与压燃式发动机车辆相同。

(7)底盘测功机台架阻力(F_{tc})可按经验取值,也可采用反拖法测量。具有反拖电机的测功机,建议定期测量测功机在 50km/h 时的内阻,以进一步提高动力性检测的准确性。

(8)与柴油机功率校正系数不同,汽油车计算功率校正系数无须计算校正比排量循环供油量 q_c。

3)【条款 6.5.5.3】 存储数据

存储以下被检车辆相关参数及中间数据:

η、M_m、V_m、V_W、n_m、F_m、F_M、F_{tc}、F_c、F_f、F_t、α_a 以及环境温度、相对湿度、大气压力。

【释义】 以上条款是存储数据的要求。基于达标法的动力性台架检测时,η、M_m、V_m、V_W、n_m、F_m、F_M、F_{tc}、F_c、F_f、F_t、α_a 以及环境温度、相对湿度、大气压力等相关参数及中间数据均应存储,并作为车辆检测档案(电子档案)的一部分,同时增大弄虚作假难度。

二、燃料经济性

【条款 5.2.2】 燃料经济性

燃用柴油或汽油、总质量大于 3500kg 的在用车辆,其燃料消耗量限值及评价方法应符合 GB/T 18566 的规定。

【释义】 以上条款是 GB 18565—2016 引用《道路运输车辆燃料消耗量检测评价方法》(GB/T 18566—2011)的解释性说明。该评价方法是基于碳平衡法的汽车燃料消耗量检测,有关分析说明见"技术篇第五章"。

【说明】 排气管与消声器损坏和泄漏,排气污染物超标,动力性检验不合格(窜气严重)的受检车辆,其燃料消耗量检测结果会有较大偏差。

【要点】 在用道路运输车辆燃料消耗量检测评价适用于燃用柴油或汽油、总质量大于 3500kg 的车辆,其燃料消耗量限值及评价方法应符合 GB/T 18566 的规定。对于不以汽油或柴油为燃料的车辆以及总质量小于等于 3500kg 的在用道路运输车辆,不进行燃料消耗量检测。

以下条款及其编号等引用 GB/T 18566—2011(释义及说明除外)。

1.【条款 7】 检测设备

1)底盘测功机

(1)单驱动轴汽车检测采用 10t 或 13t 通用底盘测功机,双驱动轴汽车检测采用三轴式 13t 底盘测功机。

（2）底盘测功机应符合 JT/T 445。

（3）测功机距离测量装置的准确度应达到 ±0.5%，计时准确度应达到 ±10ms。

（4）测功机恒力控制的加载响应时间不超过 300ms。

【释义】 以上条款是对燃料消耗量检验用底盘测功机提出的要求。底盘测功机是燃料消耗量检测系统的重要组成部分，用于模拟行驶路面并在检测过程中完成测速和恒力加载控制，其测速精度以及恒力控制精度直接影响检验结果及判定。

【要点】
（1）底盘测功机应符合《底盘测功机》（JT/T 445—2008）的要求。
（2）双驱动轴的车辆采用三轴六滚筒式底盘测功机检测。

2）燃料消耗量测量装置

（1）采用符合附录 A 规定的碳平衡油耗仪（以下简称油耗仪）。

（2）油耗仪的相对误差应在 ±4% 范围内。

【释义】 以上条款是对燃料消耗量测量装置提出的要求。与底盘测功机相同，碳平衡油耗仪也是燃料消耗量检测系统的重要组成部分，其测量精度以及重复性误差直接影响检验结果及判定。

【要点】 碳平衡油耗仪应符合《碳平衡法汽车燃料消耗量检测仪》（JT/T 1013—2015）和 GB/T 18566—2011 附录 A 的要求。

3）主控系统及显示装置

（1）主控系统应具备自动控制检测程序、数据采集和处理、检测结果判断的功能。

（2）主控系统根据受检车辆参数信息自动选择检测速度，自动计算并设置台架加载阻力。加载阻力计算所需车辆参数应通过车辆录入信息数据库直接调用。

（3）主控系统应计算并提供受检汽车百公里燃料消耗量。

（4）显示装置应配备清晰可见的司机助，应实时显示规定速度工况、检测时间和实际车速，以及其他必要的提示和警告。

【释义】 以上条款是对燃料消耗量检验设备主控系统及显示装置提出的要求。主控系统是燃料消耗量检测系统的控制中枢，显示装置则是燃料消耗量检验的辅助设施。

【要点】 主控系统及显示装置应具有控制检测程序、数据采集和处理、检测结果判断的功能，可根据受检车辆参数信息自动选择检测速度，自动计算并设置台架加载阻力，计算并提供受检汽车百公里燃料消耗量，显示装置应实时显示规定速度工况、检测时间和实际车速。

2.【条款8】 检测准备

1）底盘测功机

（1）预热

采用反拖电机或车辆驱动滚筒转动预热底盘测功机，直至底盘测功机滑行时间趋于稳定。

（2）示值调零

底盘测功机静态空载，力、速度和距离示值调零或复位。

2）油耗仪

(1) 预热

油耗仪应预热至设备到达正常工作准备状态。

(2) 示值调零

各测量参数示值调零或复位。

【释义】 以上条款规定了底盘测功机和油耗仪的预热、复位调零的要求。该要求是检测前的必要程序。

【要点】

(1) 检测前,底盘测功机和油耗仪应充分预热,以使测功机台架内阻趋于正常(稳定)值,并使控制系统和测量系统达到稳定工作状态。

(2) 被检车辆驱动轮置于底盘测功机滚筒上,并完成安全系留措施后,底盘测功机的力、速度等参数应进行复位调零,用以消除受检车轮作用于滚筒而可能产生的附加力以及出现的零漂。

3) 受检汽车

(1) 车辆空载。

(2) 检查车辆排气系统,不得有泄漏。

(3) 检查驱动轴轮胎的花纹深度和气压。花纹深度不得小于 1.6mm,花纹中不得夹有杂物;轮胎气压应按 GB/T 2977 的规定进行调整。

(4) 记录受检车辆的以下参数信息,对于检测站数据库或车辆行驶证无法提供的参数,应进行实车测量。

①燃油类别(汽、柴油);

②驱动轮轮胎规格型号;

③额定总质量,单位为千克(kg);

④车高,单位为毫米(mm);

⑤前轮距,单位为毫米(mm);

⑥客车车长,单位为毫米(mm);

⑦客车等级(分为高级、中级、普通级);

⑧货车车身型式(分为拦板车、自卸车、牵引车、仓栅车、厢式车和罐车);

⑨驱动轴数;

⑩驱动轴空载质量,单位为千克(kg);

⑪牵引车满载总质量,单位为千克(kg)。

(5) 车辆应预热至发动机、传动系达到正常工作的温度状况,发动机冷却水温度应达到 80℃~90℃。

(6) 关闭非汽车正常行驶所必需的附属装备,如空调系统等。

【释义】 以上条款是对受检车辆提出的要求。受检车辆满足以上条款要求后,才可进行燃料消耗量的检验程序。

【要点】

(1) 受检车辆为空载状态。

(2) 检查车辆排气系统,不得有泄漏。排气系统存在泄漏,燃油燃烧产生的含碳物质不能全部收集,影响油耗检测结果。该检查可结合人工检验的"底盘检查"项目一并进行(见本章第五节,十一,排气管与消声器),排气系统存在泄漏的车辆不能进行燃料消耗量的检验。

(3)检查驱动轴轮胎的花纹深度和气压。花纹深度不得小于1.6mm,花纹中不得夹有杂物,轮胎气压应符合规定。上述检查可结合人工检验的"外观检查"项目一并进行(见本章第五节,六,轮胎)。

(4)受检车辆应充分预热至发动机、传动系达到正常工作的温度状况。

(5)关闭非汽车正常行驶所必需的附属装备,包括空调系统、灯光信号、雨刮器、音响设备等消耗发动机功率的装置。

(6)在计算机控制系统登录受检车辆的参数信息,进行自动检测、提示、计算与控制。车辆参数信息中:

①燃油类别、额定总质量、车高(在外廓尺寸检验时需获得唯一性确认)、前轮距、客车车长可从机动车登记证书获取,也可通过行驶证、道路运输证以及车辆使用说明书等获取;

②驱动轮轮胎规格型号、货车车身型式、驱动轴数可通过人工查验的方式获取(机动车登记证书中有轮胎规格参数,但对于在用车辆存在改变驱动轮轮胎规格型号的可能,故应以人工查验的方式获取);

③客车等级可通过查阅道路运输证获取;

④驱动轴空载轴质量可从车型数据或检测数据库的历史数据中调取,或采用独立式轮(轴)重仪测取,双轴驱动的驱动轴空载质量为两个驱动轴空载质量之和;

⑤牵引车满载总质量:

"牵引车满载总质量"是指牵引车单车满载总质量。根据《机动车出厂合格证》(GB/T 21085—2007)条款7.2.28:半挂牵引车的总质量为鞍座(即牵引座)最大允许载质量、驾驶室准乘人数(按65kg/人核算)、整备质量和牵引车自身最大设计装载质量(如有)之和。其中牵引车鞍座最大允许载质量可以在交通运输部公布的《道路运输车辆燃料消耗量达标车型表》中的《燃料消耗量参数表》中的"牵引座最大允许承载质量"参数项获取,也可从驾驶室门附近的车辆铭牌获取(如图7-94所示),整备质量和驾驶室准乘人数可从机动车登记证书、道路运输证、行驶证等获取,牵引车与半挂车组成的汽车列车质量关系如图7-95所示。

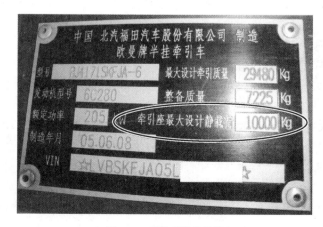

图7-94 半挂牵引车铭牌

第七章 道路运输车辆综合性能要求和检验方法(GB 18565—2016)释义

半挂车质量参数的关系

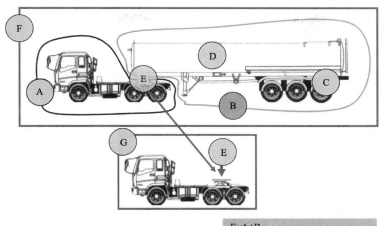

F=A+B
B=C+D
G=A+E+驾驶室准乘人数×65

图 7-95 牵引车与半挂车组成的汽车列车质量关系
A-牵引车整备质量；B-半挂车总质量；C-挂车整备质量；D-货物；E-鞍座最大允许载质量；F-列车总质量；G-牵引车总质量

4) 燃料

检测时使用受检汽车油箱内的燃油。燃油氢碳比采用固定值：柴油取 1.86，汽油取 1.85。

【释义】 本条款是受检车辆使用燃油的规定。检测时,应使用受检汽车油箱内的燃油,不得取自它处。燃油的氢碳比按规定取值:柴油取 1.86,汽油取 1.85。

5) 确定受检汽车的检测工况

控制系统应根据车辆参数和信息,按照 GB 18566 第 6 章的要求确定检测速度,并按照 GB 18566 附录 B 计算台架加载阻力。若半挂汽车列车驱动轮与滚筒之间的附着力小于台架加载阻力而产生轮胎打滑,则应按牵引车(单车)满载总质量计算台架加载阻力。

【释义】 本条款规定了燃料消耗量的检验车速以及加载阻力的计算方法。高级营运客车检测速度工况为等速 60km/h,中级、普通级营运客车以及营运货车检测速度工况为等速 50km/h,台架加载阻力按照 GB 18566 附录 B 计算。

3.【条款9】 检验程序

(1) 引车员将汽车平稳驶上底盘测功机,置汽车驱动轮于测功机滚筒上,驱动轮轴线应与滚筒轴线平行,固定汽车非驱动轮。

(2) 每次检测前油耗仪应调零,并测量环境空气中 CO_2 气体浓度。

(3) 起动汽车,逐步加速,变速器接入最高档(自动变速器应置于"D"挡),底盘测功机按照确定的台架加载阻力对受检车辆进行加载,至车速稳定在 8.5 确定的检测车速。

(4) 油耗仪采样管应靠近并对准汽车排气管口,其间距不大于 100mm,使采样管与排气尾管末端同轴,用支架固定,使汽车排气和环境空气顺利进入采样管。

(5) 引车员按司机提示控制汽车油门,使检测车速的变化幅度稳定在 ±0.5km/h 的范围内,稳定至少 15s 后,油耗仪开始 60s 连续采样,同时测功机开始测量 60s 连续采样时间内

的汽车行驶距离 $S(\mathrm{m})$。

（6）采样过程中，如连续 3s 内检测车速的变化幅度超过 $\pm 0.5\mathrm{km/h}$ 或加载阻力变化幅度超过 $\pm 20\mathrm{N}$，则停止本次采样，返回到 9.5 重新开始。

（7）连续 60s 采样完成后，按下式计算汽车百公里燃料消耗量，并四舍五入至小数点后一位。

$$FC = \frac{100}{S} \times \sum FC_s$$

式中：FC——汽车百公里燃料消耗量，单位为升每百千米（L/100km）；

S——采样时间内汽车的行驶距离，单位为米（m）；

$\sum FC_s$——采样时间内汽车每秒燃料消耗量的累加值，单位为毫升（mL）。

（8）每次检测结束后油耗仪应进行反吹。

【释义】 以上条款是燃料消耗量检验的程序。在软件编制和检测过程中，必须充分理解，并严格执行以上规定的检验程序。

【要点】

（1）被检车辆驱动轮置于底盘测功机滚筒上，完成安全系留措施后，油耗仪以及底盘测功机的力、速度等参数示值应进行复位调零，用以消除受检车轮作用于滚筒而可能产生的附加力以及出现的零漂，复位动作应由控制系统自动实现。

（2）起动车辆，变速器应选择最高档（自动变速器应置于"D"挡），底盘测功机按照确定的检测工况下的台架加载阻力对受检车辆进行加载。从检测的安全性考虑，底盘测功机应逐步进行恒力加载，不得突然增大加载力。车速应稳定在确定的检测工况下的检测车速：高级营运客车检测速度工况为等速 60km/h，中级、普通级营运客车以及营运货车检测速度工况为等速 50km/h。

（3）引车员应按提示控制受检车辆油门，使车速稳定在"规定检测车速 $\pm 0.5\mathrm{km/h}$"的范围内，稳定至少 15s 后，油耗仪才可进行 60s 连续采样，同时测功机开始测量 60s 连续采样时间内的受检车辆行驶距离。需要强调的是，采样过程中，检测车速应始终保持在"规定检测车速 $\pm 0.5\mathrm{km/h}$"范围内，加载阻力保持在"设定目标力 $\pm 20\mathrm{N}$"范围内，否则应停止采样，重新开始检测。基于此，控制系统应具有自动判断车速控制范围和恒力控制范围，并能在超过规定车速范围和恒力控制范围时，自动发出警告提示、停止检测的功能。

【注意】 如果底盘测功机恒力加载不能稳定在（设定目标力 $\pm 20\mathrm{N}$）范围内，说明该设备控制系统有问题，不能用于燃料消耗量检验。

（4）计算百公里燃料消耗量时，应四舍五入至小数点后一位。

4.【条款 10.1】 燃料消耗量限值

（1）已列入交通运输主管部门公布的《道路运输车辆燃料消耗量达标车型表》的车辆，其燃料消耗量限值为车辆《燃料消耗量参数表》中 50km/h 或 60km/h 满载等速油耗的 114%；

（2）未列入交通运输主管部门公布的《道路运输车辆燃料消耗量达标车型表》的车辆，其燃料消耗量限值的参比值见 GB 18566 标准的附录 C；

（3）当按牵引车（单车）满载总质量进行检测时，燃料消耗量限值的参比值按牵引车（单车)满载总质量对应 GB 18566 标准的表 C.2 中的数值。

【释义】 以上条款是在用道路运输车辆燃料消耗量的限值要求。燃料消耗量限值按列入《道路运输车辆燃料消耗量达标车型表》车辆、未列入《道路运输车辆燃料消耗量达标车型表》车辆和牵引车(单车)满载总质量检测等 3 种情况，分别在《燃料消耗量参数表》、GB 18566 附录 C 和 GB 18566 的表 C.2 中查询获取。

在用柴油客车、货车(单车)及半挂汽车列车燃料消耗量限值的参比值见表 7-6～表 7-8。

在用柴油客车燃料消耗量限值的参比值　　　　　　　　　　　表 7-6

车长(L) mm	参比值　L/100km	
	高级客车等速 60km/h	中级和普通级客车等速 50km/h
$L \leq 6000$	11.3	9.5
$6000 < L \leq 7000$	13.1	11.5
$7000 < L \leq 8000$	15.3	14.1
$8000 < L \leq 9000$	16.4	15.5
$9000 < L \leq 10000$	17.8	16.7
$10000 < L \leq 11000$	19.4	17.6
$11000 < L \leq 12000$	20.1	18.3
$L > 12000$	22.3	20.3

在用柴油货车(单车)燃料消耗量限值的参比值　　　　　　　　表 7-7

额定总质量(G) kg	参比值 L/100km	额定总质量(G) kg	参比值 L/100km
$3500 < G \leq 4000$	10.6	$17000 < G \leq 18000$	24.4
$4000 < G \leq 5000$	11.3	$18000 < G \leq 19000$	25.4
$5000 < G \leq 6000$	12.6	$19000 < G \leq 20000$	26.1
$6000 < G \leq 7000$	13.5	$20000 < G \leq 21000$	27.0
$7000 < G \leq 8000$	14.9	$21000 < G \leq 22000$	27.7
$8000 < G \leq 9000$	16.1	$22000 < G \leq 23000$	28.2
$9000 < G \leq 10000$	16.9	$23000 < G \leq 24000$	28.8
$10000 < G \leq 11000$	18.0	$24000 < G \leq 25000$	29.5
$11000 < G \leq 12000$	19.1	$25000 < G \leq 26000$	30.1
$12000 < G \leq 13000$	20.0	$26000 < G \leq 27000$	30.8
$13000 < G \leq 14000$	20.9	$27000 < G \leq 28000$	31.7
$14000 < G \leq 15000$	21.6	$28000 < G \leq 29000$	32.6
$15000 < G \leq 16000$	22.7	$29000 < G \leq 30000$	33.7
$16000 < G \leq 17000$	23.6	$30000 < G \leq 31000$	34.6

在用柴油半挂汽车列车燃料消耗量限值的参比值　　　　　　　　表 7-8

额定总质量(G)kg	参比值 L/100km	额定总质量(G)kg	参比值 L/100km
$G \leq 27000$	42.9	$35000 < G \leq 43000$	46.2
$27000 < G \leq 35000$	43.9	$43000 < G \leq 49000$	47.3

【要点】

(1)截止到2016年5月20日,交通运输部已发布34批道路运输车辆燃料消耗量达标车型,燃料消耗量等相关信息已在"道路运输车辆燃料消耗量检测和监督管理信息服务网"发布:

网址 http://atestsc.mot.gov.cn/pub/index.html

(2)在用柴油客车、货车(单车)及半挂汽车列车燃料消耗量限值的参比值见表7-6~表7-8,在用汽油车辆的燃料消耗量限值的参比值为相应车长、等级的柴油客车及相应总质量的柴油货车(单车)及半挂汽车列车限值参比值的1.15倍。

(3)燃料消耗量检测控制系统应根据"道路运输车辆燃料消耗量检测和监督管理信息服务网"发布的达标车型信息以及燃料消耗量参数信息,形成完整、准确的达标车型数据库。对于后期发布的达标车型,还应具有更新数据库的功能,以实现自动判定。

5.【条款10.2】 判定方法

(1)当检测结果小于等于限值,判定该车燃料消耗量为合格;

(2)当检测结果大于限值,允许复检两次,一次复检合格,则判定该车燃料消耗量为合格。

(3)当检测结果和复检结果均大于限值,判定该车燃料消耗量为不合格。

【释义】 以上条款是在用道路运输车辆燃料消耗量检验结果的判定方法。

【要点】

(1)燃料消耗量检验结果以"合格"和"不合格"进行判定。

(2)"首检"结果小于等于限值,判定为"合格"。

(3)"首检"结果大于限值时,允许复检两次,任一次"复检"合格,则判定为合格。

(4)当"首检"结果和"复检"结果均大于限值,判定燃料消耗量为不合格。

三、制动性

(一)技术要求

1.【条款5.2.3.1】 系统密封性

(1)采用气压制动的车辆,当气压升至600kPa时,空气压缩机停止运转3min,其气压降低值应不大于10kPa。在气压600kPa的情况下,空气压缩机停止运转,将制动踏板踩到底,待气压值稳定后观察3min,单车气压降低值应不大于20kPa;汽车列车气压降低值不得超过30kPa。

(2)采用液压制动的车辆,发动机在怠速运转状态下,将制动踏板踩下,保持550N的踏板力并持续1min,踏板不应有向地板移动的现象;采用真空辅助的系统,当残留的真空耗尽且在制动踏板上持续施加220N(乘用车为110N)的力,在发动机起动时制动踏板应轻微地下降。

2.【条款5.2.3.2】 起步气压建立时间

采用气压制动的车辆,发动机在75%的额定转速下,车载气压表的指示气压从零升至起步气压的时间,汽车列车不大于6min,其他车辆不大于4min,未标起步气压,按400kPa计。

【释义】 以上条款是对制动系统的密封性和起步气压建立时间提出的要求。道路运输车辆多采用气压制动系统,其气密性和起步气压建立时间对运输安全至关重要,必须严格满足要求。

【要点】 以上条款是车辆气压制动系统维护及修理的要求,综合性能检验机构无须对此进行检验。

3.【条款5.2.3.3】 台架检验行车制动性能

(1)整车制动率、轴制动率和制动不平衡率

整车制动率、轴制动率和制动不平衡率应符合表2的要求。

(2)汽车列车制动时序

汽车列车的制动时序应符合4.4.3.3.2的要求。

(3)汽车列车制动力分配

汽车列车制动力的分配应满足:牵引车(挂车)整车制动力与汽车列车整车制动力的比值不应小于牵引车(挂车)质量与汽车列车质量比值的90%,也即:牵引车(挂车)的整车制动率不应小于汽车列车整车制动率的90%。

台架检验制动性能要求 表2

车辆类型		整车制动率/%		轴制动率/%		制动不平衡率/%
		空载	满载	前轴[a]	后轴[a]	
M_1类乘用车		≥60	≥50	≥60[b]	≥20[b]	前轴≤24 后轴≤30 或 10[d]
M_2、M_3类客车		≥60	≥50	≥60[b]	≥50[c]	
N_1类货车		≥60	≥50	≥60[b]	≥20[b]	
N_2、N_3类货车		≥60	≥50	≥60[b]	≥50[c]	
牵引车		≥60	≥50	≥60	≥50	
O_3、O_4类挂车	全挂车	—	—	≥55[e]	≥55[e]	
	半挂车	—	—	—	≥55[e]	

a 前轴是指位于机动车(单车)纵向中心线中心位置以前的轴,除前轴之外的其他轴均为后轴;第二转向桥视为前轴;挂车的所有车轴均视为后轴。
b 空载和满载状态下测试均应满足此要求。
c 满载测试时不做要求,空载用平板制动检验台检验时应大于或等于35%;总质量大于3500kg的客车,空载用滚筒反力式制动检验台检验时应大于或等于40%,用平板制动检验台检验时应大于或等于30%。
d 对于后轴,当轴制动率大于或等于该轴轴荷60%时,不平衡率不大于30%;当轴制动率小于该轴轴荷60%时,不平衡率不大于10%。
e 满载状态下测试时应大于或等于45%。

【释义】 以上条款是台架检验行车制动性能的要求。行车制动性能是汽车最重要的主动安全性能,其优劣直接影响行车安全和公共安全,所有道路运输车辆均应符合本要求。

【勘误】

2016年7月第1版第1次印刷的GB 18565—2016"表2 台架检验制动性能要求"表注d中"……;当轴制动率小于该轴轴荷60%时,不平衡率不大于该轴轴荷的10%"应为"……;当轴制动率小于该轴轴荷60%时,不平衡率不大于10%",特此说明。

【要点】

(1)机动车(单车)纵向中心线中心位置以前的轴,视为前轴,除前轴之外的其他轴均为后轴;第二转向桥视为前轴;挂车的所有车轴均视为后轴。个别车辆的纵向中心线中心位置以前有第三转向轴,也视为前轴(如图7-96所示),应按此约定对行车制动性能进行检测与评价。

图7-96 特殊车辆(第三转向桥)

(2)在空载和满载状态下,对于M_1类乘用车和N_1类货车的前、后轴,M_2、M_3类客车和N_2、N_3类货车的前轴,其轴制动率均应满足要求。

(3)对于M_2、M_3类客车和N_2、N_3类货车的后轴,其轴制动率满载时不做要求,空载用平板制动检验台检验时应大于等于35%;总质量大于3500kg的客车,空载用滚筒反力式制动检验台检验时应大于等于40%,用平板制动检验台检验时应大于等于30%。

(4)对于后轴,当轴制动率大于等于该轴轴荷60%时,不平衡率不大于30%;当轴制动率小于该轴轴荷60%时,制动不平衡率不大于10%。

(5)全挂车的前、后轴和半挂车的后轴,满载状态下的轴制动率应大于等于45%。

(6)在用汽车列车的制动时序要求与申请从事道路运输经营的汽车列车制动时序要求相同,应满足:挂车各轴的制动动作应不滞后于牵引车各轴的制动动作,汽车列车的制动协调时间不大于0.80s。

(7)除汽车列车以外的所有单车,制动协调时间不做要求,包括路试制动协调时间和台架检验的制动协调时间。

(8)与申请从事道路运输经营车辆相比,在用汽车列车制动力分配的要求下调5%,为90%。

(9)在用汽车列车的制动性能、制动时序和制动力分配的释义及分析说明见"本章第四节,四、性能要求"和"技术篇第六章,第六节"的相关内容。

【说明】 GB 18565—2016表2中,对全挂车前轴制动率作出了要求。理由:表2注中的"挂车的所有车轴均视为后轴"是指挂车的所有车轴均按后轴评价,全挂车存在前轴,故其前轴制动率为"≥55%"。

4.【条款5.2.3.4】 路试检验行车制动性能

(1)当对台架检验结果有质疑或被检车辆无法进行台架检验时,可采用路试检验并以路试检验结果进行评价(汽车列车制动时序和制动力分配除外)。

(2)路试检验制动距离和制动稳定性应符合表3的要求。

路试检验制动距离和制动稳定性　　　　　表3

车辆类型	制动初速 km/h	空载制动距离 m	满载制动距离 m	试验通道宽度[a] m
M_1类乘用车	50	≤19.0	≤20.0	2.5
N_1类货车	50	≤21.0	≤22.0	2.5
M_2、M_3类客车，N_2、N_3类货车（含半挂牵引车）	30	≤9.0	≤10.0	3.0
汽车列车	30	≤9.5	≤10.5	3.0
[a] 制动过程中车辆的任何部位（不计入车宽的部位除外）不超出规定宽度的试验通道的边缘线				

（3）路试检验充分发出的平均减速度（MFDD）和制动稳定性应符合表4的要求，汽车列车制动协调时间应符合4.4.3.3.2的要求。

路试检验充分发出的平均减速度（MFDD）和制动稳定性　　　　　表4

车辆类型	制动初速度 km/h	空载平均减速度 m/s^2	满载平均减速度 m/s^2	试验通道宽度[a] m
M_1类乘用车	50	≥6.2	≥5.9	2.5
N_1类货车	50	≥5.8	≥5.4	2.5
M_2、M_3类客车，N_2、N_3类货车（含半挂牵引车）	30	≥5.4	≥5.0	3.0
汽车列车	30	≥5.0	≥4.5	3.0
[a] 制动过程中车辆的任何部位（不计入车宽的部位除外）不超出规定宽度的试验通道的边缘线				

【释义】 以上条款是路试检验行车制动性能的要求。路试检验行车制动性能有两种评价方法：
（1）路试检验制动距离和制动稳定性；
（2）路试检验充分发出的平均减速度（MFDD）和制动稳定性。
【要点】
（1）当对台架检验结果有质疑或被检车辆无法进行台架检验时，才可采用路试检验行车制动性能。由于操作性的问题，汽车列车制动时序和制动力分配不进行路试检验。

(2)路试检验行车制动性能的两种评价方法任选其一。

(3)路试行车制动性能应严格按照规定的制动初速度进行检验,并以规定的技术指标进行评价。

5.【条款5.2.3.5】 驻车制动

(1)驻车制动应能使车辆在任何装载条件和没有驾驶人的情况下保持原位。驾驶人应在座位上就可实现驻车制动。若挂车与牵引车脱离,3500kg 以上的挂车应能产生驻车制动,挂车的驻车制动装置应能由站在地面上的人实施操纵。

(2)台架检验时,在空载状态下,乘坐一名驾驶人,驻车制动力的总和不应小于测取的整车重量的 20%,总质量为整备质量 1.2 倍以下的车辆应不小于 15%,对于由牵引车和挂车组成的汽车列车也应符合此要求。

(3)路试检验时,在空载状态下,驻车制动装置应能保证车辆在坡度为 20%(对总质量为整备质量的 1.2 倍以下的车辆为 15%)的坡道上行和下行两个方向保持静止不动,时间不应少于 5min。

(4)驻车制动性能如符合(2)或(3)的要求即为合格。

【释义】 以上条款是路试检验驻车制动性能的要求。驻车制动性能对于以山区、丘陵地带行驶为主以及运行在坡道较多路段的车辆至关重要,应予以关注。

【要点】

(1)台架检验时,车辆为空载,并乘坐一名检验员。

(2)路试检验时,车辆为空载(可不乘坐检验员),驻车制动装置保证车辆在坡道上行和下行两个方向保持静止不动的时间不少于 2min 时,可视为合格。

(3)驻车制动性能符合台架检验要求或路试检验要求即为合格。

(二)【条款6.7】 检验方法

1.【条款6.7.1】 台架检验

1)【条款6.7.1.1】 设备要求

(1)采用滚筒反力式制动检验台或平板式制动检验台检验,制动力的单位为 10 牛顿(daN)。

(2)采用滚筒反力式制动检验台时,应符合以下要求:

①单边滚筒驱动电机的额定功率按式(14)计算:

$$P_d \geq \frac{0.3 \times m_e \times g \times V}{1.9 \times 3600} \tag{14}$$

式中:P_d——单边滚筒驱动电机额定功率,单位为千瓦(kW);

m_e——制动台额定承载轴质量,单位为千克(kg);

g——重力加速度,取 9.81m/s^2;

V——滚筒线速度,单位为千米每小时(km/h)。

②用于检验多轴及并装轴车辆的制动台应符合:当滚筒直径为 245mm,中心距为 460mm,主、副滚筒高差为 30mm 时,副滚筒上母线与地面水平面的高度差为 40_0^{+5}mm。当滚筒中心距增大或减小 10mm,副滚筒上母线与地面水平面的高度差相应增大或减小 2mm;

当主、副滚筒高差减小 **10mm**，副滚筒上母线与地面水平面的高度差相应增大 **4mm**。

③各滚筒上母线应保持水平，同轴滚筒上母线两端点间的高度差不大于 **±3mm**（每滚筒两个测量端点）。

④多轴及并装轴车辆的轮(轴)质量应分别采用独立式轮重仪和复合式轴重仪测取，轮(轴)重仪的示值为质量，单位为公斤(kg)。

注1：两轴车辆指非并装轴的两轴单车，包括全挂车，以下同。

注2：多轴及并装轴车辆指三轴及三轴以上的单车、汽车列车和并装轴挂车，以下同。

⑤采集左、右车轮的制动全过程数据时，采样周期为 **10ms**。在非停机保护状态下，采样时间不少于 **3s**。

⑥左、右滚筒的停机保护应能保证测取到被检车轮最大制动力。由第三滚筒控制时，轮胎线速度相对于滚筒设计线速度降低 **25%～35%** 应停机保护。

⑦滚筒表面附着系数不低于 **0.75**，台架前、后地面应做提高附着系数的处理。

⑧左、右滚筒的驱动电机应分时启动，时间间隔不小于 **1s**。

⑨对于全时四驱的车辆，采用滚筒反力式制动检验台检验时，可在台架前、后加装自由滚筒。滚筒应经过提高表面附着系数处理，宜具有自动锁止和释放功能以适用于非全时四驱车辆的检测。

（3）采用平板式制动检验台时，应符合以下要求：

①单车应采用至少是 **4** 个制动平板的平板制动检验台检验；

②汽车列车应采用适用于多轴车辆的汽车列车制动性能检验台检验；

③每一制动平板的制动力及轮质量的采样周期不大于 **5ms**；

④平板式制动检验台应能称取被检车辆各车轮质量，示值单位为千克(kg)；

⑤制动平板测试表面附着系数不低于 **0.75**；

⑥制动平板应保持水平，各制动平板间的高度差应不超过 **5mm**。

（4）检测控制系统应具有数据及曲线的存储、屏显及打印功能。

（5）配备制动踏板开关。

【释义】 以上条款是制动性能台架检验的设备要求。GB 18565—2016 规定采用滚筒反力式制动检验台或平板式制动检验台进行制动性能台架检验，需要说明的是，设备的性能和质量直接影响台架检验结果的准确性。滚筒反力式制动检验台或平板式制动检验台的加工精度、装配质量、传动质量、电机驱动能力、台体承载能力、滚筒机械阻力以及测控系统技术水平是确保检测准确性，避免因数据失准而造成误判错判的关键，在设备选型购置时应加以注意。

【要点】

（1）如滚筒制动台的电机功率不够，在车轮反向制动力的作用下，会产生短时的"丢转"，滑移率控制出现偏小误差。因此，合理确定电机额定功率，既可确保滚筒反力式制动台的检测能力，保证检测无错检错判，又可避免过大的电机造成成本和能源的浪费，有关分析说明见"技术篇第六章，第二节"的相关内容。

（2）两轴车辆定义为采用非并装轴结构的两轴单车，包括两轴全挂车。多轴及并装轴车辆定义为三轴及三轴以上的单车、汽车列车和并装轴挂车，如图 7-97 所示。

图 7-97　多轴及并装轴车辆图示

（3）用于检验多轴及并装轴车辆的滚筒制动台应符合副滚筒上母线安装高度的要求，可采用自动举升式结构。需要说明的是，滚筒直径为 245mm，中心距为 460mm，主、副滚筒高差为 30mm 时，副滚筒上母线相对地面水平高度不得低于 40mm，也不得高于 45mm。滚筒台结构参数与上述尺寸不一致时，应按不同滚筒中心距和滚筒高度差进行修正。副滚筒上母线有高度要求的滚筒台，对两轴车辆的检测影响可忽略不计，故也适用于两轴车辆的检测，有关分析说明见"技术篇第六章，第二节"的相关内容。

（4）采用滚筒制动台检验时，多轴及并装轴车辆的轮（轴）质量应分别采用独立式轮重仪和复合式轴重仪测取。有关分析说明见"技术篇第六章，第二节"的相关内容。

（5）采用滚筒制动台检验时，采集左、右车轮的制动全过程数据，采样周期为 10ms。在非停机保护状态下，采样时间不少于 3s，以确保测取最大制动力。

（6）采用滚筒制动台检验时，左、右滚筒的停机保护应能保证测取到被检车轮最大制动力。由第三滚筒控制时，轮胎线速度相对于滚筒设计线速度降低 25%～35% 应停机保护。有关分析说明见"技术篇第六章，第二节"的相关内容。

（7）平板式制动台架的设计，应能保证检测过程中，测取的制动力和轮质量互不影响。

（8）对于全时四驱的车辆，除路试外，采用滚筒反力式制动检验台检验时，可在台架前、后加装自由滚筒。有关分析说明见"技术篇第六章，第五节"的相关内容。

（9）在滚筒驱动电机启动前，务必保证受检车辆的制动踏板、驻车制动处于松开状态，以防电动机超负荷启动损坏设备。

2)【条款6.7.1.2】 检验准备

(1)空载检验时,气压表指示气压不大于600kPa,液压制动踏板力:乘用车不大于400N,其他机动车不大于450N;满载检验时,气压表指示气压不大于额定工作气压,液压制动踏板力:乘用车不大于500N,其他机动车不大于700N。

(2)驻车制动检验时的允许操纵力,手操纵时,乘用车不大于400N,客车、货车不大于600N;脚操纵时,乘用车不大于500N,客车、货车不大于700N。

(3)被检车辆轮胎表面干燥、清洁无油污,胎冠花纹中及并装轮胎间无异物嵌入,驱动轴轮胎的花纹深度不小于1.6mm,气压符合规定。

(4)对于气压制动的车辆,采用滚筒反力式制动检验台检验时,储气筒应有足够的压力,并能保证制动性能检测完毕时,气压不低于起步气压。

(5)检测汽车列车制动时序和制动协调时间,应安装制动踏板开关。

(6)采用滚筒反力式制动检验台检验行车制动和驻车制动时,可在非测试车轮后垫三角垫块防止车轮后移。

(7)并装双驱动轴采用滚筒反力式制动检验台检验时,应使桥间差速器起作用。

(8)检验台架旋转部件及电气系统应预热。

【释义】 以上条款是制动性能台架检验的准备要求。检验时,受检车辆以及设备均应做好检验准备,并符合以上要求。

【要点】

(1)对于气压制动的车辆,检验时,储气筒应有足够的压力(利于检测),但不应超过规定气压值(不大于600kPa)。

(2)被检车辆轮胎表面干燥、清洁无油污,胎冠花纹中及并装轮胎间无异物嵌入,驱动轴轮胎的花纹深度不小于1.6mm,气压符合规定。

(3)并装双驱动轴采用滚筒反力式制动检验台检验时,如有桥间差速锁止装置开关,应使桥间差速器起作用。

(4)检验前,制动台架旋转部件、减速箱以及电气系统应预热,减小台架旋转阻力和传动阻力,以利于制动性能和车轮阻滞力的检测,尤其在冬季或寒冷气候条件下,更需要充分预热。

3)【条款6.7.1.3】 滚筒反力式制动检验台检验方法

(1)测取被检车辆各轴的静态轮质量。

(2)将被测车轮置于制动台两滚筒之间,变速器为空挡。此时,对于多轴及并装轴车辆还应采用复合式轴重仪测取被检轴的静态轴质量。

(3)分别起动制动台左、右滚筒的驱动电机,3s后按提示将制动踏板缓踩到底(液压制动车辆应保持规定的制动踏板力),测取左、右车轮最大制动力以及制动全过程的数据;对驻车制动轴实施驻车制动,测取驻车最大制动力。

(4)依次检测各轴。

(5)按以下规定的方法计算静态轮荷及静态轴荷、整车制动率、轴制动率、制动不平衡率和驻车制动率:

①静态轮荷及静态轴荷的计算:计算静态轮荷时,将轮质量换算为轮荷。计算静态轴荷

时,为同轴左、右轮的静态轮荷之和;复合式轴重仪的静态轴荷为其测取的静态轴质量换算的轴荷;静态轴(轮)荷的单位为 **10 牛(daN)**,换算轴(轮)荷时的重力加速度取 **9.81m/s²**。

②整车制动率的计算:测取的所有车轮最大制动力之和与整车重量(各轴静态轴荷之和,以下同)的百分比。当牵引车与半挂车相连时,牵引车整车制动率为牵引状态下,牵引车所有车轮的最大制动力之和与牵引车整车重量的百分比,半挂车整车制动率为牵引状态下,挂车所有车轮的最大制动力之和与半挂车整车重量的百分比。

③轴制动率的计算:在制动全过程中,测取左、右车轮的最大制动力,并计算左、右车轮最大制动力之和与该轴静态轴荷的百分比。

④制动不平衡率的计算:以同轴左、右任一车轮产生抱死滑移时为取值终点,如左、右轮无法达到抱死滑移,则以较后出现车轮最大制动力时刻作为取值终点。在取值终点前的制动全过程中,计算同时刻左、右车轮制动力差的最大值与该轴左、右车轮最大制动力中较大者的百分比。除前轴外,当轴制动率小于 **60%** 时,用该值除以该轴静态轴荷的百分比。

⑤驻车制动率的计算:测取的各驻车轴最大驻车制动力之和与整车重量的百分比。

注1:对于多轴及并装轴车辆,计算轴制动率和制动不平衡率时,静态轴荷按复合式轴重仪测取的轴荷计算,其他车辆按独立式轮重仪测取的静态轴荷计算。

注2:计算整车制动率、驻车制动率时,整车重量按独立式轮重仪测取的空载静态轮荷计算。

【释义】 以上条款是采用滚筒反力式制动检验台检验制动性能的检验方法。上述要求中,包括检验步骤、检验要求以及制动性能参数的计算方法,在编制软件和检测过程中,必须充分理解,并严格执行以上规定。

【要点】

(1)在"踩制动"提示前,切勿踩制动踏板,否则可能造成车轮抱死而不停机。

检测过程中,如果车轮抱死而检验台未及时停机或车轮与滚筒打滑,且被测轴后移时,应立即松开制动器,以保护轮胎及设备。

(2)测取被检车辆各轴的静态轮质量,对于两轴车,可采用独立式轮重仪测取,也可采用复合式轴重仪测取。对于多轴及并装轴车辆,应分别采用独立式轮重仪和复合式轴重仪测取。称重时间不少于 3s。

(3)制动台左、右滚筒的驱动电机应分别起动,时间间隔不小于 1s。起动 3s 后,待制动台滚筒转速达到稳定状态时,提示踩下制动踏板。编制软件时应对上述延时时间加以规范。

(4)检验员踩下制动踏板时,应缓慢均匀踩到底,测取左、右车轮最大制动力以及制动全过程的数据;对驻车制动轴实施驻车制动,测取驻车最大制动力。为防止车辆后移,可在非被测轴车轮后加垫三角块。有关"制动检测急踩和缓踩"的分析说明见"技术篇第六章,第二节"的相关内容。

(5)检测当前轴如为驻车轴,应与行车制动一并依次进行检测。为保证操作的规范性,有条件的检验机构可使用驻车操纵力计辅助检验。

(6)对于装有分时开关的四驱车辆,检验前可切换至两驱模式。

(7)编制软件时,应注意以下几点:
①准确理解制动性能相关参数的计算方法,并严格按照规定计算静态轮荷及静态轴荷、整车制动率、轴制动率、制动不平衡率和驻车制动率。
②对于多轴及并装轴车辆,计算轴制动率和制动不平衡率时,静态轴荷按复合式轴重仪测取的轴荷计算,其他车辆按独立式轮重仪测取的静态轴荷计算。计算整车制动率、驻车制动率时,整车重量按独立式轮重仪测取的空载静态轮荷计算。

(8)以图7-98为例,具体说明部分制动性能指标的取值计算方法。有关"制动力取值计算"的分析说明见"技术篇第六章,第三节"的相关内容。

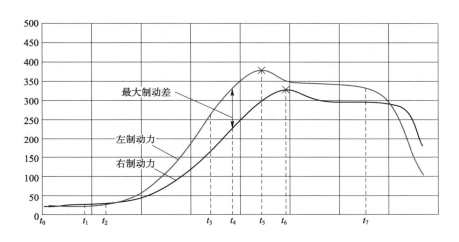

图7-98 制动过程

①最大轮制动力:检验员在 t_1 时刻按显示屏提示踩下制动踏板,到 t_2 时刻克服踏板自由行程后,制动力上升直至最大值并开始小幅波动下降,到 t_7 时刻松开制动踏板,至制动力完全释放,完成整个制动过程。在制动全过程中,t_4 为左、右轮制动力差的最大时刻,t_5 为左轮制动力达到最大的时刻,t_6 为右轮制动力达到最大的时刻。注意:在实际检测过程中,为防止制动力达到最大后制动台滚筒继续旋转致使剥伤轮胎,左、右滚筒的驱动电机应分别在到达 t_5、t_6 时刻后自动停机。可以采用不同的停机方式,但要保证能测取左、右轮最大制动力。

②轴制动率:轴最大制动力为 t_5、t_6 时刻左、右轮制动力之和,轴制动率为轴最大制动力与该轴(静态)轴荷之百分比。对于多轴及并装轴车辆,计算轴制动率时,静态轴荷按复合式轴重仪测取的轴荷计算。

③制动不平衡率:从踩下制动踏板 t_1 时刻开始,到同轴左、右任一车轮产生抱死滑移达到最大制动力的时刻或两轮均出现抱死滑移时为取值区间(考虑到对抱死滑移时刻理解、滑移率的取值范围与采样方法的不一致性,此处约定为对应轮的最大制动力时刻作为取值终止时刻),测取的制动力增长过程中同时刻左、右轮制动力差的最大值(t_4 时刻),用该值除以左、右轮最大制动力中的大值或静态轴荷(除前轴外的其他轴最大制动力小于该轴轴荷的60%时),得到该轴制动不平衡率。需要说明的是,若左、右轮的滑移率均不能达到停

机要求的设置值,则在左、右两个车轮均达到最大制动力时,作为制动不平衡率计算的取值终点。

(9) 以图 7-99 ~ 图 7-101 为例,具体说明制动不平衡率的取值终点:

①左、右轮均抱死滑移,以先抱死滑移的左轮最大制动力时刻 t_5 为取值终点。

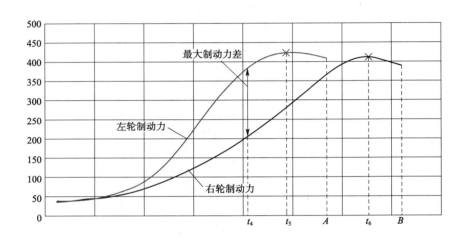

图 7-99　左、右轮均抱死滑移制动图

t_4-最大制动力差时刻;t_5-左轮最大制动力时刻;t_6-右轮最大制动力时刻;A-左轮抱死自动停电机时刻;B-右轮抱死自动停电机时刻

②左轮未抱死滑移、右轮抱死滑移,以抱死滑移的右轮最大制动力时刻 t_6 为取值终点。

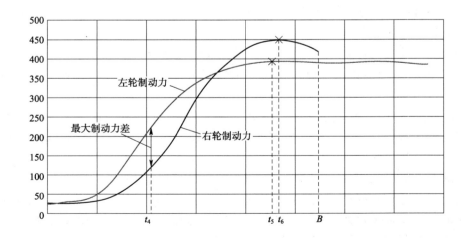

图 7-100　左轮未抱死、右轮抱死滑移制动图

t_4-最大制动力差时刻;t_5-左轮最大制动力时刻;t_6-右轮最大制动力时刻;B-右轮抱死自动停电机时刻

③左、右轮均未抱死滑移,以左、右轮均达到最大制动力,且不再增长的t_6时刻为取值终点。

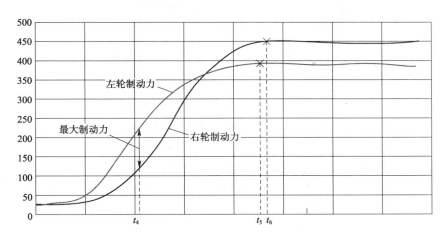

图 7-101　左、右轮均未抱死滑移制动图

t_4-最大制动力差时刻;t_5-左轮最大制动力时刻;t_6-右轮最大制动力时刻

4)【条款 6.7.1.4】　平板制动检验台检验方法

(1)被检车辆以 **5km/h~10km/h** 的速度滑行,置变速器于空挡后(对自动变速器车辆可位于"D"挡),正直平稳驶上平板。

(2)当所有车轮均驶上制动平板时,急踩制动使车辆停止,测取各车轮的最大轮制动力、制动全过程的数据及动、静态轮荷;重新起动车辆,当驻车制动轴驶上制动平板时实施驻车制动,测取各驻车轴制动力。

注:车辆停止时,如被测车轮离开制动平板,制动检测无效,应重新检测。

(3)按以下规定的方法计算静(动)态轮荷及静(动)态轴荷、整车制动率、轴制动率、制动不平衡率、驻车制动率以及汽车列车制动时序、制动协调时间和制动力分配:

①静(动)态轮荷及静(动)态轴荷的计算:静态轮荷及静态轴荷的计算同滚筒反力式制动检验台的计算方法。动态轮荷取同轴左、右轮制动力最大时刻分别对应的轮荷,动态轴荷为同轴左、右轮动态轮荷之和。

②整车制动率的计算:测取的各车轮最大制动力之和与静态整车重量的百分比。当牵引车与半挂车相连时,牵引车整车制动率、半挂车整车制动率的计算同滚筒反力式制动检验台的计算方法。

③轴制动率、制动不平衡率和驻车制动率的计算:同滚筒反力式制动检验台检验的计算方法。计算轴制动率时,乘用车轴荷取动态轴荷,其他车辆的轴荷取静态轴荷。

④汽车列车制动时序的计算:以制动踏板开关的触发时刻为起始时标,计算汽车列车各轴制动力分别达到静态轴荷的 **5%** 的时间及时间差。

⑤汽车列车制动协调时间的计算:以制动踏板开关的触发时刻作为起始时刻 T_b,以制动全过程中,各轴所有车轮同时刻的制动力之和达到整车制动率规定值的 **75%** 时刻为终止时刻 T_e,$T_e - T_b$ 的时间差即为制动协调时间。当整车制动率不能达到规定值时,制动协调时间不做计算和评价。

❻汽车列车制动力分配的计算方法如下：

a）计算汽车列车整车制动率、牵引车整车制动率和挂车整车制动率；

b）分别计算牵引车整车制动率、挂车整车制动率与汽车列车整车制动率的百分比。

【释义】 以上条款是采用平板制动检验台检验制动性能的检验方法。上述要求中，包括检验步骤、检验要求以及制动性能参数的计算方法，在编制软件和检测过程中，必须充分理解，并严格执行以上规定。

【要点】

（1）检验员应将被检车辆正直行驶，不得偏斜，否则制动时会产生制动分力，造成侧向力过大，制动力减小，影响检测结果的真实性；应确保车速在5km/h～10km/h之间，避免车速过大导致轴荷严重转移，甚至后轴跳起，影响后轴制动检测。

（2）当各车轮均驶上平板时，检验员急踩制动踏板，使受检车辆停止。检测驻车制动时，当驻车轴驶上平板时，操纵驻车制动装置，测取驻车制动力。受检车辆停止后，各车轮均不能超出制动平板，否则为无效数据，应重新检测。

（3）检测汽车列车制动协调时间时，应配备制动踏板开关。

图7-102 汽车列车制动检测系统

（4）计算轴制动率时，乘用车轴荷取动态轴荷，其他车辆的轴荷取静态轴荷。

（5）对于汽车列车的制动性能、制动时序和制动力分配，应采用多板式汽车列车制动性能检测系统进行检验，如图7-102所示。有关分析说明见"技术篇第六章，第六节"的相关内容。

（6）平板台进行制动性能检验是一个动态过程，制动过程数据变化很快。由于制动时的车辆重心转移，前轴随制动力的增长，轮重同步增长，对于后轴，随着车辆重心的前移，轮重相应减小。制动过程如图7-103、图7-104所示。

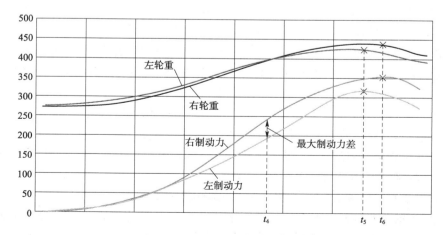

图7-103 前轴制动力、轮重曲线

t_4-最大制动力差时刻；t_5-左轮最大制动力时刻；t_6-右轮最大制动力时刻

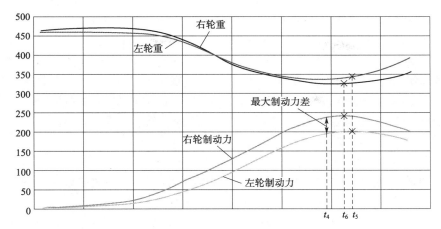

图 7-104 后轴制动力、轮重曲线

t_4-最大制动力差时刻；t_5-左轮最大制动力时刻；t_6-右轮最大制动力时刻

(7)软件编制人员应准确理解制动性能相关参数的计算方法，并严格按照规定计算静(动)态轮荷及静(动)态轴荷、整车制动率、轴制动率、制动不平衡率、驻车制动率以及汽车列车制动时序、制动协调时间和制动力分配。

2.【条款6.7.2】 路试检验

1)【条款6.7.2.1】 设施及设备要求

(1)行车制动

路试检验行车制动的设施及设备要求如下：

①平坦、坚实、干燥、无松散物质且轮胎与地面间的附着系数不小于0.7的水泥或沥青路面，长度不小于100m；

②试验通道应设置标线，标线的宽度：乘用车、总质量不大于3500kg的车辆为2.5m，汽车列车及其他车辆为3m；

③采用便携式制动性能检测仪、非接触式速度计或五轮仪检验。

(2)驻车制动

坡道坡度为20%和15%，轮胎与路面间的附着系数不小于0.7的水泥或沥青路面。在不具备试验坡道的情况下，可使用驻车制动检测设备检验驻车制动性能。

【释义】 以上条款是路试检验行车制动和驻车制动的设施设备要求。路试检验行车制动性能需要符合要求的试车道路和相关的仪器，路试检验驻车制动性能需要符合要求的试车坡道。

【要点】

①行车制动试车路面的附着系数对制动性能检验结果具有重要影响，干态附着系数不小于0.7的要求必须严格保证。路试检验时，试车路面应清洁、干燥，雨雪天时的路试数据无效。

②试车道路应采取隔离措施，路试应有安全员监控，以保证检验过程的安全。

③当受检车辆的宽度超出2.5m时，按受检车型宽度+0.5m的通道宽度来判定。

④采用五轮仪或非接触式速度计检验时，评价的是制动距离，采用便携式制动性能检测仪检验时，评价的是充分发出的平均减速度(MFDD)和制动协调时间。

⑤驻车制动路试检验在不具备试验坡道的情况下,可使用驻车制动检测设备。

2)【条款6.7.2.2】 检验方法

(1) 行车制动

被检车辆沿试验通道中线空挡滑行,以5.2.3.4规定的初速度(速度允许偏差为规定值±2km/h),在试验通道内实施紧急制动。待车辆停止后,读取便携式制动性能检测仪、非接触式速度计或五轮仪测取的数据,制动过程中车辆的任何部位(不计入车宽的部位除外)不超出规定宽度试验通道的边缘线。

(2) 驻车制动

被检车辆在坡度为20%(对总质量为整备质量的1.2倍以下的车辆为15%)的路试坡道上的上行和下行两个方向分别实施驻车制动,时间不应少于5min。

【释义】 以上条款是路试行车制动和驻车制动的检验方法。路试检验行车制动有两种方法:一种是以制动距离评价,另一种是以充分发出的平均减速度(MFDD)评价,无论采用何种方法,路试检验均应规范进行。

【要点】

(1) 路试检验行车制动性能的两种评价方法任选其一。

(2) 路试检验驻车制动时,车辆为空载(可不乘坐检验员),驻车制动装置保证车辆在坡道上行和下行两个方向保持静止不动的时间不少于2min时,可视为合格。

(3) 路试行车制动性能应严格按照规定的制动初速度进行检验,并以规定的技术指标进行评价。通常MFDD可溯源到制动距离,两者是近似相同行车制动性能的不同形式,其不同点在于制动距离受制动初速度影响很大,与制动初速度密切相关,而MFDD受制动初速度的影响较小,这一较小影响主要源于制动初速度不同,制动器热衰退性有所变化。有关"路试制动与测试速度的关系"的分析说明见"技术篇第六章,第二节"的相关内容。

(4) 便携式制动性能检测仪无法实时测量和显示车速(即使具备此功能,其准确性也难以满足要求),只能事后推算车速。因此,对于单轴驱动车辆路试检验行车制动,可先在车速表检验台上,使实际车速等于规定的制动初速度(30km/h或50km/h),并确定车速表指针的示值位置。路试时,使车速略大于该示值后挂空挡,当车速下降到规定制动初速度对应的指针示值位置时急踩制动。全时四轮驱动车辆难以台试测量车速表示值误差,可按车速表示值在略大于规定车速2km/h时实施制动(车速表示值通常略高于实际车速,此制动初速度可认为是对应的实际车速)。如输出打印报表中的路试制动初速度不在规定的范围内,可按比例以规定车速确定车速表示值重测。

(5) 制动距离和MFDD测量均需安装制动踏板开关。

(6) 路试检验数据应能人工输入或自动传输到控制系统,并存入检测数据库。

四、排放性

(一)技术要求

1.【条款5.2.4.1】 点燃式发动机

(1) 采用双怠速法检测的排气污染物应符合GB 18285的要求。

(2) 采用简易工况法检测的排气污染物应符合各行政区域的限值要求。

2.【条款5.2.4.2】 压燃式发动机
(1)采用自由加速法检测的排气烟度应符合 GB 3847 要求。
(2)采用加载减速法检测的排气可见污染物应符合各行政区域的限值要求。

【释义】 以上条款是在用道路运输车辆的排放要求,该要求根据点燃式发动机和压燃式发动机两种不同形式分别提出。机动车尾气排放检验是法定检验,由环保部门负责管理,机动车尾气检测机构具体实施。但基于以下因素,综检机构仍需开展尾气排放检测:

(1)汽车动力性、安全性、燃料经济性、使用可靠性、污染物排放和噪声,以及整车装备完整性与状态等多种技术性能的组合确立了汽车综合性能检测的完整体系,尾气排放检测是其重要一环。

(2)碳平衡法燃料消耗量检测的前提条件是:汽车排气系统无泄漏、污染物排放检测不超标。

(3)采信环保排放检测结果,存在周期时效和车况变化等诸多问题,操作性方面也需要进一步研究探讨。

综检机构应按照本地区主管部门规定的方法进行检验。无明确规定的,点燃式发动机排气污染物至少应采用双怠速法检测,压燃式发动机排气烟度至少采用自由加速法检测,检验结果应符合 GB 18285 和 GB 3847 的要求。

(二)检验方法

1.【条款6.8.1】 设备要求
点燃式发动机排气污染物采用排气分析仪检验;压燃式发动机排气烟度采用不透光烟度计检验,对于2001年10月1日前生产的在用车辆,采用滤纸式烟度计检验。

【释义】 本条款是排气污染物检验的设备要求,具体如下:

(1)用于点燃式发动机排气污染物检验的排气分析仪应符合《汽车排气分析仪》(JT/T 386)和《汽车排放气体测试仪》(JJG 688)的性能要求和计量要求。如采用简易工况法,依据采用工况,其设备应符合《汽油车稳态工况法排气污染物测量设备技术要求》(HJ/T 291)或《汽油车简易瞬态工况法排气污染物测量设备技术要求》(HJ/T 290)的要求。

(2)用于压燃式发动机排气烟度检验的不透光烟度计应符合《不透光烟度计》(JT/T 506)和《汽车用透光率计校准规范》(JJF 1225)的性能要求和计量要求。如果采用加载减速法,其设备应符合《柴油车加载减速工况法排气烟度测量设备技术要求》(HJ/T 292)的要求。

(3)2001年10月1日前生产的在用车辆,采用滤纸式烟度计检验。目前,该类车辆已基本淘汰完毕。

2.【条款6.8.2】 检验方法
1)【条款6.8.2.1】 点燃式发动机汽车
按 GB 18285 规定的双怠速法或简易工况法检验。
注:当被检车辆不适合外接发动机转速表时,可根据车载转速表指示值控制发动机转速。

【释义】 本条款是点燃式发动机汽车排气污染物的检验方法。采用双怠速法时,按 GB 18285 规定的方法和限值进行检验和判定;采用简易工况法时,按 GB 18285 规定的方法进行检验,依据本地区规定的排放限值进行判定。

【要点】

①排气污染物的检验应严格按照规定的方法和步骤进行。对于发动机转速的控制,不得人为降低转速和减小负荷。

②检验时,需对发动机转速进行监测。发动机转速的有多种读取方式,通常采用外接式发动机转速表测量。当外接式发动机转速表无法准确、有效测量发动机转速时,可利用车辆本身的发动机转速表对发动机转速实施控制。

2)【条款 6.8.2.2】 压燃式发动机汽车

按 GB 3847 规定的自由加速不透光烟度法或加载减速法检验。

【释义】 本条款是压燃式发动机汽车排气污染物的检验方法。采用自由加速法时,按 GB 3847 规定的方法和限值进行检验和判定;采用加载减速法时,按 GB 3847 规定的方法进行检验,依据本地区规定的排放限值进行判定。

【要点】 同点燃式发动机汽车排气污染物检验方法之要点。

五、转向操纵性

(一)技术要求

1.【条款 5.2.5.1】 转向轮横向侧滑量

转向桥采用非独立悬架的车辆,其转向轮(含双转向桥的转向轮)的横向侧滑量应在 ±5m/km 范围内。

2.【条款 5.2.5.2】 转向盘最大自由转动量

最高设计车速不小于 100km/h 的道路运输车辆,其转向盘的最大自由转动量不大于 15°,其他道路运输车辆不大于 25°。

【释义】 以上条款是在用道路运输车辆转向操纵性的要求。该要求采用转向轮横向侧滑量和转向盘最大自由转动量两种技术指标评价。

【要点】

(1)转向桥采用独立悬架的车辆,其转向轮横向侧滑量不做评价。

(2)转向桥采用非独立悬架的车辆,如采用双转向桥,第一转向桥和第二转向桥的转向轮横向侧滑量均需评价。

(二)检验方法

1.【条款 6.9.1】 转向轮横向侧滑量

1)设备要求

(1)采用适用于单、双转向桥的双板联动侧滑检验台检验,侧滑检验台应具有轮胎侧向力释放功能。

(2)滑板应保持水平,两滑板各点间的高度差应不超过 5mm。

【释义】 以上条款是转向轮横向侧滑量检验的设备要求。检测转向轮侧滑量时,车轮在驶入侧滑台前,由于车轮侧滑量的作用,车轮与地面间接触产生的横向应力会迫使轮胎产生变形,在驶上侧滑板的瞬间变形产生的应力将迅速释放,并引起滑板移动量大于实际侧滑量引起的位移。与之类似,在驶出滑板的瞬间已接触地面部分的轮胎将积聚应力阻碍滑板移动,从而使滑板位移量小于实际值。进车时的应力释放对侧滑测量造成的影响比出车时大得多。基于此,在检验滑板的进车方向应增加轮胎侧向力释放板,出车方向不做要求。由于直径为 1000mm 左右的轮胎,在正常胎压状态下的行车方向地面压痕长度约在 200mm 左右,故应力释放板在行车方向的有效长度不宜低于 250mm。

【要点】
当车轮通过检验台时,滑板向外移动侧滑量值为正,向内移动侧滑量值为负。为便于检验人员对车辆前束、前轮外倾引起的滑板移动方向有明确的认识,图示说明如下:
(1)汽车前进时,侧滑板向外移动,可能是:
①前束值过大,如图 7-105 所示;
②前轮外倾角与该车外倾角基准值相比偏小,如图 7-106 所示。

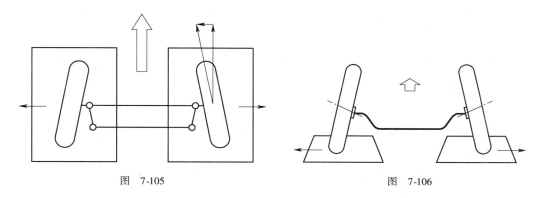

图 7-105 　　　　　　　　图 7-106

(2)汽车前进时,侧滑板向内移动,可能是:
①两前轮前束值偏小或为负值,如图 7-107 所示;
②前轮外倾角过大,如图 7-108 所示。

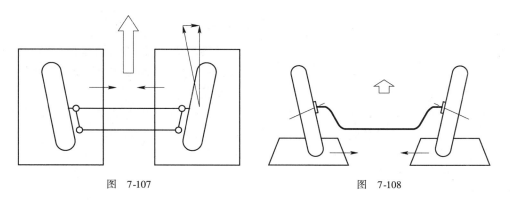

图 7-107 　　　　　　　　图 7-108

③汽车前进和后退时,侧滑板移动方向相同,或侧滑板移动方向虽相反,但绝对值之差较大,属前轮外倾角异常或转向系杆件球头磨损后松旷所致。

2)检验准备
**(1)被检车辆轮胎表面干燥、清洁无油污,胎冠花纹中及并装轮胎间无异物嵌入,气压符合规定。

(2)打开侧滑检验台滑板的锁止机构。

(3)仪表显示零位,必要时人工操作清零。

(4)侧滑检验台电气系统应预热。

【释义】 以上条款是转向轮横向侧滑量检验的准备要求。必须符合上述条件才可进行检验。

【要点】

(1)检验前,清除轮胎花纹内的异物及碎石等。

(2)轮胎的气压应按规定的要求进行调整。

(3)车辆通过前,侧滑台仪表应处于零位。

3)检验方法

被检车辆居中直线行驶,以不高于 5km/h 的车速平稳通过侧滑检验台滑板(不应转动转向盘和实施制动),测取转向轮横向侧滑量的最大示值。

【释义】 本条款规定了转向轮横向侧滑量的检验方法。

【要点】

(1)受检车辆必须居中直线行驶,车辆纵向轴线尽可能与侧滑台横向轴线垂直,避免车辆偏斜造成分力,影响检测数据的准确性。

(2)检验时,受检车辆的车速要严格控制在 5km/h 以下(日本弥荣公司要求 3km/h 以下)。

(3)在所有转向轴通过侧滑检验台前,不得转动转向盘或制动。

2.【条款 6.9.2】 转向盘自由转动量

人工定性检查转向盘最大自由转动量,如自由转动量与规定限值接近而无法判定时,应按以下规定的方法进行定量检测:

(1)被检车辆置于平坦、干燥、清洁的硬质地(路)面,转向轮保持回正位置,发动机熄火;

(2)将转向力-角测量仪安装在被检车辆的转向盘上;

(3)转向力-角测量仪设为峰值保持并清零,转动转向力-角测量仪的操纵盘至一侧有阻力止(转向轮转动临界点),读取角度值,记作 A_1,再转至另一侧有阻力止,读取角度值,记作 A_2,A_1 与 A_2 间的自由角度即为转向盘最大自由转动量。

【释义】 以上条款是转向盘自由转动量的检验方法。转向盘最大自由转动量是静止状态下,左转转向盘至转向轮即将动作的瞬间作为起点,再右转转向盘至转向轮即将动作的瞬间作为止点,起点和止点形成的转角,该转角的检验分为定性检验和定量检验,检验员应能准确、规范地加以运用。

【要点】

(1)人工定性检查转向盘最大自由转动量,转角宽度约为"两指"时,视为合格。

(2)当自由转动量与规定限值接近而无法准确判定时,应按规定使用转向力—角测量仪进行定量检验。

(3)定量检验时,转向力—角测量仪应与转向盘牢固连接,不得松脱和滑移。

(4)进行技术等级评定时,采用定量检验。

六、悬架特性

(一)技术要求

【条款5.2.6】 悬架特性

设计车速不小于100km/h,轴质量不大于1500kg的载客汽车,其轮胎在激励振动条件下测得的悬架吸收率应不小于40％,同轴左、右轮悬架吸收率之差不得大于15％。

【释义】 本条款是悬架特性的技术要求。设计车速小于100km/h或轴质量大于1500kg的载客汽车,不适用于本条款。悬架特性采用吸收率评价,不再采用悬架效率作为评价指标。

(二)检验方法

1.【条款6.10.1】 设备要求

采用悬架检测台检验。

2.【条款6.10.2】 检验准备

(1)轮胎气压符合规定。

(2)检验悬架特性时,驾驶员应离车。

(3)悬架检测台电气系统应预热。

【释义】 以上条款是悬架特性检验的设备要求和准备要求。悬架特性采用悬架检测台检验,检验时,必须符合上述准备条件。

【要点】

(1)不得采用平板式制动台进行悬架特性的检验;

(2)受检车辆的轮胎气压必须符合规定;

(3)检验时驾驶员应离开车辆,避免车辆偏载造成检测误差。

3.【条款6.10.3】 检验方法

(1)将被检车辆各轴车轮依次驶上悬架装置检测台,并使轮胎位于检测台面的中央位置,测量左、右轮的静态轮荷。

(2)分别起动悬架检测台的左、右电机,使汽车悬架产生振动,增加振动频率并超过振动的共振频率。

(3)当振动频率超过共振点后,将电机关断,振动频率衰减并通过共振点。

(4)记录衰减振动曲线,测量共振时的最小动态轮荷,计算并读取最小动态轮荷与静态轮荷的百分比以及同轴左、右轮百分比的差值。

注:衰减振动曲线的纵坐标为动态轮荷,横坐标为时间。

【释义】 以上条款是悬架特性的检验方法。检验时,应按规定的程序步骤以及计算方法进行评价。

【要点】

(1)受检轴的轮胎尽可能停放在悬架检测台检测台面的中央位置,避免偏斜造成检测误差。

（2）增振时，振动频率必须超过共振频率点。关闭电机减振时，振动频率必须衰减并通过共振频率点。

（3）检验时，可在非被检轴前后摆放制动楔块，或在检验前轴时实施驻车制动，以避免车辆在检测过程中移动。

第七节　在用道路运输车辆的其他要求和检验方法

一、前照灯远光发光强度、远光光束和近光光束照射位置

（一）技术要求

1.【条款 5.3.1.1】　远光发光强度

前照灯远光光束发光强度的最小限值见表5。

前照灯远光光束发光强度最小限值　　　表5

道路运输车辆	二灯制 cd	四灯制[a] cd
最大设计车速≥70km/h 的车辆	≥15000	≥12000

[a] 四灯制是指前照灯具有 4 个远光光束。采用四灯制的车辆其中两只对称灯达到两灯制的要求时视为合格

2.【条款 5.3.1.2】　前照灯光束照射位置

前照灯照射在距离 **10m** 的屏幕上时的位置应符合表 6 的要求。

前照灯光束照射位置　　　表6

车辆类型	近光光束		远光光束[a]	
	明暗截止线转角或中点高度	水平方向位置 mm	光束中心离地高度	水平方向位置 mm
M_1 类乘用车	$0.7H \sim 0.9H$	左偏≤170　右偏≤350	$0.85H \sim 0.95H$[b]	左灯左偏≤170　左灯右偏≤350　右灯左偏≤350　右灯右偏≤350
其他车辆	$0.6H \sim 0.8H$		$0.8H \sim 0.95H$	

H——前照灯基准中心高度，单位为毫米（mm）。
[a] 能单独调整远光光束且不影响近光光束照射角度的前照灯。
[b] 不得低于前照灯近光光束明暗截止线转角或中点的高度

【释义】　以上条款是前照灯远光发光强度和光束照射位置的要求。前照灯是强制安装的汽车主动安全装置，其性能直接影响夜间行车安全，检验时，应予以关注。

需要了解的是，《汽车和挂车外部照明和灯光信号装置的安装规定》（GB 4785—2007）第 2 号修改单自 2016 年 7 月 1 日起实施。有关远光总发光强度的要求修改为：同时打开各

前照灯,其总的最大远光发光强度应不超过 430000cd。

【要点】

(1)远光发光强度的要求适用于最大设计车速不小于 70km/h 的车辆。

(2)对于能单独调整远光光束且不影响近光光束照射角度的前照灯,除检验其发光强度外,还应检验光束照射位置。

(3)对于四灯制车辆,两只对称灯达到两灯制的远光发光强度要求时,四灯制灯光的远光发光强度视为合格。

(4)前照灯远光光束中心离地高度符合限值要求,但低于近光光束明暗截止线转角或中点的离地高度时,远光光束垂直偏移应判定为不合格。

(二)检验方法

1.【条款 6.11.1】 设备要求

(1)采用具有发光强度及远、近光光束照射位置检测功能的前照灯检验仪检验。

(2)采用自动式前照灯检测仪时,导轨运行平面的水平度应不超过 2mm/m。

【释义】 以上条款是检验前照灯远光发光强度和光束照射位置的设备要求。前照灯检验仪有多种结构、原理的不同形式,其性能均应符合《机动车前照灯检测仪》(JT/T 508)等相关标准的要求。

【要点】

(1)综合性能检验机构应采用自动式前照灯检验仪。

(2)在铺设、安装灯光仪导轨时,应保证其水平度和垂直度(与行车方向)的要求。

2.【条款 6.11.2】 检验准备

(1)被检车辆所有轮胎的气压符合规定。

(2)前照灯检验仪受光面和被检车辆前照灯镜面应清洁。

(3)前照灯检验仪应预热。

【释义】 以上条款是前照灯性能检验的准备要求。前照灯性能检验易受到各种外界因素的影响,检验前,应将各种干扰因素予以排除。

【要点】

(1)检查所有车轮轮胎气压,使其符合规定的气压值(气压状况不良时应修正);

(2)确认车上没有载荷物(卸下标准附属品以外的载荷物);

(3)确认车辆悬架是否歪斜、损坏(状况不良时,应修复);

(4)确认前照灯的透镜、前照灯检验仪受光面是否污染(污染时应进行擦拭);

(5)检查前照灯的安装是否有松动(安装状况不良时应紧固)。

3.【条款 6.11.3】 检验方法

(1)被检车辆沿引导线居中行驶,并在规定的检测位置停止,车辆的纵向轴线应与引导线平行。如不平行,车辆应重新停放或采用车辆摆正装置进行拨正。

(2)车辆电源处于充电状态,变速器置于空挡,开启前照灯远光灯。

(3)前照灯检测仪自动搜寻被检前照灯,并测量其远光发光强度。对于远光光束可单独调整的前照灯还应测量远光光束照射位置偏移。

(4)被检前照灯转换为近光光束,自动式前照灯检测仪自动测量其近光光束明暗截止线拐点的照射位置偏移值。

（5）按 6.11.3.3、6.11.3.4 完成车辆所有前照灯的检测。

注1：采用光轴对正或基准中心对正的自动式前照灯检测仪可只检测左、右两只对称的前照灯主灯，如四灯全检时，应将与被检灯相邻的灯遮蔽。

注2：手动式前照灯检测仪可参照上述方法。

【释义】 以上条款是前照灯性能检验方法。该方法是基于自动式前照灯检验仪所做的规定，对于用于前照灯检测和调整的手动式检测仪，可参照上述方法。

【要点】

（1）受检车辆应在规定的检测位置停止（前照灯检验仪规定的检测距离），车辆的纵向轴线应与灯光仪导轨垂直（与引导线平行）。

（2）检测远光强度时，发动机不熄火。

（3）对于远光光束可单独调整的前照灯，除检测光强外，还应测量远光光束照射位置偏移。

（4）被检远光的光束不能单独进行调整时，如调整远光光束会影响到近光光束照射位置，其远光照射位置的检测结果不做评判，只作为数据参考。

（5）对于远光强度，采用四灯制前照灯的车辆，如图 7-109 所示，四个前照灯均需检测，如果其中两只对称前照灯的远光发光强度达到两灯制的远光发光强度最小限值要求时，其四灯制的远光发光强度均视为合格。

图 7-109　四灯制前照灯

（6）检验四灯制前照灯时，应将被检灯相邻的灯遮蔽，以避免影响受检大灯的检测结果；检验两灯制车辆的远光发光强度时，如果近光灯也同时点亮，且距离相邻远光灯距离较近，为避免光线交叉影响也可将受检灯相邻的近光灯遮蔽。

二、车速表示值误差

（一）技术要求

【条款5.3.2】 车速表示值误差

车速表指示车速与实际车速间按式（3）所示：

$$0 \leq V_1 - V_2 \leq (V_2 \div 10) + 4 \tag{3}$$

式中：V_1——车速表指示车速，单位为千米每小时(km/h)；
V_2——实际车速，单位为千米每小时(km/h)。

【释义】 本条款是车速表示值误差的要求。车速表是驾驶员用于观察车辆行驶速度，并据此控制车速的车载仪表，其指示误差影响驾驶员的速度判断与控制。基于安全因素，我国各种道路均有不同的车速限制，通常情况下，车速表的指示值略大于车速的实际值。

(二)检验方法

1.【条款6.12.1】 设备要求

(1)采用滚筒式车速表检验台检验。对于无法台架检验车速表指示误差的车辆，如全时四驱、实时四驱、带防滑控制功能、车速传感器未装在驱动轮的车辆，检查车速表速度指示功能是否正常，必要时，可采用便携式制动性能检测仪、非接触式速度计或五轮仪，通过路试的方法检验。

(2)滚筒上母线应保持水平，各滚筒两端点间的高度差应不超过5mm。

【释义】 本条款是检验车速表示值误差的设备要求。该条款规定车速表示值误差采用滚筒式车速表检验台检验，同时对全时四驱等特殊车辆的检验方法作出了规定。

2.【条款6.12.2】 检验准备

(1)并装轮胎间无异物嵌入，气压符合规定。
(2)前轮驱动车辆应在非驱动轮前部加止动楔块，并使用驻车制动。
(3)仪表显示零位，必要时人工操作清零。
(4)车速表检验台电气系统应预热。

【释义】 以上条款是车速表示值误差的检验准备要求。在符合上述要求时，方可进行车速表示值误差的检验。

【要点】

(1)确认轮胎花纹及并装轮中间无夹杂异物，防止异物飞溅造成安全事故；
(2)检查轮胎气压，使其符合规定的气压值(气压状况不良时应修正)。

3.【条款6.12.3】 检验方法

(1)将被检车辆驱动轮置于车速表检验台滚筒上。
(2)降下举升器，起动被检车辆，当车速表稳定指示40km/h时，测取实际车速。
(3)对于无法台架检验车速表指示误差的车辆，可采用便携式制动性能检测仪或同类仪器设备。采用便携式制动性能检测仪时，按以下方法检验车速表示值误差，采用同类仪器设备检验时，按其说明书进行操作：

①在被检车辆上安装便携式制动性能检测仪；
②起动被检车辆，将车速稳定在40km/h并踩下制动踏板；
③将便携式制动性能检测仪计算打印的制动初速度作为车速表40km/h对应的实际车速，计算两者差值。

【释义】 以上条款是车速表示值误差的检验方法。针对适于台架检验的车辆和无法台架检验的车辆，上述条款规定了台架检验和路试检验两种方法。

【要点】

(1)检验时，车速表指示值稳定在40km/h测取实际车速，应最大限度地保证检测结果的准确性。

（2）当该车速表指示值（V_1）为 40km/h 时，车速表检验台指示值（V_2）为 32.8km/h ～ 40.0km/h 范围内为合格。

（3）检测过程中，禁止升起举升板。检验结束后，应使车速自由下降或轻微缓踩制动，使滚筒停止转动，滚筒停止后，锁止滚筒或升起举升器，再将车辆驶出检验台。

三、车轮阻滞率

（一）技术要求

【条款5.3.3】　车轮阻滞率

各车轮的阻滞力不大于静态轴荷的3.5%。

【释义】 本条款是车轮阻滞率的要求。车轮阻滞力过大是汽车制动器常见的故障，一般是更换车轮轴承、制动摩擦材料或间隙调整不当所致。过大的车轮阻滞力，使车辆行驶阻力增加，在制动时产生"拖刹"，不利于节能、环保和安全运行。

（二）检验方法

1.【条款6.13.1】　设备要求

（1）采用滚筒反力式制动检验台检验，其空载动态零值误差应符合表8的要求。

滚筒反力式制动检验台空载动态零值误差　　　　表8

额定承载质量	空载动态零值误差
3t	±0.6% F·S
10t	±0.2% F·S
13t	±0.2% F·S

（2）滚筒反力式制动检验台的安装要求及被检车辆轮（轴）质量的测取要求应符合6.7.1.1.2的相关规定。

【释义】 以上条款是检验车轮阻滞率的设备要求。在量值上，车轮阻滞力远小于车轮制动力。因此，用于检测车轮阻滞力的滚筒反力式制动检验台的较低量程应有良好的测量精度，同时空载动态零值误差必须符合要求。

2.【条款6.13.2】　检验准备

制动台滚筒空载运转，使轴承、减速箱等旋转部件及润滑油充分预热。

【释义】本条款是车轮阻滞率的检验准备要求。在冷态下，滚筒反力式制动检验台的轴承、减速箱等旋转部件及润滑油脂形成的台架内阻较大，该阻力对于制动力检测影响较小，但对于车轮阻滞力检测影响较大。因此，必须充分预热。

3.【条款6.13.3】　检验方法

（1）测取被检车辆各轴的静态轮质量，并按6.7.1.3.5 a)的规定换算为静态轴荷。对于多轴及并装轴车辆应采用复合式轴重仪测取被检轴的静态轮质量。

（2）将被测轴的车轮置于制动台滚筒上，变速器为空挡，数据采集系统清零。

(3) 起动制动台左、右滚筒的驱动电机,2s 后开始采样并保持至少 5s 的采样时间,测取采样过程中各车轮阻滞力的平均值。

(4) 按 6.13.3.2、6.13.3.3 依次检验各轴车轮的阻滞力。

(5) 计算各车轮阻滞力的平均值与静态轴荷的百分比。

注 1:基于滚筒反力式制动检验台的副滚筒上母线与地面水平面存在高度差,对于多轴及并装轴车辆,计算车轮阻滞率时,静态轴荷按复合式轴重仪测取的静态轴荷计算。

注 2:车轮阻滞率的检验与 6.7.1.3 同步进行,先检验同轴车轮阻滞率,再检验该轴的行车制动和驻车制动。相同的检验步骤可合并操作。

【释义】 以上条款是车轮阻滞率的检验方法。由于车轮阻滞率的量值相对较小,为保证检测结果的真实性和准确性,必须严格按照规定的方法进行检验。

【要点】

(1) 车轮阻滞率是测取的车轮阻滞力与静态轴荷的百分比,对于多轴及并装轴车辆,由于滚筒反力式制动检验台的副滚筒上母线与地面水平面存在高度差,故静态轴荷采用复合式轴重仪测取。

(2) 受检车辆驶上滚筒制动台后,数据采集系统必须清零。

(3) 启动电机后,应待电机稳定运转时(2s 后)才可采样,采样时间不少于 5s,以保证大直径轮胎转动一周。

(4) 车轮阻滞力按采样过程中测取的车轮阻滞力的平均值计算。

(5) 车轮阻滞率的检验与行车制动同步进行时,先检验同轴车轮阻滞率,再检验该轴的行车制动和驻车制动。相同的检验步骤可合并操作,但在车轮阻滞力检测完毕前,禁止提前踩制动踏板,以免影响检测结果。

(6) 不得采用平板式制动台检验车轮阻滞力。

四、喇叭

(一)技术要求

【条款 5.3.4】 喇叭

喇叭应能发出连续、均匀的声响,声压级应为 90dB(A)~115dB(A)。

【释义】 本条款是喇叭的技术要求。喇叭是机动车必备的警告信号装置,其声响和声压级均有严格的规定。

(二)检验方法

1.【条款 6.14.1】 设备要求

采用声级计检验喇叭声压级。

【释义】 本条款是检验喇叭性能的设备要求。声级计按准确度分为 1 级、2 级等若干等级,检验机构应选配较高准确度等级的声级计。

2.【条款 6.14.2】 检验方法

(1) 将声级计置于被检车辆前 2m 处,传声器距地高 1.2m,并指向被检车辆驾驶员位置。

（2）调整声级计到 A 级计权和快挡位置。

（3）按响喇叭并保持发声 3s 以上，测取声压级。

【释义】 以上条款是喇叭性能的检验方法。

【要点】

（1）声级计中的计权放大器即计权网络。它是将声音信号的低频段进行适当衰减的电路，以便使仪器的频率特征更好地适应人耳的听觉特性。计权网络分 A、B、C 三种，有的声级计只有 A、C 两种计权。检验喇叭声压级时，注意将声级计设定为 A 级计权模式和快挡位置。

（2）检验时，喇叭保持发声 3s 以上。

第八节 在用道路运输车辆检验结果的判定与处理

一、检验项目设置

【条款 7.1】 在用道路运输车辆综合性能检验分为"人工检验"和"性能检验"。人工检验项目（见附录 A）中，标记"★"的项目为关键项，标记"■"的项目为一般项。性能检验项目（见附录 B）中，"车速表示值误差"、"前照灯光束垂直偏移"为"一般项"，"前照灯光束水平偏移"不参与评价，其他项目为"关键项"。

【释义】 本条款是在用道路运输车辆综合性能检验项目设置的说明。按照检验工艺和工位设置，综合性能检验分为"人工检验"和"性能检验"：

（1）人工检验

"人工检验"是以人工检查为主，仪器设备检测为辅的检验。"人工检验"分为"唯一性认定"、"故障信息诊断"、"外观检查"、"运行检查"和"底盘检查"等五部分（见附录 A），标记为"★"的项目为关键项（计 85 项），标记"■"的项目为一般项（计 16 项），总计 101 项。"人工检验"结果按附录 A 的相关说明在表 A.1"道路运输车辆人工检验记录单"中填写。

【勘误】 附录 A 表 A.1"道路运输车辆人工检验记录单"的"外观检查"栏中，编号 54"侧面防护装置"的属性应标记为"★"，编号 56"保险杠"的属性应标记为"■"。此为印刷错误，特此说明。

（2）性能检验

"性能检验"是以仪器设备检测为主，人工检查为辅，且在检测线内进行的检验。"性能检验"项目中（见附录 B），"车速表示值误差"、"前照灯光束垂直偏移"为"一般项"，"前照灯光束水平偏移"不参与评价，只做数据参考，其他项目为"关键项"。"性能检验"结果按附录 B 的相关说明在表 B.1"道路运输车辆性能检验记录单"中填写。

二、检验结果判定

【条款 7.2】 人工检验项目及性能检验项目中，"关键项"的检验结果为合格且"一般项"的不合格项数不超过 6 项时，检验结果判定为合格。当有任一"关键项"的检验结果为不合格,或"一般项"的不合格项数多于6项时,检验结果判定为不合格。

【释义】 本条款是在用道路运输车辆综合性能检验结果判定的说明。综合性能检验结果的判定是根据"人工检验"和"性能检验"的结果,对在用道路运输车辆综合性能作出的总体评价,以"合格"和"不合格"表示:

(1)合格判定

"人工检验"项目及"性能检验"项目中,"关键项"的检验结果为合格,且"一般项"的不合格项数不超过6项。

(2)不合格判定

有任一"关键项"的检验结果为不合格,或"一般项"的不合格项数多于6项。

(3)特殊说明

当同一检验项目出现多个不合格结果时,不合格项目数记为1项。例如:对于前照灯垂直照射方向,当左灯和右灯的垂直照射方向均不合格,该项目的不合格项目数计为1项。

三、检验结果处理

【条款7.3】

(1)检验结果为合格但存在一般项不合格时,委托人应在"检验报告单"上签字确认并及时调修。

(2)检验结果为不合格时,委托人应在规定的时间内调修并进行复检。具备条件时,对于能立即排除的故障和缺陷可在场调修。

(3)对以下不合格项进行复检时,应进行关联检验:

①对于装用压燃式发动机车辆,动力性不合格时,调修后复检动力性、燃料经济性和排放性;燃料经济性不合格时,调修后复检燃料经济性和动力性;排放性不合格时,调修后复检排放性和动力性;

②轴制动率不合格时,调修后复检轴制动率、制动不平衡率和同轴车轮阻滞率,并重新计算整车制动率;

③驻车制动率不合格时,调修后复检驻车制动率;

④同轴车轮阻滞率不合格时,调修后复检该轴的车轮阻滞率、轴制动率、制动不平衡率,并重新计算整车制动率。

【释义】 以上条款是在用道路运输车辆综合性能检验结果的处理要求。检验结果处理包括故障与缺陷的处理要求以及复检要求。

(1)检验结果为合格但存在一般项不合格时,委托人应在"检验报告单"上签字确认。对于不合格的项目,综检机构应告知委托人及时进行调修,确保车辆各项指标符合要求。

(2)检验结果为不合格时,综检机构应告知委托人在规定的时间内进行调修和复检,调修和复检时间按照本地区道路运输主管部门的相关规定执行。

(3)综检机构具备条件时,对于能够立即排除的故障和缺陷可在场调修(如轮胎气压、螺栓紧固、前照灯光束照射位置、更换灯泡等),调修后进行复检确认,以体现"科学"、"严谨"、"方便客户"和"便民利民"的宗旨。在场调修应有固定的场所,使车辆处于安全区域,并设置标识,禁止在检测车间进行现场调修。

(4)对于车辆的动力性、燃料经济性、排放性、制动性能以及车轮阻滞率,应按要求进行关联性复检,避免调修项目与其他项目产生相互影响。

第九节 标准实施的过渡期要求

一、以下要求自本标准实施之日起第 7 个月对申请从事道路运输车辆实施

(1)4.2.1 关于 M_2、M_3 类客车、N_2 和不超过四轴的 N_3 类货车、危险货物运输车、O_3 和 O_4 类挂车以及乘用车安装防抱制动装置的要求;

(2)4.2.2 关于车长大于 9m 的客车和危险货物运输车,其前轮应装有盘式制动器的要求;

(3)4.2.3 关于车长大于 9m 的客车、N_3 类货车(含危险货物运输车)应装有缓速器或其他辅助制动装置的要求;

(4)4.2.4 关于 M_2、M_3 类客车、N_2 和 N_3 类货车、乘用车以及危险货物运输车,其所有的行车制动器应装有制动间隙自动调整装置的要求;

(5)4.3.1 关于客车内饰材料的燃烧速度的要求;

(6)4.3.3 关于电涡流缓速器的安装部位上方应装有隔热板或具阻燃性隔热材料的要求;

(7)4.4.1 关于申请从事道路运输车辆的动力性要求;

(8)4.4.3.1.2 和 4.4.3.2.2 关于 O_3、O_4 类挂车行车系冷态、热态制动效能的要求。

二、以下要求自本标准实施之日起第 13 个月对申请从事道路运输车辆实施

(1)4.2.4 关于 O_3 和 O_4 类半挂车配备制动间隙自动调整装置的要求;

(2)4.2.8 关于三轴及三轴以上的货车应具有超速报警功能的要求。

【释义】 以上条款是申请从事道路运输车辆部分要求的实施过渡期。上述要求中有些在《机动车运行安全技术条件》(GB 7258—2012)和《商用车辆和挂车制动系统技术要求及试验方法》(GB 12676—2014)中已有涉及,如 O_3 和 O_4 类挂车安装防抱制动装置的要求,但由于某些原因,执行的效果并不理想。为与 GB 7258—2012 等标准内容衔接,从行业需求出发,GB 18565—2016 予以提出并规定了实施过渡期。

三、以下要求自本标准实施之日起第 25 个月对申请从事道路运输车辆实施

4.4.3.3.2 和 4.4.3.3.3 关于汽车列车制动时序和汽车列车制动力分配的要求。

四、以下要求对自本标准实施之日起第 25 个月后生产的在用车辆实施

5.2.3.3.2、5.2.3.3.3 关于汽车列车制动时序和汽车列车制动力分配的要求,对在用汽车列车实施。

【释义】 以上条款是汽车列车制动时序和汽车列车制动力分配要求的实施过渡期。汽车列车的生产与管理是焦点问题,同时也是难点问题,需要政策的支撑和技术的引导。根据

交通运输部2016年第1号部令有关规定,挂车在办理道路运输证和年审时,查验其是否具有有效行驶证件(公安交通管理部门签发的挂车牌号、挂车行驶证等)。据此,GB 18565—2016对汽车列车制动时序和汽车列车制动力分配的要求规定了较长的实施过渡期。

第十节　检验结果的输出要求

一、【附录A】　道路运输车辆人工检验记录单

A.1 道路运输车辆人工检验记录单内容要求见表A.1。

A.2 表A.1的内容是强制性的,但其格式可自行调整。建议记录单印制时,将其所有内容用宽行纸排成一页。

A.3 对于汽车列车,应填写牵引车号牌号码和挂车的挂车号牌。

A.4 表A.1的"属性"栏中,标记"★"的项目为关键项,标记"■"的项目一般项;"判定"栏中,"○"为合格,"×"为不合格,不适用项填"/"。

A.5 不合格项汇总栏中,填写不合格项编号并用"、"分隔,无不合格项填写"无"。挂车不合格项编号前加"G"。

A.6 轮胎花纹深度数据栏,其记录的车轮所在位置按两位编码"□□"表示,"□□"后用":"与记录数据分隔。编码的第一位代表所在轴(线轴车辆按线计),依次从1轴(或线)开始用A、B、C、D……表示,第二位代表车轮在所在轴(或线)的位置,从左到右依次按1、2、3……表示。

A.7 在人工检验过程中,可同步记录、查阅和测量表B.1中被检车辆的相关信息及数据,并在计算机系统进行登录。

A.8 本记录单作为附录C的附件。

【释义】 以上条款是附录A《道路运输车辆人工检验记录单》的内容说明和填写要求。附录A为规范性附录,综合性能检验机构应规范填写和输出。

【要点】

(1)附录A的内容是强制性的(见表A.1),但其格式可自行调整。记录单印制时,将其所有内容用宽行纸排成一页。自行调整的表格内容应包含表A.1中的所有内容,不能缺项。

(2)"判定"栏中,"○"为合格,"×"为不合格,不适用项填"/",人工检验结果可采用PDA等手持终端输出。

(3)不合格项汇总栏中,填写不合格项编号并用"、"分隔,无不合格项填写"无"。挂车不合格项编号前加"G",如果牵引车和挂车同时不合格,不合格项目编号应写两次,如:32、G32、…。

(4)轮胎花纹深度数据栏中,记录轮胎花纹深度不符合要求的车轮所在位置,按两位编码"□□"表示,"□□"后用":"与记录数据分隔,有多项时,中间以"、"分隔。编码的第一位代表所在轴(线轴车辆按线计),依次从1轴(或线)开始用A、B、C、D……表示,第二位代表车轮所在轴(或线)的位置,从左到右依次按1、2、3……表示,比如A1:0.6、B1:0.8…,车轮所在轴(或线)的左、右定位按驾驶员乘坐位置定义(如图7-110所示)。

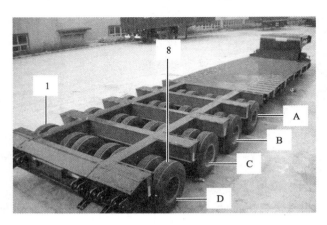

图 7-110　不合格轮胎的表示方法

(5)本记录单一式至少两份,检验机构和道路运输管理机构各执一份(道路运输管理机构也可采用电子记录存档),记录单的份数可根据管理规定和需要自行增加。

(6)《道路运输车辆技术管理规定》第二十五条规定,汽车综合性能检测机构应当建立车辆检测档案,档案内容主要包括:车辆综合性能检测报告(含车辆基本信息、车辆技术等级)和客车类型等级评定记录。车辆检测档案保存期不少于两年。

表 A.1《道路运输车辆人工检验记录单》是附录 C《道路运输车辆综合性能检验报告》的附件,同时也是检验报告的原始记录,应作为车辆检测档案一并保存。

第七章 道路运输车辆综合性能要求和检验方法(GB 18565—2016)释义

道路运输车辆人工检验记录单

表 A.1

委托人：　　　　号牌号码：　　　　号牌种类：　　　　挂车号牌：　　　　检验日期：　　年　月　日　　记录单编号：

分类	编号	检验项目	属性	评定	编号	检验项目	属性	评定	编号	检验项目	属性	评定
唯一性认定	1	号牌号码	★		4	车身颜色	★		10	车厢栏板高度	★	
	2	车辆类型	★		5	发动机号	★		11	客车座(铺)位数	★	
	3	品牌型号	★		6	底盘号	★		/	/	/	/
故障信息诊断	12	发动机排放控制系统	★		13	制动防抱死装置(ABS)	★		14	电动助力转向系统(EPS)	★	
									15	其他与行车安全相关的故障信息	★	
外观检查	16	助力转向传动带	★		30	示廓灯	★		44	客车车厢灯和门灯	■	
	17	空气压缩机传动带/齿轮箱	★		31	危险报警闪光灯	★		45	车身与驾驶室	■	
	18	燃料供给管路与部件	★		32	雾灯	★		46	车身表面涂装	★	
	19	车轮及螺栓、螺母	★		33	反射器与侧标志灯	★		47	对称部位高度差	★	
	20	轮胎胎面状况	★		34	货车车身反光标识和尾部标志板	★		48	外部和内部尖锐凸起物	■	
	21	轮胎花纹深度	★		35	导线绝缘层、线束固定	★		49	货车货箱、车门、栏板、底板和栏板锁止	★	
	22	同轴轮胎规格和花纹	★		36	电气线及连接蓄电池接头、绝缘套	★		50	驾驶室车窗玻璃加物及玻璃反光遮阳膜	★	
	23	轮胎速度级别	★		37	穿过金属孔时的绝缘护套	★		51	后视镜和下视镜	★	
	24	轮胎气压	★		38	车门应急控制器	★		52	防炫目装置	★	
	25	翻新轮胎的使用	★		39	应急门	★		53	安全带	★	
									58	固定集装箱体的锁止机构	★	
									59	安全架与隔离装置	★	
									60	灭火器材	★	
									61	警示牌	★	
									62	停车楔	★	
									63	危货排气管、隔热和熄灭火星装置	★	
									64	危货切断总电源和隔离电火花装置	★	
									65	危货导静电拖地带	★	
									66	危货运输车标志及标识	★	
									67	危货罐体检验合格证明或报告	★	

· 311 ·

续上表

分类	编号	检验项目	属性	评定	编号	检验项目	属性	评定	编号	检验项目	属性	评定	编号	检验项目	属性	评定
外观检查	26	子午线轮胎	★	/	40	安全顶窗	★	/	54	侧面防护装置	★	/	68	气瓶、可移动罐(槽)紧固装置	★	/
	27	备用轮胎	★	/	41	应急窗开启	★	/	55	后部防护装置	★	/	/	/	/	/
	28	前照灯与远、近光光束变换	★	/	42	玻璃破碎装置	★	/	56	保险杠	■	/	/	/	/	/
	29	转向灯	★	/	43	门、窗玻璃	■	/	57	汽车列车牵引装置和安全锁止机构	★	/	/	/	/	/
	69	起动性能	■	/	74	制动踏板	★	/	79	传动件异响	■	/	84	除雾、除霜装置	★	/
	70	柴油发动机停机装置	★	/	75	驻车制动装置	★	/	80	指示器与仪表	★	/	/	/	/	/
运行检查	71	发动机低、中、高速运转	■	/	76	转向盘最大自由转动量	★	/	81	卫星定位系统车载终端	■	/	/	/	/	/
	72	制动报警装置	★	/	77	离合器	■	/	82	风窗刮水器	■	/	/	/	/	/
	73	气压制动弹簧储能装置	■	/	78	变速器	★	/	83	风窗洗涤器	★	/	/	/	/	/
底盘检查	85	发动机密封性	★	/	90	转向机构部件连接	■	/	95	车桥密封性	■	/	/	/	/	/
	86	制动管路	★	/	91	转向机构部件技术状况	★	/	96	拉杆和导杆	★	/	100	万向节与轴承	★	/
	87	制动泵(缸)及气(油)路	★	/	92	转向助力装置	★	/	97	悬架弹性元件	★	/	101	排气管和消声器	■	/
	88	缓速器	★	/	93	车架	★	/	98	悬架部件连接	★	/	/	/	/	/
	89	储气筒	★	/	94	车桥的可视裂纹及变形	★	/	99	减振器	■	/	/	/	/	/

续上表

分类	编号	检验项目	属性	评定	编号	检验项目	属性	评定	编号	检验项目	属性	评定
数据记录		轮胎花纹深度(mm)	单车(记录不合格轮胎) 转向轮：_____ 其他轮：_____ 挂车：_____			车身与驾驶室	1. 轻微开裂、锈蚀和明显变形 ___ 处 2. 缺陷部位 □是 □否 影响安全性和密封性			车身表面涂装	1. □有 □无 明显破损； 2. 补漆颜色与原色 □是 □否 一致		
		门、窗玻璃	1. □齐全完好； 2. □有 □无 大于25mm且易破碎的裂纹和穿孔； 3. 密封 □良好 □不良			对称部位高度差(mm)	单车 前左：___ 前右：___ 后左：___ 后右：___ 半挂 左：___ 右：___ 全挂 前左：___ 前右：___ 后左：___ 后右：___			转向盘最大自由转动量(°)			
		外廓尺寸(单车)	长：___ mm 宽：___ mm 高：___ mm			外廓尺寸(挂车)	长：___ mm 宽：___ mm 高：___ mm			外廓尺寸(列车)	长：___ mm 宽：___ mm 高：___ mm		
										车厢栏板高度(mm)	单车_____ 挂车_____		
										不合格项汇总	唯一性认定 故障信息诊断 外观检查 运行检查 底盘检查		
										备注：			
										检验员(签字)	年 月 日		

二、【附录 B】 道路运输车辆性能检验记录单

B.1 检验记录单的格式

道路运输车辆性能检验记录单的格式式样见表 B.1。

B.2 检验记录单打印要求

B.2.1 车辆信息

对于汽车列车,"车辆型号"、"VIN 号"、"车身颜色"、"车辆出厂日期"、"注册登记日期"等打印主车信息。

B.2.2 检验类别

打印相应类别,如"技术等级评定"、"二级维护竣工质量检验"、"汽车大修竣工质量检验"等。

B.2.3 业务类型

打印车辆业务属性:申请从事道路运输车辆打印"申请",在用道路运输车辆打印"在用"。

B.2.4 检测线别

检验机构只有单线时可不打印,有两条及以上时,按大写英文字母顺序从"A"开始将检测线依序编号,并打印编号。

B.2.5 检验日期

打印车辆检验下线时间,格式为:"YYYY-MM-DD hh:mm:ss";

B.2.6 转向轴悬架形式

打印"独立"或"非独立"字样。

B.2.7 并装轴形式

无并装轴时,打印"无"。牵引车采用并装轴时,打印"牵"+"并装轴轴数",挂车采用并装轴时,打印"挂"+"并装轴轴数",客车后桥采用并装轴时,打印"客"+"并装轴轴数",货车单车采用并装轴时,打印"货"+"并装轴轴数"。

B.2.8 驻车轴

打印驻车作用在车辆第几轴,用数字表示,作用在多轴时,各驻车轴数用","分开。

B.2.9 前照灯制式

按灯制数选择打印"二"、"四"字样。

B.2.10 前照灯远光光束能否单独调整

选择打印"能"或"否"。

B.2.11 燃料经济性检验相关参数

驱动轮轮胎规格型号、总质量、车高、前轮距、客车车长、客车类型等级、货车车身型式、驱动轴数、驱动轴空载质量、牵引车满载总质量等燃料经济性检验相关参数,依据 GB/T 18566 规定的方法检测(查)、分类并打印。

B.2.12 行驶里程

读取汽车里程表数值输入微机并打印,单位为千米(km)。

B.2.13 动力性

B.2.13.1 达标功率

打印额定功率(装用压燃式发动机汽车)或额定扭矩功率(装用点燃式发动机汽车)的 0.75 倍,单位 kW,小数点后保留 1 位,技术等级评定或其他动力性委托检验根据需要取相应系数。

B.2.13.2 额定车速

打印额定功率车速(装用压燃式发动机汽车)或额定扭矩车速(装用点燃式发动机汽车),单位 km/h,小数点后保留 1 位。

B.2.13.3 加载力

打印检测环境下底盘测功机在滚筒表面上的加载力,保留整数位,单位 N。

B.2.13.4 稳定车速

打印驱动轮轮边稳定车速,小数点后保留 1 位,单位 km/h。

B.2.14 水平称重轮荷、复合台称重轴荷和动态轮荷

在制动台架检验"原始数据"栏中,"水平称重轮荷"打印采用独立式轮重仪测取的静态轮荷,"复合台称重轴荷"打印采用复合式轴重仪测取的静态轴荷,"动态轮荷"打印采用平板制动台检测时测取的动态轮荷。计算得出的轮(轴)荷,保留整数位,单位 daN。

B.2.15 水平称重

在制动台架检验"整车"栏中,单车的"水平称重"打印采用独立式轮重仪测取的静态轴荷总和,汽车列车的"水平称重"打印采用独立式轮重仪测取的静态轴荷总和。

B.2.16 列车制动时序

时间:打印以制动踏板开关的触发时刻到相应轴制动力达到 5% 静态轴荷的时间,小数点后保留 3 位,单位 s。

时序:按制动踏板开关的触发时刻到各轴制动力达到 5% 静态轴荷的时间,由快到慢排序,打印 1、2、3 等数字。

B.2.17 车速表

对于无法上线检验车速表的车辆,若相关管理部门或委托检验部门有要求,可采用路试检验车速表,此时路试检验值可填写到报告单中的"车速表"数据栏,但应在数据前加注"路"字,以便与台试数据区分。

B.2.18 侧滑

侧滑检测时,对前轴采用独立悬架的汽车,侧滑量只打印测试结果数据,项目判定栏不打印。侧滑板向外移动时,打印数据前加"+",侧滑板向内移动时,打印数据前加"−"。

B.2.19 路试制动性能

B.2.19.1 采用五轮仪、非接触式速度计等检测时,打印制动距离(m),制动稳定性(打印"稳定"或"不稳定");

B.2.19.2 采用便携式制动性能检测仪等检测时,打印 MFDD(m/s^2),汽车列车协调时间(s),制动稳定性。

B.2.19.3 路试驻车制动性能时,不少于 5min 坡道驻车情况打印"溜坡"或"不溜坡"。

B.2.20 不合格项汇总

打印表 B.1 中的"不合格项","不合格项"之间用"、"分离,无不合格项时打印"无"。挂车不合格项前加"G"。

B.2.21 检验工位照片

打印制动检验、灯光检验、动力性检验工位,受检车辆左前方 45°的实时检验照片,受检车辆的号牌号码应清晰可见。

B.2.22 判定

表 A.1 的"判定"栏中,"○"为合格,"×"为不合格,"—"为未检、"#"为单项指标不合格,"/"为不适用项。对于技术等级评定,视同合格项目标记为"√",视同或评定为一级的项目标记为"1 级",评定为二级的项目标记为"2 级"。

B.2.23 其他有关说明

B.2.23.1 本记录单所列项目依据 GB 18565 规定的方法进行检测。其中制动性检验时车辆通常为空载状态,如果采用满载或加载方法检测,应在检测结论中另加说明。

B.2.23.2 本记录单应加盖检测专用章。数据涂改、局部复印和整件复印未重新盖章均为无效。

B.2.23.3 本记录单一式两份:检验机构和道路运输管理机构各执一份。

B.2.23.4 本记录单规定的内容是强制性的,但其格式可自行调整。建议报告单印制时,将其所有内容用宽行纸排成一页。

B.2.23.5 本记录单作为附录 C 的附件。

【释义】 以上条款是附录 B《道路运输车辆性能检验记录单》的内容说明和填写要求。附录 B 为规范性附录,综合性能检验机构应规范填写和输出。

【要点】

(1)附录 B"道路运输车辆性能检验记录单"的内容是强制性的(见表 B.1),但其格式可自行调整,自行调整的表格内容应包含"道路运输车辆性能检验记录单"中的所有内容,不能缺项。

(2)对于汽车列车,在打印表 B.1"道路运输车辆性能检验记录单"时,表头车辆信息部分的内容,如"车辆型号"、"VIN 号"、"车身颜色"、"车辆出厂日期"、"注册登记日期"等,只打印牵引车的信息。

(3)"动力性"栏中,达标功率、额定车速、加载力和驱动轮轮边稳定车速等数据填写应规范、完整。

(4)严格区分"水平称重轮荷"、"复合台称重轴荷"和"动态轮荷"的概念,在制动台架检验"原始数据"栏中,"水平称重轮荷"打印采用独立式轮重仪测取的静态轮荷,"复合台称重轴荷"打印采用复合式轴重仪测取的静态轴荷,"动态轮荷"打印采用平板制动台检测时测取的动态轮荷。计算得出的轮(轴)荷,保留整数位,单位 daN。

(5)对于无法上线检验车速表的车辆,若相关管理部门或委托检验部门有要求,可采用路试检验车速表,此时路试检验值可填写到报告单中的"车速表"数据栏,但应在数据前加注"路"字,以便与台试数据区分。

(6)"检验工位照片"栏中,只打印制动检验、灯光检验和动力性检验工位,受检车辆左前方 45 度的实时检验照片,受检车辆的号牌号码应清晰可见。

(7)本记录单所列项目依据 GB 18565 规定的方法进行检测。其中制动性检验时车辆通常为空载状态,如果采用满载或加载方法检测,须在检测结论中另加说明。

(8)输出记录单时,须加盖检测专用章。数据涂改、局部复印和整件复印未重新盖章均为无效。

(9)本记录单一式至少两份,检验机构和道路运输管理机构各执一份(道路运输管理机构也可采用电子记录存档),记录单的份数可根据管理规定和需要自行增加。

(10)表 B.1《道路运输车辆性能检验记录单》是附录 C《道路运输车辆综合性能检验报告》的附件,同时也是检验报告的原始记录,应作为车辆检测档案一并保存。

道路运输车辆性能

委托人：	道路运输证号：	检验类别：	业务类型：
号牌号码	号牌种类		挂车牌照号
注册登记日期	VIN号		车辆型号
行驶总里程(km)	驱动型式		转向轴悬架形式
点燃式额定扭矩/转速 Nm；r/min	燃料类别		驱动轮轮胎规格型号
前轮距(mm)	客车车长(mm)		客车类型等级
驱动轴空载质量(kg)	牵引车满载总质量(kg)		并装轴形式
客车座位(铺)数	单车(主车)轴数		外廓尺寸(长×宽×高)(mm)
远光束能否单独调整	驻车轴		车厢栏板高度(mm)

项　　目	检　验　结　果				判定
动力性	达标功率 kW	额定车速 km/h	加载力 N	稳定车速 km/h	/
燃料经济性	等速百公里油耗标准限值： L/100km；		实测值： L/100km		

制动性	台架检验	原始数据	车轴	水平称重轮荷 daN		复合台称重轴荷 daN	动态轮荷 daN		行车制动力 daN		驻车制动力 daN		判定
				左轮	右轮		左轮	右轮	左轮	右轮	左轮	右轮	/
			一轴										
			二轴										
			三轴										
			四轴										
			五轴										
			六轴										
		单车	水平称重 daN		整车制动率 %			驻车制动率 %					
		整车 汽车列车	水平称重 daN		整车制动率 %	牵挂		驻车制动率 %		制动协调时间 s			
			制动时序	/			1轴	2轴	3轴	4轴	5轴	6轴	/
				时间s	轴制动力达到5%静态轴荷								/
				时序	轴制动力达到5%静态轴荷								
			整车制动率比 % （牵引车/列车）				整车制动率比 % （挂车/列车）						
		单轴	车轴	轴制动率 %		制动不平衡率 %		过程差最大点 daN		车轮阻滞率 %			/
								左轮	右轮	左轮	右轮		
			一轴										
			二轴										
			三轴										
			四轴										
			五轴										
			六轴										
	路试	行车制动	初速度： km/h		试车道宽度： m		制动距离： m						
			MFDD： m/s^2		制动稳定性：		汽车列车制动协调时间： s						
		驻车制动	驻车坡度： %		不少于5 min坡道驻车情况：								

第七章 道路运输车辆综合性能要求和检验方法(GB 18565—2016)释义

检验记录单 表 B.1

检测线别： 检验日期： 检验记录单编号：

	挂车类型		车辆出厂日期	
	发动机号		车身颜色	
	挂车轴数		压燃式发动机额定功率(kW)	
	总质量(kg)		车高(mm)	
	货车车身型式		驱动轴数	
	转向轴数		前照灯制式	

单车：＿＿＿＿＿＿＿＿＿＿＿＿＿＿＿＿＿＿＿；挂车：＿＿＿＿＿＿＿＿＿＿＿＿＿＿＿＿＿＿＿
单车：＿＿＿＿＿＿＿＿＿＿＿＿＿＿＿＿＿＿＿ 挂车：＿＿＿＿＿＿＿＿＿＿＿＿＿＿＿＿＿＿＿

项目		检 验 结 果													判定
排放性	汽油车	双怠速法			稳态工况						简易瞬态工况				
		高怠速			低怠速		5025			2540					
		CO %	HC 10^{-6}	λ	CO %	HC 10^{-6}	CO %	HC 10^{-6}	NO 10^{-6}	CO %	HC 10^{-6}	NO 10^{-6}	CO g/km	HC g/km	NO g/km	HC+NO g/km
	柴油车	自由加速法								加载减速工况					
		光吸收系数 m^{-1}			滤纸烟度 BSU				光吸收系数 m^{-1}			实测最大轮边功率 kW			
		1	2	3	平均	1	2	3	平均	100%	90%	80%			

悬架	前轴	左吸收率： %	右吸收率： %	左右差： %
	后轴	左吸收率： %	右吸收率： %	左右差： %

前照灯	项目	灯高 mm		远光光强 cd	远光偏移		近光偏移		/
		近光	远光		垂直 H	水平 mm/10m	垂直 H	水平 mm/10m	/
	左外								
	左内								
	右内								
	右外								

车速表	km/h
侧滑量	第一转向轮： m/km
	第二转向轮： m/km
喇叭	声压级 dB(A)

不合格项汇总	

检验工位照片	制动检验工位	灯光检验工位	动力性检验工位

三、【附录 C】 道路运输车辆综合性能检验报告单

C.1 检验报告的格式
道路运输车辆综合性能检验报告的格式式样和数据填写要求见表 C.1。

C.2 检验报告打印要求

C.2.1 纸张
道路运输车辆综合性能检验报告统一采用 A4 纸张打印。

C.2.2 检验报告编号
编排规则:"地区代码(6 位)"+"检验机构代码(3 位)"+年月日(YYYYMMDD)+"检验序号(4 位)"。其中,"检验序号"按当日检车数量的次序打印。

C.2.3 挂车基本信息
如检验不含挂车,则该栏内所有项目打印"—"。

C.2.4 检验类别
打印相应类别,如"技术等级评定"、"二级维护竣工质量检验"、"汽车大修竣工质量检验"等。

C.2.5 业务类型
打印受检车辆的属性:申请从事道路运输车辆打印"申请",在用道路运输车辆打印"在用"。

C.2.6 检验日期
打印车辆检验下线时间,格式为:"YYYY – MM – DD hh:mm:ss"。

C.2.7 人工检验结果
"人工检验结果"栏打印实际开展的人工检验项目。"检验类别"为"技术等级评定"时,对于申请从事道路运输的车辆需打印"核查评定"项;"判定"栏打印总检验结果。当检验合格时,在"判定"栏打印"合格",在对应"不符合项目"栏打印"无",当检验不合格时,在"判定"栏打印"不合格",并在"不符合项目"栏中填写不合项目名称,例如:制动管路、传动件异响等,多个项目之间用"、"分隔。对于挂车不合格的人工检验项目,打印"(挂)"加不合格项目名称。

C.2.8 性能检验结果
"性能检验结果"栏只打印实际开展的检验项目及其检验数据,"序号"从"1"开始计数,由计算机软件自动生成并排序;"标准限值"栏打印本标准规定的项目及参数限值,"判定"栏打印对应项的评价结果,即"合格"或"不合格";"检验类别"为"技术等级评定"时,对于视同合格项和视同一级项,在相应"检验数据"栏中打印"—","判定"栏打印"合格"或"一级"。

C.2.9 备注
"备注"栏打印:车辆调修建议、解释说明或温馨提示等信息,对于合格车辆此栏目可以为空。

由于前照灯远光光束中心离地高度低于近光光束明暗截止线转角或中点的离地高度导致远光光束垂直偏移不合格时,应在备注栏标注"远光光束低于近光光束"。

C.2.10 检验结论

"检验结论"栏打印:整车检验结论,如"合格"、"不合格"、"一级"或"二级","授权签字人"签字确认,标注签发日期,并加盖检验机构检测专用章。

C.2.11 其他有关说明

C.2.11.1 本报告需加盖检测专用章。数据涂改、局部复印和整件复印未重新盖章均为无效。

C.2.11.2 本报告一式三份:委托人、检验机构和道路运输管理机构各执一份,其中委托人和检验机构应是书面检测报告,道路运输管理机构也可采用电子检验报告。

C.2.11.3 对本报告如有异议,可在报告签发之日起十日内向检验机构提出,逾期视为已经确认。对检测服务质量不满意的,可向所在地道路运输管理机构投诉。

【释义】 以上条款是附录C《道路运输车辆综合性能检验报告单》的内容说明和填写要求。附录C为规范性附录,综合性能检验机构应规范填写和输出。

【要点】

(1)附录C"道路运输车辆综合性能检验报告单"的内容是强制性的(见表C.1),其格式不可自行调整。

(2)"道路运输车辆综合性能检验报告"统一采用A4纸张打印。

(3)检验报告编号按规则编排:"地区代码(6位)"+"检验机构代码(3位)"+年月日(YYYYMMDD)+"检验序号(4位)"。其中,"检验序号"按当日检车数量的次序打印。附录A 表A.1"道路运输车辆人工检验记录单"、附录B 表B.1"道路运输车辆性能检验记录单"中的记录单编号,均按此规则统一编号,同一辆车的同一次检验,三张表保持编号一致。

(4)关于"挂车基本信息"栏,如检验不含挂车,则该栏内所有项目打印"—"。

(5)关于"检验日期",打印车辆检验下线时间,格式为"YYYY-MM-DD hh:mm:ss",时间应精确到"秒"。

(6)"人工检验结果"栏打印实际开展的人工检验项目。"检验类别"为"技术等级评定"时,对于申请从事道路运输的车辆需打印"核查评定"项。

(7)"性能检验结果"栏打印实际开展的检验项目及其检验数据,不适用项和未检验项不体现在报告中,"序号"从"1"开始计数,由计算机软件自动生成并排序。

(8)"性能检验结果"中的"检测数据"栏,填写的数据有效位应不低于"标准限值"栏中标准限值的有效位。

(9)"性能检验结果"中的"判定"栏,按"检验类别",打印内容分为"合格、不合格、不评价"和"一级、二级、不评价"。

(10)"备注"栏打印车辆调修建议、解释说明或温馨提示等信息,可由授权签字人根据检测情况手工填写。对于合格车辆此栏目可以为空。

由于前照灯远光光束中心离地高度低于近光光束明暗截止线转角或中点的离地高度导致远光光束垂直偏移不合格时,应在备注栏标注"远光光束低于近光光束"。

(11)"检验结论"栏填写整车检验结论。对于技术等级评定,应按以下要求规范填写:

合格车辆

"经检验,该车符合JT/T 198的相关技术要求,技术等级评为_____级车辆"(级别为大写)。

不合格车辆

"经检验,该车不符合 JT/T 198 的相关技术要求,技术等级评为不合格车辆"。

(12)输出检验报告须加盖检测专用章,数据涂改、局部复印和整件复印未重新盖章均为无效。

(13)本报告单一式至少三份:委托人、检验机构和道路运输管理机构各执一份,其中委托人和检验机构必须是书面检测报告,道路运输管理机构也可采用电子格式检验报告。检验报告单的份数可根据管理规定和需要自行增加。

第七章 道路运输车辆综合性能要求和检验方法(GB 18565—2016)释义

道路运输车辆综合性能检验报告单

表 C.1

报告编号

一、单车(牵引车)基本信息

号牌号码		委托人	
车辆类型		品牌/型号	营运证号
注册登记日期		出厂年月	车身颜色
车辆识别代号		发动机号码	行政区域

二、挂车基本信息

号牌号码		委托人	
车辆类型		品牌/型号	营运证号
注册登记日期		出厂年月	车辆识别代号
有效行驶证件			

三、检验业务信息

检验业务类别		业务类型		检验日期	

四、人工检验结果

序号	检验项目	判定	序号	不符合项目	
1	唯一性认定				
2	故障信息诊断				
3	外观检查				
4	运行检查				
5	底盘检查				
6	核查评定				

五、性能检验结果

序号	检验项目	检验数据	标准限值	判定	检验项目	检验数据	标准限值	判定
	动力性(km/h)	××.×	≥××.×		高怠速 HC(10^{-6})	××××	≤××××	
	经济性(L/100km)	××.×	≤××.×		高怠速 CO(%)	××.×	≤××.×	

· 323 ·

续上表

序号	检验项目	检验数据	标准限值	判定
	一轴制动率(%)	x.x	≥x.xx	
	一轴不平衡率(%)	xx.x	≤x.xx	
	一轴左轮阻滞率(%)	xx.x	≤x.x	
	一轴右轮阻滞率(%)	xx.x	≤x.x	
	二轴制动率(%)	xx.x	≥x.xx	
	二轴不平衡率(%)	xx.x	≤x.xx	
	二轴左轮阻滞率(%)	xx.x	≤x.x	
	二轴右轮阻滞率(%)	xx.x	≤x.x	
	三轴制动率(%)	xx.x	≥x.xx	
	三轴不平衡率(%)	xx.x	≤x.xx	
	三轴左轮阻滞率(%)	xx.x	≤x.x	
	三轴右轮阻滞率(%)	xx.x	≤x.x	
	四轴制动率(%)	xx.x	≥x.xx	
	四轴不平衡率(%)	xx.x	≤x.xx	
	四轴左轮阻滞率(%)	xx.x	≤x.x	
	四轴右轮阻滞率(%)	xx.x	≤x.x	
	五轴制动率(%)	xx.x	≥x.xx	
	五轴不平衡率(%)	xx.x	≤x.xx	
	五轴左轮阻滞率(%)	xx.x	≤x.x	
	五轴右轮阻滞率(%)	xx.x	≤x.x	
	六轴制动率(%)	xx.x	≥x.xx	
	六轴不平衡率(%)	xx.x	≤x.xx	
	六轴左轮阻滞率(%)	xx.x	≤x.x	
	六轴右轮阻滞率(%)	xx.x	≤x.x	
	单车(牵引车)整车制动率(%)	xx.x	≥x.xx	

序号	检验项目	检验数据	标准限值	判定
	高怠速λ	x.xx	x.xx~x.xx	
	怠速 $HC(10^{-6})$	xxxx	≤xxxx	
	怠速 $CO(\%)$	xx.xx	≤xx.x	
	稳态5025工况 $CO(\%)$	xx.xx	≤x.xxx	
	稳态5025工况 $HC(10^{-6})$	xxxx	≤xxxx	
	稳态5025工况 $NO(10^{-6})$	xxxx	≤xxxx	
	稳态2540工况 $CO(\%)$	xx.xx	≤xx.x	
	稳态2540工况 $HC(10^{-6})$	xxxx	≤xxxx	
	稳态2540工况 $NO(10^{-6})$	xxxx	≤xxxx	
	简易瞬态工况 $CO(g/km)$	xx.xxx	≤xx.x	
	简易瞬态工况 $HC(g/km)$	xx.xxx	≤xx.x	
	简易瞬态工况 $NO(g/km)$	xx.xxx	≤xx.x	
	简易瞬态工况 $HC+NO(g/km)$	xx.xxx	≤xx.x	
	光吸收系数(m^{-1})	xx.xxx	≤x.x	
	滤纸烟度(BSU)	xx.xxx	≤x.xx	
	加载减速工况100% (m^{-1})	xx.xxx	≤x.xx	
	加载减速工况90% (m^{-1})	xx.xxx	≤x.xx	
	加载减速工况80% (m^{-1})	xx.xxx	≤x.xx	
	实测最大轮边功率(kW)	xx.x	≥x.xx	
	左外灯远光边光强(cd)	xxxxx	≥xxxxx	
	左外灯远光垂直偏移量(H)	左(右)xxx	左xxx~右xxx	
	左外灯近光水平偏移量(mm/10m)	x.xxx	x.xxx~x.xxx	
	左外灯近光垂直偏移量(H)	左(右)xxx	左xxx~右xxx	
	左外灯近光水平偏移量(mm/10m)			
	左内灯远光光强(cd)	xxxxx	≥xxxxx	

第七章 道路运输车辆综合性能要求和检验方法(GB 18565—2016)释义

续上表

序号	检验项目	检验数据	标准限值	判定
	挂车整车制动率(%)	x x.x	≥ x x	
	单车(牵引车)驻车制动率(%)	x x.x	≥ x x	
	列车整车驻车制动率(%)	x x.x	≥ x x	
	列车制动时序	挂先于等于牵 牵挂后于牵	挂先于等于牵	
	列车制动协调时间(s)	x.x x	≤ x.x	
	牵引车/列车整车制动率比(%)	x x.x	≥ x x	
	挂车/列车整车制动率比(%)	x x.x	≥ x x	
	路试 MFDD(m/s²)	x x.x x	≥ x.x	
	路试制动稳定性	(不)稳定	稳定	
	路试坡道驻车情况	(不)溜坡	不溜坡	
	路试制动距离(m)	x x.x	≤ x x.x	
	第一转向轮侧滑量(m/km)	-(+) x x.x	- x ~ + x	
	第二转向轮侧滑量(m/km)	-(+) x x.x	- x ~ + x	

序号	检验项目	检验数据	标准限值	判定
	左内灯远光垂直偏移量(H)	x.x x x	x.x x x ~ .x x	
	左内灯远光水平偏移量(mm/10m)	左(右) x x x	左 x x x ~ 右 x x x	
	右外灯远光光强(cd)	x x x x x	≥ x x x x x	
	右外灯远光垂直偏移量(H)	x.x x x	x.x x x ~ .x x	
	右外灯远光水平偏移量(mm/10m)	左(右) x x x	左 x x x ~ 右 x x x	
	右内灯远光垂直偏移量(H)	x.x x x	x.x x x ~ .x x	
	右内灯远光水平偏移量(mm/10m)	左(右) x x x	左 x x x ~ 右 x x x	
	右内灯远光光强(cd)	x x x x x	≥ x x x x x	
	车速表(km/h)	x x.x	x x.x ~ x.x	
	喇叭声压级(dB(A))	x x x.x	x x x ~ x x x	

六、备注

七、检验结论

授权签字人:

检验机构名称(盖章)

YYYY 年 MM 月 DD 日

第八章　道路运输车辆技术等级划分和评定要求(JT/T 198—2016)释义

第一节　范　围

【条款1】　本标准规定了道路运输车辆的技术等级划分、评定项目、评定要求以及评定规则。

本标准适用于申请从事道路运输经营的车辆和正在从事道路运输经营的车辆。从事驾驶员培训等道路运输相关业务的车辆可参照使用。

【释义】　本章是对《道路运输车辆技术等级划分和评定要求》(JT/T 198—2016)(以下简称JT/T 198—2016)技术内容以及适用范围(即效力范围)的概括性说明。

1. 适用范围

《中华人民共和国道路运输条例》第二条:"从事道路运输经营以及道路运输相关业务的,应当遵守本条例。前款所称道路运输经营包括道路旅客运输经营和道路货物运输经营;道路运输相关业务包括站(场)经营、机动车维修经营、机动车驾驶员培训";第三十条:"客运经营者、货运经营者应当使用符合国家规定标准的车辆从事道路运输经营";第三十一条:"客运经营者、货运经营者应当加强对车辆的维护和检测,确保车辆符合国家规定的技术标准;不得使用报废的、擅自改装的和其他不符合国家规定的车辆从事道路运输经营"。

基于此,JT/T 198—2016适用于申请从事道路运输经营和正在从事道路运输经营的客运车辆和货运车辆,对于从事道路运输相关业务的车辆,应依据《中华人民共和国道路运输条例》以及各省、市、自治区和直辖市的相关法规执行。

2. 评定周期

道路运输管理机构、汽车综合性能检测机构以及道路运输经营者应按《道路运输车辆技术管理规定》(交通运输部令2016年第1号)第二十条和第二十三条的有关要求,开展技术等级评定工作。

道路运输经营者应当自道路运输车辆首次取得《道路运输证》当月起,按照下列周期和频次,委托汽车综合性能检测机构进行综合性能检测和技术等级评定:

①客车、危货运输车自首次经国家机动车辆注册登记主管部门登记注册不满60个月的,每12个月进行1次检测和评定;超过60个月的,每6个月进行1次检测和评定。

②其他运输车辆自首次经国家机动车辆注册登记主管部门登记注册的,每12个月进行1次检测和评定。

3. 评定要求

汽车综合性能检测机构对新进入道路运输市场车辆应当按照《道路运输车辆燃料消耗

量达标车型表》进行比对。对达标的新车和在用车辆,应当按照《道路运输车辆综合性能要求和检验方法》(GB 18565—2016)、《道路运输车辆技术等级划分和评定要求》(JT/T 198—2016)实施检测和评定,出具全国统一式样的道路运输车辆综合性能检测报告,评定车辆技术等级,并在报告单上标注。车籍所在地县级以上道路运输管理机构应当将车辆技术等级在《道路运输证》上标明。

汽车综合性能检测机构应当确保检测和评定结果客观、公正、准确,对检测和评定结果承担法律责任。

第二节　规范性引用文件

【条款2】　下列文件对于本文件的应用是必不可少的。凡是注日期的引用文件,仅注日期的版本适用于本文件。凡是不注日期的引用文件,其最新版本(包括所有的修改单)适用于本文件。

GB 18565　道路运输车辆综合性能要求和检验方法

【释义】　本章列出了 JT/T 198—2016 所引用标准的标准号及标准名称。引用标准为《道路运输车辆综合性能要求和检验方法》(GB 18565),其最新版本(包括所有的修改单)适用于本文件。

JT/T 198—2016 所规定的技术内容与《道路运输车辆综合性能要求和检验方法》(GB 18565—2016)密切相关。为了更好地理解执行 JT/T 198—2016,综合性能检验机构的检验人员应全面掌握 GB 18565—2016 的技术要求、检验方法以及其他相关内容,并熟练运用,规范执行。

第三节　术语和定义

【条款3】　下列术语和定义适用于本文件。

1. 道路运输车辆技术等级

依据道路运输车辆的技术性能划分的技术级别。

2. 关键项

评价车辆技术状况的重要指标,可能直接或间接影响道路交通安全或对环境有严重影响的评定项目。

3. 一般项

评价车辆技术状况的一般指标,对道路交通安全或环境无严重影响的评定项目。

【释义】　本章是对 JT/T 198—2016 的相关术语作出的定义,共3条。其中,"道路运输车辆技术等级"的定义是对车辆技术级别的术语界定;"关键项"和"一般项"的定义是根据车辆技术状况对道路交通安全或环境的影响程度,对评定项目属性的术语界定。

综合性能检验机构的检验人员应理解掌握上述术语及其定义,并对道路运输车辆的技术等级作出科学、规范、准确的评定。

有关汽车故障和缺陷风险程度的分类在本书"基础篇"已有介绍,为方便理解和掌握,以下重复列出。

汽车故障按照其风险程度大致可分为四类：

1. 致命故障

该类故障涉及人身安全，可能导致人身伤亡；引起主要总成报废，造成重大经济损失；不符合制动、转向、灯光、信号以及标志等法规要求。

2. 严重故障

该类故障导致整车主要性能下降；造成主要零部件损坏，且不能用随车工具和易损备件在短时间（约30分钟）内修复。

3. 一般故障

该类故障可能造成停驶，但不会导致主要零部件损坏，并可用随车工具和易损备件或价值很低的零件在短时间（约30分钟）内修复；虽未造成停驶，但已影响正常使用，需调整和修复。

4. 轻微故障

该类故障不会导致停驶，尚不影响正常使用，亦不需要更换零部件，可用随车工具在短时间（约5分钟）内轻易排除。

根据法规规定，德国对在用汽车的评定是依据检验时所确认的缺陷，对缺陷进行等级分类。与此同时，还建立了一套严格的缺陷标记制度：

（1）OM—— 无可以识别的缺陷，可颁发检验合格标志。

（2）GM—— 微小缺陷：

在短时间内能够允许存在的同安全技术条件或者规范不一致的缺陷，并且不会有在短时间内导致一种交通事故的危险。如果汽车车主或驾驶员能够立即消除这种缺陷则不需要进行复查，可颁发检验合格标志。

（3）EM—— 重大缺陷：

不符合安全技术条件或规范并可能导致交通事故危险的缺陷，对此需要进行复查，不能颁发检验合格标志。

（4）VU—— 交通事故缺陷：

有直接导致交通事故危险的缺陷。应取消现有的检验合格标志并立即通知汽车牌照发放处。应向汽车车主或驾驶员指出，该汽车不允许用于道路运输。

第四节　技术等级划分

【条款4】 道路运输车辆技术等级划分为一级和二级。

【释义】 本章是道路运输车辆技术等级划分的级别规定。《道路运输车辆技术管理规定》（交通运输部令2016年第1号）将道路运输车辆的技术等级由三级调整为两级，并根据其技术等级确定了载运货物种类、线路和运距。

《道路运输车辆技术管理规定》第七条第四款规定：（道路运输）车辆技术等级应当达到二级以上。危货运输车、国际道路运输车辆、从事高速公路客运以及营运线路长度在800公里以上的客车，技术等级应当达到一级。

第八章 道路运输车辆技术等级划分和评定要求（JT/T 198—2016）释义

不同类型道路运输车辆的技术等级图示见图 8-1 ~ 图 8-5。

图 8-1　危险货物运输车（一级）

图 8-2　国际道路运输车辆（一级）

图 8-3　高速公路客运车辆（一级）

图 8-4　800 公里以上长途客运车辆（一级）

图 8-5　其他运输车辆（二级及以上）

第五节　评定项目和评定要求

【条款 5.1】　道路运输车辆技术等级评定项目包括"核查评定项目"和"技术评定项

目"。其中,"技术评定项目"分为"关键项"、"一般项"和"分级项"。技术等级评定项目和评定要求见附录 A,技术等级评定人工检验记录单见附录 B。

【释义】 本条款是道路运输车辆技术等级评定项目的设置说明。JT/T 198—2016 确定的技术等级评定项目分为"核查评定项目"和"技术评定项目":

一、核查评定项目

"核查评定项目"共计 10 项(见附录 A 表 A.1)。其中"制动防抱死装置"、"盘式制动器"、"缓速器或其他辅助制动装置"、"制动间隙自动调整装置"、"压缩空气干燥或油水分离装置"、"子午线轮胎"、"安全带"、"限速功能或限速装置、超速报警功能"和"卫星定位系统车载终端"等 9 项是 GB 18565—2016 第 4 章"申请从事道路运输车辆"的"配置要求"条款(见 GB 18565—2016 第 4.2 条),"发动机舱自动灭火装置"是"防火要求"条款(见 GB 18565—2016 第 4.3.2 条)。

技术等级评定时,应按附录 A《道路运输车辆技术等级评定项目和评定要求》的表 A.1《核查评定项目和评定要求》逐一进行核查,并将核查结果填写在附录 B《技术等级评定人工检验记录单》的"核查评定"栏中。

需要说明的是,附录 A 表 A.1 及表 A.2 的"评定要求"栏中,所列条款号对应 GB 18565—2016 的相应条款。

【勘误】 2016 年 4 月第 1 版,第 1 次印刷的 JT/T 198—2016 附录 A 表 A.1,序号 8"限速功能或限速装置、超速报警功能"中,"货车及挂车评定要求"栏的"一级"车和"二级"车均参与评定,如表 8-1 所示。

勘 误 表　　　　　　　　　表 8-1

序号	评定项目	客车评定要求 (GB 18565 相关条款)		货车及挂车评定要求 (GB 18565 相关条款)	
		一级	二级	一级	二级
8	限速功能或限速装置、超速报警功能	4.2.8		4.2.8	

二、技术评定项目

"技术评定项目"由"人工检验项目"和"性能检验项目"构成(见附录 A 表 A.2),其内容与 GB 18565—2016 所规定的技术要求完全一致。

1. 评定项目

(1)"人工检验项目"包括:唯一性认定、故障信息诊断、外观检查、运行检查和底盘检查等五个部分,均为检测线外的检查和测量项目。

(2)"性能检验项目"包括:动力性、燃料经济性、制动性、排放性、转向操纵性、悬架特性、前照灯、车速表、车轮阻滞率和喇叭等 10 项,均为检测线上的检验项目。

2. 项目属性

"技术评定项目"分为"关键项"、"一般项"和"分级项"。"关键项"和"一般项"的设置与 GB 18565—2016 相同，"分级项"是对车辆部分可量化指标进行的分级，其对应 GB 18565—2016 的项目属性不变。

技术等级评定时，应按附录 A《道路运输车辆技术等级评定项目和评定要求》的表 A.2《技术评定项目和评定要求》进行检验，并将人工检验结果填写在 JT/T 198—2016 附录 B《道路运输车辆技术等级评定人工检验记录单》，性能检验结果填写在 GB 18565—2016 附录 B《道路运输车辆性能检验记录单》，检验报告由 GB 18565—2016 附录 C《道路运输车辆综合性能检验报告单》打印输出。

【条款5.2】 申请从事道路运输经营的车辆，按附录 A 规定的"核查评定项目"和"技术评定项目"进行评定。

【条款5.3】 在用道路运输车辆按附录 A 规定的"技术评定项目"进行评定。

【释义】 以上条款是对评定项目适用性的要求和说明。

对于申请从事道路运输经营的车辆，应按附录 A 规定的"核查评定项目"和"技术评定项目"进行核查、检验和评定。对于在用道路运输车辆，应按"技术评定项目"进行检验和评定。需要说明的是，申请从事道路运输经营的车辆包括非营运转营运车辆。

【条款5.4】 道路运输车辆技术等级评定的检验方法和不合格项的复检要求执行 GB 18565 的规定。

【释义】 本条款是对道路运输车辆技术等级评定的检验方法和不合格项的复检要求的说明。

道路运输车辆技术等级评定是依据综合性能检验结果，对车辆技术等级作出的评定。JT/T 198—2016 所规定的评定项目和评定要求与 GB 18565—2016 的相关条款等效，GB 18565—2016 所规定的检验方法和不合格项的复检要求适用于 JT/T 198—2016。

【条款5.5】 对于 GB 18565 中规定了实施过渡期的评定项目，从其规定。

【释义】 本条款是对 GB 18565—2016 中规定了实施过渡期的评定项目的说明。在 GB 18565—2016 实施过渡期要求中，与车辆技术等级评定相关的条款包括"核查评定项目"，以及"技术评定项目"中的"汽车列车制动时序和汽车列车制动力分配要求"，这些评定项目的实施过渡期执行 GB 18565—2016 的规定。

第六节 评定规则

【条款6.1】 符合以下要求的车辆评为一级车：
(1) 表 A.1 中的"核查评定项目"达到一级；
(2) 表 A.2 中的"关键项"均为合格；
(3) 表 A.2 中的"一般项"的不合格项数不超过 3 项；
(4) 表 A.2 中的"分级项"达到一级。

【条款6.2】 符合以下要求的车辆评为二级车：
(1) 表 A.1 中的"核查评定项目"至少达到二级；
(2) 表 A.2 中的"关键项"均为合格；
(3) 表 A.2 中的"一般项"的不合格项数不超过 6 项；
(4) 表 A.2 中的"分级项"至少达到二级。

【条款6.3】 不符合6.1和6.2要求的车辆评定为不合格车辆。

【释义】 以上条款是道路运输车辆技术等级评定的评定规则。按此评定规则,道路运输车辆技术等级评定存在三种结果:一级车、二级车和不合格车辆。按《道路运输车辆技术管理规定》的相关要求,达到一级和二级技术等级的车辆,可按规定的载运货物种类、线路以及运距投入运营,检测不合格的车辆不得从事道路运输经营活动。

第七节 技术等级评定的检验方法

一、核查评定项目

1.【表A.1 序号1】 M_2、M_3 类客车、N_2 和不超过四轴的 N_3 类货车、危险货物运输车、O_3 和 O_4 类挂车以及乘用车应安装符合 GB/T 13594 规定的防抱制动装置,并配备防抱制动装置失效时用于报警的信号装置。

【查验方法】

查验时,打开发动机起动开关,观察仪表台有无"ABS"指示灯闪亮(数秒后应熄灭,如图8-6所示),适宜时也可检查发动机舱内有无防抱制动装置控制模块(如图8-7所示)。对于半挂车,需要实车连接牵引车,打开起动开关,踩踏制动踏板,检查制动器是否有电磁阀通断的声音。

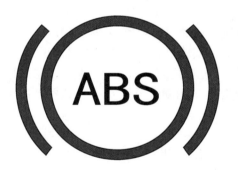
图8-6 ABS指示灯

图8-7 防抱制动装置控制模块

重点检查爆炸品车辆、剧毒化学品车辆、危险货物运输车、客车、半挂牵引车、货车安装防抱制动装置情况。对于非营运转营运车辆,还需重点关注防抱制动装置自检情况,警告灯应处于熄灭状态。

防抱制动装置汽车主动安全装置,简称为ABS。汽车突遇情况刹车时,驾驶员往往会一脚将刹车踏板踩到底,此时车辆易产生纯粹性滑移并发生侧滑,即人们俗称的"甩尾",这是一种极易造成车祸的现象。造成汽车侧滑的原因很多,例如行驶速度,地面状况,轮胎结构等都会造成侧滑,但最根本的原因是汽车在紧急制动时,车轮轮胎与地面的滚动摩擦突然变为滑动摩擦,轮胎的抓地力几乎丧失,此时驾驶员尽管转动转向盘也无济于事。安装防抱制动装置后,车轮不会产生抱死动作,并可充分利用路面附着系数,大大提高了制动效果和稳定性。目前,防抱制动装置在汽车上得到了广泛应用。

2.【表 A.1 序号 2】 车长大于 **9m** 的客车(按名义尺寸,以下同)和危险货物运输车,其前轮应装有盘式制动器。

【查验方法】

目视检查。

需要说明的是,客车长度应按汽车产品公告或车辆铭牌的名义尺寸,实车测取的客车长度数据不作为配置盘式制动器的前置条件。

气压盘式制动器和液压盘式制动器如图 8-8、图 8-9 所示。

图 8-8　气压盘式制动器

图 8-9　液压盘式制动器

与鼓式制动器相比,盘式制动器的优点有:热稳定性,水稳定性,制动稳定性好,在制动过程中制动力矩增长较和缓,能保证较好的制动稳定性;输出同样大小的制动力矩时,盘式制动器的质量和尺寸比鼓式要小;盘式的摩擦衬块在磨损后更易更换,结构也较简单,维修保养容易;制动盘与摩擦衬块间的间隙小(0.05~0.15mm),可缩短制动动作时间,并使制动驱动机构的力传动比增大的可能;制动盘的热膨胀不会引起制动踏板行程损失,使间隙自动调整装置的设计简化;易于构成多回路制动驱动系统,使系统有较好的可靠性和安全性,可保证汽车在任何车速下各车轮都能均匀一致地平稳制动;能方便地实现制动器磨损报警,便于及时更换摩擦衬块。

3.【表 A.1 序号 3】 车长大于 **9m** 的客车、N_3 类货车(含危险货物运输车)应装有缓速器或其他辅助制动装置。

【查验方法】

目视检查。

客车长度按汽车产品公告或车辆铭牌的名义尺寸。缓速装置如图 8-10 所示。

辅助制动装置,是辅助汽车减速的装置。有些重型汽车和经常在山区行驶的汽车,如果只靠行车制动器连续工作,容易造成制动器过热,制

图 8-10　缓速装置

动能力衰退,磨损严重,甚至烧坏。因此,加装辅助制动装置,可以减轻行车制动器的负担,保证安全行驶和降低油耗。

辅助制动装置主要有排气制动、电涡流缓速装置和液力减速装置三种。其中,电涡流缓速装置和液力缓速装置与传动轴同轴连接。目前电涡流缓速装置在汽车上的应用较为广泛。

4.【表 A.1 序号 4】 M_2、M_3 类客车、N_2 和 N_3 类货车、O_3 和 O_4 类半挂车、乘用车以及危险货物运输车,其所有的行车制动器应装有制动间隙自动调整装置。

【查验方法】

目视检查。

液压制动车辆(主要为乘用车和轻型汽车)以及装有盘式制动器车辆通常都装有制动间隙自动调整装置,一般不需查验。用于鼓式气压制动的间隙调整装置分为自动和手动两种调节方式。其中,手动调整有制动鼓内调节和调节臂调节两种形式,对于鼓式气压制动车辆,制动间隙自动调整装置的应用还处于起步阶段。采用调整臂调节的制动间隙调整装置与制动器气室推杆相连(如图 8-11 和 8-12 所示)。

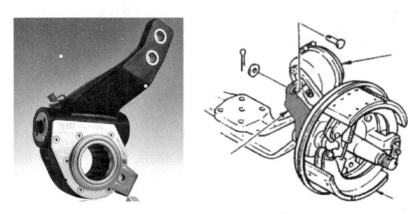

图 8-11　鼓式气压制动间隙调整装置

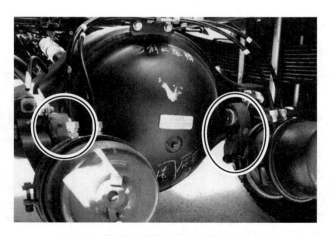

图 8-12　鼓式气压制动间隙调整装置安装位置

鼓式制动间隙手动调整是通过转动制动器间隙调节器来调节制动蹄片的外径,向外扩展制动蹄片,使其大约比制动鼓的内径小1mm。制动间隙手动调整有一定的周期,在这个周期的后段,也就是下一次对刹车间隙进行调整前,刹车间隙已经处于一个较大的数值,可能导致刹车行程变长,制动不够及时,严重时还会引起制动力疲软,行车安全存在隐患。此外,手动调整难以保证各个车轮间隙较好的一致性,可能导致跑偏、车辆甩尾等问题的出现。

制动间隙自动调整装置是实时、自动调整刹车间隙的装置(执行驻车制动或脚制动时,自动调整制动间隙),以保证制动间隙处于一个合适的数值,可使刹车及时、可靠,对于行车安全十分有利。装备ABS的车辆如果没有装配自动调整臂,不能保证实现最佳制动效果。与盘式制动器不同,鼓式制动间隙自动调整装置(称为"自动调整臂")采用棘轮结构,自动调整臂的使用范围仅限于鼓式制动系统。

需要说明的是,鼓式制动间隙自动调整装置的外形结构与手动调节臂相似,但仍有差异,主要区别在于自动调节臂具有离合控制环,且主体不规则、外形较大(见图8-13),而手动调节臂则没有离合控制环,且主体规则、外形较小(见图8-14、图8-15)。因此,检查有无离合控制环是区分自动调节臂和手动调节臂的简单可行的方法,查验时应加以注意。离合控制环的结构和形状见图8-16。

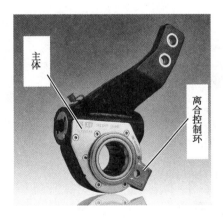

图8-13　自动调节臂

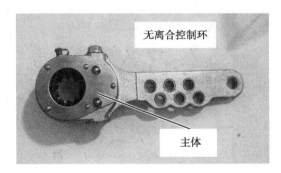

图8-14　手动调节臂

图8-15　无离合控制环的手动调整臂

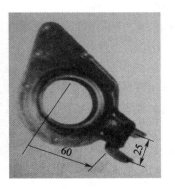

图8-16　离合控制环

5.【表 A.1 序号 5】 采用气压制动的车辆应装有气压显示装置、限压装置,并可实现报警功能。气压制动系应安装保持压缩空气干燥或油水分离的装置。

【查验方法】

目视检查气压制动系统是否安装保持压缩空气干燥或油水分离的装置。

6.【表 A.1 序号 6】 车长大于 9m 的客车和危险货物运输车应装用子午线轮胎,卧铺客车应装用无内胎子午线轮胎。

【查验方法】

目视检查。客车长度按汽车产品公告或车辆铭牌的名义尺寸。

在轮胎的规格标志中有"R"字样表示子午线轮胎(如图 8-17 所示)。"R"是英文"RADIAL"的第一个大写字母。例如,斜交胎"9.00 – 20",其同规格子午线轮胎为"9.00R20"。对于子午线轮胎,不同国家有不同的表示法,但在逐渐采用统一标志。例如,法国的"米其林"有用"X"表示子午线结构,俄罗斯则用"P"表示子午线结构。无内胎子午线轮胎一般在胎侧用汉字标明"无内胎轮胎"字样,出口胎或引进技术生产的轮胎一般用英文"TUBELESS",简称"TL"。

图 8-17 子午线轮胎的标识

斜交轮胎的帘线按斜线交叉排列,故而得名。特点是胎面和胎侧的强度大,但胎侧刚度较大,舒适性差,由于高速时帘布层间移动与摩擦大,不适合高速行驶。随着子午线轮胎的不断改进,斜交轮胎将逐步被淘汰。

子午线轮胎的帘布层相当于轮胎的基本骨架,其排列方向与轮胎子午断面一致。由于行驶时轮胎要承受较大的切向作用力,为保证帘线的稳固,在其外部又有若干层由高强度、不易拉伸的材料制成的带束层(又称箍紧层),其帘线方向与子午断面呈较大的交角。

子午线轮胎与普通斜线轮胎相比,弹性大,耐磨性好,滚动阻力小,附着性能好,缓冲性能好,承载能力大,不易刺穿;缺点是胎侧易裂口,由于侧向变形大,导致汽车侧向稳定性稍差,制造技术要求和成本高。无内胎子午线轮胎如图 8-18 所示。

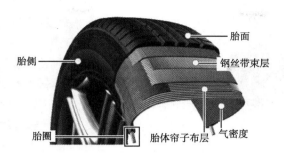

图 8-18　无内胎子午线轮胎

7.【表 A.1 序号 7】 客车、货车及乘用车的所有座椅均应装备符合 GB 14166 要求的安全带,其固定点应符合 GB 14167 的要求。

【查验方法】

目视检查。

对于新生产车辆,只需检查是否配备。对于非营运转营运车辆,检查并操作,重点对安全带的锁扣锁止有效性、安全带的自动卷收以及织带状况进行检验核查,以确保其功能有效。还需重点关注汽车安全带的损坏情形、坐垫套覆盖遮挡安全带情形、安全带绑定在座位下面情形。

8.【表 A.1 序号 8】 客车和危险货物运输车应具有限速功能,否则应配备符合 GB/T 24545 要求的限速装置。三轴及三轴以上的货车应具有超速报警功能(具有限速功能和限速装置且符合规定的除外),能通过视觉或声觉信号报警。限速功能、限速装置和超速报警调定的最大速度应符合有关规定。

【查验方法】

审查机动车产品公告、机动车出厂合格证、产品使用说明书等技术凭证资料。

重点检查客车、危险货物运输车的限速功能或限速装置,同时检查三轴及三轴以上的货车的超速报警功能(具有限速功能和限速装置且符合规定的除外)。新生产车辆和非营运转营运车辆均需查验。

必要时,可采用速度表检验台或底盘测功机进行速度查验。

9.【表 A.1 序号 9】 旅游客车、包车客车、三类及以上班线客车、危险货物运输车辆、N_3 类载货汽车和半挂牵引车应装有具有行驶记录功能并符合 GB/T 19056 和 JT/T 794 规定的卫星定位系统车载终端。

【查验方法】

目视检查。

重点检查旅游客车、包车客车、三类及以上班线客车、危险货物运输车辆、N_3 类载货汽车和半挂牵引车。对于新生产车辆,只需检查是否配备卫星定位车载终端。对于非营运转营运车辆,还需启动卫星定位系统车载终端自检(以插入 IC 卡或按键方式),系统应工作正常。

道路运输车辆卫星定位系统车载终端是由卫星(GPS、北斗)/GPRS 车载定位和汽车行驶车载终端两部分组成的一体化设备,同时具有卫星定位和行驶记录的功能。车载终端能够记录、存储、显示和打印车辆行驶速度、时间、里程以及驾驶员身份识别、车辆实时监控、事故信息记录和回传、远程故障诊断、远程支持和救援等有关信息。道路运输车辆卫星定位系统车载终端是实现全国重点营运车辆联网联控系统的重要组成部分。利用该装置有助于加强道路运输安全管理和运输车辆动态监管工作,预防和减少道路交通运输事故的发生,保证行车安全,同时也有助于提高企业车辆管理水平,提高企业效益。卫星定位系统车载终端如图8-19所示。

图8-19　卫星定位车载终端

10.【表A.1 序号10】　发动机后置的客车,其发动机舱内应装备发动机舱自动灭火装置(电动汽车除外)。灭火装置启动时应能通过声觉信号向驾驶员报警。

【查验方法】

打开后置发动机的舱门进行查验。发动机舱自动灭火装置及其安装如图8-20和图8-21所示。

图8-20　对角安装

图8-21　平行安装

在汽车的发动机舱内安装自动灭火装置,可及时、有效地抑制和扑灭难以通过视觉发现的火灾隐患。车载自动灭火装置一般有两种启动方式:一是靠温度值来自行启动灭火装置,达到温度阈值即启动;二是手动信号直接启动,采用无源控制,不借用其他设备电源,信号开关通常设置在驾驶室内。

二、技术评定项目

【条款5.4】　道路运输车辆技术等级评定的检验方法和不合格项的复检要求执行GB 18565的规定。

【释义】　"技术评定项目"(附录A表A.2)的检验应按GB 18565规定的方法进行,检验方法的具体说明见"应用篇第七章"的相关内容。

需要说明的是:

(1)注册日期在三个月以内的车辆(按机动车行驶证的注册日期核定,以下同),动力性视为一级。对于在用道路运输车辆、非营运转营运车辆以及注册日期超过三个月的新生产车辆,应按JT/T 198—2016的评定要求,对其动力性进行检验和评定。纯电动汽车的动力性不做评定。

(2)注册日期在三个月以内的车辆,燃料经济性视为合格。对于在用道路运输车辆、非营运转营运车辆以及注册日期超过三个月的新生产车辆,应按 JT/T 198—2016 的评定要求,对其燃料经济性进行检验和评定。以汽油或者柴油为单一燃料且最大设计总质量超过 3500kg 的在用道路运输车辆应进行燃料经济性评定,其他车辆不做评定。

(3)注册日期在三个月以内的车辆,排放性视为合格。对于在用道路运输车辆、非营运转营运车辆以及注册日期超过三个月的新生产车辆,应按 JT/T 198—2016 的评定要求,对其排气污染物进行检验和评定。

(4)汽车列车制动时序、制动协调时间、牵引车与挂车制动力分配暂不做评定。

第八节 附录 B《道路运输车辆技术等级评定人工检验记录单》

【条款】

B.1 道路运输车辆技术等级评定人工检验记录单的格式式样参见表 B.1。

B.2 评定栏中,非分级项合格填写"○",不合格填写"×";分级项达到一级填写"1",达到二级填写"2",不合格填写"×";不参与评定的项目填写"∥"。

B.3 不合格项汇总栏中,填写不合格项编号并用"、"分离,无不合格项填写"无"。挂车不合格项编号前加"G"。

B.4 本记录单与"道路运输车辆性能检验记录单"同为"道路运输车辆综合性能检验报告"(参见 GB 18565 附录 B 和附录 C)的附件。

【释义】 以上条款是附录 B《道路运输车辆技术等级评定人工检验记录单》的格式式样以及填写说明。该附录为规范性附录,综合性能检验机构应按规范填写和输出。

(1)附录 B 的内容是规范性的,其格式可自行调整。记录单印制时,将其所有内容用宽行纸排成一页。自行调整的表格内容应包含表 B.1 中的所有内容,不能缺项。

(2)"评定"栏中,非分级项合格填写"○",不合格填写"×";分级项达到一级填写"1",达到二级填写"2",不合格填写"×";不参与评定的项目填写"∥"。技术等级人工检验结果可采用 PDA 等手持终端输出。

(3)"分级项"和"测量项"栏可根据情况自行调整,以适宜的形式填写数据。

【勘误】 2016 年 4 月第 1 版,第 1 次印刷的 JT/T 198—2016 附录 B 表 B.1"测量项"中,"外廓尺寸"栏的最后一项应为"外廓尺寸(列车)"(见表 8-2)。此为印刷错误,特此说明。

勘 误 表　　　　　　　　　　　　表 8-2

测量项	110	外廓尺寸（单车）	长： mm 宽： mm 高： mm	外廓尺寸（挂车）	长： mm 宽： mm 高： mm	外廓尺寸（列车）	长： mm 宽： mm 高： mm

附 件

附件1　道路运输车辆综合性能要求和检验方法

1　范围

本标准规定了申请从事道路运输车辆和在用道路运输车辆的技术要求,以及在用道路运输车辆的检验方法。

本标准适用于申请从事道路运输经营的车辆和正在从事道路运输经营的车辆,从事驾驶员教学等道路运输相关业务的车辆可参照执行。

2　规范性引用文件

下列文件对于本文件的应用是必不可少的。凡是注日期的引用文件,仅注日期的版本适用于本文件。凡是不注日期的引用文件,其最新版本(包括所有的修改单)适用于本文件。

GB 1589	道路车辆外廓尺寸、轴荷及质量限值
GB/T 2408	塑料　燃烧性能的测定　水平法和垂直法
GB 3847	车用压燃式发动机和压燃式发动机汽车排气烟度排放限值及测量方法
GB 7258	机动车运行安全技术条件
GB 8410	汽车内饰材料的燃烧特性
GB/T 12544	汽车最高车速试验方法
GB 12676	商用车辆和挂车制动系统技术要求及试验方法
GB 13057	客车座椅及其车辆固定件的强度
GB 13392	道路运输危险货物车辆标志
GB/T 13594	机动车和挂车防抱制动性能和试验方法
GB 14166	机动车乘员用安全带、约束系统、儿童约束系统和 ISOFIX 儿童约束系统
GB 14167	汽车安全带安装固定点、ISOFIX 固定点系统及上拉带固定点
GB/T 14172	汽车静侧翻稳定性台架试验方法
GB 17578	客车上部结构强度要求及试验方法
GB/T 18276	汽车动力性台架试验方法和评价指标
GB 18285	点燃式发动机汽车排气污染物排放限值及测量方法(双怠速法及简易工况法)
GB 18564.1	道路运输液体危险货物罐式车辆　第 1 部分:金属常压罐体技术

GB 18564.2	道路运输液体危险货物罐式车辆 第 2 部分:非金属常压罐体技术要求
GB/T 18566	道路运输车辆燃料消耗量检测评价方法
GB/T 19056	汽车行驶记录仪
GB 19578	乘用车燃料消耗量限值
GB 20300	道路运输爆炸品和剧毒化学品车辆安全技术条件
GB 20997	轻型商用车辆燃料消耗量限值
GB 21668	危险货物运输车辆结构要求
GB 21670	乘用车制动系统技术要求和试验方法
GB/T 24545	车辆车速限制系统技术要求
GB 26512	商用车驾驶室乘员保护
GB/T 26778	汽车列车性能要求及试验方法
JT/T 325	营运客车类型划分及等级评定
JT/T 445	汽车底盘测功机
JT 711	营运客车燃料消耗量限值及测量方法
JT 719	营运货车燃料消耗量限值及测量方法
JT/T 789	道路甩挂运输车辆技术条件
JT/T 794	道路运输车辆卫星定位系统车载终端技术要求
JT/T 884	营运车辆抗侧翻稳定性试验方法 稳态圆周试验
QC/T 730	汽车用薄壁绝缘低压电线
QC/T 29106	汽车电线束技术条件

3 术语和定义

下列术语和定义适用于本文件。

3.1 道路运输车辆 road transport vehicles

获得道路运输许可,从事经营性道路客、货运输的车辆。

3.2 申请从事道路运输车辆 application in road transport vehicles

申请办理道路运输经营许可证,并拟从事道路运输经营的已注册车辆。

3.3 比功率 specific power

发动机最大净功率(或 0.9 倍的发动机额定功率,或 0.9 倍的发动机标定功率)与车辆最大允许总质量之比。

3.4 整车制动率 vehicle braking rate

各车轮的最大行车制动力之和与整车重量(各轴静态轴荷之和)的百分比。

3.5 轴制动率 axle braking rate

同轴左、右车轮最大制动力之和与静(动)态轴荷的百分比。

3.6 制动不平衡率 braking unbalance rate

行车制动力增长全过程中,同时刻测取的同轴左、右轮制动力差的最大值与该轴左、右车轮的制动力最大值中大者的百分比;除前轴外,当轴制动率小于60%时,为同时刻测取的同轴左、右轮制动力差的最大值与该轴轴荷的百分比。

3.7 制动协调时间 braking coordination time

从触动制动踏板至所有车轮同时刻的制动力之和达到整车制动率规定值的75%(或充分发出的平均减速度达到规定值的75%)所需时间。

3.8 驻车制动率 parking brake rate

驻车制动轴的最大驻车制动力之和与整车重量(各轴静态轴荷之和)的百分比。

3.9 制动时序 braking time sequence

汽车列车各轴产生制动动作的时间次序。

3.10 驱动轮轮边稳定车速 wheel side stable line speed of driving wheel

在额定功率(或额定扭矩)工况和规定的负荷下,驱动轮轮边的稳定线速度。

4 申请从事道路运输车辆的技术要求

4.1 结构要求

4.1.1 申请从事道路运输的车辆应符合 GB 1589 的规定。

4.1.2 客车的上部结构强度应符合 GB 17578 的规定。

4.1.3 货车驾驶室的强度和安装强度应满足 GB 26512 的要求。

4.1.4 货车均应在驾驶室(区)两侧喷涂总质量(半挂牵引车为最大允许牵引质量)。其中,栏板货车和自卸车还应在驾驶室两侧喷涂栏板高度,栏板挂车应在车厢两侧喷涂栏板高度。罐式汽车和罐式挂车还应在罐体上喷涂罐体容积和允许装运货物的种类。

4.1.5 客车座椅及其车辆固定件的强度应符合 GB 13057 的规定。

4.1.6 客车的所有应急出口应在车内用清晰的符号或文字标明,每个应急控制器处或附近应有标志并注明操作方法。封闭式客车的每个应急窗邻近处应设置玻璃破碎装置。若为应急锤,取下时应能通过声响信号实现报警,玻璃破碎装置的配置应符合相关规定。

4.1.7 牵引车与挂车连接装置的结构应能确保相互牢固的连接,应装有防止车辆在行驶中因振动和撞击导致连接脱开的安全装置。

4.1.8 牵引车与其挂车之间的气动连接,对气压制动系统,连接挂车的气动接头必须是双管路或多管路。

4.1.9 汽车列车应装有挂车与牵引车意外脱离时的挂车自行制动装置。挂车与牵引车意外脱离后,挂车应能自行制动,且牵引车的制动仍然有效。

4.1.10 用于道路甩挂运输的车辆,其结构应符合 JT/T 789 的要求。

4.1.11 危险货物运输车辆的结构应符合 GB 21668 的要求。

4.1.12 危险货物运输车辆的标志应符合 GB 13392 的要求。运输爆炸品和剧毒化学品车辆以及运输液体危险货物罐式车辆的标志和标识应符合 GB 20300、GB 18564.1 和 GB

18564.2 的相关要求。

4.2 配置要求

4.2.1 M_2、M_3 类客车、N_2 和不超过四轴的 N_3 类货车、危险货物运输车、O_3 和 O_4 类挂车以及乘用车应安装符合 GB/T 13594 规定的防抱制动装置,并配备防抱制动装置失效时用于报警的信号装置。

4.2.2 车长大于 9m 的客车(按名义尺寸,以下同)和危险货物运输车,其前轮应装有盘式制动器。

4.2.3 车长大于 9m 的客车、N_3 类货车(含危险货物运输车)应装有缓速器或其他辅助制动装置。

4.2.4 M_2、M_3 类客车、N_2 和 N_3 类货车、O_3 和 O_4 类半挂车、乘用车以及危险货物运输车,其所有的行车制动器应装有制动间隙自动调整装置。

4.2.5 采用气压制动的车辆应装有气压显示装置、限压装置,并可实现报警功能。气压制动系应安装保持压缩空气干燥或油水分离的装置。

4.2.6 车长大于 9m 的客车和危险货物运输车应装用子午线轮胎,卧铺客车应装用无内胎子午线轮胎。

4.2.7 客车、货车及乘用车的所有座椅均应装备符合 GB 14166 要求的安全带,其固定点应符合 GB 14167 的要求。

4.2.8 客车和危险货物运输车应具有限速功能,否则应配备符合 GB/T 24545 要求的限速装置。三轴及三轴以上的货车应具有超速报警功能(具有限速功能和限速装置且符合规定的除外),能通过视觉或声觉信号报警。限速功能、限速装置和超速报警调定的最大速度应符合有关规定。

4.2.9 旅游客车、包车客车、三类及以上班线客车、危险货物运输车辆、N_3 类载货汽车和半挂牵引车应装有具有行驶记录功能并符合 GB/T 19056 和 JT/T 794 规定的卫星定位系统车载终端。

4.2.10 客车在设计和制造上应保证发动机或采暖装置的排气不会进入客厢,封闭式客车应有通风换气装置。

4.2.11 客车应设置车厢灯和门灯。车厢灯和门灯不应影响本车驾驶人的视线和其他机动车的正常行驶。

4.2.12 转向轴最大设计轴质量大于 4000kg 时,应装有转向助力装置。

4.3 防火要求

4.3.1 客车和货车的驾驶室和成员舱所用的内饰材料应采用符合 GB 8410 规定的阻燃材料。其中,客车内饰材料的燃烧速度应小于等于 70mm/min。

4.3.2 发动机后置的客车,其发动机舱内应装备发动机舱自动灭火装置(电动汽车除外)。灭火装置启动时应能通过声觉信号向驾驶员报警。

4.3.3 装备电涡流缓速器的客车和货车(含危险货物运输车),缓速器的安装部位上方应装有隔热板或具阻燃性的隔热材料。

4.3.4 客车发动机舱内和其他热源附近的线束应采用耐温不低于 125℃ 的阻燃电线,

其他部位的线束应采用耐温不低于100℃的阻燃电线,波纹管阻燃等级应达到GB/T 2408规定的V-0级。线束穿孔洞时应装设阻燃耐磨绝缘套管。

4.3.5 客车和货车车载电器设备的供电导线应符合QC/T 730的要求,低压电线束应符合QC/T 29106的要求。

4.3.6 客车乘员舱和货车驾驶室应配置手提式灭火器,客车灭火装置的配置应符合相关标准要求。除驾驶室内应配备1具干粉灭火器外,道路运输爆炸品、剧毒化学品车辆以及其他危险货物运输车辆还应配备与装运介质性能相适应的灭火器或有效的灭火装置,灭火器的规格、放置位置及固定应符合GB 20300等相关规定。

4.4 性能要求

4.4.1 动力性

4.4.1.1 客车的动力性以比功率评价,应符合JT/T 325的相关要求。

4.4.1.2 货车满载条件下的最高设计车速应不小于70km/h,满载最高车速试验方法执行GB/T 12544的规定。

4.4.1.3 汽车列车的动力性以比功率评价,应符合表1的要求。

汽车列车比功率限值　　　　　表1

最大总质量 G	$G < 18$	$18 \leq G < 43$	$43 \leq G < 49$
比功率 kW/t	≥ 6.88	$\geq 4.30 + 46.00/G$	≥ 5.40

4.4.2 燃料经济性

4.4.2.1 燃用柴油或汽油且最大总质量超过3500 kg的客车,其燃料消耗量应符合JT 711的要求,试验方法执行JT 711的规定。

4.4.2.2 燃用柴油或汽油且最大总质量超过3500 kg的货车,其燃料消耗量应符合JT 719的要求,试验方法执行JT 719的规定。

4.4.2.3 轻型商用车辆和乘用车的燃料消耗量应符合GB 20997和GB 19578的要求,试验方法执行该两项标准的有关规定。

4.4.3 制动性

4.4.3.1 冷态制动效能

4.4.3.1.1 客车和货车

乘用车的行车制动系冷态制动效能应符合GB 21670的要求,M_2、M_3类客车和N类货车的行车制动系冷态制动效能应符合GB 12676的要求,试验方法执行GB 21670和GB 12676的相关规定。

4.4.3.1.2 挂车

O_3、O_4类挂车行车制动时,作用于被制动车轮周缘上的制动力之和与各车轮静载荷总和之比应不小于:

——全挂车,空载和满载时:50%;

——半挂车,空载和满载时:45%。

试验方法执行 GB 12676 的相关规定。

4.4.3.2 热态制动效能

4.4.3.2.1 客车和货车

乘用车的行车制动系热态制动效能应符合 GB 21670 的要求,M_2、M_3 类客车和 N 类货车的行车制动系热态制动效能应符合 GB 12676 的要求,试验方法执行 GB 21670 和 GB 12676 的相关规定。

4.4.3.2.2 挂车

O_3、O_4 类挂车的行车制动系热态制动效能应符合 GB 12676 的要求,试验方法执行 GB 12676 的相关规定。

4.4.3.3 汽车列车

4.4.3.3.1 制动性能

汽车列车的制动性能应满足:牵引车和挂车的制动性能均符合表 2 的相关要求。

4.4.3.3.2 制动时序

汽车列车的制动时序应满足:挂车各轴的制动动作应不滞后于牵引车各轴的制动动作,汽车列车的制动协调时间不大于 0.80s。

汽车列车制动时序的试验方法执行 6.7.1.4 或 GB/T 26778 相关条款的规定。

4.4.3.3.3 制动力分配

满载条件下,汽车列车制动力的分配应满足:仅使用牵引车(挂车)制动器时产生的制动减速度与使用牵引车和挂车全部制动器时产生的制动减速度的比值不应小于牵引车(挂车)质量与汽车列车质量比值的 95%。试验方法执行 6.7.1.4 或 GB/T 26778 的相关规定。

4.4.3.4 连续制动能力

4.4.3.4.1 储气筒的容量应保证在调压阀调定的最高气压下,且在不继续充气的情况下,机动车在连续五次踩到底的全行程制动后,气压不低于起步气压。

4.4.3.4.2 采用气压制动的挂车应有一个或多个由牵引车供气的储气筒,并能满足在切断储气筒供气管路情况下,牵引车的行车制动装置做 8 次全行程制动后,挂车储气筒供给工作部件的压力不低于首次制动时压力的 50%。

4.4.4 排放性

客、货道路运输车辆排气污染物排放限值应符合国家相关标准的规定。

4.4.5 行驶稳定性

4.4.5.1 客车

在满载条件下沿特定曲线匀速行驶,当车辆质心处的最大向心加速度达到 0.4g 的稳定状态时,车辆不发生侧翻或侧滑。按 JT/T 884 规定的方法进行试验。

4.4.5.2 货车

4.4.5.2.1 N_2、N_3 类货车满载条件下沿特定曲线匀速行驶,车辆质心处的向心加速度达到 0.35g 时,车辆不发生侧翻或侧滑,危险货物运输专用车辆以及罐式车辆应达到 0.4g。按 JT/T 884 规定的方法进行试验。

4.4.5.2.2 半挂牵引车在空载、水平静止条件下,向左侧和右侧的最大侧倾稳定角不应小于 35°。最大侧倾稳定角的测量方法按 GB/T 14172 规定的汽车静侧翻稳定性台架试验方法进行。

4.4.5.2.3　O_3、O_4 类挂车满载时同一车轴轮胎接地点外侧间距与质心高度的比值应不小于0.9。

5　在用道路运输车辆的技术要求

5.1　基本要求

5.1.1　唯一性认定

5.1.1.1　在用道路运输车辆的号牌号码、类型、品牌型号、燃料类别、车身颜色、发动机号、底盘号或 VIN 号、挂车架号、重中型货车及挂车的外廓尺寸、车箱栏板高度应与行驶证、机动车登记证、道路运输证记载的内容及其他相关资料相符。其中,外廓尺寸的允许误差为±2% 或 ±100mm,车箱栏板高度的允许误差为 ±2% 或 ±50mm。汽车列车的外廓尺寸不得超过 GB 1589 规定的最大限值。

5.1.1.2　客车的座(铺)位数应与道路运输证核定的数量一致。

5.1.2　电子控制系统

装有车载诊断系统(OBD)的车辆不应有与发动机排放控制系统、防抱制动装置(ABS)和电动助力转向系统(EPS)及其他与行车安全相关的故障信息。

5.1.3　发动机

5.1.3.1　工作性能

5.1.3.1.1　发动机起动性能良好。在正常工作温度状态下,发动机起动3次,成功起动次数不少于2次。

5.1.3.1.2　柴油发动机停机装置功能有效。在正常工作温度状态下,发动机连续起动/停机3次,3次停机均应有效。

5.1.3.1.3　发动机低、中、高速运转稳定、无异响。

5.1.3.2　密封性

发动机缸体、油底壳、冷却水道边盖、放水阀、水箱等不得有油、液滴漏现象。

5.1.3.3　传动带

助力转向传动带和空气压缩机传动带无裂痕、油污和过量磨损,运转良好。空气压缩机传动带的松紧度符合规定。对于采用齿轮传动的空气压缩机,其齿轮箱无异响和漏油现象。

5.1.3.4　燃料供给

5.1.3.4.1　燃料管路不得有泄漏现象,与其他部件无碰擦,软管无老化现象。

5.1.3.4.2　燃料箱及燃料管路应稳固牢靠。

5.1.3.4.3　燃料箱盖应齐全,并能有效地防止燃料泄漏。

5.1.3.4.4　不得随意改动或加装燃料箱。

5.1.4　制动系

5.1.4.1　行车制动

5.1.4.1.1　制动管路

制动管路稳固,转向及行驶时,金属管路及软管不应与车身或底盘产生运动干涉。

5.1.4.1.2　制动泵(缸)及气(油)路

制动泵(缸)及气(油)路应符合以下要求：
a) 制动总泵(主缸)、分泵(轮缸)、各类阀门及制动管路无漏气、漏油现象；
b) 制动金属管及软管无弯折、磨损、凸起和扁平等现象，接头处的连接可靠；
c) 液压制动助力系统的真空软管不应有磨损、折痕和破裂，接头处的连接可靠。

5.1.4.1.3 制动报警装置
气压制动系统的低气压报警装置工作正常，制动系统故障报警装置无报警信号输出。

5.1.4.1.4 缓速器
缓速器连接可靠，电涡流缓速器外表、定子与转子间应清洁、无油污，液压缓速器不应有漏油现象。

5.1.4.1.5 弹簧储能装置
装有弹簧储能制动器的气压制动车辆，弹簧气室气压低时，弹簧储能制动器自锁装置应有效。

5.1.4.1.6 储气筒
储气筒安装稳固，不应有锈蚀、变形等损伤，储气筒排污(水)阀畅通。

5.1.4.1.7 制动踏板
制动踏板无破裂或损坏，防滑面无磨光现象。

5.1.4.2 驻车制动
驻车制动装置机件齐全完好，操纵灵活有效，拉杆无过度摇晃现象。

5.1.5 转向系
5.1.5.1 部件连接
转向机构各部件应连接紧固，各连杆无松旷、锁止、限位正常，转向时无卡阻和运动干涉。

5.1.5.2 部件技术状况
转向节、臂、横直拉杆、平衡杆、转向器摇臂和球销总成应无变形、裂纹及拼焊，转向器摇臂、球销总成及各连杆的连接部位不松旷，转向器壳体和侧盖无裂损、渗油、漏油现象。

5.1.5.3 转向助力装置
转向助力装置工作正常，不应有传动带打滑和漏油现象。

5.1.6 行驶系
5.1.6.1 车架
全承载式结构的车身以及非全承载式结构的车架纵梁、横梁不应有开裂和变形等损伤，铆钉、螺栓齐全有效。

5.1.6.2 车桥
5.1.6.2.1 车桥的桥壳无可视的裂纹及变形。
5.1.6.2.2 车桥密封良好，无漏油现象。

5.1.6.3 拉杆和导杆
车桥与悬架之间的拉杆和导杆无松旷、移位及可视的变形和裂纹。

5.1.6.4 车轮及螺栓、螺母
各车轮的轮辋应无裂纹，车轮及半轴的螺栓、螺母应齐全、完好，连接可靠。车轮安装的装饰罩和装饰帽不得有碍于检查螺栓、螺母技术状况。

5.1.6.5 轮胎

5.1.6.5.1 轮胎的胎冠、胎壁不得有长度超过25mm或深度足以暴露出帘布层的破裂和割伤以及凸起、异物刺入等影响使用的缺陷,并装轮胎间应无异物嵌入。

5.1.6.5.2 具有磨损标志的轮胎,胎冠的磨损不得触及磨损标志;无磨损标志或标志不清的轮胎,乘用车和挂车的胎冠花纹深度应不小于1.6mm;其他车型的转向轮的胎冠花纹深度应不小于3.2mm,其余轮胎胎纹深度应不小于1.6mm。

5.1.6.5.3 同轴轮胎的规格和花纹应相同,规格符合整车制造厂的规定。

5.1.6.5.4 装用轮胎的速度级别应不低于车辆最高设计车速的要求。

5.1.6.5.5 轮胎的充气压力应符合规定值。

5.1.6.5.6 客车和危险货物运输车的所有车轮不得装用翻新的轮胎,其他车辆的转向轮不得装用翻新的轮胎,其余车轮使用翻新的轮胎应符合相关标准的规定。

5.1.6.5.7 轮胎类型应符合4.2.6的规定。

5.1.6.5.8 随车配备备用轮胎并固定牢固。

5.1.6.6 悬架

5.1.6.6.1 弹性元件

悬架的弹性元件,如钢板弹簧、螺旋弹簧、扭杆弹簧、橡胶减震垫等弹性元件应安装牢固,不应有裂纹、缺片、加片、断裂、塑性变形和功能失效等现象,空气弹簧不应有泄漏现象。

5.1.6.6.2 部件连接

悬架的弹性元件总成、减振器、导向杆(若装配)等部件应连接可靠,钢板弹簧的U形螺栓、螺母等应齐全、紧固,吊耳销(套)无松旷和断裂,锁销齐全有效。

5.1.6.6.3 减振器

减振器稳固有效,无漏油现象。

5.1.7 传动系

5.1.7.1 离合器

离合器接合平稳、分离彻底、操作轻便,工作时无异响、打滑、抖动和沉重等现象。

5.1.7.2 变速器

变速器操纵轻便、挡位准确,无异响和滴漏油现象。

5.1.7.3 传动件异响

运转时,传动轴、主减速器和差速器不应有异响。

5.1.7.4 万向节与轴承

万向节、中间轴承无松旷、无裂损。

5.1.8 照明、信号装置和标识

5.1.8.1 外部照明和信号装置

前照灯、转向灯、示廓灯、危险报警闪光灯和雾灯等信号装置应齐全、完好、有效。

5.1.8.2 前照灯远、近光光束变换功能

前照灯的远、近光光束变换功能正常。

5.1.8.3 反射器与侧标志灯

车辆的后反射器、侧反射器和侧标志灯应齐全、无损毁。

5.1.8.4　货车车身反光标识和尾部标志板

货车、挂车侧面及后部的车身反光标识和尾部标志板的适用车型要求、性能、尺寸、位置应符合 GB 7258 的相关要求,且完好、无污损。

5.1.9　电气线路及仪表

5.1.9.1　导线

发动机舱内线束以及其他部位线束的导线绝缘层无老化、皲裂和破损,导体无外露,线束固定可靠;电缆线及连接蓄电池的接头应牢固,并有绝缘套;线束穿过金属孔时应设绝缘护套。

5.1.9.2　仪表与指示器

车速、里程、水温、机油压力、电流或电压或充电、燃油、气压等信号指示装置应工作正常。

5.1.9.3　卫星定位系统车载终端

装有卫星定位系统车载终端的车辆,终端应工作正常。

5.1.10　车身

5.1.10.1　门窗及照明

5.1.10.1.1　采用动力启闭车门的客车,车门应急控制器机件齐全完好,应急控制器标志及操作说明无损毁。

5.1.10.1.2　应急门和安全顶窗机件齐全完好。

5.1.10.1.3　应急窗易于开启,封闭式客车的每个应急窗邻近处应有玻璃破碎装置,且状态完好。采用安全手锤时,应在规定的位置放置。

5.1.10.1.4　所有门、窗的玻璃应齐全,不得有长度超过 25 mm 且易导致破碎的裂纹和穿孔,密封良好。

5.1.10.1.5　客车车厢灯和门灯工作正常。

5.1.10.2　车身外观

5.1.10.2.1　车身与驾驶室基本完好。客车车身和货车驾驶室不得有超过 3 处的轻微开裂、锈蚀和明显变形,缺陷部位不影响安全性和密封性。

5.1.10.2.2　车身应周正,货车、客车及挂车车轴上方的车身两侧对称部位的高度差不大于 40 mm。

5.1.10.2.3　车身外部和内部不应有任何可能使人致伤的尖锐凸起物。

5.1.10.2.4　客车车身和货车驾驶室的表面涂装无明显的缺损(允许有轻微划伤),补漆颜色与原色基本一致。

5.1.10.2.5　货车货箱、车门、栏板和底板应无变形和破损,栏板锁止机构作用可靠。

5.1.10.2.6　驾驶室车窗玻璃不应张贴妨碍驾驶员视野的附加物及镜面反光遮阳膜。

5.1.11　附属设备

5.1.11.1　后视镜和下视镜

车辆的左、右后视镜、内后视镜、下视镜应完好、无损毁,并能有效保持其位置。N_2、N_3 类货车的内后视镜不做要求。

5.1.11.2　风窗刮水器、洗涤器

前风窗玻璃刮水器、洗涤器应能正常工作,刮水器关闭时刮片应能自动返回初始位置。

5.1.11.3 防炫目装置

驾驶室内的防止阳光直射而使驾驶员产生炫目的装置完整有效。

5.1.11.4 除雾、除霜装置

前风窗玻璃的除雾、除霜装置工作正常。

5.1.11.5 排气管和消声器

排气管、消声器应完好有效,稳固可靠。

5.1.12 安全防护

5.1.12.1 安全带

客车的所有座椅、货车驾驶人座椅和前排乘员座椅应配备安全带,且配件齐全有效,无破损。

5.1.12.2 侧面防护装置

N_2、N_3 类货车(半挂牵引车除外)、O_3、O_4 类挂车两侧以及牵引车与挂车之间两侧装备的侧面防护装置应完好、稳固、有效。

注:车辆自身结构已能防止行人和骑车人等卷入的汽车和挂车除外。

5.1.12.3 后部防护装置

除牵引车和长货挂车以外的 N_2、N_3 类货车和 O_3、O_4 类挂车的后下部防护应完好、稳固、有效。

5.1.12.4 保险杠

乘用车、车长小于 6m 的客车的前、后保险杠,货车的前保险杠应无损毁并稳固。

5.1.12.5 牵引装置和安全锁止机构

5.1.12.5.1 汽车列车牵引装置的连接和安全锁止机构锁止可靠。

5.1.12.5.2 集装箱运输车固定集装箱箱体的锁止机构应工作可靠、无损坏。

5.1.12.6 安全架与隔离装置

货车车箱前部安装的安全架、驾驶员和货物同在车厢内的厢式车隔离装置应完好、稳固。

5.1.12.7 灭火器材、警示牌和停车楔

5.1.12.7.1 随车配备与车辆类型相适应的灭火器,灭火器应在有效期内,并安装牢靠和便于取用。对于客车,仅有一个灭火器时,应设置在驾驶人附近。当有多个灭火器时,应在客厢内按前、后或前、中、后分布,其中一个应靠近驾驶人座椅。

5.1.12.7.2 随车配备三角警告牌,并妥善放置。

5.1.12.7.3 随车配备停车楔,数量不少于两只,并妥善放置。

5.1.12.8 危险货物运输车辆安全装置与标志

5.1.12.8.1 运送易燃易爆货物的车辆应符合以下要求:

a)应备有灭火器材,其数量、放置位置及固定应符合 GB 20300 的相关规定。排气管应装在罐体(箱体)前端面之前、不高于车辆纵梁上平面的区域。隔热和熄灭火星的装置完好;

b)电路系统应有切断总电源和隔离电火花的装置,该装置应安装在驾驶室内;

c)车辆尾部的导静电拖地带完整有效,无破损。

5.1.12.8.2 危险货物运输车辆的标志和标识应符合 4.1.12 的要求,且应齐全、完整、清

晰、无污损,安放位置应符合规定。

5.1.12.8.3 装运危险货物的罐(槽)式车辆,其罐体应具备由符合资质的有关机构出具的有效检验合格证明或报告,并在有效期内。

5.1.12.8.4 装运大型气瓶、可移动罐(槽)等的车辆,应设置有效的紧固装置,不得松动。

5.2 性能要求

5.2.1 动力性

5.2.1.1 车辆动力性以 GB/T 18276 中规定的驱动轮轮边稳定车速进行评价。

5.2.1.2 额定功率工况下,驱动轮轮边稳定车速应不小于额定功率车速,如式(1)所示:

$$V_W \geq V_e \tag{1}$$

式中:V_W——驱动轮轮边稳定车速,单位为千米每小时(km/h);

V_e——额定功率车速,单位为千米每小时(km/h)。

5.2.1.3 额定扭矩工况下,驱动轮轮边稳定车速应不小于额定扭矩车速,如式(2)所示:

$$V_W \geq V_m \tag{2}$$

式中:V_m——额定扭矩车速,单位为千米每小时(km/h)。

5.2.2 燃料经济性

燃用柴油或汽油、总质量大于 3500 kg 的在用车辆,其燃料消耗量限值及评价方法应符合 GB/T 18566 的规定。

5.2.3 制动性

5.2.3.1 系统密封性

5.2.3.1.1 采用气压制动的车辆,当气压升至 600kPa 时,空气压缩机停止运转 3min,其气压降低值应不大于 10kPa。在气压 600kPa 的情况下,空气压缩机停止运转,将制动踏板踩到底,待气压值稳定后观察 3min,单车气压降低值应不大于 20kPa;汽车列车气压降低值不得超过 30kPa。

5.2.3.1.2 采用液压制动的车辆,发动机在怠速运转状态下,将制动踏板踩下,保持 550N 的踏板力并持续 1min,踏板不应有向地板移动的现象;采用真空辅助的系统,当残留的真空耗尽且在制动踏板上持续施加 220N(乘用车为 110N)的力,在发动机起动时制动踏板应轻微地下降。

5.2.3.2 起步气压建立时间

采用气压制动的车辆,发动机在 75% 的额定转速下,车载气压表的指示气压从零升至起步气压的时间,汽车列车不大于 6min,其他车辆不大于 4min,未标起步气压,按 400kPa 计。

5.2.3.3 台架检验行车制动性能

5.2.3.3.1 整车制动率、轴制动率和制动不平衡率

整车制动率、轴制动率和制动不平衡率应符合表 2 的要求。

5.2.3.3.2 汽车列车制动时序

汽车列车的制动时序应符合 4.4.3.3.2 的要求。

5.2.3.3.3 汽车列车制动力分配

汽车列车制动力的分配应满足:牵引车(挂车)整车制动力与汽车列车整车制动力的比值不应小于牵引车(挂车)质量与汽车列车质量比值的 90%,也即:牵引车(挂车)的整车制

动率不应小于汽车列车整车制动率的 90%。

台架检验制动性能要求　　　　　　　　　　　　　　　　　表 2

车辆类型	整车制动率 %		轴制动率 %		制动不平衡率 %
	空载	满载	前轴[a]	后轴	
M_1 类乘用车	≥60	≥50	≥60[b]	≥20[b]	前轴≤24 后轴≤30 或 10[d]
M_2、M_3 类客车	≥60	≥50	≥60[b]	≥50[c]	
N_1 类货车	≥60	≥50	≥60[b]	≥20[b]	
N_2、N_3 类货车	≥60	≥50	≥60[b]	≥50[c]	
牵引车	≥60	≥50	≥60	≥50	
O_3、O_4 类挂车 全挂车	—	—	≥55[e]	≥55[e]	
半挂车	—	—	—	≥55[e]	

a 前轴是指位于机动车(单车)纵向中心线中心位置以前的轴,除前轴之外的其他轴均为后轴;第二转向桥视为前轴;挂车的所有车轴均视为后轴。
b 空载和满载状态下测试均应满足此要求。
c 满载测试时不做要求,空载用平板制动检验台检验时应大于等于 35%;总质量大于 3500kg 的客车,空载用滚筒反力式制动检验台检验时应大于等于 40%,用平板制动检验台检验时应大于等于 30%。
d 对于后轴,当轴制动率大于等于该轴轴荷 60%时,不平衡率不大于 30%;当轴制动率小于该轴轴荷 60%时,不平衡率不大于 10%。
e 满载状态下测试时应大于等于 45%。

5.2.3.4　路试检验行车制动性能

5.2.3.4.1　当对台架检验结果有质疑或被检车辆无法进行台架检验时,可采用路试检验并以路试检验结果进行评价(汽车列车制动时序和制动力分配除外)。

5.2.3.4.2　路试检验制动距离和制动稳定性应符合表 3 的要求。

路试检验制动距离和制动稳定性　　　　　　　　　　　　　　　表 3

车辆类型	制动初速 km/h	空载制动距离 m	满载制动距离 m	试验通道宽度[a] m
M_1 类乘用车	50	≤19.0	≤20.0	2.5
N_1 类货车	50	≤21.0	≤22.0	2.5
M_2、M_3 类客车,N_2、N_3 类货车 (含半挂牵引车)	30	≤9.0	≤10.0	3.0
汽车列车	30	≤9.5	≤10.5	3.0

a 制动过程中车辆的任何部位(不计入车宽的部位除外)不超出规定宽度的试验通道的边缘线。

5.2.3.4.3　路试检验充分发出的平均减速度(MFDD)和制动稳定性应符合表 4 的要求,汽车列车制动协调时间应符合 4.4.3.3.2 的要求。

5.2.3.5 驻车制动

5.2.3.5.1 驻车制动应能使车辆在任何装载条件和没有驾驶人的情况下保持原位。驾驶人应在座位上就可实现驻车制动。若挂车与牵引车脱离,3500 kg 以上的挂车应能产生驻车制动,挂车的驻车制动装置应能由站在地面上的人实施操纵。

路试检验充分发出的平均减速度(MFDD)和制动稳定性　　　　表 4

车辆类型	制动初速度 km/h	空载平均减速度 m/s^2	满载平均减速度 m/s^2	试验通道宽度[a] m
M_1 类乘用车	50	≥6.2	≥5.9	2.5
N_1 类货车	50	≥5.8	≥5.4	2.5
M_2、M_3 类客车,N_2、N_3 类货车（含半挂牵引车）	30	≥5.4	≥5.0	3.0
汽车列车	30	≥5.0	≥4.5	3.0

[a] 制动过程中车辆的任何部位(不计入车宽的部位除外)不超出规定宽度的试验通道的边缘线。

5.2.3.5.2 台架检验时,在空载状态下,乘坐一名驾驶人,驻车制动力的总和不应小于测取的整车重量的20%,总质量为整备质量1.2倍以下的车辆应不小于15%,对于由牵引车和挂车组成的汽车列车也应符合此要求。

5.2.3.5.3 路试检验时,在空载状态下,驻车制动装置应能保证车辆在坡度为20%(对总质量为整备质量的1.2倍以下的车辆为15%)的坡道上行和下行两个方向保持静止不动,时间不应少于5min。

5.2.3.5.4 驻车制动性能如符合5.2.3.5.2 或5.2.3.5.3 的要求即为合格。

5.2.4 排放性

5.2.4.1 点燃式发动机

5.2.4.1.1 采用双怠速法检测的排气污染物应符合 GB 18285 的要求。

5.2.4.1.2 采用简易工况法检测的排气污染物应符合各行政区域的限值要求。

5.2.4.2 压燃式发动机

5.2.4.2.1 采用自由加速法检测的排气烟度应符合 GB 3847 要求。

5.2.4.2.2 采用加载减速法检测的排气可见污染物应符合各行政区域的限值要求。

5.2.5 转向操纵性

5.2.5.1 转向轮横向侧滑量

转向桥采用非独立悬架的车辆,其转向轮(含双转向桥的转向轮)的横向侧滑量应在±5m/km范围内。

5.2.5.2 转向盘最大自由转动量

最高设计车速不小于100km/h 的道路运输车辆,其转向盘的最大自由转动量不大于15°,其他道路运输车辆不大于25°。

5.2.6 悬架特性

设计车速不小于100km/h,轴质量不大于1500kg 的载客汽车,其轮胎在激励振动条件下测得的悬架吸收率应不小于40%,同轴左、右轮悬架吸收率之差不得大于15%。

5.3 其他要求

5.3.1 前照灯远光发光强度、远光光束和近光光束照射位置

5.3.1.1 远光发光强度

前照灯远光光束发光强度的最小限值见表5。

前照灯远光光束发光强度最小限值　　　　　表5

道路运输车辆	二灯制 cd	四灯制[a] cd
最大设计车速≥70km/h 的车辆	≥15 000	≥12 000
[a] 四灯制是指前照灯具有4个远光光束。采用四灯制的车辆其中两只对称灯达到两灯制的要求时视为合格。		

5.3.1.2 前照灯光束照射位置

前照灯照射在距离10m的屏幕上时的位置应符合表6的要求。

前照灯光束照射位置　　　　　表6

车辆类型	近光光束		远光光束[a]	
	明暗截止线转角 或中点高度	水平方向位置 mm	光束中心 离地高度	水平方向位置 mm
M_1 类乘用车	$0.7H \sim 0.9H$	左偏≤170　右偏≤350	$0.85H \sim 0.95H$[b]	左灯左偏≤170 左灯右偏≤350
其他车辆	$0.6H \sim 0.8H$		$0.8H \sim 0.95H$	右灯左偏≤350 右灯右偏≤350

H ——前照灯基准中心高度,单位毫米(mm)。
[a] 能单独调整远光光束且不影响近光光束照射角度的前照灯。
[b] 不得低于前照灯近光光束明暗截止线转角或中点的高度

5.3.2 车速表示值误差

车速表指示车速与实际车速间按式(3)所示:

$$O \leqslant V_1 - V_2 \leqslant (V_2 \div 10) + 4 \tag{3}$$

式中:V_1——车速表指示车速,单位为千米每小时(km/h);
　　　V_2——实际车速,单位为千米每小时(km/h)。

5.3.3 车轮阻滞率

各车轮的阻滞力不大于静态轴荷的3.5%。

5.3.4 喇叭

喇叭应能发出连续、均匀的声响,声压级应为90dB(A)～115dB(A)。

6 在用道路运输车辆的检验方法

6.1 仪器设备基本要求

6.1.1 用于道路运输车辆性能检验的仪器设备应符合相关国家或行业标准的规定,并满足使用要求。

6.1.2 凡具计量特性的检验仪器、设备及量具应检定或校准合格,并在有效期内。

6.2 被检车辆

6.2.1 检验方法中如无特别说明,被检车辆均为空载。

6.2.2 被检车辆的车身、驾驶室、发动机舱、车厢、底盘和照明信号装置应清洁,无油污。

6.2.3 被检车辆应随车携带行驶证、机动车登记证复印件和产品说明书。

6.3 唯一性认定

6.3.1 查验、核对道路运输车辆的号牌号码、类型、品牌型号、燃料类别、车身颜色、发动机号、底盘号或 VIN 号、挂车架号、重中型货车及挂车的外廓尺寸、货车及挂车车箱栏板高度以及客车的实际座(铺)位数,检查是否与行驶证、机动车登记证、道路运输证记载的内容及其他相关资料相符。

6.3.2 外廓尺寸、货箱栏板高度应按以下方法检验:

a) 外廓尺寸可采用专用设备,也可采用钢卷尺和高度尺进行检验:

1) 采用专用设备检验时,按使用说明书规定的方法进行检验;

注:专用设备示值误差,在长度方向为 ±0.8% 或 ±50mm,在宽度和高度方向为 ±0.8% 或 ±20mm。

2) 采用钢卷尺和高度尺时,应在平整的场地,用铅垂将车长、车宽投影在地面,用钢卷尺或其他量具测量投影点的间距,车高可用钢卷尺直接测量,也可以采用高度尺等量具进行测量。

b) 货箱栏板高度采用专用设备或钢卷尺检验。

6.4 系统、总成与装置

6.4.1 电子控制系统

采用汽车故障电脑诊断仪或同类型仪表按照使用说明书规定的操作程序读取车辆故障信息,检查有无与发动机排放控制系统、制动防抱死装置(ABS)、电动助力转向系统(EPS)及其他与行车安全相关的故障信息。

6.4.2 发动机

6.4.2.1 工作性能

发动机起动和熄火 3 次,检查发动机成功起动次数是否不少于两次,柴油发动机 3 次停机是否均有效。发动机低、中、高速运转状况时,检查运转是否稳定,有无异响。

6.4.2.2 密封性

在地沟内检视发动机缸体、油底壳、冷却水道边盖、放水阀、水箱等有无油、液滴漏现象。

6.4.2.3 传动带

开启发动机舱门(盖),检视助力转向、空气压缩机传动带有无裂痕、油污和过量磨损;指压传动带,检视松紧度是否正常;对于采用齿轮传动的空气压缩机,起动发动机,检视齿轮箱有无异响和漏油现象。

6.4.2.4 燃料供给

开启发动机舱门(盖),检视输油管有无漏油、燃料管路与其他部件有无碰擦、软管有无老化现象;检视燃料箱及燃料管路是否稳固牢靠、燃料箱盖是否齐全有效、燃料箱有无改动或加装。

6.4.3 制动系

6.4.3.1 行车制动

6.4.3.1.1 制动管路、制动泵及气(油)路、缓速器

被检车辆驶上地沟,在地沟内进行以下检查:

a) 检视制动管路是否稳固,转向时,金属管路及软管与车身或底盘有无运动干涉;

b) 采用气压制动的车辆,在储气筒保持一定压力条件下,关闭发动机,踏下制动踏板,检查各车轮制动气室、气阀及制动管路有无漏气声。对于采用液压制动的车辆,检视制动总泵(主缸)、分泵(轮缸)及制动管路有无漏油现象;检视制动金属管及软管的可视部分有无弯折、磨损、凸起和扁平等现象,接头处的连接是否可靠;检视液压制动助力系统的真空软管有无磨损、折痕和破裂,接头处的连接是否可靠。

c) 采用检验锤敲击(连接螺栓、螺母)和目视的方法,检查缓速器连接是否可靠;检视电涡流缓速器外表、定子与转子间是否清洁、有无油污;如装用液压缓速器,检视有无漏油现象。

6.4.3.1.2 制动报警装置和弹簧储能装置

起动发动机,在驾驶室内进行以下检查:

a) 检视制动系统有无故障报警。对于气压制动车辆,踩下并放松制动踏板若干次,使制动气压下降至低于起步气压,低气压报警装置是否工作正常。

b) 对于装用弹簧储能制动器的车辆,当制动气压下降至低于起步气压时,观察气室推杆是否动作。

6.4.3.1.3 储气筒

检视储气筒是否安装稳固,有无锈蚀、变形等损伤,储气筒排污(水)阀是否畅通。

6.4.3.1.4 制动踏板

在驾驶室内,检视制动踏板有无破裂、损坏及防滑面磨光现象。

6.4.3.2 驻车制动

在驾驶室内,检视驻车制动装置机件是否齐全完好,操纵驻车制动,检查驻车制动装置是否灵活有效、拉杆有无过度摇晃现象。

6.4.4 转向系

6.4.4.1 部件连接

转向轮停放在底盘间隙检查仪上,操纵滑板开关使转向轮随滑板产生方向位移,在地沟内检视转向机构各部件的连接、固定、锁止、限位是否正常,有无卡阻和运动干涉。

6.4.4.2 部件技术状况

在地沟内检视转向节、臂、横直拉杆、转向器摇臂、球销总成有无变形及拼焊;采用检验锤敲击和目视的方法,检查转向节、臂、横直拉杆、转向器摇臂、球销总成有无可视的裂纹;操纵底盘间隙检查仪滑板开关使转向轮随滑板产生方向位移,检视转向器摇臂、球销总成及各连杆的连接部位有无松旷;检视转向器壳体和侧盖有无裂损和渗漏油现象。

6.4.4.3　转向助力装置

起动发动机,左右转动转向盘,检查转向助力装置是否工作正常,有无传动带打滑和漏油现象。

6.4.5　行驶系

6.4.5.1　车架、车桥、拉杆和导杆

6.4.5.1.1　车架

在地沟内,检视全承载式结构的车身以及非全承载式结构的车架纵梁、横梁有无开裂和变形等损伤,铆钉、螺栓是否齐全有效。

6.4.5.1.2　车桥

在地沟内,检视车桥的桥壳有无可视的裂纹及变形,车桥密封是否良好,有无漏油现象。

6.4.5.1.3　拉杆和导杆

在地沟内,晃动拉杆和导杆,检视车桥与悬架之间的拉杆和导杆有无松旷、移位及可视的变形和裂纹。

6.4.5.2　车轮及螺栓、螺母

检视各车轮的轮辋有无裂纹,车轮及半轴的螺栓、螺母是否齐全完好。对于疑似松动和损伤的螺栓、螺母,采用检验锤敲击和目视的方法,检查螺栓、螺母是否连接可靠;检视各车轮有无安装有碍于观察螺栓、螺母技术状况的装饰罩和装饰帽。

6.4.5.3　轮胎

6.4.5.3.1　检视各轮胎的胎冠、胎壁有无长度超过25mm或深度足以暴露出帘布层的破裂和割伤以及凸起、异物刺入等影响使用的缺陷,并装轮胎间有无异物嵌入。

6.4.5.3.2　检视各轮胎磨损情况。无磨损标志或标志不清的轮胎,当其花纹深度与规定限值接近而无法准确判定时,应采用轮胎花纹深度尺或专用设备测量胎冠花纹深度。具有磨损标志的轮胎,检视胎冠的磨损是否触及磨损标志。

6.4.5.3.3　检视同轴轮胎的规格和花纹是否相同。

6.4.5.3.4　检视各轮胎的速度级别,是否不低于车辆最高设计车速的要求。

6.4.5.3.5　采用检验锤敲击和目视的方法,巡检各轮胎的充气状况,必要时用气压表测量轮胎气压。

6.4.5.3.6　检视客车和危险货物运输车的所有车轮、货车的转向轮是否装用翻新的轮胎。

6.4.5.3.7　检视车长大于9m的客车和危险货物运输车是否装用子午线轮胎,卧铺客车是否装用无内胎子午线轮胎。

6.4.5.3.8　检查是否随车配备备用轮胎,固定是否牢固。

6.4.5.4　悬架

6.4.5.4.1　弹性元件

悬架弹性元件的检查在地沟内进行。对于钢板弹簧,检视有无裂纹、缺片、加片、断裂、塑性变形和功能失效等现象。对于空气弹簧,采用检验锤敲击和目视的方法,检查空气弹簧的气密性和外观状况。同时检视悬架的弹性元件是否安装牢固。

6.4.5.4.2 悬架部件连接

悬架部件连接的检查在地沟内进行。采用检验锤敲击和目视的方法,检视悬架的弹性元件总成、减振器、导向杆(若装配)等部件是否连接可靠,钢板弹簧的 U 形螺栓、螺母是否齐全紧固,吊耳销(套)有无松旷和断裂,锁销是否齐全有效。

6.4.5.4.3 减振器

检视减振器是否稳固有效,有无漏油现象。

6.4.6 传动系

6.4.6.1 离合器、变速器及传动件异响

被检车辆在行驶过程中,进行以下检查:

a) 进行换挡操作,检查离合器接合是否平稳、分离是否彻底、操作是否轻便,有无异响、打滑、抖动和沉重等现象;

b) 进行换挡操作,检查变速器操纵是否轻便、档位是否准确,有无异响;

c) 检查传动轴、主减速器和差速器有无异响。

6.4.6.2 万向节与轴承、变速器密封性

在地沟内进行以下检查:

a) 晃动传动轴,检视万向节、中间轴承有无松旷及可视的裂损;

b) 检视变速器有无滴漏油现象。

6.4.7 照明、信号装置和标识

6.4.7.1 外部照明和信号装置

开启外部照明和信号装置,检视前照灯、转向灯、示廓灯、危险报警闪光灯和雾灯等信号装置是否齐全、完好、有效。

6.4.7.2 前照灯远、近光光束变换功能

操作前照灯远、近光变换开关,检视远、近光光束变换功能是否正常。

6.4.7.3 反射器与侧标志灯

检视车辆的后反射器、侧反射器和侧标志灯是否齐全,有无损毁。

6.4.7.4 货车车身反光标识和尾部标志板

检视货车侧面及后部的车身反光标识和尾部标志板的适用车型、长度、尺寸、位置是否符合相关规定,是否完好、有无污损。

6.4.8 电气线路及仪表

6.4.8.1 导线

开启发动机舱门(盖),检视:

a) 发动机舱内线束以及其他部位可视线束的导线绝缘层有无老化、皲裂和破损,导体有无外露,线束固定是否可靠;

b) 电缆线及连接蓄电池的接头是否牢固,有无绝缘套;

c) 线束穿过金属孔时有无绝缘护套。

6.4.8.2 仪表与指示器

被检车辆在行驶过程中,检视车速、里程、水温、机油压力、电流或电压或充电指示、燃油、气压等信号指示装置是否工作正常。

6.4.8.3 卫星定位系统车载终端

启动卫星定位系统车载终端进行自检,通过信号灯或显示屏观察卫星定位及通讯模块、主电源、卫星天线、与终端主机相连的摄像头的工作状态,确认自检是否通过。

6.4.9 车身

6.4.9.1 门窗及照明

6.4.9.1.1 对于采用动力启闭车门的客车,检视车门应急控制器机件是否齐全完好,应急控制器标志及操作说明有无损毁。

6.4.9.1.2 检视客车的应急门和安全顶窗机件是否齐全完好。

6.4.9.1.3 检视客车的应急窗是否易于开启。对于封闭式客车,检视车内是否配备玻璃破碎装置或安全手锤,是否在规定的位置放置。

6.4.9.1.4 检视所有门、窗的玻璃是否完好、有无破损,密封是否良好。

6.4.9.1.5 开启客车车厢灯和门灯,检视工作是否正常。

6.4.9.2 车身外观

6.4.9.2.1 检视车身与驾驶室有无开裂、锈蚀和明显变形。

6.4.9.2.2 按以下方法检测车身高度差:被检车辆停放于平整的场地,采用钢卷尺,在距地1.5m高度内,测量第一轴和最后轴上方的车身两侧对称部位的高度,半挂车测量最后轴上方两侧对称部位高度,计算高度差。

6.4.9.2.3 检视车身外部和内部有无可能使人致伤的尖锐凸起物。

6.4.9.2.4 检视车身表面涂装有无明显破损,补漆颜色与原色是否基本一致。

6.4.9.2.5 检视货车货箱车门、栏板和底板有无变形和破损,栏板锁止机构作用是否可靠。

6.4.9.2.6 检视驾驶室车窗玻璃是否张贴妨碍驾驶员视野的附加物及镜面反光遮阳膜。

6.4.10 附属设备

6.4.10.1 后视镜和下视镜

检视被检车辆的左、右后视镜、内后视镜、下视镜是否完好,有无损毁,能否有效保持其位置。

6.4.10.2 风窗刮水器、洗涤器

开启风窗刮水器和洗涤器,检视刮水器、洗涤器能否正常工作,刮水器关闭时刮片是否自动返回初始位置。

6.4.10.3 防炫目装置

检视驾驶室内的防炫目装置是否完整有效。

6.4.10.4 除雾、除霜装置

检视前风窗玻璃的除雾、除霜装置是否工作正常。

6.4.10.5 排气管和消声器

被检车辆驶上地沟,在地沟内检视排气管、消声器是否完好有效、稳固可靠。

6.4.11 安全防护

6.4.11.1 安全带

检视客车的所有座椅、货车驾驶人座椅和前排乘员座椅是否配备安全带,配件是否齐全有效,有无破损。

6.4.11.2 侧面防护装置

检视 N_2、N_3 类货车(半挂牵引车除外)、O_3、O_4 类挂车两侧以及牵引车与挂车之间两侧装备的侧面防护装置是否完好、稳固、有效。

6.4.11.3 后部防护装置

检视除牵引车和长货挂车以外的 N_2、N_3 类货车和 O_3、O_4 类挂车的后下部防护是否完好、稳固、有效。

6.4.11.4 保险杠

检视乘用车、车长小于 6m 的客车的前、后保险杠、货车的前保险杠有无损毁、是否稳固。

6.4.11.5 牵引装置和安全锁止机构

6.4.11.5.1 检视汽车列车牵引装置的连接和安全锁止机构是否锁止可靠。

6.4.11.5.2 检视集装箱运输车固定集装箱箱体的锁止机构是否工作可靠、有无损坏。

6.4.11.6 安全架与隔离装置

检视货车车箱前部安装的安全架、驾驶员和货物同在车厢内的厢式车隔离装置是否完好、稳固。

6.4.11.7 灭火器材、警示牌和停车楔

6.4.11.7.1 检视是否随车配备灭火器,灭火器是否在有效期内,安装是否牢靠和便于取用,数量及放置位置是否符合规定。

6.4.11.7.2 检视是否随车配备三角警告牌,是否妥善放置。

6.4.11.7.3 检视是否随车配备停车楔,数量是否不少于两只,是否妥善放置。

6.4.11.8 危险货物运输车辆安全装置与标志

6.4.11.8.1 对运送易燃易爆货物车辆进行如下检查:

a)是否备有灭火器材,其数量、放置位置及固定是否符合相关规定。排气管是否装在罐体或箱体前端面之前且不高于车辆纵梁上平面的区域。隔热和熄灭火星的装置是否完好;

b)电路系统是否有切断总电源和隔离电火花的装置,该装置是否安装在驾驶室内;

c)车辆尾部的导静电拖地带是否完整,有无破损。

6.4.11.8.2 检视危险货物运输车辆、运输爆炸品和剧毒化学品车辆以及运输液体危险货物罐式车辆标志和标识是否齐全、完整、清晰、无污损,安放位置是否符合规定。

6.4.11.8.3 检查装运危险货物的罐(槽)式车辆,其罐体是否具备有效的检验合格证明或报告。

6.4.11.8.4 检视装运大型气瓶、可移动罐(槽)等的车辆,是否设置有效的紧固装置,有无松动。

6.5 动力性

6.5.1 设备要求

6.5.1.1 应采用符合JT/T 445要求的底盘测功机进行检验。并装双驱动轴车辆的检验采用三轴六滚筒式底盘测功机。

6.5.1.2 底盘测功机应能根据环境温度、湿度、气压等参数计算功率校正系数,且能根据登录车辆参数和信息,计算测功机的加载力并进行恒力加载。

6.5.1.3 底盘测功机的静态力示值误差为±1.0%,恒力控制误差为±20N,车速示值误差为±0.2km/h 或±1.0%。

6.5.1.4 底盘测功机应能显示功率吸收装置的瞬时加载力和曲线以及瞬时车速和曲线,并能通过外部显示设备提示操作。

6.5.1.5 已知底盘测功机台架转动件的基本惯性质量。

6.5.1.6 滚筒上母线应保持水平,各滚筒两端点间的高度差应不大于±5mm。

6.5.2 检验准备

6.5.2.1 底盘测功机电气系统应预热。

6.5.2.2 采用反拖电机或车辆驱动滚筒预热台架转动部件,直至底盘测功机滑行时间趋于稳定。

6.5.2.3 登录被检车辆的以下参数信息,对于检验机构数据库或车辆行驶证无法提供的参数,应从车辆登记证、产品说明书、发动机铭牌等处查取:

a) 压燃式发动机额定功率(当发动机功率参数仅以最大净功率表征时,额定功率取1.11倍的净功率),单位为千瓦(kW);

b) 点燃式发动机额定扭矩,单位为牛顿米(N·m);额定扭矩转速,单位为转每分钟(r/min);

c) 驱动轴空载质量,单位为千克(kg)。

6.5.2.4 预热发动机、传动系达到正常工作的温度状况。

6.5.2.5 被检车辆空载,轮胎表面干燥、清洁无油污,驱动轴轮胎的花纹深度不小于1.6 mm,轮胎花纹内和并装轮胎间无异物嵌入,轮胎气压符合规定。

6.5.2.6 关闭空调系统等汽车运行非必需的耗能装置。

6.5.2.7 对于并装双驱动轴车辆,应使桥间差速器不起作用。

6.5.2.8 两用或双燃料车辆取发动机燃油额定功率(或额定扭矩),油电(或气电)混合动力车辆取发动机燃油(或燃气)额定功率(或额定扭矩),燃气车辆取发动机燃气额定功率(或额定扭矩),纯电动汽车的动力性不做评价。

6.5.3 检验方法

按GB/T 18276规定的驱动轮轮边稳定车速检验方法进行。

6.5.4 压燃式发动机车辆的动力性检验

6.5.4.1 检验步骤

6.5.4.1.1 被检车辆驱动轮置于底盘测功机滚筒上,根据车型调整侧移限位和系留装置,在非驱动轮加装停车楔。

6.5.4.1.2 底盘测功机设置为恒力控制方式,力、速度等参数示值调零。

6.5.4.1.3 底盘测功机不加载的条件下,起动被检车辆,逐步加速,选择直接挡测取全油门的最高稳定车速,并按公式(4)计算额定功率车速。当最高稳定车速大于95km/h(对于危险货物运输车辆,其最高稳定车速大于 80km/h)时,应降低一个档位,并重新测取最高稳定车速。

$$V_e = 0.86 \times V_a \tag{4}$$

式中:V_e——额定功率车速,单位为千米每小时(km/h);

V_a——全油门所挂挡位的最高稳定车速,单位为千米每小时(km/h)。

6.5.4.1.4 底盘测功机逐步进行恒力加载至($F_E \pm 20N$)范围内并稳定 3s 后,开始测取车速,当 3s 内的车速波动不超过 ±0.5km/h 时,该车速即为驱动轮轮边稳定车速 V_W,检测结束。

注:液化燃气车辆按压燃式发动机动力性检测方法。

6.5.4.2 计算加载力

6.5.4.2.1 检测环境下的功率吸收装置加载力,按式(5)计算:

$$F_E = F_e - F_{tc} - F_c - F_f - F_t \tag{5}$$

式中:F_E——检测环境下功率吸收装置在滚筒表面上的加载力,单位为牛顿(N);

F_e——V_e 车速点,检测环境下发动机达标功率换算在驱动轮上的驱动力,单位为牛顿(N);

F_{tc}——底盘测功机内阻,单位为牛顿(N);

F_c——轮胎滚动阻力,单位为牛顿(N);

F_f——V_e 车速点,发动机附件消耗功率换算在驱动轮上的阻力,单位为牛顿(N);

F_t——车辆传动系允许阻力,单位为牛顿(N)。

6.5.4.2.2 按下式计算 F_e:

$$F_e = \frac{3600 \times \eta \times P_e}{\alpha_d \times V_e} \tag{6}$$

式中:P_e——发动机额定功率,单位为千瓦(kW);

η——功率比值系数,动力性达标检验时,$\eta = 0.75$;

α_d——压燃式发动机功率校正系数,发动机因子 f_m 取 0.3,计算方法见 GB/T 18276—2000 中附录 A。

6.5.4.2.3 F_{tc} 按表 7 取值,或采用反拖法定期测量测功机在 80km/h 时的内阻。

台架内阻 F_{tc} 推荐值　　　　表7

车 辆 类 型	内 阻	
	二轴四滚筒式台架内阻(F_{tc}) N	三轴六滚筒式台架内阻(F_{tc}) N
压燃式发动机车辆的动力性检验	130	160
点燃式发动机车辆的动力性检验	110	140

6.5.4.2.4 按式(7)计算 F_c:

$$F_c = f_c \times G_R \times g \tag{7}$$

式中：f_c——台架滚动阻力系数，V_e 大于等于 70km/h 时，f_c 取 $2f$；V_e 小于 70km/h 时，f_c 取 $1.5f$。f 是汽车在水平硬路面上行驶的滚动阻力系数，子午线轮胎取 0.006，斜交轮胎取 0.010；

G_R——驱动轴空载质量，单位为千克(kg)；

g——重力加速度，$g = 9.81 \text{m/s}^2$。

6.5.4.2.5 按式(8)计算 F_f：

$$F_f = \frac{3600 \times f_p \times P_c}{V_e} \tag{8}$$

式中：f_p——V_e 车速点，发动机附件消耗功率系数。当发动机铭牌（或说明书）功率参数以额定功率表征时，f_p 取 0.1；以车辆铭牌最大净功率表征时，f_p 取 0。

6.5.4.2.6 按式(9)计算 F_t：

$$F_t = 0.18 \times (F_e - F_f) \tag{9}$$

6.5.4.3 存储数据

存储以下被检车辆相关参数及中间数据：

η、P_e、V_e、V_w、F_e、F_E、F_{tc}、F_c、F_f、F_t、α_d 以及环境温度、相对湿度、大气压力。

6.5.5 点燃式发动机车辆的动力性检验

6.5.5.1 检验步骤

6.5.5.1.1 被检车辆驱动轮置于底盘测功机滚筒上，根据车型调整侧移限位和系留装置，在非驱动轮加装停车楔。

6.5.5.1.2 底盘测功机设置为恒力控制方式，力、速度等参数示值调零。

6.5.5.1.3 底盘测功机不加载的条件下，起动被检车辆，逐步加速，选择变速箱第 3 档位，采用加速踏板控制车速，当外接转速表（外接转速表无法稳定测取转速时，可观察发动机转速表）的转速稳定指向发动机额定扭矩转速 n_m 时，测取当前驱动轮轮边线速度，记作额定扭矩车速 V_m。当额定扭矩车速 V_m 大于 80km/h 时，应降低 1 个档位，重新测取额定扭矩车速 V_m。

注：当额定扭矩转速为 $n_{m1} \sim n_{m2}$ 时，n_m 取其均值。当 n_m 大于 4000 r/min 时，按 n_m = 4000 r/min 测取 V_m。

6.5.5.1.4 踩下加速踏板使车速超过 V_m，底盘测功机逐步进行恒力加载至($F_M \pm$ 20N)范围内并稳定 3s 后，开始测取车速，当 3s 内的车速波动不超过 ±0.5km/h 时，该车速即为驱动轮轮边稳定车速 V_w，检测结束。

注：压缩燃气车辆按点燃式发动机动力性检测方法。

6.5.5.2 计算加载力

6.5.5.2.1 检测环境下的功率吸收装置加载力，按式(10)计算：

$$F_M = F_m - F_{tc} - F_c - F_f - F_t \tag{10}$$

式中：F_M——检测环境下功率吸收装置在滚筒表面上的加载力，单位为牛顿(N)；

F_m——V_m 车速点，检测环境下发动机达标扭矩换算在驱动轮上的驱动力，单位为牛顿(N)；

F_f——V_m车速点,发动机附件消耗扭矩换算在驱动轮上的阻力,单位为牛顿(N)。

6.5.5.2.2 按式(11)计算F_m:

$$F_\text{m} = \frac{0.377 \times \eta \times M_\text{m} \times n_\text{m}}{\alpha_\text{a} \times V_\text{m}} \qquad (11)$$

式中:M_m——发动机额定扭矩,单位为牛顿米,N·m;

α_a——点燃式发动机功率校正系数,计算方法见 GB/T 18276—2000 中附录 A。

6.5.5.2.3 F_tc按表7取值,或采用反拖法定期测量测功机在50km/h时的内阻;

6.5.5.2.4 按式(7)计算F_c。其中,V_m大于或等于70km/h时,f_c取$2f$;V_m小于70km/h时,f_c取$1.5f$。f取值:子午线轮胎取0.006,斜交轮胎取0.010;

6.5.5.2.5 按式(12)计算F_f:

$$F_\text{f} = \frac{0.377 \times f_\text{m} \times M_\text{m} \times n_\text{m}}{V_\text{m}} \qquad (12)$$

式中:f_m——V_m车速点,发动机附件消耗扭矩系数,f_m取0.06。

6.5.5.2.6 按式(13)计算F_t:

$$F_\text{t} = 0.18 \times (F_\text{m} - F_\text{f}) \qquad (13)$$

6.5.5.3 存储数据

存储以下被检车辆相关参数及中间数据:

η、M_m、V_m、V_w、n_m、F_m、F_M、F_tc、F_c、F_f、F_t、α_a 以及环境温度、相对湿度、大气压力。

6.6 燃料经济性

以汽油或者柴油为单一燃料,总质量大于3500kg的在用道路运输车辆,其燃料消耗量按 GB/T 18566 规定的方法进行检验。

6.7 制动性

6.7.1 台架检验

6.7.1.1 设备要求

6.7.1.1.1 采用滚筒反力式制动检验台或平板式制动检验台检验,制动力的单位为10牛顿(daN)。

6.7.1.1.2 采用滚筒反力式制动检验台时,应符合以下要求:

a)单边滚筒驱动电机的额定功率按式(14)计算:

$$P_\text{d} \geq \frac{0.3 \times m_\text{e} \times g \times V}{1.9 \times 3600} \qquad (14)$$

式中:P_d——单边滚筒驱动电机额定功率,单位为千瓦(kW);

m_e——制动台额定承载轴质量,单位为千克(kg);

g——重力加速度,取9.81m/s^2;

V——滚筒线速度,单位为千米每小时(km/h)。

b)用于检验多轴及并装轴车辆的制动台应符合:当滚筒直径为245mm,中心距为460mm,主、副滚筒高差为30mm时,副滚筒上母线与地面水平面的高度差为40^{+5}_{0}mm;当滚筒中心距增大或减小 10mm,副滚筒上母线与地面水平面的高度差相应增大或减小 2mm;当主、副滚筒高差减小 10mm,副滚筒上母线与地面水平面的高度差相应增大 4mm;

c)各滚筒上母线应保持水平,同轴滚筒上母线两端点间的高度差不大于 ±3mm(每滚筒两个测量端点);

d)多轴及并装轴车辆的轮(轴)质量应分别采用独立式轮重仪和复合式轴重仪测取,轮(轴)重仪的示值为质量,单位为公斤(kg);

注1:两轴车辆指非并装轴的两轴单车,包括全挂车,以下同。

注2:多轴及并装轴车辆指三轴及三轴以上的单车、汽车列车和并装轴挂车,以下同。

e)采集左、右车轮的制动全过程数据时,采样周期为 10ms。在非停机保护状态下,采样时间不少于 3s;

f)左、右滚筒的停机保护应能保证测取到被检车轮最大制动力。由第三滚筒控制时,轮胎线速度相对于滚筒设计线速度降低 25%~35% 应停机保护;

g)滚筒表面附着系数不低于 0.75,台架前、后地面应做提高附着系数的处理;

h)左、右滚筒的驱动电机应分时启动,时间间隔不小于 1s。

i)对于全时四驱的车辆,采用滚筒反力式制动检验台检验时,可在台架前、后加装自由滚筒。滚筒应经过提高表面附着系数处理,宜具有自动锁止和释放功能以适用于非全时四驱车辆的检测。

6.7.1.1.3 采用平板式制动检验台时,应符合以下要求:

a)单车应采用至少是4个制动平板的平板制动检验台检验;

b)汽车列车应采用适用于多轴车辆的汽车列车制动性能检验台检验;

c)每一制动平板的制动力及轮质量的采样周期不大于 5ms;

d)平板式制动检验台应能称取被检车辆各车轮质量,示值单位为千克(kg);

e)制动平板测试表面附着系数不低于 0.75;

f)制动平板应保持水平,各制动平板间的高度差应不超过 5mm。

6.7.1.1.4 检测控制系统应具有数据及曲线的存储、屏显及打印功能。

6.7.1.1.5 配备制动踏板开关。

6.7.1.2 检验准备

6.7.1.2.1 空载检验时,气压表指示气压不大于 600kPa,液压制动踏板力:乘用车不大于 400N,其他机动车不大于 450N;满载检验时,气压表指示气压不大于额定工作气压,液压制动踏板力:乘用车不大于 500N,其他机动车不大于 700N。

6.7.1.2.2 驻车制动检验时的允许操纵力,手操纵时,乘用车不大于 400N,客车、货车不大于 600N;脚操纵时,乘用车不大于 500N,客车、货车不大于 700N。

6.7.1.2.3 被检车辆轮胎表面干燥、清洁无油污,胎冠花纹中及并装轮胎间无异物嵌入,驱动轴轮胎的花纹深度不小于 1.6mm,气压符合规定。

6.7.1.2.4 对于气压制动的车辆,采用滚筒反力式制动检验台检验时,储气筒应有足够的压力,并能保证制动性能检测完毕时,气压不低于起步气压。

6.7.1.2.5 检测汽车列车制动时序和制动协调时间,应安装制动踏板开关。

6.7.1.2.6 采用滚筒反力式制动检验台检验行车制动和驻车制动时,可在非测试车轮后垫三角垫块防止车轮后移。

6.7.1.2.7 并装双驱动轴采用滚筒反力式制动检验台检验时,应使桥间差速器起作用。

6.7.1.2.8 检验台架旋转部件及电气系统应预热。

6.7.1.3 滚筒反力式制动检验台检验方法

6.7.1.3.1 测取被检车辆各轴的静态轮质量。

6.7.1.3.2 将被测车轮置于制动台两滚筒之间,变速器为空挡。此时,对于多轴及并装轴车辆还应采用复合式轴重仪测取被检轴的静态轴质量。

6.7.1.3.3 分别起动制动台左、右滚筒的驱动电机,3s后按提示将制动踏板缓踩到底(液压制动车辆应保持规定的制动踏板力),测取左、右车轮最大制动力以及制动全过程的数据;对驻车制动轴实施驻车制动,测取驻车最大制动力。

6.7.1.3.4 依次检测各轴。

6.7.1.3.5 按以下规定的方法计算静态轮荷及静态轴荷、整车制动率、轴制动率、制动不平衡率和驻车制动率:

a) 静态轮荷及静态轴荷的计算:计算静态轮荷时,将轮质量换算为轮荷。计算静态轴荷时,为同轴左、右轮的静态轮荷之和;复合式轴重仪的静态轴荷为其测取的静态轴质量换算的轴荷;静态轴(轮)荷的单位为10牛顿(daN),换算轴(轮)荷时的重力加速度取$9.81 m/s^2$;

b) 整车制动率的计算:测取的所有车轮最大制动力之和与整车重量(各轴静态轴荷之和,以下同)的百分比。当牵引车与半挂车相连时,牵引车整车制动率为牵引状态下,牵引车所有车轮的最大制动力之和与牵引车整车重量的百分比,半挂车整车制动率为牵引状态下,挂车所有车轮的最大制动力之和与半挂车整车重量的百分比;

c) 轴制动率的计算:在制动全过程中,测取左、右车轮的最大制动力,并计算左、右车轮最大制动力之和与该轴静态轴荷的百分比;

d) 制动不平衡率的计算:以同轴左、右任一车轮产生抱死滑移时为取值终点,如左、右轮无法达到抱死滑移,则以较后出现车轮最大制动力时刻作为取值终点。在取值终点前的制动全过程中,计算同时刻左、右车轮制动力差的最大值与该轴左、右车轮最大制动力中较大者的百分比。除前轴外,当轴制动率小于60%时,用该值除以该轴静态轴荷的百分比;

e) 驻车制动率的计算:测取的各驻车轴最大驻车制动力之和与整车重量的百分比。

注1:对于多轴及并装轴车辆,计算轴制动率和制动不平衡率时,静态轴荷按复合式轴重仪测取的轴荷计算,其他车辆按独立式轮重仪测取的静态轴荷计算。

注2:计算整车制动率、驻车制动率时,整车重量按独立式轮重仪测取的空载静态轮荷计算。

6.7.1.4 平板制动检验台检验方法

6.7.1.4.1 被检车辆以5km/h~10km/h的速度滑行,置变速器于空挡后(对自动变速器车辆可位于"D"挡),正直平稳驶上平板。

6.7.1.4.2 当所有车轮均驶上制动平板时,急踩制动使车辆停止,测取各车轮的最大轮制动力、制动全过程的数据及动、静态轮荷;重新起动车辆,当驻车制动轴驶上制动平板时实施驻车制动,测取各驻车轴制动力。

注：车辆停止时,如被测车轮离开制动平板,制动检测无效,应重新检测。

6.7.1.4.3 按以下规定的方法计算静(动)态轮荷及静(动)态轴荷、整车制动率、轴制动率、制动不平衡率、驻车制动率以及汽车列车制动时序、制动协调时间和制动力分配：

a) 静(动)态轮荷及静(动)态轴荷的计算：静态轮荷及静态轴荷的计算同滚筒反力式制动检验台的计算方法。动态轮荷取同轴左、右轮制动力最大时刻分别对应的轮荷,动态轴荷为同轴左、右轮动态轮荷之和；

b) 整车制动率的计算：测取的各车轮最大制动力之和与静态整车重量的百分比。当牵引车与半挂车相连时,牵引车整车制动率、半挂车整车制动率的计算同滚筒反力式制动检验台的计算方法；

c) 轴制动率、制动不平衡率和驻车制动率的计算：同滚筒反力式制动检验台检验的计算方法。计算轴制动率时,乘用车轴荷取动态轴荷,其他车辆的轴荷取静态轴荷；

d) 汽车列车制动时序的计算：以制动踏板开关的触发时刻为起始时标,计算汽车列车各轴制动力分别达到静态轴荷的5%的时间及时间差；

e) 汽车列车制动协调时间的计算：以制动踏板开关的触发时刻作为起始时刻 T_e,以制动全过程中,各轴所有车轮同时刻的制动力之和达到整车制动率规定值的75%时刻为终止时刻 T_e,T_e-T_b 的时间差即为制动协调时间。当整车制动率不能达到规定值时,制动协调时间不做计算和评价；

f) 汽车列车制动力分配的计算方法如下：

1) 计算汽车列车整车制动率、牵引车整车制动率和挂车整车制动率；

2) 分别计算牵引车整车制动率、挂车整车制动率与汽车列车整车制动率的百分比。

6.7.2 路试检验

6.7.2.1 设施及设备要求

6.7.2.1.1 行车制动

路试检验行车制动的设施及设备要求如下：

a) 平坦、坚实、干燥、无松散物质且轮胎与地面间的附着系数不小于0.7的水泥或沥青路面,长度不小于100m；

b) 试验通道应设置标线,标线的宽度：乘用车、总质量不大于3500kg的车辆为2.5m,汽车列车及其他车辆为3m；

c) 采用便携式制动性能检测仪、非接触式速度计或五轮仪检验。

6.7.2.1.2 驻车制动

坡道坡度为20%和15%,轮胎与路面间的附着系数不小于0.7的水泥或沥青路面。在不具备试验坡道的情况下,可使用驻车制动检测设备检验驻车制动性能。

6.7.2.2 检验方法

6.7.2.2.1 行车制动

被检车辆沿试验通道中线空挡滑行,以5.2.3.4规定的初速度(速度允许偏差为规定值±2km/h),在试验通道内实施紧急制动。待车辆停止后,读取便携式制动性能检测仪、非接触式速度计或五轮仪测取的数据,制动过程中车辆的任何部位(不计入车宽的部位除外)不超出规定宽度试验通道的边缘线。

6.7.2.2.2　驻车制动

被检车辆在坡度为20%(对总质量为整备质量的1.2倍以下的车辆为15%)的路试坡道上的上行和下行两个方向分别实施驻车制动,时间不应少于5 min。

6.8　排放性

6.8.1　设备要求

点燃式发动机排气污染物采用排气分析仪检验;压燃式发动机排气烟度采用不透光烟度计检验,对于2001年10月1日前生产的在用车辆,采用滤纸式烟度计检验。

6.8.2　检验方法

6.8.2.1　点燃式发动机汽车

按GB 18285规定的双怠速法或简易工况法检验。

注：当被检车辆不适合外接发动机转速表时,可根据车载转速表指示值控制发动机转速。

6.8.2.2　压燃式发动机汽车

按GB 3847规定的自由加速不透光烟度法或加载减速法检验。

6.9　转向操纵性

6.9.1　转向轮横向侧滑量

6.9.1.1　设备要求

6.9.1.1.1　采用适用于单、双转向桥的双板联动侧滑检验台检验,侧滑检验台应具有轮胎侧向力释放功能。

6.9.1.1.2　滑板应保持水平,两滑板各点间的高度差应不超过5mm。

6.9.1.2　检验准备

6.9.1.2.1　被检车辆轮胎表面干燥、清洁无油污,胎冠花纹中及并装轮胎间无异物嵌入,气压符合规定。

6.9.1.2.2　打开侧滑检验台滑板的锁止机构。

6.9.1.2.3　仪表显示零位,必要时人工操作清零。

6.9.1.2.4　侧滑检验台电气系统应预热。

6.9.1.3　检验方法

被检车辆居中直线行驶,以不高于5km/h的车速平稳通过侧滑检验台滑板(不应转动转向盘和实施制动),测取转向轮横向侧滑量的最大示值。

6.9.2　转向盘自由转动量

人工定性检查转向盘最大自由转动量,如自由转动量与规定限值接近而无法判定时,应按以下规定的方法进行定量检测：

a) 被检车辆置于平坦、干燥、清洁的硬质地(路)面,转向轮保持回正位置,发动机熄火；

b) 将转向力-角测量仪安装在被检车辆的转向盘上；

c) 转向力-角测量仪设为峰值保持并清零,转动转向力-角测量仪的操纵盘至一侧有阻力止(转向轮转动临界点),读取角度值,记作A_1,再转至另一侧有阻力止,读取角度值,记作

A_2，A_1 与 A_2 间的自由角度即为转向盘最大自由转动量。

6.10 悬架特性

6.10.1 设备要求

采用悬架检测台检验。

6.10.2 检验准备

6.10.2.1 轮胎气压符合规定。

6.10.2.2 检验悬架特性时，驾驶员应离车。

6.10.2.3 悬架检测台电气系统应预热。

6.10.3 检验方法

6.10.3.1 将被检车辆各轴车轮依次驶上悬架装置检测台，并使轮胎位于检测台面的中央位置，测量左、右轮的静态轮荷。

6.10.3.2 分别起动悬架检测台的左、右电机，使汽车悬架产生振动，增加振动频率并超过振动的共振频率。

6.10.3.3 当振动频率超过共振点后，将电机关断，振动频率衰减并通过共振点。

6.10.3.4 记录衰减振动曲线，测量共振时的最小动态轮荷，计算并读取最小动态轮荷与静态轮荷的百分比以及同轴左、右轮百分比的差值。

注：衰减振动曲线的纵坐标为动态轮荷，横坐标为时间。

6.11 前照灯远光发光强度和光束照射位置

6.11.1 设备要求

6.11.1.1 采用具有发光强度及远、近光光束照射位置检测功能的前照灯检验仪检验。

6.11.1.2 采用自动式前照灯检测仪时，导轨运行平面的水平度应不超过 2mm/m。

6.11.2 检验准备

6.11.2.1 被检车辆所有轮胎的气压符合规定。

6.11.2.2 前照灯检验仪受光面和被检车辆前照灯镜面应清洁。

6.11.2.3 前照灯检验仪应预热。

6.11.3 检验方法

6.11.3.1 被检车辆沿引导线居中行驶，并在规定的检测位置停止，车辆的纵向轴线应与引导线平行。如不平行，车辆应重新停放或采用车辆摆正装置进行拨正。

6.11.3.2 车辆电源处于充电状态，变速器置于空挡，开启前照灯远光灯。

6.11.3.3 前照灯检测仪自动搜寻被检前照灯，并测量其远光发光强度。对于远光光束可单独调整的前照灯还应测量远光光束照射位置偏移。

6.11.3.4 被检前照灯转换为近光光束，自动式前照灯检测仪自动测量其近光光束明暗截止线拐点的照射位置偏移值。

6.11.3.5 按 6.11.3.3、6.11.3.4 完成车辆所有前照灯的检测。

注1：采用光轴对正或基准中心对正的自动式前照灯检测仪可只检测左、右两只对称的前照灯主灯，如四灯全检时，应将与被检灯相邻的灯遮蔽。

注2：手动式前照灯检测仪可参照上述方法。

6.12 车速表示值误差

6.12.1 设备要求

6.12.1.1 采用滚筒式车速表检验台检验。对于无法台架检验车速表指示误差的车辆,如全时四驱、实时四驱、带防滑控制功能、车速传感器未装在驱动轮的车辆,检查车速表速度指示功能是否正常,必要时,可采用便携式制动性能检测仪、非接触式速度计或五轮仪,通过路试的方法检验。

6.12.1.2 滚筒上母线应保持水平,各滚筒两端点间的高度差应不超过5mm。

6.12.2 检验准备

6.12.2.1 并装轮胎间无异物嵌入,气压符合规定。

6.12.2.2 前轮驱动车辆应在非驱动轮前部加止动楔块,并使用驻车制动。

6.12.2.3 仪表显示零位,必要时人工操作清零。

6.12.2.4 车速表检验台电气系统应预热。

6.12.3 检验方法

6.12.3.1 将被检车辆驱动轮置于车速表检验台滚筒上。

6.12.3.2 降下举升器,起动被检车辆,当车速表稳定指示40km/h时,测取实际车速。

6.12.3.3 对于无法台架检验车速表指示误差的车辆,可采用便携式制动性能检测仪或同类仪器设备。采用便携式制动性能检测仪时,按以下方法检验车速表示值误差,采用同类仪器设备检验时,按其说明书进行操作:

a) 在被检车辆上安装便携式制动性能检测仪;

b) 起动被检车辆,将车速稳定在40km/h并踩下制动踏板;

c) 将便携式制动性能检测仪计算打印的制动初速度作为车速表40km/h对应的实际车速,计算两者差值。

6.13 车轮阻滞率

6.13.1 设备要求

6.13.1.1 采用滚筒反力式制动检验台检验,其空载动态零值误差应符合表8的要求。

滚筒反力式制动检验台空载动态零值误差　　　　表8

额定承载质量	空载动态零值误差
3t	±0.6%F·S
10t	±0.2%F·S
13t	±0.2%F·S

6.13.1.2 滚筒反力式制动检验台的安装要求及被检车辆轮(轴)质量的测取要求应符合6.7.1.1.2的相关规定。

6.13.2 检验准备

制动台滚筒空载运转,使轴承、减速箱等旋转部件及润滑油充分预热。

6.13.3 检验方法

6.13.3.1 测取被检车辆各轴的静态轮质量,并按 6.7.1.3.5 a)的规定换算为静态轴荷。对于多轴及并装轴车辆应采用复合式轴重仪测取被检轴的静态轴质量。

6.13.3.2 将被测轴的车轮置于制动台滚筒上,变速器为空档,数据采集系统清零。

6.13.3.3 起动制动台左、右滚筒的驱动电机,2s 后开始采样并保持至少 5s 的采样时间,测取采样过程中各车轮阻滞力的平均值。

6.13.3.4 按 6.13.3.2、6.13.3.3 依次检验各轴车轮的阻滞力。

6.13.3.5 计算各车轮阻滞力的平均值与静态轴荷的百分比。

注1:基于滚筒反力式制动检验台的副滚筒上母线与地面水平面存在高度差,对于多轴及并装轴车辆,计算车轮阻滞率时,静态轴荷按复合式轴重仪测取的静态轴荷计算。

注2:车轮阻滞率的检验与 6.7.1.3 同步进行,先检验同轴车轮阻滞率,再检验该轴的行车制动和驻车制动。相同的检验步骤可合并操作。

6.14 喇叭

6.14.1 设备要求

采用声级计检验喇叭声压级。

6.14.2 检验方法

6.14.2.1 将声级计置于被检车辆前 2m 处,传声器距地高 1.2m,并指向被检车辆驾驶员位置。

6.14.2.2 调整声级计到 A 级计权和快挡位置。

6.14.2.3 按响喇叭并保持发声 3s 以上,测取声压级。

7 在用道路运输车辆检验结果的判定与处理

7.1 检验项目设置

在用道路运输车辆综合性能检验分为"人工检验"和"性能检验"。人工检验项目(见附录 A)中,标记"★"的项目为关键项,标记"■"的项目为一般项。性能检验项目(见附录 B)中,"车速表示值误差"、"前照灯光束垂直偏移"为"一般项","前照灯光束水平偏移"不参与评价,其他项目为"关键项"。

7.2 检验结果判定

人工检验项目及性能检验项目中,"关键项"的检验结果为合格且"一般项"的不合格项数不超过 6 项时,检验结果判定为合格。当有任一"关键项"的检验结果为不合格,或"一般项"的不合格项数多于 6 项时,检验结果判定为不合格。

7.3 检验结果处理

7.3.1 检验结果为合格但存在一般项不合格时,委托人应在"检验报告单"上签字确认并及时调修。

7.3.2 检验结果为不合格时,委托人应在规定的时间内调修并进行复检。具备条件时,对于能立即排除的故障和缺陷可在场调修。

7.3.3 对以下不合格项进行复检时,应进行关联检验:

a) 对于装用压燃式发动机车辆,动力性不合格时,调修后复检动力性、燃料经济性和排

放性;燃料经济性不合格时,调修后复检燃料经济性和动力性;排放性不合格时,调修后复检排放性和动力性;

b) 轴制动率不合格时,调修后复检轴制动率、制动不平衡率和同轴车轮阻滞率,并重新计算整车制动率;

c) 驻车制动率不合格时,调修后复检驻车制动率;

d) 同轴车轮阻滞率不合格时,调修后复检该轴的车轮阻滞率、轴制动率、制动不平衡率,并重新计算整车制动率。

8 标准实施的过渡期要求

8.1 以下要求自本标准实施之日起第 7 个月对申请从事道路运输车辆实施:

—— 4.2.1 关于 M_2、M_3 类客车、N_2 和不超过四轴的 N_3 类货车、危险货物运输车、O_3 和 O_4 类挂车以及乘用车安装防抱制动装置的要求;

—— 4.2.2 关于车长大于 9m 的客车和危险货物运输车,其前轮应装有盘式制动器的要求;

—— 4.2.3 关于车长大于 9m 的客车、N_3 类货车(含危险货物运输车)应装有缓速器或其他辅助制动装置的要求;

—— 4.2.4 关于 M_2、M_3 类客车、N_2 和 N_3 类货车、乘用车以及危险货物运输车,其所有的行车制动器应装有制动间隙自动调整装置的要求;

—— 4.3.1 关于客车内饰材料的燃烧速度的要求;

—— 4.3.3 关于电涡流缓速器的安装部位上方应装有隔热板或具阻燃性隔热材料的要求;

—— 4.4.1 关于申请从事道路运输车辆的动力性要求;

—— 4.4.3.1.2 和 4.4.3.2.2 关于 O_3、O_4 类挂车行车系冷态、热态制动效能的要求。

8.2 以下要求自本标准实施之日起第 13 个月对申请从事道路运输车辆实施:

—— 4.2.4 关于 O_3 和 O_4 类半挂车配备制动间隙自动调整装置的要求;

—— 4.2.8 关于三轴及三轴以上的货车应具有超速报警功能的要求。

8.3 以下要求自本标准实施之日起第 25 个月对申请从事道路运输车辆实施:

—— 4.4.3.3.2 和 4.4.3.3.3 关于汽车列车制动时序和汽车列车制动力分配的要求。

8.4 以下要求对自本标准实施之日起第 25 个月后生产的在用车辆实施:

—— 5.2.3.3.3、5.2.3.3.4 关于汽车列车制动时序和汽车列车制动力分配的要求,对在用汽车列车实施。

附 录 A
（规范性附录）
道路运输车辆人工检验记录单

A.1 道路运输车辆人工检验记录单内容要求见表 A.1。

A.2 表 A.1 的内容是强制性的，但其格式可自行调整。建议记录单印制时，将其所有内容用宽行纸排成一页。

A.3 对于汽车列车，应填写牵引车号牌号码和挂车的挂车号牌。

A.4 表 A.1 的"属性"栏中，标记"★"的项目为关键项，标记"■"的项目一般项；"判定"栏中，"○"为合格，"×"为不合格，不适用项填"/"。

A.5 不合格项汇总栏中，填写不合格项编号并用"、"分隔，无不合格项填写"无"。挂车不合格项编号前加"G"。

A.6 轮胎花纹深度数据栏，其记录的车轮所在位置按两位编码"□□"表示，"□□"后用":"与记录数据分隔。编码的第一位代表所在轴（线轴车辆按线计），依次从 1 轴（或线）开始用 A、B、C、D……表示，第二位代表车轮在所在轴（或线）的位置，从左到右依次按 1、2、3……表示。

A.7 在人工检验过程中，可同步记录、查阅和测量表 B.1 中被检车辆的相关信息及数据，并在计算机系统进行登录。

A.8 本记录单作为附录 C 的附件。

附件1 道路运输车辆综合性能要求和检验方法

道路运输车辆人工检验记录单

表 A.1

委托人：_____ 号牌号码：_____ 号牌种类：_____ 挂车号牌：_____ 检验日期：____年____月____日 记录单编号：_____

分类	编号	检验项目	属性	评定	编号	检验项目	属性	评定	编号	检验项目	属性	评定	编号	检验项目	属性	评定
唯一性认定	1	号牌号码	★		4	车身颜色	★		7	VIN号	★		10	车厢栏板高度	★	
	2	车辆类型	★		5	发动机号	★		8	挂车架号	★		11	客车座（铺）位数	★	
	3	品牌型号	★		6	底盘号	★		9	外廓尺寸	/	/	/	/	/	/
故障信息诊断	12	发动机排放控制系统	★		13	制动防抱装置（ABS）	★		14	电动助力转向系统（EPS）	★		15	其他与行车安全相关的故障信息	★	
外观检查	16	助力转向传动带	★		30	示廓灯	★		44	客车车厢灯和门灯	■		58	固定集装箱体的锁止机构	★	
	17	空气压缩机传动带/齿轮箱	★		31	危险报警闪光灯	★		45	车身与驾驶室	■		59	安全架与隔离装置	★	
	18	燃料供给管路与部件	★		32	雾灯	★		46	对称部位高度差	★		60	灭火器材	★	
	19	车轮及螺栓螺母	★		33	反射器与侧标志灯	★		47	外部和内部尖锐凸起物	■		61	警示牌	★	
	20	轮胎胎面状况	★		34	货车车身反光标识和尾部标志板	★		48	车身表面涂装	★		62	停车楔	■	
	21	轮胎花纹深度	★		35	导线绝缘层、线束固定	★		49	货车货箱、车门、栏板、底板和栏板锁止	■		63	危货排气管、隔热和熄火火星装置	★	
	22	同轴轮胎规格和花纹	★		36	电缆线及连接头、蓄电池及连接头、绝缘套	★		50	驾驶室车窗玻璃附加物及玻璃反光遮阳膜	★		64	危货切断总电源和隔离电火花装置	★	
	23	轮胎速度级别	★		37	穿过金属孔的绝缘护套	★		51	后视镜和下视镜	★		65	危货静电拖地带	★	
	24	轮胎气压	★		38	车门应急控制器	★		52	防炫目装置	★		66	危货运输车辆标志及标识	★	
	25	翻新轮胎的使用	★		39	应急门	★		53	安全带	★		67	危货罐体检验合格证明或报告	★	

续上表

分类	编号	检验项目	属性	评定	编号	检验项目	属性	评定	编号	检验项目	属性	评定	编号	检验项目	属性	评定
外观检查	26	子午线轮胎	★	/	40	安全顶窗	★	/	54	侧面防护装置	★	/	68	气瓶、可移动罐（槽）紧固装置	★	/
	27	备用轮胎	★	/	41	应急窗开启	★	/	55	后部防护装置	★	/				
	28	前照灯与远、近光光束变换	■	/	42	玻璃破碎装置	★	/	56	保险杠	■	/				
	29	转向灯	★	/	43	门窗玻璃	■	/	57	汽车列车牵引装置和安全锁止机构	★	/				
运行检查	69	起动性能	■	/	74	制动踏板	★	/	79	传动部件异响	★	/	84	除雾、除霜装置	★	/
	70	柴油发动机停机装置	■	/	75	驻车制动装置	■	/	80	指示器与仪表	★	/				
	71	发动机低、中、高速运转	★	/	76	转向盘最大自由转动量	★	/	81	卫星定位系统车载终端	■	/				
	72	制动报警装置	★	/	77	离合器	■	/	82	风窗刮水器	■	/				
	73	气压制动弹簧储能装置	■	/	78	变速器	■	/	83	风窗洗涤器	■	/				
底盘检查	85	发动机密封性	★	/	90	转向机构部件连接	■	/	95	车桥密封性	★	/	100	万向节与轴承	★	/
	86	制动管路	★	/	91	转向机构部件技术状况	★	/	96	拉杆和导杆	★	/	101	排气管和消声器	■	/
	87	制动泵（缸）及气（油）路	★	/	92	转向助力装置	★	/	97	悬架弹性元件	★	/				
	88	缓速器	★	/	93	车架	★	/	98	悬架部件连接	★	/				
	89	储气筒	★	/	94	车桥的可视裂纹及变形	★	/	99	减振器	■	/				

续上表

分类	编号	检验项目	属性	评定	编号	检验项目	属性	评定	编号	检验项目	属性	评定
	轮胎花纹深度(mm)	单车(记录不合格轮胎) 转向轮:___ 其他轮:___ 挂车:			车身与驾驶室	1. 轻微开裂、锈蚀和明显变形___处 2. 缺陷部位 □是 □否 影响安全性和密封性			车身表面涂装	1. □有 □无 明显破损; 2. 补漆颜色与原色 □是 □否 一致		
	门、窗玻璃	1. □齐全完好; 2. □有 □无 大于25mm且易破碎的裂纹和穿孔; 3. 密封 □良好 □不良			对称部位高度差(mm)	单车 前左:___ 右:___ 后左:___ 后右:___ 半挂 左:___ 右:___ 全挂 前左:___ 前右:___ 后左:___ 后右:___			转向盘最大自由转动量(°)			
数据记录	外廓尺寸(单车)	长:___ mm 宽:___ mm 高:___ mm			外廓尺寸(挂车)	长:___ mm 宽:___ mm 高:___ mm			外廓尺寸(列车)	长:___ mm 宽:___ mm 高:___ mm		
									车厢栏板高度(mm)			
									唯一性认定			
									故障信息诊断			
									外观检查			
									运行检查			
									底盘检查			
									不合格项汇总			

备注:单车___ 挂车___

检验员(签字) 年 月 日

附 录 B
(规范性附录)
道路运输车辆性能检验记录单

B.1 检验记录单的格式

道路运输车辆性能检验记录单的格式式样见表 B.1。

B.2 检验记录单打印要求

B.2.1 车辆信息

对于汽车列车,"车辆型号"、"VIN 号"、"车身颜色"、"车辆出厂日期"、"注册登记日期"等打印主车信息。

B.2.2 检验类别

打印相应类别,如"技术等级评定"、"二级维护竣工质量检验"、"汽车大修竣工质量检验"等。

B.2.3 业务类型

打印车辆业务属性:申请从事道路运输车辆打印"申请",在用道路运输车辆打印"在用"。

B.2.4 检测线别

检验机构只有单线时可不打印,有两条及以上时,按大写英文字母顺序从"A"开始将检测线依序编号,并打印编号。

B.2.5 检验日期

打印车辆检验下线时间,格式为:"YYYY－MM－DD hh:mm:ss";

B.2.6 转向轴悬架形式

打印"独立"或"非独立"字样。

B.2.7 并装轴形式

无并装轴时,打印"无"。牵引车采用并装轴时,打印"牵"+"并装轴轴数",挂车采用并装轴时,打印"挂"+"并装轴轴数",客车后桥采用并装轴时,打印"客"+"并装轴轴数",货车单车采用并装轴时,打印"货"+"并装轴轴数"。

B.2.8 驻车轴

打印驻车作用在车辆第几轴,用数字表示,作用在多轴时,各驻车轴数用","分开。

B.2.9 前照灯制式

按灯制数选择打印"二"、"四"字样。

B.2.10 前照灯远光光束能否单独调整

选择打印"能"或"否"。

B.2.11 燃料经济性检验相关参数

驱动轮轮胎规格型号、总质量、车高、前轮距、客车车长、客车类型等级、货车车身型式、驱动轴数、驱动轴空载质量、牵引车满载总质量等燃料经济性检验相关参数,依据 GB/T

18566 规定的方法检测(查)、分类并打印。

B.2.12 行驶里程

读取汽车里程表数值输入微机并打印,单位为千米(km)。

B.2.13 动力性

B.2.13.1 达标功率

打印额定功率(装用压燃式发动机汽车)或额定扭矩功率(装用点燃式发动机汽车)的 0.75 倍,单位 kW,小数点后保留 1 位,技术等级评定或其他动力性委托检验根据需要取相应系数。

B.2.13.2 额定车速

打印额定功率车速(装用压燃式发动机汽车)或额定扭矩车速(装用点燃式发动机汽车),单位 km/h,小数点后保留 1 位。

B.2.13.3 加载力

打印检测环境下底盘测功机在滚筒表面上的加载力,保留整数位,单位 N。

B.2.13.4 稳定车速

打印驱动轮轮边稳定车速,小数点后保留 1 位,单位 km/h。

B.2.14 水平称重轮荷、复合台称重轴荷和动态轮荷

在制动台架检验"原始数据"栏中,"水平称重轮荷"打印采用独立式轮重仪测取的静态轮荷,"复合台称重轴荷"打印采用复合式轴重仪测取的静态轴荷,"动态轮荷"打印采用平板制动台检测时测取的动态轮荷。计算得出的轮(轴)荷,保留整数位,单位 daN。

B.2.15 水平称重

在制动台架检验"整车"栏中,单车的"水平称重"打印采用独立式轮重仪测取的静态轴荷总和,汽车列车的"水平称重"打印采用独立式轮重仪测取的静态轴荷总和。

B.2.16 列车制动时序

时间:打印以制动踏板开关的触发时刻到相应轴制动力达到 5% 静态轴荷的时间,小数点后保留 3 位,单位 s。

时序:按制动踏板开关的触发时刻到各轴制动力达到 5% 静态轴荷的时间,由快到慢排序,打印 1、2、3 等数字。

B.2.17 车速表

对于无法上线检验车速表的车辆,若相关管理部门或委托检验部门有要求,可采用路试检验车速表,此时路试检验值可填写到报告单中的"车速表"数据栏,但应在数据前加注"路"字,以便与台试数据区分。

B.2.18 侧滑

侧滑检测时,对前轴采用独立悬架的汽车,侧滑量只打印测试结果数据,项目判定栏不打印。侧滑板向外移动时,打印数据前加"+",侧滑板向内移动时,打印数据前加"−"。

B.2.19 路试制动性能

B.2.19.1 采用五轮仪、非接触式速度计等检测时,打印制动距离(m),制动稳定性(打印"稳定"或"不稳定");

B.2.19.2 采用便携式制动性能检测仪等检测时,打印 MFDD(m/s^2),汽车列车协调时间(s),制动稳定性。

道路运输车辆性能

委托人：_____ 道路运输证号：_____ 检验类别：_____ 业务类型：_____

号牌号码		号牌种类		挂车牌照号	
注册登记日期		VIN号		车辆型号	
行驶总里程(km)		驱动型式		转向轴悬架形式	
点燃式额定扭矩/转速	Nm；r/min	燃料类别		驱动轮轮胎规格型号	
前轮距(mm)		客车车长(mm)		客车类型等级	
驱动轴空载质量(kg)		牵引车满载总质量(kg)		并装轴形式	
客车座位(铺)数		单车(主车)轴数		外廓尺寸(长×宽×高)(mm)	
远光束能否单独调整		驻车轴		车厢栏板高度(mm)	

项 目	检 验 结 果				判定
动力性	达标功率 kW	额定车速 km/h	加载力 N	稳定车速 km/h	/
燃料经济性	等速百公里油耗标准限值： L/100km； 实测值 L/100km				

制动性											
台架检验	原始数据	车轴	水平称重轮荷 daN		复合台称重轴荷 daN		动态轮荷 daN		行车制动力 daN	驻车制动力 daN	/
			左轮	右轮			左轮	右轮	左轮	右轮	左轮	右轮
		一轴										
		二轴										
		三轴										
		四轴										
		五轴										
		六轴										
	单车	水平称重 daN		整车制动率 %		驻车制动率 %					
	汽车列车	水平称重 daN		整车制动率 %	牵 挂	驻车制动率 %	制动协调时间 s				
		制动时序	/			1轴	2轴	3轴	4轴	5轴	6轴	/
		时间 s	轴制动力达到5%静态轴荷									
		时序	轴制动力达到5%静态轴荷									/
		整车制动率比 % (牵引车/列车)				整车制动率比 % (挂车/列车)					
	单轴	车轴	轴制动率 %	制动不平衡率 %		过程差最大点 daN		车轮阻滞率 %		/
						左轮	右轮	左轮	右轮		
		一轴									
		二轴									
		三轴									
		四轴									
		五轴									
		六轴									
路试	行车制动	初速度： km/h		试车道宽度： m		制动距离： m					
		MFDD： m/s²		制动稳定性：		汽车列车制动协调时间： s					
	驻车制动	驻车坡度： %		不少于5 min坡道驻车情况：							

附件1 道路运输车辆综合性能要求和检验方法

检验记录单 表 B.1

检测线别：_____ 检验日期：_____ 检验记录单编号：_____

	挂车类型		车辆出厂日期	
	发动机号		车身颜色	
	挂车轴数		压燃式发动机额定功率(kW)	
	总质量(kg)		车高(mm)	
	货车车身型式		驱动轴数	
	转向轴数		前照灯制式	

单车：_____;挂车：_____
单车：_____ 挂车：_____

项目		检 验 结 果												判定
排放性	汽油车	双怠速法				稳态工况						简易瞬态工况		
		高怠速		低怠速		5025			2540					
		CO %	HC 10^{-6}	CO %	HC 10^{-6}	CO %	HC 10^{-6}	NO 10^{-6}	CO %	HC 10^{-6}	NO 10^{-6}	CO g/km	HC g/km	NO g/km	HC+NO g/km
	柴油车	自由加速法								加载减速工况				
		光吸收系数 m^{-1}				滤纸烟度 BSU				光吸收系数 m^{-1}			实测最大轮边功率 kW	
		1	2	3	平均	1	2	3	平均	100%	90%	80%		
悬架	前轴	左吸收率： %				右吸收率： %				左右差： %				
	后轴	左吸收率： %				右吸收率： %				左右差： %				
前照灯	项目	灯高 mm		远光光强 cd		远光偏移				近光偏移			/	
		近光	远光			垂直 H		水平 mm/10m		垂直 H		水平 mm/10m	/	
	左外													
	左内													
	右内													
	右外													
车速表		km/h												
侧滑量		第一转向轮： m/km												
		第二转向轮： m/km												
喇叭		声 压 级 _____ dB(A)												
不合格项汇总														
检验工位照片		制动检验工位				灯光检验工位				动力性检验工位				

B.2.19.3　路试驻车制动性能时,不少于 5 min 坡道驻车情况打印"溜坡"或"不溜坡"。

B.2.20　不合格项汇总

打印表 B.1 中的"不合格项","不合格项"之间用"、"分离,无不合格项时打印"无"。挂车不合格项前加"G"。

B.2.21　检验工位照片

打印制动检验、灯光检验、动力性检验工位,受检车辆左前方 45 度的实时检验照片,受检车辆的号牌号码应清晰可见。

B.2.22　判定

表 A.1 的"判定"栏中,"○"为合格,"×"为不合格,"—"为未检,"#"为单项指标不合格、"/"为不适用项。对于技术等级评定,视同合格项目标记为"√",视同或评定为一级的项目标记为"1 级",评定为二级的项目标记为"2 级"。

B.2.23　其他有关说明

B.2.23.1　本记录单所列项目依据 GB 18565 规定的方法进行检测。其中制动性检验时车辆通常为空载状态,如果采用满载或加载方法检测,须在检测结论中另加说明。

B.2.23.2　本记录单须加盖检测专用章。数据涂改、局部复印和整件复印未重新盖章均为无效。

B.2.23.3　本记录单一式两份:检验机构和道路运输管理机构各执一份。

B.2.23.4　本记录单规定的内容是强制性的,但其格式可自行调整。建议报告单印制时,将其所有内容用宽行纸排成一页。

B.2.23.5　本记录单作为附录 C 的附件。

附 录 C
（规范性附录）
道路运输车辆综合性能检验报告单

C.1 检验报告的格式

道路运输车辆综合性能检验报告的格式式样和数据填写要求见表 C.1。

C.2 检验报告打印要求

C.2.1 纸张

道路运输车辆综合性能检验报告统一采用 A4 纸张打印。

C.2.2 检验报告编号

编排规则："地区代码（6 位）"+"检验机构代码（3 位）"+年月日（YYYYMMDD）+"检验序号（4 位）"。其中，"检验序号"按当日检车数量的次序打印。

C.2.3 挂车基本信息

如检验不含挂车，则该栏内所有项目打印"—"。

C.2.4 检验类别

打印相应类别，如"技术等级评定"、"二级维护竣工质量检验"、"汽车大修竣工质量检验"等。

C.2.5 业务类型

打印受检车辆的属性：申请从事道路运输车辆打印"申请"，在用道路运输车辆打印"在用"。

C.2.6 检验日期

打印车辆检验下线时间，格式为："YYYY-MM-DD hh:mm:ss"。

C.2.7 人工检验结果

"人工检验结果"栏打印实际开展的人工检验项目。"检验类别"为"技术等级评定"时，对于申请从事道路运输的车辆需打印"核查评定"项；"判定"栏打印总检验结果。当检验合格时，在"判定"栏打印"合格"，在对应"不符合项目"栏打印"无"，当检验不合格时，在"判定"栏打印"不合格"，并在"不符合项目"栏中填写不合项目名称，例如：制动管路、传动件异响等，多个项目之间用"、"分隔。对于挂车不合格的人工检验项目，打印"（挂）"加不合格项目名称。

C.2.8 性能检验结果

"性能检验结果"栏只打印实际开展的检验项目及其检验数据，"序号"从"1"开始计数，由计算机软件自动生成并排序；"标准限值"栏打印本标准规定的项目及参数限值，"判定"栏打印对应项的评价结果，即"合格"或"不合格"；"检验类别"为"技术等级评定"时，对于视同合格项和视同一级项，在相应"检验数据"栏中打印"—"，"判定"栏打印"合格"或"一级"。

道路运输车辆综合性能检验报告单

表 C.1

报告编号

一、单车(牵引车)基本信息

号牌号码		委托人	
车辆类型		品牌/型号	营运证号
注册登记日期		出厂年月	车身颜色
车辆识别代号		发动机号码	行政区域

二、挂车基本信息

号牌号码		委托人	
车辆类型		品牌/型号	营运证号
注册登记日期		出厂年月	车辆识别代号
有效行驶证件			

三、检验业务信息

检验类别		业务类型		检验日期	

四、人工检验结果

序号	检验项目	判定	不符合项目
1	唯一性认定		
2	故障信息诊断		
3	外观检查		
4	运行检查		
5	底盘检查		
6	核查评定		

五、性能检验结果

序号	检验项目	检验数据	标准限值	判定	检验项目	检验数据	标准限值	判定
	动力性(km/h)	×××.×	≥×××.×		高怠速 HC(10^{-6})	×××××	≤××.××	
	经济性(L/100km)	××.××	≤×××.×		高怠速 CO(%)	××.××	≤××.××	

续上表

序号	检验项目	检验数据	标准限值	判定	序号	检验项目	检验数据	标准限值	判定
	一轴制动率(%)	x x . x	≥x x			高怠速λ	x . x x	x . x x x ~ x . x x	
	一轴不平衡率(%)	x x . x	≤x . x			怠速 HC(10^{-6})	x x x x	≤x x x x	
	一轴左轮阻滞率(%)	x x . x	≤x . x			怠速 CO(%)	x . x x x	≤x . x x	
	一轴右轮阻滞率(%)	x x . x	≤x . x			稳态5025工况 CO(%)	x . x x x	≤x . x x	
	二轴制动率(%)	x x . x	≥x x			稳态5025工况 HC(10^{-6})	x x x x	≤x x x x	
	二轴不平衡率(%)	x x . x	≤x . x			稳态5025工况 NO(10^{-6})	x x x x	≤x x x x	
	二轴左轮阻滞率(%)	x x . x	≤x . x			稳态2540工况 CO(%)	x . x x x	≤x . x x	
	二轴右轮阻滞率(%)	x x . x	≤x . x			稳态2540工况 HC(10^{-6})	x x x x	≤x x x x	
	三轴制动率(%)	x x . x	≥x x			稳态2540工况 NO(10^{-6})	x x x x	≤x x x x	
	三轴不平衡率(%)	x x . x	≤x . x			简易瞬态工况 CO(g/km)	x . x x	≤x . x x	
	三轴左轮阻滞率(%)	x x . x	≤x . x			简易瞬态工况 HC(g/km)	x . x x	≤x . x x	
	三轴右轮阻滞率(%)	x x . x	≤x . x			简易瞬态工况 NO(g/km)	x . x x	≤x . x x	
	四轴制动率(%)	x x . x	≥x x			简易瞬态工况 HC+NO(g/km)	x . x x	≤x . x x	
	四轴不平衡率(%)	x x . x	≤x . x			光吸收系数(m^{-1})	x . x x	≤x . x	
	四轴左轮阻滞率(%)	x x . x	≤x . x			滤纸烟度(BSU)	x . x x	≤x . x	
	四轴右轮阻滞率(%)	x x . x	≤x . x			加载减速工况100%(m^{-1})	x x . x x	≤x . x x	
	五轴制动率(%)	x x . x	≥x x			加载减速工况90%(m^{-1})	x x . x x	≤x . x x	
	五轴不平衡率(%)	x x . x	≤x . x			加载减速工况80%(m^{-1})	x x . x x	≤x . x x	
	五轴左轮阻滞率(%)	x x . x	≤x . x			实测最大轮边功率(kW)	x . x . x	≥x . x .	
	五轴右轮阻滞率(%)	x x . x	≤x . x			左外灯远光光强(cd)	x x x x x	≥x x x x x	
	六轴制动率(%)	x x . x	≥x x			左外灯远光垂直偏移量(H)10m	左(右)x x x x	左 x x x ~ 右 x x x	
	六轴不平衡率(%)	x x . x	≤x . x			左外灯近光垂直偏移量(H)	左(右)x x x x	≤x . x x	
	六轴左轮阻滞率(%)	x x . x	≤x . x			左外灯近光水平偏移量(mm/10m)	左(右)x x x	左 x x x ~ 右 x x x	
	六轴右轮阻滞率(%)	x x . x	≤x . x			左内灯远光光强(cd)	x x x x x	≥x x x x x	
	单车(牵引车)/整车制动率(%)	x x . x	≥x x						

续上表

序号	检验项目	检验数据	标准限值	判定	序号	检验项目	检验数据	标准限值	判定
	挂车整车制动率(%)	x.x.x	≥x x.x			左内灯远光垂直偏移量(H)	x.xxx	x.xxx~x.xxx	
	单车(牵引车)驻车制动率(%)	x.x.x	≥x x			左内灯远光水平偏移量(mm/10m)	左(右)xxx	左xxx~xxx 右xxx	
	列车整车驻车制动率(%)	x.x.x	≥x x			左外灯远光光强(cd)	xxxxx	≥xxxxxx	
	列车制动时序	挂先于等于牵 挂后于牵	挂先于等于牵			右外灯远光垂直偏移量(H)	x.xxx	x.xxx~x.xxx	
	列车制动协调时间(s)	x.x.x	≤x.x			右外灯远光水平偏移量(mm/10m)	左(右)xxx	左xxx~xxx 右xxx	
	牵引车/列车整车制动率比(%)	x.x.x	≥x x			右内灯远光垂直偏移量(H)	x.xxx	x.xxx~x.xxx	
	挂车/列车整车制动率比(%)	x.x.x	≥x x			右内灯远光水平偏移量(mm/10m)	左(右)xxx	左xxx~xxx 右xxx	
	路试MFDD(m/s²)	x.x.xx	≥x.x			右内灯远光光强(cd)	xxxxx	≥xxxxxx	
	路试制动稳定性	(不)稳定	稳定			车速表(km/h)	x.x.	xx.x~xx.x	
	路试坡道驻车情况	(不)溜坡	不溜坡			喇叭声压级(dB(A))	xxx.x	xx.x~xxx	
	路试制动距离(m)	x.xx	≤x.xx						
	第一转向轮侧滑量(m/km)	-(+)xxx.x	-x~+x						
	第二转向轮侧滑量(m/km)	-(+)xxx.x	-x~+x						

六、备注

七、检验结论

授权签字人：

检验机构名称（盖章）

YYYY年MM月DD日

C.2.9 备注

"备注"栏打印:车辆调修建议、解释说明或温馨提示等信息,对于合格车辆此栏目可以为空。

由于前照灯远光光束中心离地高度低于近光光束明暗截止线转角或中点的离地高度导致远光光束垂直偏移不合格时,应在备注栏标注"远光光束低于近光光束"。

C.2.10 检验结论

"检验结论"栏打印:整车检验结论,如"合格"、"不合格"、"一级"或"二级","授权签字人"签字确认,标注签发日期,并加盖检验机构检测专用章。

C.2.11 其他有关说明

C.2.11.1 本报告须加盖检测专用章。数据涂改、局部复印和整件复印未重新盖章均为无效。

C.2.11.2 本报告一式三份:委托人、检验机构和道路运输管理机构各执一份,其中委托人和检验机构必须是书面检测报告,道路运输管理机构也可采用电子检验报告。

C.2.11.3 对本报告如有异议,可在报告签发之日起十日内向检验机构提出,逾期视为已经确认。对检测服务质量不满意的,可向所在地道路运输管理机构投诉。

附件2 道路运输车辆技术等级划分和评定要求

1 范围

本标准规定了道路运输车辆的技术等级划分、评定项目、评定要求以及评定规则。

本标准适用于申请从事道路运输经营的车辆和正在从事道路运输经营的车辆。从事驾驶员培训等道路运输相关业务的车辆可参照执行。

2 规范性引用文件

下列文件对于本文件的应用是必不可少的。凡是注日期的引用文件,仅注日期的版本适用于本文件。凡是不注日期的引用文件,其最新版本(包括所有的修改单)适用于本文件。

GB 18565 道路运输车辆综合性能要求和检验方法

3 术语和定义

下列术语和定义适用于本文件。

3.1 道路运输车辆技术等级 technical classification of road transport vehicles

依据道路运输车辆的技术性能划分的技术级别。

3.2 关键项 key items

评价车辆技术状况的重要指标,可能直接或间接影响道路交通安全或对环境有严重影响的评定项目。

3.3 一般项 general items

评价车辆技术状况的一般指标,对道路交通安全或环境无严重影响的评定项目。

4 技术等级划分

道路运输车辆技术等级划分为一级和二级。

5 评定项目和评定要求

5.1 道路运输车辆技术等级评定项目包括"核查评定项目"和"技术评定项目"。其中,"技术评定项目"分为"关键项"、"一般项"和"分级项"。技术等级评定项目和评定要求见附录A,技术等级评定人工检验记录单见附录B。

5.2 申请从事道路运输经营的车辆,按附录A规定的"核查评定项目"和"技术评定项目"进行评定。

5.3 在用道路运输车辆按附录 A 规定的"技术评定项目"进行评定。

5.4 道路运输车辆技术等级评定的检验方法和不合格项的复检要求执行 GB 18565 的规定。

5.5 对于 GB 18565 中规定了实施过渡期的评定项目，从其规定。

6 评定规则

6.1 符合以下要求的车辆评为一级车

a) 表 A.1 中的"核查评定项目"达到一级；
b) 表 A.2 中的"关键项"均为合格；
c) 表 A.2 中的"一般项"的不合格项数不超过 3 项；
d) 表 A.2 中的"分级项"达到一级。

6.2 符合以下要求的车辆评为二级车

a) 表 A.1 中的"核查评定项目"至少达到二级；
b) 表 A.2 中的"关键项"均为合格；
c) 表 A.2 中的"一般项"的不合格项数不超过 6 项；
d) 表 A.2 中的"分级项"至少达到二级。

6.3 不符合 6.1 和 6.2 要求的车辆评定为不合格车辆。

附 录 A
（规范性附录）
道路运输车辆技术等级评定项目和评定要求

A.1 核查评定项目和评定要求

核查评定项目及评定要求见表 A.1。

核查评定项目和评定要求　　　　　　　　　　　　　　　表 A.1

序号	评定项目	客车评定要求（GB 18565 相关条款）		货车及挂车评定要求（GB 18565 相关条款）	
		一级	二级	一级	二级
1	制动防抱死装置	4.2.1		4.2.1	
2	盘式制动器	4.2.2		//	
3	缓速器或其他辅助制动装置	4.2.3		4.2.3	
4	制动间隙自动调整装置	4.2.4		4.2.4	
5	压缩空气干燥或油水分离装置	4.2.5		4.2.5	
6	子午线轮胎	4.2.6		4.2.6	//
7	安全带	4.2.7		4.2.7	
8	限速功能或限速装置、超速报警功能	4.2.8		4.2.8	
9	卫星定位系统车载终端	4.2.9		4.2.9	4.2.9
10	发动机舱自动灭火装置	4.3.2		//	//

注：标记为"//"项为不参与评级项。

A.2 技术评定项目和评定要求

技术评定项目和评定要求见表 A.2。

技术评定项目和评定要求　　　　　　　　　　　　　　　表 A.2

序号	评定项目	评定内容	项目属性	评定要求（GB 18565 相关条款）	
				一级	二级
1	唯一性认定	号牌号码、车辆类型、品牌型号、车身颜色、发动机号、底盘号、VIN 号、挂车架号、中重型货车及挂车外廓尺寸、货车及挂车车厢栏板高度、客车的座（铺）位数	★	5.1.1	
2	电子控制系统	与发动机排放控制系统、制动防抱死装置和电动助力转向系统及其他与行车安全相关的故障信息	★	5.1.2	

续上表

序号	评定项目	评定内容		项目属性	评定要求（GB 18565 相关条款）	
					一级	二级
3	发动机	工作性能	起动性能	■	5.1.3.1.1	
			柴油发动机停机装置	★	5.1.3.1.2	
			发动机运转	■	5.1.3.1.3	
		密封性	发动机缸体、油底壳、冷却水道边盖、放水阀、水箱	■	5.1.3.2	
		传动带	助力转向传动带	★	5.1.3.3	
			空气压缩机传动带/齿轮箱	★		
		燃料供给	输料管、燃料箱及燃料管路、燃料箱盖、燃料箱改动或加装	★	5.1.3.4	
4	制动系	行车制动	制动管路、制动泵（缸）及气（油）路、制动报警装置、缓速器、储气筒、制动踏板	★	5.1.4.1.1 ~ 5.1.4.1.4，5.1.4.1.6，5.1.4.1.7	
			气压制动弹簧储能装置	■	5.1.4.1.5	
		驻车制动		★	5.1.4.2	
5	转向系	部件连接、部件技术状况、转向助力装置		★	5.1.5.1 ~ 5.1.5.3	
		转向盘最大自由转动量		●	最高设计车速大于或等于100km/h的车辆不大于10°，其他车辆不大于20°	5.2.5.2
6	行驶系	车架		★	5.1.6.1	
		车桥	裂纹及变形	★	5.1.6.2.1	
			车桥密封性	■	5.1.6.2.2，允许有轻微渗油，不得滴漏	
		拉杆和导杆、车轮及螺栓、螺母		★	5.1.6.3，5.1.6.4	
		轮胎	轮胎外观、同轴轮胎的规格和花纹、轮胎的速度级别、充气压力、翻新轮胎、轮胎类型、备用轮胎	★	5.1.6.5.1，5.1.6.5.3 ~ 5.1.6.5.8	
			胎冠花纹深度	●	乘用车和挂车不小于2.5mm，其他车辆转向轮不小于3.8 mm，其余轮胎不小于2.5 mm	5.1.6.5.2
		悬架	弹性元件、部件连接	★	5.1.6.6.1，5.1.6.6.2	
			减振器	■	5.1.6.6.3	

续上表

序号	评定项目	评定内容		项目属性	评定要求（GB 18565 相关条款）	
					一级	二级
7	传动系	离合器		■	5.1.7.1	
		变速器		■	5.1.7.2	
		传动件异响		■	5.1.7.3	
		万向节与轴承		★	5.1.7.4	
8	照明、信号装置和标识	外部照明和信号装置、前照灯远/近光光束变换功能、反射器与侧标志灯、货车车身反光标识和尾部标志板		★	5.1.8.1~5.1.8.4	
9	电气线路及仪表	导线	导线绝缘层/线束固定、导线及连接蓄电池接头/绝缘套、金属孔绝缘护套	★	5.1.9.1	
		仪表与指示器、卫星定位系统车载终端		★	5.1.9.2、5.1.9.3	
10	车身	门窗及照明	车门应急控制器、应急门和安全顶窗、应急窗和玻璃破碎装置	★	5.1.10.1.1 ~ 5.1.10.1.3	
			门、窗玻璃	●	玻璃齐全完好	5.1.10.1.4
			客车车厢灯和门灯	■	5.1.10.1.5	
		车身外观	车身与驾驶室	●	车身、驾驶室完好	5.1.10.2.1
			车身两侧对称部位的高度差	●	车身两侧对称部位的高度差不大于20mm	5.1.10.2.2
			车身外部和内部的尖锐凸起物	★	5.1.10.2.3	
			车身表面涂装	●	客车车身和货车驾驶室涂装无缺损,补漆颜色与原色基本一致	5.1.10.2.4
			货车货箱、车门、栏板、底板、栏板锁止机构	★	5.1.10.2.5	
			驾驶室车窗玻璃附加物及镜面反光遮阳膜	★	5.1.10.2.6	
11	附属设备	后视镜和下视镜、风窗刮水器		★	5.1.11.1,5.1.11.2	
		风窗洗涤器		■	5.1.11.2	
		防炫目装置、除雾/除霜装置		★	5.1.11.3,5.1.11.4	
		排气管和消声器		■	5.1.11.5	

附件2　道路运输车辆技术等级划分和评定要求

续上表

序号	评定项目	评定内容		项目属性	评定要求（GB 18565 相关条款）	
					一级	二级
12	安全防护	安全带、侧面防护装置、后部防护装置		★	5.1.12.1 ～ 5.1.12.3	
		保险杠		■	5.1.12.4	
		牵引装置和安全锁止机构	汽车列车牵引装置的连接和安全锁止机构	★	5.1.12.5.1	
			集装箱运输车固定集装箱箱体的锁止机构		5.1.12.5.2	
		安全架与隔离装置		★	5.1.12.6	
		灭火器材、警示牌和停车楔		★	5.1.12.7	
		危险货物运输车辆安全装置与标识		★	5.1.12.8.1,5.1.12.8.2,5.1.12.8.4	
		装运危险货物的罐（槽）式车辆罐体的检验合格证明或报告		★	5.1.12.8.3	
13	动力性[a]	驱动轮轮边稳定车速		●	$\eta = 0.82$ 时：$V_w \geq V_e$ 或 $V_w \geq V_m$	5.2.1
14	燃料经济性[b]	燃料消耗量		★	5.2.2	
15	制动性	整车制动率、轴制动率		★	5.2.3.3.1	
		制动不平衡率		●	前轴制动不平衡率≤20%，后轴制动不平衡率≤24%（当后轴制动力小于后轴轴荷的60%时，制动不平衡率≤后轴轴荷的8%）	5.2.3.3.1
		汽车列车制动时序、制动协调时间、牵引车与挂车制动力分配		//	5.2.3.3.2,5.2.3.3.3	
		驻车制动		★	5.2.3.5	
16	排放性[c]	排气污染物		★	5.2.4	
17	转向操纵性	转向轮横向侧滑量		★	5.2.5.1	
18	悬架特性	悬架吸收率		★	5.2.6	
19	前照灯	远光发光强度		★	5.3.1.1	
		光束垂直偏移		■	5.3.1.2	
20	车速表	示值误差		■	5.3.2	
21	车轮阻滞率	各车轮的阻滞力		★	5.3.3	
22	喇叭	喇叭声级		★	5.3.4	

注：项目属性栏标记为"★"为关键项，标记为"■"为一般项，标记为"●"为分级项，标记为"//"的项目暂不做评定。
    a 注册日期在三个月以内的车辆(按机动车行驶证的注册日期核定,以下同),动力性视为一级;纯电动汽车不做评定。
    b 注册日期在三个月以内的车辆,燃料经济性视为合格;以汽油或者柴油为单一燃料且最大设计总质量超过3500kg的在用道路运输车辆应进行燃料经济性评定,其他车辆不做评定。
    c 注册日期在三个月以内的车辆,排放性视为合格。

附 录 B
（规范性附录）
道路运输车辆技术等级评定人工检验记录单

B.1 道路运输车辆技术等级评定人工检验记录单的格式式样参见表 B.1。

B.2 评定栏中，非分级项合格填写"○"，不合格填写"×"；分级项达到一级填写"1"，达到二级填写"2"，不合格填写"×"；不参与评定的项目填写"∥"。

B.3 不合格项汇总栏中，填写不合格项编号并用"、"分离，无不合格项填写"无"。挂车不合格项编号前加"G"。

B.4 本记录单与"道路运输车辆性能检验记录单"同为"道路运输车辆综合性能检验报告"（参见 GB 18565 附录 B 和附录 C）的附件。

附件2 道路运输车辆技术等级划分和评定要求

道路运输车辆技术等级评定人工检验记录单

号牌号码：_____ 号牌种类：_____ 挂车牌照号：_____ 号牌种类：_____ 检验日期：____年__月__日 记录单编号：_____

表 B.1

分类	编号	核查/检验项目	评定	编号	核查/检验项目	评定	编号	核查/检验项目	评定
核查评定	1	制动防抱死装置	/	4	制动间隙自动调整装置	/	10	发动机舱内自动灭火装置	/
	2	盘式制动器	/	5	压缩空气干燥或油水分离装置	/			/
	3	缓速器或其他辅助制动装置	/	6	子午线轮胎	/			/
唯一性认定	11	号牌号码	/	14	车身颜色	/	17	VIN号	/
	12	车辆类型	/	15	发动机号	/	18	挂车架号	/
	13	品牌型号	/	16	底盘号	/	19	客货座(铺)位数	/
故障信息诊断	20	发动机排放控制系统	/	21	制动防抱死装置(ABS)	/	22	电动助力转向系统(EPS)	/
							23	其他与行车安全相关的故障信息	/
外观检查	24	助力转向传动带	/	38	危险报警闪光灯	/	52	货车货箱、车门、栏板、底板和栏板锁止机构	/
	25	空气压缩机传动带/齿轮箱	/	39	雾灯	/	53	驾驶室车窗玻璃遮阳膜及镜面反光遮阳膜	/
	26	燃料供给管路备件与部件	/	40	反射器与侧标志灯	/	54	后视镜和下视镜	/
	27	车轮及螺栓、螺母	/	41	货车车身反光标识和尾部标志板	/	55	防眩目装置	/
	28	轮胎面状况	/	42	绝缘层	/	56	安全带	/
	29	同轴轮胎规格和花纹	/	43	蓄电池连接	/	57	侧面防护装置	/
	30	轮胎速度级别	/	44	绝缘护套	/	58	后部防护装置	/
	31	轮胎气压	/	45	车门应急控制器	/	59	保险杠	/
	32	翻新轮胎的使用	/	46	应急门	/	60	牵引装置和安全锁止机构	/
	33	子午线轮胎	/	47	安全顶窗	/	61	固定集装箱体的锁止机构	/
	34	备用轮胎	/	48	应急窗开启	/	62	安全架与隔离装置	/
	35	前照灯远、近光束变换	/	49	玻璃破碎装置	/	63	灭火器材	/
	36	转向灯	/	50	客车车厢内锐凸起物	/	64	警示牌	/
	37	示廓灯	/	51	外部和内部尖锐凸起物	/	65	停车楔	/
							66	危货排气管、隔热和熄灭火星装置	/
							67	危货切断总电源和熄火花装置	/
							68	危货号静电拖地带	/
							69	危货运输车辆标志及标识	/
							70	危货罐体检验合格证明或报告	/
							71	气瓶、可移动罐(槽)紧固装置	/

续上表

分类	编号	核查/检验项目	评定	编号	核查/检验项目	评定	编号	核查/检验项目	评定
运行检查	72	起动性能		77	制动踏板		82	指示器与仪表	/
	73	柴油发动机停机装置		78	驻车制动装置		83	卫星定位系统车载终端	/
	74	发动机低、中、高速运转		79	离合器		84	风窗刮水器	/
	75	制动报警装置		80	变速器		85	风窗洗涤器	/
	76	气压制动弹簧储能装置		81	传动件异响		86	除雾、除霜装置	/
底盘检查	87	发动机密封性		92	转向机构部件连接		97	车桥密封性	/
	88	制动管路		93	转向机构部件技术状况		98	拉杆和导杆	/
	89	制动泵(缸)及气(油)路		94	转向助力装置		99	悬架弹性元件	/
	90	缓速器		95	车架		100	悬架部件连接	/
	91	储气筒		96	车桥的可视裂纹及变形		101	减振器	/
							102	万向节与轴承	/
							103	排气管和消声器	/

分级项

编号	核查/检验项目	内容	编号	核查/检验项目	内容	编号	核查/检验项目	内容	核查评定
104	轮胎花纹深度	单车(记录不合格轮胎) 转向轮: 左1___ 左2___ 右1___ 右2___ 其他轮: 左1___ 左2___ 右1___ 右2___ 挂车: 左1___ 左2___ 左3___ 右1___ 右2___ 右3___	106	车身与驾驶室	1. 轻微开裂、锈蚀和明显变形 2. 缺陷部位□是□否影响安全性和密封性	108	车身表面涂装	1. □有 □无 明显缺损; 补漆颜色与原色□是□否一致。	唯一性认定
105	门、窗玻璃	1. □齐全完好; 2. □有□无大于25mm且易破碎的裂纹和穿孔 3. 密封□良好□不良	107	对称部位高度差	单车 前左:___ 前右:___ 后左:___ 后右:___ 半挂 左:___ 右:___ 全挂 前左:___ 前右:___ 后左:___ 后右:___	109	转向盘最大自由转动量	___°	故障信息诊断

测量项

编号	项目	长	宽	高						核查评定
110	外廓尺寸(单车)	长: ___mm	宽: ___mm	高: ___mm						外观检查
	外廓尺寸(挂车)	长: ___mm	宽: ___mm	高: ___mm						运行检查
111	车厢栏板高度	单车 ___mm								底盘检查
		挂车 ___mm								分级项
										测量项

不合格汇总

参 考 文 献

[1] 中华人民共和国交通运输部.2015年交通运输行业发展统计公报[R].北京:中华人民共和国交通运输部.2015.
[2] 日本自动车技术会.汽车工程手册9:维修保养·再利用·生产周期评价篇.北京:北京理工大学出版社,2010.
[3] 叶旭河.美国商业运输车辆交通安全管理考察——从美国康州的角度[J].安全与健康,2011(22):53-56.
[4] 方茂东,郑贺悦.基于碳平衡法的汽车油耗测量方法[J].汽车工程,2003,25(3):295-297.
[5] 祖力,王云鹏,李世武,等.汽车油耗检测的不解体方法——碳平衡法[J].长春理工大学学报(自然科学版),2007,30(2):80-83.
[6] 公安部交通管理科学研究所.GB 21861—2014《机动车安全技术检验项目和方法》实施指南[M].北京:中国标准出版社,2015.
[7] 苗泽青.汽车检测人员岗位培训教材[M].北京:人民交通出版社,2005.
[8] 国家质量监督检验检疫总局产品质量监督司.机动车安全技术检验基础讲座:专业篇——机动车安全技术检验人员培训教材[M].北京:中国标准出版社,2006.
[9] 国家质量监督检验检疫总局产品质量监督司.机动车安全技术检验机构资格管理培训教材(中篇):机动车安全技术检验知识[M].北京:中国标准出版社,2012.
[10] 仝晓平.营运车辆技术状况保持评价体系的研究.